教育部哲学社会科学系列发展报告
MOE Serial Reports on Developments in Humanities and Social Sciences

中国经济增长报告2013

实现新的历史性跨越

China Economic Growth Report 2013
To Realize New Historic Development

北京大学中国国民经济核算与经济增长研究中心
主　编　刘　伟
副主编　许宪春　蔡志洲

北京大学出版社
PEKING UNIVERSITY PRESS

图书在版编目(CIP)数据

中国经济增长报告.2013,实现新的历史性跨越/刘伟主编.—北京:北京大学出版社,2013.6
(教育部哲学社会科学系列发展报告)
ISBN 978-7-301-22702-2

Ⅰ.①中⋯　Ⅱ.①刘⋯　Ⅲ.①中国经济-经济增长-研究报告-2013　Ⅳ.①F124.1

中国版本图书馆CIP数据核字(2013)第137200号

书　　　名:中国经济增长报告2013——实现新的历史性跨越
著作责任者:刘　伟　主编　许宪春　蔡志洲　副主编
责任编辑:刘　京
标准书号:ISBN 978-7-301-22702-2/F·3648
出版发行:北京大学出版社
地　　　址:北京市海淀区成府路205号　100871
网　　　址:http://www.pup.cn
电子信箱:em@pup.cn　　　QQ:552063295
新浪微博:@北京大学出版社　@北京大学出版社经管图书
电　　　话:邮购部 62752015　发行部 62750672　编辑部 62752926　出版部 62754962
印　刷　者:北京鑫海金澳胶印有限公司
经　销　者:新华书店
　　　　　　730毫米×980毫米　16开本　22.25印张　399千字
　　　　　　2013年6月第1版　2013年6月第1次印刷
定　　　价:56.00元

未经许可,不得以任何方式复制或抄袭本书之部分或全部内容。
版权所有,侵权必究
举报电话:010-62752024　电子信箱:fd@pup.pku.edu.cn

目　　录

绪论 ··· 1
 第一节　发展方式的转变需要依靠制度创新 ···················· 1
 第二节　经济增长与实现全面小康 ································ 4
 第三节　《中国经济增长报告》的 10 年历程 ··················· 10

第一章　我国经济失衡和宏观调控的新变化 ························· 23
 第一节　经济增长速度在持续下降中开始出现回升 ············ 23
 第二节　物价持续回落中潜在通胀压力仍高 ····················· 26
 第三节　财政与货币政策松紧搭配反方向组合中的政策作用方式和
    力度不断变化 ·· 29
 第四节　我国现阶段财政支出与财政收入政策间的结构特征分析 ······ 31

第二章　中国经济增长面临新的跨越 ································· 45
 第一节　改革开放与中国崛起 ······································ 45
 第二节　中国国民收入的国际比较和对"中等收入"的进一步讨论 ······ 48
 第三节　中国有可能保持强劲增长 实现全面建成小康社会的宏伟
    目标 ·· 70
 第四节　中国经济增长中的总量失衡与结构失衡 ················ 76
 第五节　提高经济增长质量与转变经济发展方式 ··············· 116

第三章　准确理解中国的收入、消费和投资 ······ 122
- 第一节　宏观收入分配中的居民可支配收入、居民消费需求和固定资本投资需求 ······ 122
- 第二节　资金流量表中的居民可支配收入与住户调查中的居民可支配收入之间的区别 ······ 123
- 第三节　支出法 GDP 中的居民消费与住户调查中的居民消费之间的区别 ······ 132
- 第四节　投资统计中的全社会固定资产投资之间的区别与支出法 GDP 中的固定资本形成总额 ······ 137
- 第五节　基本结论 ······ 141

第四章　改革开放后产业结构变化的特征及趋势 ······ 143
- 第一节　高速经济增长下的产业结构变化：实际增长和价格影响 ······ 145
- 第二节　增加值结构与就业结构 ······ 172
- 第三节　三次产业的收入结构与劳动生产率分析 ······ 178
- 第四节　产业结构变化的国际比较 ······ 191
- 第五节　结论 ······ 203

第五章　对中国"刘易斯转折"阶段进程的判断及对劳动力成本上升效应的研究 ······ 206
- 第一节　文献综述及理论分析 ······ 207
- 第二节　劳动力成本上升对我国农产品及食品价格的影响 ······ 213
- 第三节　劳动力成本上升对我国服务价格的影响 ······ 230
- 第四节　制造业各行业劳动力成本和劳动生产率比较分析 ······ 241
- 第五节　劳动力成本上升的成因及发展趋势 ······ 247
- 第六节　刘易斯转折阶段劳动力成本变动的国际经验借鉴 ······ 269
- 第七节　适应和应对中长期劳动力成本上升的政策建议 ······ 275

第六章　全球化战略与中国长期经济发展 ······ 280
- 第一节　中国外向型经济的迅速发展与国际地位的巨大提升 ······ 280
- 第二节　与各大洲对外贸易现状的动态变化 ······ 284
- 第三节　中国对外经贸合作的内容和特点 ······ 286
- 第四节　中国和世界主要经济体经贸关系的发展 ······ 294
- 第五节　全球化战略与中国经济增长 ······ 302

第七章 2012 年经济形势分析和 2013 年经济形势展望 ……………… 320
  第一节 2012 年经济形势分析 …………………………………… 320
  第二节 2013 年经济形势展望 …………………………………… 336

参考文献 ……………………………………………………………… 341

绪　　论

第一节　发展方式的转变需要依靠制度创新

经过新时期以来近34年的改革发展,我国经济实现了年均9.8%左右的增长,到2012年年末GDP总量已经为新时期初的24倍(按不变价),达到51.93万亿元(按现行价),按三年平均汇率折算达到8万亿美元以上,占全球GDP比重达10%以上。人均GDP实现了年均8.75%左右的增长,到2012年年末将达到新时期初增长近17.35倍(按不变价),超过3.8万元(按现行价),按三年平均汇率折算达到5 800美元以上,成为上中等收入(Upper Middle Income)国家,进入中等收入向高收入过渡阶段。

这一阶段的经济面临两种可能:一是在不长的时期里实现由上中等收入向高收入阶段的跨越,按照世界银行公布的数据,当代世界到2011年,按汇率法(The Atlas Method)计算的人均国民收入(Per Capita GNI)达到高收入标准(12 476美元以上)的国家或地区共有70个[1],其中相当一部分国家和地区是在20世纪后半叶和21世纪前十年通过高速经济增长实现了由上中等收入向高收入阶段的跨越。二是停滞在中等收入阶段,经济无以实现可持续发展,即所谓陷入"中等收入陷阱",诸如历史上的"拉美漩涡"、"东亚泡沫"以及目前的"中东北非危机"等。在2011年年末,人均国民收入达到中等收入水平(4 036美元)但又低于12 476美元的国家或地区共有54个(即所谓上中等收入经济体[2]),包括我国在内,都面临这两种可能。尽管对于何谓"中等收入"有不同认识,对于是以绝对水平还是以相对水平作为划分根据有不同看法,但是"中等收入"、"高收入"、"现代化"等都是历史的范畴,都只能是指在一定历史阶段中相互比较所达到的水平,并不是孤立绝对的数字体现,划分发展阶段除考虑这种历史发展的相对性外,重要的是还要在考虑GDP水平的同时,考虑经济结构的演进高度。

党的十八大提出,到2020年建成全面小康社会。在经济规模上,实现GDP总

---

[1]　参见世界银行网站:http://data.worldbank.org/about/country-classifications/country-and-lending-groups#High_income。
[2]　这一上中等收入的概念是由区间而不是标志数值来划分的,从与标志数值比较上看,我国才刚刚跨越中等收入水平,属于中等收入国家,但由于处于中等收入和高收入标志数值之间,因此被划入"上中等收入"经济体的类别中。

量较2010年翻一番,按2010年不变价计算将突破80万亿元,只要年均增长率达到7.2%左右即可实现;人均GDP同样翻一番,达到人均6万多元,近1万美元(按目前汇率),只要总量倍增的同时,人口自然增长率控制在前些年的水平(5‰以下)上即可;城乡居民收入也翻一番,2010年我国城镇居民人均可支配收入1.9万多元,翻一番即近4万元(不变价),农村居民人均纯收入近6 000元,翻一番即为1.2万元(不变价),只要城乡居民收入增速与GDP增速同步,同时城乡差距至少不再扩大,就可以实现。在经济结构上,实现四个方面的现代化,即新型工业化、信息化、城镇化和农业现代化。到2020年,按当代国际现代化标准,基本实现工业化目标,我国目前已进入工业化后期加速发展阶段,到2020年实现工业化目标在发展速度上是可能的,关键在于提升水平,即推进新型工业化。在信息化建设上,一方面在产业结构高度上提升以现代信息技术支持的现代服务业及整个第三产业在国民经济中的比重,使之与全面小康社会发展阶段要求相适应,至少应达到60%以上,另一方面更为重要的是大幅提高信息化与农业现代化、新型工业化、城镇化之间的融合与协调程度。在城镇化的发展上,我国2011年城镇化率已从新时期之初的20%以下提高到51.3%,虽然远不及发达国家,甚至落后于世界平均水平(世界2009年城市人口首次超过50%),但已进入通常所说的城镇化加速期(30%—70%),在新型工业化基本完成,农业现代化水平大幅提升的条件下,城镇化速度必然进一步加快,到2020年达到65%左右(接近高收入阶段水平)是可能的,关键在于提高城镇化的质量,使之与农业现代化、新型工业化的进程有机统一。在农业现代化的推进上,以农业劳动力就业比重不断下降作为农业劳动生产率提高的标志,我国2010年农业劳动力就业比重已从新时期之初的70%以上(当代贫困国家平均在72%以上)降至36.7%(中等收入国家平均水平),依此速度到2020年降至20%以下(当代上中等收入国家平均水平)是有可能的。如果到2020年我们从经济规模和经济结构两方面均实现全面小康的社会经济发展目标,即基本实现了我国经济从中等收入向高收入的跨越。因此,至2020年这一时期是我国建成全面小康社会的决定性阶段。

  能否实现这一目标,取决于发展方式的转变:从经济增长的方式来说,重要的是能否实现由主要依靠要素投入量扩大拉动增长转变为主要依靠要素效率及全要素效率提高拉动增长,由主要依靠成本低作为竞争优势转变为主要依靠技术进步及效率提升作为核心竞争力;从经济发展的质态来说,重要的在于经济结构的演进,即实现经济结构的战略性调整,包括总需求方面的投资、消费、出口间及各自内部的结构性调整,总供给方面的三大产业间及各自产业内部门结构的演变等。总结世界各国或能够跨越中等收入阶段或陷入"中等收入陷阱"的经验及教训,能否实现跨越的根本原因即在于能否实现发展方式的历史转变。

怎样推动发展方式的转变？根本动力在于依靠创新驱动。一方面是技术创新，包括原始、集合、吸收、引进、借鉴等多种形式的创新，社会教育及卫生等人力资本的积累，以及企业研发的投入等，自主研发和创新能力的不断提升是实现经济可持续发展和结构转变的战略支撑。效率提高是创新的函数，结构演进则又是效率提高的函数。另一方面，由于制度重于技术，一切重大技术创新，或者说社会技术创新能力的提高，均是以制度创新为前提的。具有活力和竞争性，同时又具有秩序和公正性的社会制度安排，是提升技术创新能力的制度基础。在我国现阶段，制度创新的历史内涵即通过深化改革培育和完善社会主义市场经济制度，改革则是实现我国发展方式转变的根本动力。

经过 34 年的改革，我国目前已基本实现了由传统计划经济向社会主义市场经济的根本转变，公有制为主体、多种所有制经济共同发展的社会主义市场经济体制的基本制度已经确立，市场体系业已形成，并在资源配置中发挥基础性作用，但仍亟待完善。1992 年邓小平南方讲话中曾预言："恐怕再有 30 年的时间，我们才会在各方面形成一整套更加成熟、更加定型的制度。"① 如果从 1992 年算起，再过 30 年就是 2022 年，恰恰正是我国全面建成小康社会前后，从历史进程的时间表来看，这种更加成熟、更加定型的社会主义市场经济制度将有可能基本形成。这是和邓小平的预言相吻合的。2020 年前后，不仅是我国建成全面小康社会的决定性阶段，同时也是我国建成较为完善的社会主义市场经济机制的攻关时期，在这一时期，我国改革本身面临的任务和约束也发生了深刻的历史变化。其一，在改革的核心环节的选择上，即政府与企业改革的相互关系上，从开始的以企业（国企）改革为核心，逐步转变为以政府职能转变和相应体制改革为关键；其二，在作为市场主体的企业改革的方式和内容上，从开始的国有企业为企业改革的主要，且以政府行政性推动为基本方式，逐步转变为多种经济混合所有制和企业产权多元化状态中的企业改革为主要，且以企业市场性自主选择为基本方式；其三，在作为市场化进程的基本内容即市场体系的构建上，从前期的构建包括投资品和消费品在内的商品市场化为基本，逐步转变为包括土地、资本（货币）、劳动、专利、环境等要素市场化为基本；其四，在面临和处理市场化真正的难题上，从以往努力克服传统计划经济的阻力，拓展市场机制作用空间，使之替代传统计划机制成为资源配置的基础为主要困难，逐渐转变为以完善市场秩序，包括社会主义市场竞争的主体秩序（企业产权）、交易秩序（价格制度）、法治秩序、道德秩序等在内的秩序完善，即从扩展市场作用规模向提升市场质量（公正有序）转变为真正困难；其五，在作为二元经济状态下改革重点领域的选择上，从前期的城乡分别展开全面改革，

---

① 《邓小平文选》第三卷，人民出版社，1994 年，第 372 页。

逐渐转变为城乡统筹,形成改革的统一整体,尤其是这种城乡协调统筹的改革进程,需要同要素市场化,特别是土地、资本及劳动等要素市场化的深入及完善相互协调;其六,在作为改革绩效检验的标准倾向上,从贫困时期的更强调提高生产领域中的效率及提升人们物质生活水平,逐渐转变为在强调生产效率的同时,更加注重分配领域中的公平,在人们物质生活水平不断提升的同时,更加注重人们更高层次、更丰富的物质和精神生活要求;等等。这些方面改革的复杂程度,一点也不亚于改革开放以来我们所进行的各项改革,而且从阶段性上看,已经进入了改革的高级阶段。正因为如此,我国开始真正进入了改革的攻坚期。我们只有根据社会经济发展的历史要求,进一步明确改革的历史使命,通过深化改革推动制度创新,进而推动技术创新,在制度和技术创新的基础上,推动经济结构的升级,实现发展方式的真正转变,才能实现经济发展的历史性跨越。

第二节 经济增长与实现全面小康

一、必须准确认识全面小康社会经济发展目标

党的十八大报告强调,确保到 2020 年实现全面建成小康社会宏伟目标,这一宏伟目标包括政治、经济、社会、文化、生态等多方面,就其经济方面而言,首先要清楚认识的是全面小康社会的经济目标的内涵。

第一,到 2020 年实现全面小康的经济总量目标,即实现国内生产总值和城乡居民人均收入比 2010 年翻一番。进入新世纪我们预定的增长目标是到 2010 年比 2000 年 GDP 总量增长 1 倍,到 2020 年再在 2010 年的基础上翻一番,即比 2000 年增长 4 倍,但实际上在 2007 年我国便实现了原定 10 年增长 1 倍的计划目标,到 2010 年 GDP 总量已是 2000 年的 2.6 倍。党的十八大提出在 2010 年基础上到 2020 年再增长 1 倍,显然是基于已有的高速发展的事实,进一步提高了增长目标的要求。实现这一总量增长目标,要求自 2011 年到 2020 年的 10 年里,年均 GDP 增长率达到 7.2%,2010 年我国 GDP 总量为 40 多万亿元(人民币),按不变价格到 2020 年翻一番即为 80 多万亿元。如果在 GDP 总量翻一番的同时,人口自然增长率保持近十几年来的平均水平,即保持在 3‰左右,则人口增量几乎可以忽略不计,那么人均 GDP 便可同时翻一番;在人均 GDP 同时翻番的条件下,如果城乡居民收入增长速度与 GDP 增长速度保持同步,那么,居民收入便可相应实现翻一番。2010 年,我国城镇居民人均可支配收入为 1.9 万多元,翻一番则近 4 万元,农村居民人均纯收入为 5 900 多元,翻一番则近 1.2 万元。这里,重要的在于,一是 GDP 总量年均增长率达到 7.2%,二是 GDP 的增速与城乡居民收入的增速保持一致。实现这一翻番目标,则我国 GDP 总量按汇率法折算为 14 万亿美元左右,接近美国 2010 年 GDP 总量,人均 GDP 则达到 1 万美元,显著缩小与世界银行划分的高收入

经济国标准(1.2万美元)间的差距。

第二,总量增长的同时社会经济必须发生深刻的结构变化,即坚持走中国特色新型工业化、信息化、城镇化、农业现代化的道路,促进同步发展。就工业化而言,按当代国际工业化标准,我国总体上已进入工业化中后期,发达省区已接近基本完成工业化,全国则要在2020年基本实现工业化,这里的关键不是工业比重的上升和规模的扩张,而是走新型工业化道路和促进工业化与信息化的深度融合、工业化与城镇化的良性互动。就信息化而言,重点在于在信息化大幅度提升的同时,加深与新型工业化、农业现代化等国民经济多方面和人们生活多方面的深度融合。就城镇化而言,我国2011年城镇化率已达51.3%,进入了通常所说的30%—70%的城市化加速发展期,以我国近些年来年均城镇化率上升1个百分点略多的经验,预计到2020年与经济增长翻番相适应,城镇化水平将达到60%以上,问题的关键在于如何同时提高城镇化质量。就农业现代化而言,以农业劳动力就业比重变化为例,我国2010年农业劳动力就业比重为36.7%,根据我国进入新世纪以来农业劳动生产率提升及相应的农业就业比重下降的经验,到2020年我国农业劳动力就业比重下降到20%左右是完全有可能的,这将显著缩小与当代高收入发展中国家(10%以下)的差距和与发达国家(5%左右)的差距,这里重要的问题在于使工业化、城镇化与农业现代化相互协调。

必须强调的是,实现全面小康社会的经济发展目标,应当使GDP数量增长与经济发展质态提升统一起来,单纯的GDP翻番及居民人均收入翻番,并不意味着实现实质性的全面小康的经济成长,而是必须在此基础上同时实现经济质态的改进,即新型工业化、农业现代化和大幅提升的信息化及质量不断提高的城镇化。仅有GDP规模扩大但经济结构落后则不成其为全面小康社会的经济水平。如19世纪初的我国,GDP数量按现在的统计方法计算比当时的英、法等国要大,但我们GDP的结构是以传统的农业经济支持的,而当时英、法等国规模虽不及我国,但却是以现代化的工业支持的。又如当代石油输出国,人均GDP水平很高,但经济结构远未达到现代化的标准,是富而不强。因此,十八大特别强调转变经济发展方式,在发展平衡性、协调性、可持续性明显增强的基础上,实现GDP和居民收入比2010年翻一番。

二、如何看待GDP和城乡居民人均收入翻番的双重目标

十八大报告中提出,根据我国经济社会发展实际,要在十六大、十七大确立的全面建设小康社会目标的基础上努力实现新的要求:在经济增长上,2020年要实现国内生产总值和城乡居民人均收入比2010年翻一番,全面建成小康社会。这一提法比起十六大、十七大上提出的增长目标,在数量目标上有两个变化:一是在总量增长上,比原来提出了更高的要求;二是居民收入第一次有了定量的增长目标。

2002年,党的十六大报告在提出全面建设小康社会的要求时提出:"在优化结构和提高效益的基础上,国内生产总值到2020年力争比2000年翻两番,综合国力和国际竞争力明显增强。"①2007年十七大报告中,对全面建设小康社会提出了更高的要求:"在优化结构、提高效益、降低消耗、保护环境的基础上,实现人均国内生产总值到2020年比2000年翻两番。"②十六大上提出的国内生产总值翻两番的新目标,是在我国已经取得了二十多年的高增长的背景下提出来的,这实际上意味着在新世纪的前20年,我国年均经济增长率要达到7.2%,这在当时已经是很高的增长目标。而在实际增长上,由于我国在新世纪初的高速经济增长,到了2007年,我们就已经完成了十五大提出的在新世纪前10年GDP翻一番的目标,十六大提出的前20年翻两番的目标也可能大大提前,因此,在党的十七大上,我国的增长目标调整为人均GDP翻两番,这比原先GDP翻两番的增长目标有所提高。但无论是GDP翻两番,还是人均GDP翻两番,从目前的情况看,都可能大大提前。按可比价格计算,我国2012年的GDP已经达到了2000年的3.18倍,年均经济增长率达到10.12%,也就是说,由于在前一阶段中国取得了更快的经济增长,因此在未来的八年里,只要在2012年的基础上,再增长25%就能够完成十六大提出的翻两番的目标。如果按"十二五"规划的要求,年均增长率为7%以上,那么在2016年就能超额完成总量和人均目标。而如果要在2020年完成目标,那么每年只要达到3%的经济增长率就能实现。因此,在十八大上提出的新增长目标(总量比2010年翻一番或年均增长7.2%),实际上是要求在未来的八年里,中国要取得比十六大、十七大预定目标更大幅度的经济增长。

(一)改革开放以来各个阶段的经济增长

改革开放初期,中国经济由于多年的徘徊,和世界各国本来已经缩小的差距又重新扩大,在世界上属于贫困的低收入发展中国家。在这种背景下,邓小平提出了通过国民经济总量"翻两番"实现"中国式现代化"的设想,后来,他又把这一设想发展成为"三步走"的战略构思。第一步是到20世纪80年代末实现国民生产总值比1980年翻一番,以1980年为基数,当时国民生产总值人均只有250美元,翻一番,即达到500美元,解决人民的温饱问题;第二步是到20世纪末,再翻一番,人均达到1000美元,进入小康社会;第三步,在20世纪用30年到50年的时间,再翻两番,大体上达到人均4000美元,基本实现现代化,达到中等发达国家的

---

① 《全面建设小康社会,开创中国特色社会主义事业新局面——江泽民在中国共产党第十六次全国代表大会上的报告》,人民出版社,2002年。

② 《高举中国特色社会主义伟大旗帜,为夺取全面建设小康社会新胜利而奋斗——胡锦涛在中国共产党第十七次全国代表大会上的报告》,人民出版社,2007年。

水平这一设想以及奋斗目标的出发点是很明确的,就是中国要摆脱贫困,实现现代化,结束 100 多年来挨打和落后的历史。1982 年党的十二大报告明确提出,要在 20 世纪末实现中国的国民经济总量"翻两番"。在党的十三大上,"三步走"的战略构想则被完整地写进大会报告中,作为党和国家进行现代化建设的重要指导思想。也就是从那时开始,经济增长成为中国经济和社会发展中最为重要的目标,而在实现这一目标的过程中,我们又选择了改革开放的正确道路,这为我国新的经济增长提供了新的动力。

从 1982 年党的十二大第一次提出的经济增长数量目标后,30 年来,在中国人民的共同努力下,党的每一次全国代表大会上提出的经济增长目标都被提前实现。1987 年,按可比价格计算的中国 GDP 总量达到了 1980 年的 2.04 倍,提前三年完成了第一个翻番的目标。

1992 年,在邓小平南方讲话之后,我国掀起了新一轮经济增长的热潮。党的十四大报告指出:"九十年代我国经济的发展速度,原定为国民生产总值平均每年增长百分之六,现在从国际国内形势的发展情况来看,可以更快一些。根据初步测算,增长百分之八到九是可能的,我们应该向这个目标前进。"①党的十四大上,明确提出中国经济体制改革的目标是建立社会主义市场经济。此后,我们推动的一系列市场化改革为后来的经济增长注入了新的活力。1995 年,我国的 GDP 总量达到了 1980 年的 4.33 倍,提前五年完成了翻两番的经济增长战略目标。2000 年中国 GDP 总量为 1980 年的 6.55 倍,比原先翻两番的目标多出 2.55 倍。

1997 年,党的十五大报告提出:"展望下世纪,我们的目标是,第一个十年实现国民生产总值比 2000 年翻一番,使人民的小康生活更加宽裕,形成比较完善的社会主义市场经济体制;再经过十年的努力,到建党一百年时,使国民经济更加发展,各项制度更加完善;到世纪中叶建国一百年时,基本实现现代化,建成富强民主文明的社会主义国家。"②进入新世纪后,市场经济的发展、国际环境的变化和政府宏观调控水平的提高,为中国新一轮经济增长创造了条件。2012 年,我国按可比价格计算的 GDP 总量已经达到了 1978 年的 24 倍,早已经完成了邓小平当年提出的"三步走"发展战略的定量目标(16 倍),解决人民温饱问题和进入小康社会的定性目标可以说已经实现。但是离第三步"基本实现现代化,达到中等发达国家的水平"的定性目标,应该说还有差距。

---

① 《加快改革开放和现代化建设步伐,夺取有中国特色社会主义事业的更大胜利——江泽民在中国共产党第十四次全国代表大会上的报告》,人民出版社,1992 年。
② 《高举邓小平理论伟大旗帜,把建设有中国特色社会主义事业全面推向二十一世纪——江泽民在中国共产党第十五次全国代表大会上的报告》,人民出版社,1997 年。

(二) GDP 与居民收入同步增长的意义

早在 1978 年,邓小平就提出要一部分人先富起来、一部分地区先富起来,带动全体人民共同富裕。① 现在"先富起来"的目标可以说已经实现,但全体人民的共同富裕还需要进一步的努力。这一方面表现在我国不同地区的经济发展水平和居民收入平均水平还存在很大的差距,尤其是中西部地区的发展水平和平均收入水平与东部沿海地区仍存在着差距。另一方面表现在收入分配不均衡,低收入群体的生活仍然有困难,而老百姓更多的是从自身的收入和生活变化以及相互比较上去感受国家的发展,收入差距较大,尤其是绝对贫困人口的存在,是我们当前尤其应该重视的矛盾。这种地区间、人群间收入发展的失衡当然是发展中的问题,但也反映了中国经济增长的潜力。正因为欠发达地区和低收入人群的生产和生活条件需要改善,才继续为我们创造了大量的需求。党的十八大同时提出了 GDP 与居民收入翻一番的目标,这是一个历史性的进步。它把改善民生和增强国家的综合国力这两个目标结合起来,体现了党和国家在新时期新的发展思路。改善居民收入尤其是低收入群体的收入以及消费,首先是社会公平的需要,即全体人民共同分享改革开放和经济增长的成果;同时,这也是改善宏观效率的需要,因为如果居民的收入(尤其是低收入居民家庭的收入)不能和经济增长同步,国民收入中积累和投资的比重会越来越大,形成的产能和消费者有支付能力的需求之间的矛盾也会越来越大,追求经济增长的愿望就会走向它的反面,形成生产力的巨大闲置和浪费,反而不利于经济增长。经济增长的终极目标就是要改善人民生活。虽然在经济增长的不同时期,是在长期利益和短期利益之间进行权衡,在等量的经济增长下,对居民收入和生活改善的力度可能有所不同,但是经济增长最终还是要体现在人民生活上,不仅是在我们这样的社会主义国家,就是在西方发达国家,居民的就业和收入增长现在也是政府施政的重要目标,而经济增长则是为改善就业和居民收入服务的。改革开放以后,我们量化了经济增长指标,而且使它成为最重要的发展目标,中国的经济增长正是在这种条件下实现的。虽然世界各国都在讲 GDP,但是像中国这样从中央到地方,各级政府都在直接推动 GDP 的增长,而且一直持续了三十多年的情况,在世界范围都是罕见的。但是这样做没有错,贫穷落后的中国要实现伟大复兴,不这样发展经济是不行的。只是我们还应该看到,在用数量指标促进和考核 GDP 增长的时候,对于居民收入的增长则一直是定性要求,没有数量规定。这样,在现实生活中,就容易出现 GDP 的增长和居民收入增长不同步的现象,更多的国民收入会被转入生产部门进行投资而换取

---

① 邓小平:《解放思想,实事求是,团结一致向前看》,载《邓小平文选》第二卷,人民出版社,1994 年,第 152 页。

短期的较快增长,从而导致在国民收入的分配中,企业、政府、金融机构所占比重不断增加,而住户部门(居民)所占比重不断降低,最终导致经济结构的失衡并影响经济增长。因此,在我国经济发展水平达到一定阶段后,更加重视居民收入的改善,不仅是社会公平的需要,也是改善经济效率的需要。

事实上,居民收入的改善是受经济增长约束的,要实现居民收入翻番,首先必须实现经济总量翻番,没有经济增长所创造的成果,也就谈不上分配的改善。但是反过来,经济增长可以不受居民收入的约束,实现了经济增长后可以不用来改善居民收入和消费而用于企业的积累和投资。因此,在居民收入翻番的约束条件下实现 GDP 翻番的难度实际上加大了。居民收入的增加反映在生产领域就是企业劳动成本的上升,而在劳动成本上升的条件下,如果其他条件不变,企业的利润率可能降低进而影响它的投资能力,企业就必须通过改善经济管理和技术进步提高劳动生产率和市场竞争力,这对企业是严峻的考验。对整个国民经济而言也是如此,居民收入和 GDP 增长同步,意味着在国民收入的分配中,政府、企业和金融机构的综合收入份额将保持稳定,不能再把提高积累率增加投资做为实现增长的主要途径,而要更多地通过制度创新带动的技术创新来推动经济增长,也就是说,必须更多地通过转变经济发展方式而不是扩大投入来实现经济增长。

在过去的三十多年里,中国取得了 10% 左右的年均经济增长率,已经成为世界上第二大经济体,制造业的规模和出口总额已经跃居世界第一,中国已经从一个贫困的低收入国家发展成为一个跨过了世界银行中等收入标准的"上中等收入"的国家。一方面,按照世界银行公布的数据,我国 2011 年的人均国民总收入已经达到了 4 940 美元。虽然比起过去,我们的发展水平已经有了巨大的提升,但这样的人均水平①还不能满足人民群众不断增长的物质和精神生活的需要,还需要保持一个较长时期的经济增长。另一方面,中国的经济规模已经很大,而经济增长的约束条件却在增加,除了要求居民收入同步增长外,我们还要受社会发展、能源和环境的可持续发展等多方面条件的制约,保持高增长的难度比过去明显增加。虽然提出的增长目标是类似的(10 年翻一番),但是实现目标的条件却已经发生了显著的变化,我们必须在体制、物质基础和国际环境已经发生巨大变化的情况下继续推进中国的经济增长。最基本的动力无疑仍然是改革,包括经济、社会和政治体制的改革,要通过不断的体制创新来提高经济增长的效率,从而实现可持续的发展。中国经济增长的关键不在需求而在供给,潜在的需求是巨大的,关键是要解决供给领域中的一系列体制性和发展性矛盾。如果我们能够通过改革不断地解决这些矛盾,能够实现经济发展方式的转变,那么我们完全有可能在

---

① 居民家庭的人均可支配收入大约在 2 500—3 000 美元之间。

2020年实现既定的经济增长目标。那时,我国按现在的固定价格计算的人均国民总收入就可以达到10 000美元的水平,经济发展水平将步入一个更高的发展阶段。

第三节 《中国经济增长报告》的10年历程

2003年3月22日,北京大学经济学院和国家统计局在北京大学英杰国际交流中心,举办了"北京大学中国国民经济核算与经济增长研究中心"成立大会。这个中心的宗旨,正如其名称所表示的那样,是通过政府部门与学术机构的合作,推动中国的国民经济核算与经济增长研究。在这一方面,国家统计局尤其是国民经济核算司和北京大学经济学院有各自的优势。当时,国家统计局通过二十多年的改革和发展,已经在国民经济核算领域中取得了巨大的进步。朱之鑫局长在大会上指出:改革开放以来,中国开始学习、引进市场经济国家普遍采用的国民账户体系(SNA),经过20年来的努力,目前中国国民经济核算工作在大的框架方面与国际标准已基本接轨。国民经济核算数据已广泛应用于制定国民经济计划和发展目标,判断经济形势和各项政策研究,在宏观经济管理中发挥了重要的作用。但是,由于统计基础比较薄弱,国民经济核算工作还存在许多不足。特别是在中国经济加入WTO和全面建设小康社会的发展目标提出后,各方面对国民经济核算的要求更加迫切。我们要继续努力,加强统计基础资料的调查和收集,增强国家统计部门的权威性和协调能力,深入研究和学习国际标准,提高国民经济核算数据的透明度,力争拿出的数据让领导放心、群众信赖、国际认可。而北京大学经济学院是百年来中国最有影响的经济领域的学术机构之一,自成立以来[①]就始终和我们国家的命运紧紧地联系在一起,为新中国的建立和发展做出过伟大的贡献。改革开放后,党和国家的工作中心转到了经济建设上来,在新时期破除迷信、解放思想的社会背景中,北京大学经济学院一直走在经济理论的发展前沿,为新时期中国的经济发展做出了积极的贡献。如何发展一支和中国的经济增长和经济发展有更加紧密联系的学术团队,也是我们当时重视的问题,和国家统计局合作,强强联合,建立一个学术研究机构,系统地进行国民经济核算体系的研究,并利用这个体系提供系统数据,深入并全面地对我国经济增长进行研究,不仅有利于推动相关领域的学术研究,也有利于建设我们的学术研究团队。在这种背景下,我们在学校的支持下建立起了我们这个研究中心。朱之鑫局长、当时的主管副局长以及国民经济核算司司长许宪春都参加了成立大会。朱之鑫局长担任中心第一任主任,许宪春司长担任中心的常务副主任。我当时在大会上说,我们在中国国民

---

① 2012年5月25日,刚刚举办了北京大学经济学院(系)100周年暨北大经济学科110周年庆祝大会。

经济核算与经济增长研究领域,已经取得了一定的成就,这固然有我们自身的努力,但更要归功于我们这个伟大的时代,正是波澜壮阔的中国经济增长,为我们提供了一个难得的舞台来施展我们的才能。中国用了二十多年的时间,从一个低收入的、贫穷的发展中国家发展成为经济总量占世界第六位的大国,这种巨大的经济发展是中国人民一百多年来的梦想,改革开放最终使我们梦想成真,使我们在20世纪的最后20年里,取得了翻天覆地的变化和举世瞩目的成就。从那时到现在,已经整整10年过去了。在这10年中,中国经济保持着强劲的发展并实现了历史性的跨越,经济总量由当时的世界第六位提高到第二位,而出口总量则为全球第一,重新走到世界舞台的中央,成为在世界上最有经济影响力的大国之一,综合国力明显改善,人民生活水平显著提高。在这一中国发展最迅速的阶段,我们针对中国经济增长过程中的各种问题,分阶段、分领域、分重点进行了长期持续的研究,取得了一系列研究成果,为这一领域的学术研究和政府决策贡献了我们微薄的力量,没有辜负成立大会上社会各界对我们的期望。《中国经济增长报告》是北京大学中国国民经济核算与经济增长研究中心学术研究成果的集中体现。研究中心成立以来,每年发布一部当年的经济增长报告,为学术机构、政府部门、企业界和其他各个方面人士的学术研究和相关决策提供参考,产生了广泛的影响。今年的这一期报告已经是我们的第十部报告。从2011年开始,本报告被教育部列为哲学社会科学系列发展报告建设项目,这既是对我们的支持,也是对我们工作的肯定。

2003年研究中心成立时,一方面,由于亚洲金融危机的冲击以及国内的经济调整,中国经济仍然在经历着通货紧缩,但另一方面,经历了世纪之交的市场深化改革,以及加入了世界贸易组织,经济发展的体制环境和国内外市场环境都有比较大的改善,2002年年底召开的党的十六大和2003年年初的十届全国人大一次会议上,中央领导集体实现了新老交替。虽然现在我们所处的环境、经济发展水平和发展阶段以及面临的矛盾都已经和当时有很大的不同,但是从经济周期甚至政治周期的角度看,研究中心成立时的环境和今天有很多相似之处,那就是中国的经济和社会发展进入了一个新的发展阶段。2003年春天,中国经历了一次巨大的考验,也就是当时的"非典型性肺炎"(SARS)在中国一些地区(香港、广东、北京等)蔓延,对人民群众的生命安全形成重大的威胁,同时对一些地区的生产活动(如旅游和相关产业的发展)造成了很大影响。在战胜"非典"以后,我们参加了"非典"对中国经济增长可能造成的影响的讨论,这是研究中心开展的最早的学术研究。在研究中我们发现,尽管在广东、北京等一些地区,"非典"对当地的经济产生一些冲击,但是就全国而言,投资和工业增加值的增长率有明显的提升,而且这种提升的表现和改革开放以往的历次加速增长有所不同,它是在实施了一个较长时期的市场化改革和积极的财政政策后逐渐发生的,而不像以前那样有重大事件的突然推动(如1992年邓小平南方讲话)。在行业发展上,无论是20世纪80年代还是90年代,都是以第二产业的调整和其他产业的发展为特征的,因为第二产业是传统的计划经济体制下国有企业最集中、规模最大、所生产的产品偏离市场需求最多的部门,因此在转轨过程中,第二产业的发展是伴随着国有企业的产权制度改造(大量国有企业关停并转)和非国有经济的发展而发展的,由于国有企业在最初比非国有企业的规模大得多,即使民营企业得到很快的发展,但就整个行业而言,必然要受到国有企业改制的影响。而第一产业和第三产业由于长期发展滞后,体制性的矛盾相对较少,便有了更大的发展空间,所以在改革开放的前期和中期,加速的经济增长往往体现为第一、第三产业尤其是第三产业的扩张。但是在2003年以后,情况有所不同,加速增长首先是从工业部门发生的,并且带动了投资的发展。从需求上看也有很大的改善,在国内突出表现为居民住宅和家用轿车的需求激增,在国际上表现为对外的出口明显增加。也就是说,无论是从消费、投资和出口来看,需求都开始旺盛。我们经过深入的研究,做出了中国经济增长进入了新一轮景气周期的判断。2004年年初,我们发布了研究中心成立以后的第一部年度报告——《中国经济增长报告2004——进入新一轮经济增长周期的中国经济》,对中国经济增长的基础、阶段和可能面临的问题进行了全面的分析,事实证明我们当时对中国经济增长周期的判断是正确的。从那时到现在,中国经济基本上经历了一个完整的周期。在这个周期里,我们始终关注着中国经济增长,并在相关领域做了大量的研究工作。按照研究中心的宗旨,我们主要进行两个密切联系着的领域的研究,即国民经济核算与经济增长领域的研究,相比较而言,更加注重经济增长研究,但在国民经济核算领域也做了很多工作。

一、国民经济核算

中国的国民经济核算,是在邓小平同志提出国民生产总值(GNP)翻两番的目标后,为适应改革开放和经济发展的要求,在20世纪80年代中期由原有的物质产品平衡表体系过渡和发展而来的。它既有中国特色(如以生产法为基本方法、按三次产业分类进行基本分类),又和国际最新标准相衔接,使用的是世界各国共同采用的国内生产总值(GDP)指标和账户,为衡量和分析中国经济增长提供了科学的指标和指标体系。中国的政府统计部门在这一体系的基础上,不断改善统计工作和提高统计数据的数量,为政府、企业、学术机构和其他各个方面的用户提供了很好的决策和分析依据。研究中心成立以后,结合我国国民经济核算的发展和实践,由许宪春同志带领的研究团队在这一领域进行了很多的总结、探索和研究工作。

2004年,中国进行了第一次全国经济普查,普查的标准时点为2004年12月

31日,时期资料为2004年度。普查对象是在中国境内从事第二产业、第三产业的全部法人单位、产业活动单位和个体经营户。普查主要内容包括单位基本属性、就业人员、财务状况、生产经营情况、生产能力、原材料和能源消耗、科技活动情况等。普查规模之大、涉及面之广、投入之多,超过了新中国成立之后的数次普查。2005年年底,国务院第一次全国经济普查领导小组办公室和国家统计局分三次发表了第一次全国经济普查主要数据公报,分别公布了被调查单位(法人单位、产业活动单位和个体经营户)的基本情况(第一号公报)、第二产业主要数据(第二号公报)和第三产业主要数据(第三号公报)。在这次普查之后,我们对这次普查工作的方法、经验和实践进行了全面总结,并在《中国经济增长报告2006》中予以发表。在此基础上,我们还利用全国经济普查的数据,对中国的一系列重要问题进行了分析,如利用最新的统计资料说明以公有制为主体、多种所有制并存的经济制度是如何促进了我国的经济增长,如果没有全面的普查数据,这种分析是很难深入进行的。

  近些年来,国际上的绿色国民经济核算取得了很大的进展。通过推动绿色国民经济核算的发展,从数量方面测度和分析中国在能源、环境、健康和可持续发展领域取得的成就和存在的问题,以及探索改进的路径,是非常重要的。在我国的很多地方,都出现过以牺牲环境来增加GDP的现象,在很多情况下,所形成的GDP还不足用以治理环境的费用。这种以牺牲经济、社会和环境发展而换取的经济增长,实际上是在获得眼前利益的情况下,牺牲掉长远利益。因此在经济增长研究中,要注重环境变量对经济增长的影响。但是在这一领域也存在着很多误区,如一些观点简单地把绿色国民经济核算等同于绿色GDP,并且主张以绿色GDP的考核来代替GDP考核,等等。其实,GDP并不仅仅是一个总量,它还反映了国民经济中的各种相互关系(如三次产业的关系、最终需求之间的关系、经济增长和通货膨胀之间的关系、经济增长和宏观经济政策之间的关系等),所以绿色GDP或绿色国民经济核算只能是GDP核算和国民经济核算的延伸而不可能完全替代它们。我们在这一方面做了很多介绍和研究工作,比较系统地简述了联合国绿色国民经济核算的框架,并研究了如何在中国推动绿色国民经济核算的发展。我们用实际数据对中国在环境和能源领域的进展进行了分析,得出了许多重要的研究结论。

  2006年,我们出版过一本专著《走下神坛的GDP——从经济增长到可持续发展》(刘伟和蔡志洲,2006),我们在书中指出:"在世界各国,没有一个国家能像中国这样,让GDP这样普及、这样深入人心。在世界上的大多数国家,GNP、GDP或者国民经济核算这些概念,往往只是被一些专业人士所研究或关注。而在中国,你无论走在什么地方,都会听到人们谈论GDP,谈这一指标对中国和当地经济造成的影响,谈这一指标的优点和不足。从这个意义上说,在中国,GDP是一个走下了'神坛'的指标。"自党的十二大以来的历次党代表大会上,经济增长(也就是GDP的增长)都是中国最重要的经济和社会发展目标。如果没有把GDP提高到这样一个高度,中国不可能取得这么大的经济增长。但也应该看到,GDP及其相关的指标体系和平衡账户,毕竟是由经济学家和统计学家们经过长期而深入的研究和改进发展起来的,把GDP作为一个主要的综合指标来测度和分析国家和地区的发展,仍然是相当专业的工作。在网络非常发达的今天,我们可以很容易看到大量对GDP指标的批判,而在这些批判中,相当大的一部分人实际上并不知道GDP是什么,不仅是普通人,就是很多经济学家,也经常在这个指标的基本概念上犯错误。在实际应用中,也大量存在着错误地理解和应用GDP的情况,并经常引起对其所反映的经济形势的误判。如在2010年中央实施了"择机退出"的宏观经济政策后,我国的经济增长率出现了逐季回落的现象,相应地,通货膨胀的压力也开始减缓。在这一期间,一些扩张过快的行业或企业确实遇到了一定的困难,但是从总体上看,中国的经济仍然是增长的,在以市场为主导的经济调整中,虽然增长率暂时有所减缓,但一些结构性矛盾和过剩的产能得以调整,反而是有利于未来的长期经济增长和经济发展的。但是却有很多人把GDP增长率的回落等同于GDP本身的回落,对中国的经济前景做出悲观的判断。研究中心成立之后,我们尤其强调要正确地理解和应用GDP指标和相关的国民经济核算数据,并在这一基础上得出有根据的分析结论。许宪春同志及其带领的团队做了很多研究,强调要正确看待和应用GDP,对中国国民经济核算进行了全面的回顾、总结、展望以及深度分析,并将其发表在各年度的报告上。而我们以GDP为主要对象进行的中国经济增长分析,也是建立在我国不断发展的国民经济核算事业的基础上的。研究中心的名称不仅反映了我们的研究领域,也反映了我们的研究特点,就是要把我们的经济增长研究建立在系统地应用国民经济核算数据的基础上,通过利用国民收入核算、投入产出表、资金流量表、国际收入平衡表等各个方面的数据,对相关的经济流量和存量开展全面的研究。

二、经济增长

在过去的10年里,中国实现了有史以来最大的经济增长和经济发展,同时也是对世界经济增长贡献最大的经济增长和经济发展。但伴随着这种发展,我们也面临着各种各样的发展问题,很多问题直接关系到老百姓的感受,如由于体制建设没有跟上,出现了一些腐败现象;收入分配差异扩大,一些低收入群众的生活没有得到足够的重视和改善;房价上涨的幅度远远超过了一般物价水平的上涨幅度,在一部分人通过房价增加个人财富的同时,另一部分人通过买房改善自身居住条件的难度却加大了;能源消耗迅速增长,环境保护的问题也凸显出来;等等。但无论经济如何发展,任何国家都会存在着各种各样的社会和经济矛盾,即使是像美国、欧洲、日本这样经济发展水平相当高的地方,也存在着众多难以解决的问题,尤其是在当前的经济衰退时期,所面临的困难比我们大得多。尽管我们的经济发展水平较低(它们已经是高收入的发达国家,而我们则刚刚越过中等收入标准),它们的市场机制也比我们完善,但我们解决和改善各种矛盾的条件要比它们好得多,这是因为中国的高速经济增长正在为我们解决各种发展难题提供坚实的物质基础,正如邓小平同志所说的那样,"发展才是硬道理"。以社会上现在关注度比较高的收入分配问题为例,要改善全体人民的生活,收入分配的改革是重要的,合理的收入分配制度不仅改善着公平,同时也提高着全社会的经济效率。尤其是在中国已经实现了一部分人先富起来、一部分地区先富起来之后,更要强调共同富裕。但是共同富裕不仅要在静态上改善收入分配格局,而且要在动态的发展中通过帕累托优化使全体居民共同分享改革开放的成果。因此,对于中国过去10年的经济增长(也就是 GDP 的扩张)乃至社会经济发展,要有一个总体的客观评价,不能因为出现一些问题就否认改革开放和经济增长的成果。正是由于中国实现了巨大的经济增长,我们才有可能在改善民生、改善基础设施建设、改善城乡统筹发展方面进行大量的投入,使得中国在世界面前展现全新的风貌。但是在另一方面,对经济增长和经济发展中出现和积累的各种问题也要高度重视、深入研究,尽可能地使政府的改革和决策更加科学,更有预见性。在这一方面,我们有成功的经验,也有值得改进的地方。如 2004 年我国及时进行的宏观调控,控制了开发区热和投资热,就为未来几年更加稳定的增长打下了基础;而全球金融危机之后,中央果断地调整原有的宏观政策,通过实行积极的宏观经济政策坚定市场信心,虽然在实施过程中也存在一些问题(如对房地产市场的监控存在问题,产生了不小的负作用),但是从总体上看,这一决策保持了中国经济的平稳较快发展,抵御了全球金融危机的冲击,使中国成为最早走出危机阴影的国家。这一时期西方国家的经济衰退和中国的强劲增长形成鲜明对照,也就是在这一时期,中国在国际比较中的一些关键性指标出现了历史性变化(GDP 总量、出口和对外贸易总量、人均国民收入水平等),使中国的发展水平和国际地位上了一个新的台阶。正是在这种背景下,党的十八大上把以往的全面建设小康社会的提法调整为全面建成小康社会。这意味着在国内人民生活水平将会得到显著提高,在国际上则可能接近成为或成为高收入国家。改革开放初期我们梦寐以求的现代化目标有可能在我们这一代实现,这将是我们这一代的光荣。但是我们也应该看到,我们现在所面临的难题也是前所未有的,现代化不会自然实现,要经过整个中华民族的艰苦努力,我们还有很多困难要克服。作为从事经济增长领域研究的学者,我们也希望在新的时期,在这一方面能对国家的发展有所贡献。

中国最近 10 年的经济增长,既是 20 世纪最后 20 年我们经济体制改革成果的延续，也是新时期全国人民奋斗的结果。

从历史的角度看，改革开放以后，党和国家的工作重心转到了经济建设上来，赶超世界水平、实现现代化明确地成为我们的发展目标。但是从一开始，我们就发现传统的计划体制事实上是束缚中国的生产力发展的，在传统的体制下很难实现我们的增长目标和发展目标。但究竟要发展一个什么样的体制，我们并不明确，因此，中国最初的改革开放与经济增长，事实上是一个不断探索的过程，通过一个渐进的过程，发展和建立一个能够调动生产者和劳动者积极性，同时能够不断优化资源配置的体制，获得持续的高速经济增长。因此在中国，从一开始，加速的经济增长就是和改革开放密切联系的。从整体上看，党的十六大以前的经济体制改革，主要可以分为三大阶段。第一个阶段是农村经济体制改革，通过在农村建立生产承包责任制，在其他条件未发生大的变化的条件下，最大限度地调动农民的生产积极性，从而促进了农业的大发展。第二个阶段是1984—1992年，在这一阶段，我国经济体制改革的重点由农村转到了城市，一方面，我们想通过改革促进经济增长，另一方面，传统观念的束缚又使得我们在很多方面难以迈出改革的步伐，如姓"社"还是姓"资"的争论，从表面上看是一部分领导干部和知识精英的思想交锋，但在实际上却反映了整个社会的心态。虽然在这一时期我们经济体制改革的目标并不明确，但进行了很多大胆的探索，如通过鼓励多劳多得改革收入分配体制并带动居民消费的增长、通过强调价值规律改革价格体制、通过强调经济建设鼓励引进外资和技术，而不是像过去那样在低水平上搞自力更生。虽然经济增长有过起伏，但从总体上看，这一阶段的中国经济已经动起来了，开始了"经济起飞"。第三个阶段是在邓小平南方讲话之后，经过多年的改革探索，党的十四大明确提出把建立社会主义市场经济作为经济体制改革的目标，并准备拿出30年的时间来实现这一目标，其中前20年是建立社会主义市场经济的框架，后10年则用来完善社会主义市场秩序。在这种背景下，在20世纪90年代的中后期，我国采取了一系列措施大力推进市场化改革，商品市场、劳动市场、资本市场都建立和发展了起来。在企业制度上，通过产权制度的改革，对国有企业进行了现代企业制度的改革，对大量不适应市场需求和市场竞争的国有企业实施了关停并转，而对保留下来的企业进行了广泛的股份制改造，鼓励民营经济和外资经济发展，建立了以公有制为主体的、多种经济成分并存的企业制度；在金融体制上，对国有商业银行进行了股份制改造，建立了现代企业治理制度，巩固了中国以商业银行为主体的资本市场与金融体系，为发展现代的宏观调控尤其是货币政策的实施奠定了坚实的微观基础；在住宅制度上，推动了住宅商品化的改革，在改善居民家庭住宅条件的同时，也为中国经济创造了新的增长点；等等。1998年，由于亚洲金融危机、自然灾害、经济周期等原因，中国的经济增长出现了明显的回落，在这样的背景下,国家调整了原有的适度偏紧的宏观经济政策,开始实施积极的财政政策和适度宽松的货币政策,以刺激投资和经济增长。但是与此同时,对国有商业银行和大批国有企业的市场化改造,在短期里却又在影响经济增长,如当时的国有商业银行由于风险控制普遍出现"惜贷"的现象,而大批的国有企业在改制中,不要说扩大投资,甚至连生存都很困难,产生了大批的下岗职工,所以在那个时候,下岗职工的再就业是一个很突出的社会问题。在这种情况下,实际上政府也在面临着艰难的选择,是继续向那些经营不良的企业注入资金并通过它们的投资来保持增长,还是通过深化市场改革来真正恢复中国经济的活力?国家选择了改革,而积极财政政策的支出,主要用于基本建设投资。这样,到了 21 世纪之初,尤其是在党的十六大前后,由于国有企业恢复了活力、民营经济有了发展、金融体系得以完善、国际和国内的需求有所上升,我国的经济增长和经济发展进入了一个新的发展阶段。我们研究中心将中国经济增长问题作为一个整体进行研究也是从这个时候开始的。

进入 21 世纪后,尤其是从党的十六大到十八大这一期间,中国的经济增长和经济发展总体上是健康的,否则就不能够解释在这一期间中国为什么会在现代化进程中取得那么大的成就,国际地位为什么得到那么大的提高。但是在这一阶段我们所面临的矛盾也更加深刻和复杂,迅速发展和变化的经济与不断出现和积累的矛盾并存,是中国经济增长的特点,也是中国经济增长研究的精彩之处。如果说在改革开放的前期和中期,我们的转轨过程事实上就是一个解放思想和走世界各国共同的现代化道路的过程,在这一过程中我们渐进地实现了单一公有制向以公有制为主体、多种经济成分并存的所有制结构转变,实现了由计划经济向市场经济的转变,并由此推动经济起飞和保持了长期高速经济增长,那么到了这一时期,我们则要更多地根据中国的经济增长和经济发展的实际,通过改善市场体制和市场秩序、改善政府职能和宏观调控,来保持中国的经济增长,并在这种增长中解决不断出现以及积累的经济和社会发展中的矛盾。事实上,直到 21 世纪初,在社会主义市场经济的框架基本上建立起来之后,才可以说在中国建立起了现代意义上的宏观调控,而且这种调控和发达国家存在着很多不同,如在市场经济国家货币供给主要靠货币价格调节,我们则是价格调节和数量控制结合应用,更注重数量控制;市场经济国家的货币大多数是可以自由兑换的,我们只是在经常项目上实现了自由兑换;我们的财政体制更是和发达国家存在着很大的差别,在这种基础上实现的财政政策当然也有很大的差别。这和我们在市场化程度、经济发展水平上与发达市场经济国家之间的差别有关。所以中国的宏观调控有它的特殊性,既有总量问题,也有影响总量的微观基础问题,还有合理地在不同的部门或不同方面配置资源的结构问题(或者说是中观问题)。所以现阶段的经济增长的动力与改革开放前期和中期有所不同,那时候的经济增长是在体制不断经历重大变化的条件下取得的,改革推动了增长,但也伴随着阵痛,如20世纪80年代中期和90年代中期高达两位数的通货膨胀,不能说没有对生产和人民生活带来负面影响,但更大的产出抵消了这些负面影响,因此从长期看,改革和增长对中国的经济和社会发展所带来的好处是实实在在的。相比较而言,进入新一轮经济增长周期后,中国的经济体制改革和市场化进程虽然没有停止,但由于社会主义市场经济的框架已经建立起来并且在不断完善,我们基本上是在相对稳定的条件下实现中国的经济增长。20世纪80年代和90年代那种靠中央文件指导或管理经济活动的做法减少了,更多的是通过货币政策、财政政策在市场经济中发挥作用,鼓励企业和市场自主地发展。这一阶段的经济和社会发展,客观上需要有更稳定的总量变化(包括增长、价格总水平、就业等)来保证,这就对中国的体制创新和宏观调控提出了更高的要求。经济增长研究的重点也在改变,也就是从原来的通过经济体制改革尤其是产权制度的改革和市场制度的改革来推进经济增长,逐渐转向改善经济增长的微观基础和体制基础,在需求管理和供给管理相结合、总量管理和结构管理相结合的基础上提高宏观调控的科学性,从而实现平稳的、较快的、可持续的和高质量的经济增长。

但是在增长过程中,我们也遇到很多挑战,这些挑战有些是来自外部环境的变化(如全球金融危机的发生),有些是来自市场体系和市场秩序的不完备,有些是随着经济发展水平和阶段的不同而必然出现的(如随着经济规模的不断扩大,如何实现经济发展方式的转变),也有一些是因为宏观监测和调控存在不足。随着经济发展水平的提升,全社会改善物质、精神、文化等方面的需求也在提升,这样,对经济增长的约束条件反而提升了,增加了我们实现预期经济增长和经济发展的复杂性。2003年中国出现了加速的经济增长后,随之出现的就是和1992年类似的固定资产投资激增和开发区热,前三个季度的全社会固定资产投资增速分别为31.6%、32.8%和30.5%,比上一年全年16.1%的增长率将近增长了一倍;而截至2003年上半年,批出各类开发区占地近3.6万平方公里,占国土面积的3%,大部分位于经济发达和比较发达的地区,针对这种经济活动中的过热,中央在2004年调整了原来的积极宏观经济政策,通过宏观调控尤其是货币政策的适度紧缩来遏制投资过热,同时还辅以行政手段,由七个部委联合组成调查组,对开发区和土地征用进行清理,收到了一定的成效。但从那时开始,我国的固定资产投资就一直保持着高增长,即使在全球金融危机后经济增长有所回落时,仍然达到20%以上,但在1996—2001年上一个经济周期的调整期间,我国的固定资产投资则一直在15%以下。这是这一个经济增长周期中,我国经济增长的新特点,也就是投资在经济增长中起着主导作用。从2003年一直到2008年全球金融危机爆发时,中国的宏观调控的力度在不断地加大,但是宏观政策的效应尤其是货币政策的效应却在递减。2006年下半年,中国出现了比较明显的通货膨胀,居民消费价格指数在不断提升,而生产者价格指数提升的幅度更大;2007年,我国的居民消费价格指数上升到4.8%,经济增长率则提升到14.3%,表现出明显的经济过热。在这种情况下国家的宏观调控面临着艰难的选择,如果力度太大,担心影响经济增长,如果力度过小,又担心抑制不住通货膨胀。2008年,我们虽然遭遇了金球金融危机的冲击,但是从全年看,居民消费价格指数的上涨仍然达到了5.9%。2008年年底爆发的全球金融危机,对中国造成了很大的冲击,尤其是对市场信心造成了很大的冲击,在这种情况下,中央果断地调整了宏观经济政策,运用积极的财政和货币政策来遏制经济增长率的不断回落,使中国成为最早走出金融危机阴影的国家。但是这一政策也有副作用,也就是使中国已经很尖锐的结构矛盾更加突出,房价和物价都出现了较大幅度的上升。2010年上半年,针对卷土重来的通货膨胀,中央实施了"择机退出"的政策,实现由政府刺激到企业自主增长的有序转变,而对市场力量不能积极发挥作用甚至有所失灵的房地产市场,则通过实行"限购"等行政手段来遏制其价格上涨。从"择机退出"政策实施的结果看,中国通货膨胀的压力现在已经缓解,但由于出口下降,而内需又没有得到明显的提升,经济增长率有所回落。但和上一个经济增长周期中的调整效果所不同的是,这一次的调整没有出现企业的大批倒闭,非农就业还在稳步提升,居民和社会的消费在政府的重视下得到较大改善,这一方面说明中国的市场体制已经更加成熟,在竞争的环境下企业已经逐渐学会风险控制、管理创新和技术创新,而整个国家的经济总量和经济实力大大提高(2000年中国的GDP为10万亿元人民币,2012年已经超过50万亿元,扣除价格变动,2012年为2000年的3.18倍);另一方面也说明政府通过不断的实践,宏观调控的能力和水平也在不断提高。这就为我们解决各种发展矛盾提供了条件。从总体上看,从2003年到2013年这10年间,前四年(2003—2006年)经济增长和经济发展进行得比较顺利,虽然一度出现过经济过热,但通过及时的宏观调控平抑了波动。但从2006年下半年一直到现在,中国经济增长中一直是难题不断,旧的矛盾刚刚缓解,新的矛盾又产生了,这正说明中国经济发展到目前这个阶段,所面临的问题更多、更复杂,实现各种宏观目标和发展目标的难度也就更大。这也是中国在现阶段更加需要在这一领域中开展深入和广泛的研究的原因。也就是在这种背景下,我们研究中心在过去10年里,针对着中国的经济增长以及在这一过程中出现的各种矛盾,展开了一系列相关的研究,综合地体现在我们发表的10部年度报告上。它们分别是:

(1)《中国经济增长报告2004——进入新一轮经济增长周期的中国经济》;
(2)《中国经济增长报告2005——宏观调控下的经济增长》;

(3)《中国经济增长报告2006——对外开放中的经济增长》；
(4)《中国经济增长报告2007——和谐社会与可持续发展》；
(5)《中国经济增长报告2008——经济结构和可持续发展》；
(6)《中国经济增长报告2009——全球衰退下的中国经济可持续增长》；
(7)《中国经济增长报告2010——从需求管理到供给管理》；
(8)《中国经济增长报告2011——克服中等收入陷阱的关键在于经济发展方式转变》；
(9)《中国经济增长报告2012——宏观调控与体制创新》；
(10)《中国经济增长报告2013——实现新的历史性跨越》。

每一年的年度报告在当年年初出版，使用的是截止到上一年年末的国民经济核算与其他数据，对发展到当时的中国经济增长进行近期分析和中长期研究。我们每一年研究的侧重点有所不同，但已有的研究已经涉及了我国经济增长的方方面面，我们的团队也在研究探索中不断成长。本期报告的主编为刘伟（北京大学教授、副校长，北京大学中国国民经济核算与经济增长研究中心常务副主任），副主编为许宪春（北京大学教授，国家统计局副局长，北京大学中国国民经济核算与经济增长研究中心常务副主任）和蔡志洲（北京大学中国国民经济核算与经济增长研究中心副主任），课题组主要成员包括：黄桂田（北京大学教授、校长助理），金三林（北京大学中国国民经济核算与经济增长研究中心研究员，国务院研究发展中心研究员），施发启（北京大学中国国民经济核算与经济增长研究中心研究员，国家统计局国民经济核算司处长），王大树（北京大学经济学院教授），林卫斌（北京师范大学副教授、能源与战略资源研究中心副主任），苏剑（北京大学经济学院副教授），张辉（北京大学经济学院副教授、副院长），肖治合（北京大学经济学院副院长），李连发（北京大学经济学院副教授），冯科（北京大学经济学院副教授）。

在此，我要向历年参加《中国经济增长报告》撰写以及提供技术支持的同事们表示感谢，除了今年的课题组成员之外，历年来对中心的研究工作和年度报告做出过贡献的同志包括（按参加报告撰写或工作的时间为序）：吴萨（北京大学经济学院博士），李正全（北京大学经济学院博士），喻桂华（北京大学经济学院博士），范幸丽（北京大学经济学院博士），张春煜（北京大学经济学院博士），曹和平（北京大学经济学院教授），李心愉（北京大学经济学院教授），田咚（北京大学中国国民经济核算与经济增长研究中心办公室），郭晓骞（北京大学中国国民经济核算与经济增长研究中心办公室），李绍荣（北京大学经济学院教授），李虹（北京大学经济学院教授），王汝芳（北京大学经济学院博士），王雪松（北京大学经济学院博士），刘涛（北京大学经济学院博士），刘愿（北京大学经济学院博士），蒋萍（东北财经大学统计学院院长、教授），何小锋（北京大学经济学院教授），王曙光（北京大学经济学院教授)、方烨(新华社《经济参考报》记者)、王莎莎(北京大学经济学院办公室)。中心的发展和各个年度报告的问世首先是与他们的奉献密切相连的。

我要感谢研究中心成立以来国家统计局的历任局长,包括朱之鑫局长、李德水局长、谢伏瞻局长、马建堂局长对北京大学中国国民经济核算与经济增长研究中心的建设、研究和年度报告的出版的大力支持,国家统计局与北京大学经济学院长期的、密切的合作,使我们能在国民经济核算与经济增长这一领域中的研究不断取得进展。而许宪春副局长对中心工作的具体指导与直接参与更是推进了中心的各项工作。我还要感谢国家统计局国民经济核算司、国际统计信息中心和国家发改委规划司对本报告的指导和支持,以及对我们研究成果的关注,使我们的政策建议能够更加积极地发挥作用。

研究中心的建设和发展离不开北京大学和有关部门的领导和同志们的支持。吴树青老校长和吴志攀副校长参加了研究中心的成立大会,对中心的工作做出指导,吴树青老校长还亲自兼任了中心的学术委员会主任。北京大学社会科学部对中心的工作一直高度重视,程郁缀部长和肖群副部长多次到经济学院对中心的工作进行具体指导。经济学院新班子尤其是孙祁祥院长和章政书记非常支持中心的工作。胡新龙同志(北京大学校长办公室)和李梅同志(北京大学经济学院科研办公室)为中心做了很多工作。我在此对他们的支持表示感谢。我还要感谢教育部和国家社会科学基金对本报告的支持,我们的研究先后受到教育部哲学社会科学研究重大课题攻关项目"我国货币政策体系与传导机制研究"(项目编号:08JZD0015)和国家社会科学基金重点项目"我国中长期经济增长与结构变动趋势研究"(项目编号:09AZD013)的资助,而在2010年年底,又被教育部社会科学司立项为"教育部哲学社会科学发展报告建设项目"(项目编号10JBG002),这既是对我们研究的支持,也是对我们多年工作的肯定。

在研究中心发展过程中,我们受到了主流媒体的高度关注,并且通过他们和社会各界进行了广泛的交流。在此,我要特别提到张英香(国家统计局新闻处长)、王永志(中国新闻社记者)、朱剑红(《人民日报》记者)、刘铮(新华通讯社记者)、方烨(新华社《经济参考报》记者)、定军(《21世纪经济报道》记者)、商灏(《华夏时报》记者)、冯蕾(《光明日报》记者)、魏晞(中国新闻社记者)等朋友们对中心以及我们发布的年度报道的关注和支持。如果没有你们的支持,中心的学术观点和政策建议不可能有现在这样的影响力。

我要特别感谢秦龙国际集团的李晓明先生以及冯博先生。晓明和冯博是从经济学院走出去的校友,从中心成立初期就开始支持中心的工作,一直延续到今天。这既体现了校友们对经济学院的感情,也反映了他们对于中国经济增长的热爱。从2011年起,李晓明董事长和秦龙国际集团又在北京大学经济学院建立了秦龙光彩龙铭奖学金和奖教金，对北京大学的发展做出了自己的新贡献。近些年来，秦龙国际集团的发展非常快，我祝他们在国内外的生意更加兴隆，对国家的发展做出更大的贡献。我还要感谢金鹰基金原总经理林金腾先生在中心建立初期对我们的支持。北京大学以及我们这个研究中心的发展，是和社会各界的支持分不开的。

《中国经济增长报告》先后由三个出版社出版，他们为这个系列报告的出版付出了辛勤的劳动。中国经济出版社的官永久先生和黄静女士、中国发展出版社的尚元经先生和李莉女士，都和北京大学经济学院之间有着密切的合作关系，对本系列报告的出版更是倾注了很多心血，在此再次对你们表示感谢。从2013年开始，《中国经济增长报告》回到了母校，由北京大学出版社出版，张黎明总编辑、林君秀主任、朱启兵老师、赵学秀老师和刘京老师为本报告的出版和发行付出了大量劳动，我对你们再次表示感谢。

刘 伟

于 2013 年春节

第一章 我国经济失衡和宏观调控的新变化

第一节 经济增长速度在持续下降中开始出现回升

自2008年金融危机全面冲击我国经济之后,我国经济出现了连续5个季度增速下降,2008年第一季度从上年的13%降至10.6%,第二季度降为10.1%,第三季度再降为9%,第四季度则降到6.8%,直到2009年第一季度降为6.2%。由于采取了一系列强有力的反危机举措,我国经济总体上保持了较为强劲的增长势头,2008年经济增长率达到9%,2009年在二战后全球首次出现负增长的条件下,我国保持了8.7%的增速,2010年更是达到10.3%。但是,自2010年10月宏观刺激政策总体上"择机退出"之后,经济增长速度开始放缓,虽然2011年全年增速达到9.2%,但按季度看则是持续下降,第一季度9.7%,第二季度降为9.5%,第三季度再降至9.1%,第四季度为8.9%,进入2012年,第一季度又降至8.1%,第二季度降至7.6%,第三季度为7.4%,已连续7个季度增速持续下降,虽然增速下降的绝对幅度低于2008年,但持续下降时间之久是少见的,但从目前态势看,开始出现止跌回升的迹象,"下行"风险压力开始趋缓。

究其原因,从最终需求中的投资来看,投资需求增速放缓是经济增速放缓的突出原因,主要是市场性企业投资动力不足,在政府投资开始放缓的条件下,投资需求增速放缓越显突出。从2008年金融危机后我国固定资产投资的增速看,是以政府为主力,以基础设施为主要领域,实际固定资产投资增速从2008年的15.1%猛增至2009年的33.3%,到2010年10月宏观刺激政策开始"择机退出"后,固定资产投资增速在2010年迅速降至19.5%,2011年再降为16.1%(均剔除价格因素),2012年全年固定资产投资(不含农户)364 835亿元,比上年名义增长20.6%(扣除价格因素实际增长19.3%),增速比上年回落3.4个百分点。自2010年以来投资需求的增速持续下降,是形成连续7个季度经济增速放缓的主要原因,根源在于,依靠各级政府投资不仅难以持续,容易形成巨大通胀赤字压力,而且会给未来经济发展留下巨大成本,甚至形成严重的低效率的"泡沫",因此政府作为投资主力不得不择机退出。而同时,由于创新(包括技术创新和制度创新)不足进而缺少投资机会,技术创新力不足,导致缺乏有效的投资机会,即使有充裕的资本也难以形成市场竞争性的有效投资,制度创新不足,导致创新市场竞争压力不足。同时,要素市场等方面的欠发育也难以支撑各种不同经济性质的企业平等有效地进入和运用市场实现创新。因此,经济结构缺乏升级的能力,企业大规模地扩大投资,极可能导致严重的重复建设和产能过剩。但是从2012年第四季度态势来看,投资需求增速开始出现积极增长迹象,特别需要指出的是,虽然纵观2012年名义投资需求增速比2011年有所下降,但波动幅度不大,同时,若考虑到2012年较上年通货膨胀率的回落(自5.4%降至3%左右),则2012年的投资需求实际增长率自2010年连续两年多下降以来开始出现回升势头。因此,2013年全社会固定资产投资需求很可能继续提速,包括各级政府和大企业及中小微企业的投资需求均可能出现稳定缓慢的增长,名义增长率会出现较显著提升,若通胀控制严格则实际增长率会更高些。

从最终需求中的消费需求看,我国经济增长内需不足的突出表现在于消费需求增长动力不足,2008年金融危机发生后,在扩大内需过程中特别强调了扩大消费,社会消费品零售总额实际值增长率为14.8%,2009年又进一步上升至16.9%,但2010年又降回至14.8%,2011年比上年增长17.1%(但扣除价格因素实际增长11.6%)。2012年全年社会消费品零售总额207 167亿元,名义增长率为14.3%,比上年回落2.8个百分点。但扣除价格因素后,实际增长12.1%,仅比上年提高了0.5%。我国经济长期以来消费需求增长乏力,究其原因,一方面,在经济发展阶段上,我国正处于工业化后期和城市化加速期,相应的投资需求增长正处在历史高峰期,客观上投资需求的高速增长会抑制消费需求的增长速度,据测算,根据我国现阶段的经验,固定资产投资需求增长若保持在23%左右的年增速,则固定资产投资每再提高1个百分点,消费需求增速相应放缓0.5个以上的百分点,若固定资产投资增速超过30%以上,则消费需求可能出现负增长,再加上我国政府,尤其是地方政府的投资冲动,加之地方政府可以超越地方财力,通过财政过度金融化和招商引资等方式加快发展,从而进一步放大了现阶段我国经济增长中的投资拉动效应。另一方面,在国民收入的分配上存在严重扭曲,从总体的分配结构看,在政府、企业、居民三者间收入增长速度上,居民收入增长长期处于最低的水平,一般比GDP增速低1/3,而政府财政收入增速最快,显著高于GDP增速,改革开放三十多年来,按当年价格计财政收入年均增长18%以上,而GDP(按现行价,不是按固定价)年均增长14%多(按不变价为9.8%),这就使得居民作为消费者的收入在国民收入中所占比重下降,这种居民收入占国民收入比重的下降又与初次分配中劳动要素报酬增速放缓进而比重下降直接相联系,进而使得消费与经济增长不协调。从微观意义上的居民内部收入分配来看,居民收入差距扩大是不争的事实,尤其是城乡居民间收入差距显著,据测算,城乡间居民收入差距在我国居民收入差距形成的原因中居首位,能解释40%以上的居民收入差距,从初次分配来看,截止到2011年,我国第一产业就业比重为36.7%,而增加值占GDP比重为10%,也就是说36.7%的劳动力分配10%的产值,从再分配后的结果来看,大体上3个农村居民的纯收入相当于1个城市居民的可支配收入(2010年城镇人均可支配收入为1.9万多元,农村居民人均纯收入为0.59万元)。再加上其他体制性原因和发展性原因等,承认我国居民间收入差距扩大,并且已超出通常所说的基尼系数警戒水平(0.4),是普遍的共识,这就进一步降低了社会消费倾向。虽然从根本上解决消费需求增长乏力的矛盾,需要长期多方面努力,但从2012年总体的短期情况看,已开始发生变化。虽然名义社会消费品零售总额增长速度有所回落,但2011年CPI为5.4%,而2012年CPI为2.6%,因此实际增速是有所提高的。2012年前三个季度,我国消费对GDP的贡献率已超过投资,达到55%,伴随着我国工业化、城镇化目标的逐步实现,伴随着改革的深入,国民收入分配和居民收入分配必然发生相应变化。相信在2013年,这种社会消费品零售总额实际增速的回升能够继续保持其势头。

从最终需求中的外需(出口)来看,受2008年金融危机影响,我国2009年出口需求增长为负的16%以上,使得出口对我国经济增长的贡献从进入21世纪以来的每年正的2—3个百分点,逆转为负的1—2个百分点。在采取一系列应对危机冲击的举措后,出口需求增长得到恢复,2011年我国进出口总额的增长为22.5%,但进入2012年由于世界经济复苏进程缓慢,贸易保护主义的进一步强化等原因,我国进出口增长低于预期。据海关统计,2012年我国进出口仅比上年增长6.2%,其中出口增长7.9%,进口增长4.3%,在与主要贸易国的双边贸易中,中日、中欧双边贸易下降,中美、中国与欧盟双边贸易及与俄罗斯和巴西双边贸易不同程度地增长。在2012年出口对我国的经济增长贡献虽不是负值,但由于出口增长在一位数,因而对经济增长的贡献事实上不到1个百分点,而净出口对GDP贡献率则为-5.5%,下拉GDP负增长0.4个百分点。从目前各方面的分析预测看,2013年世界经济虽开始有所复苏,但其速度不可能较快,难以达到金融危机前的增长水平,包括国际货币基金组织、联合国有关机构、世界银行、经合组织等多家机构在内,大都预计2013年世界经济增长在3%上下,其中较为乐观的经合组织也只预测在3.6%—4.2%之间,因此,2013年我国进出口,尤其是出口增速很可能仍在一位数的水平上,可能略高于2012年,但难以达到两位数以上。今后较长时期里,我国经济增长只能更多地依靠内需拉动,以年增20%以上的出口来支持经济增长的状况难以长期再现。事实上自2008年以来,净出口对经济增长的贡献一直在回落。

综合最终需求的上述三方面(投资、消费、出口)来看,虽然受外需增长率回落影响较大,但出口对经济增长的影响仍是正向的,因此由于显著抑制了通胀,内需的实际增长率逐渐提升,综合作用下,2012年我国经济增速从开始的持续下降逐渐开始有所回升,按季度看实际增长率,第一季度8.1%,第二季度7.6%,第三季度7.4%(累计7.7%),而全年的增长率达到了7.8%,季度间增速下降的幅度呈现逐渐收窄的势头,第四季度则已经出现小幅回升(约7.9%)。从生产领域中的各种领先指标的表现来看,这种增速回升是有其必然性的,工业增加值增长率自2012年11月起已经提升到10.1%,超出9月和10月的9.6%,制造业采购经理指数和非制造业商务活动指数(PMI)12月分别达到50.6%和56.1%,已经连续3个月向上运行,特别是制造业采购经理指数又回到50%以上的区域,在一定程度上反映出,我国无论是制造业还是非制造业,经过2012年的调整后,已经重新缓慢呈现出积极增长的趋势。与之相适应,我国2012年前3个季度城镇登记失业率在4.1%左右,考虑到社会调查失业率在我国目前通常比登记失业率高出2个百分点左右,因此,即使按社会调查失业率计,目前也还不到7%(欧盟的警戒水平)。2013年我国投资、消费需求的名义和实际增长速度可能略高于上年,出口需求增速若也略高于上年,那么,2013年中国经济增速止跌回升的趋势将更为明确,经济增速略高于2012年是完全可能的,失业率在目前水平上稳定并略有下降也是可能的。

第二节 物价持续回落中潜在通胀压力仍高

伴随2008年下半年以后连续两年的更加积极的财政政策和适度宽松的货币政策实施,形成了巨大的通货膨胀压力,这一压力也是促使政府自2010年10月从全面扩张的宏观政策择机退出的重要原因,2011年物价指数达到5.4%,虽然与当年经济增长9.2%相对应,并不显得很高,但已超出了预定目标(4%左右)。进入2012年通货膨胀控制略显改观,全年呈现先高后低趋势,居民消费价格指数从年初的4.5%逐月下降(除3月的3.3%较2月的3.2%略有反弹外),9月、10月CPI已降到2%以下(通常所说的考虑到统计误差后出现通缩现象的警戒水平),11月才又重回2%,12月则为2.5%。2012年全年CPI比上年上涨2.6%,成功地实现了年初预定的把通胀率控制在3%左右的政策目标。

但潜在的通胀压力仍然居高不下,主要原因在于现阶段的通货膨胀成因复杂,有其新的特点。首先,从需求拉上来看,2008年至2010年两年的宏观扩张刺激政策,导致货币供应量过度增长,M_2在2009年增长27.7%,2010年增长19.7%,由于"择机退出"后重新采取反危机前的稳健的货币政策方向,2011年M_2增速开始下降,全年比上年同期增长13.6%,但进入2012年后,虽然仍采取稳健的货币政策,但从紧的力度开始放松,央行多次下调存款准备金率,连续下调贷款基准利率并调整利率浮动区间,同时通过公开市场操作、再贷款、再贴现和逆周期审慎的宏观管理等多项政策工具,在一定程度上扩大着货币供给,货币供应量增速略显回升,到9月底 M_2 增速创2011年下半年以来新高,M_1 增速则创2012年新高,广义货币供应量 M_2 余额为94.4万亿元,同比增长14.8%,货币存量与GDP之比仍居很高水平,几乎接近200%。考虑到货币政策对物价作用在时间上的滞后性,反危机以来形成的大量货币存量,在未来的几年中将会陆续影响物价指数,从潜在的通胀压力转化为现实的物价上涨。对于这种巨大、集中而又有滞后性的需求拉上的通胀压力,现期宏观政策的时效性会被极大削弱。其次,从成本推动来看,我国经济发展已进入中等收入阶段,要素成本全面上升,与改革开放以来的1984年、1988年、1994年三次严重通胀不同,前三次大的物价上涨根本原因在于需求膨胀,供给相对不足,而现阶段的通胀除受需求拉上作用外,成本推动起了重要作用。有关研究表明,现期通胀压力有40%以上可以用成本推动加以解释,对于成本推动形成的通胀压力,依靠传统的紧缩需求、收紧银根的做法是难以有效控制的,甚至可能产生负作用,在紧缩银根的条件下,上涨的市场利率会增大企业融资成本,进而加剧成本推动通胀的压力。再次,从国际输入方面看,一方面进口品价格上升会推动国内市场价格上升,诸如石油价格的上升对于石油进口依赖度已超过50%且每年仍以8%以上速度增加进口的我国而言,必然严重影响国民经济成本;又如铁矿砂等大宗商品国际市场价格的大幅上升,对于我们这样一个国际市场上最大的买主而言(国际铁矿砂市场贸易量中我国买进量占60%以上),影响是显著的;再如农产品中的大豆、玉米等,我国也是大量进口,其国际市场价格持续上升自然影响我国物价水平,据测算,以2010年为例,由于大豆进口依赖度高,国际市场大豆价格与国内市场大豆价格相关性显著,国际市场大豆价格上升1%,国内市场相应上升0.83%,而国内大豆价格上升1%,食品中的肉禽蛋类价格上升0.62%,这些进口品价格上升都会直接进入企业成本和劳动力成本,从而加大成本推动的通胀压力。另一方面,国际市场上流动性过剩会刺激国内的通胀,美国为走出危机,刺激经济,已连续多次采取定量宽松的货币政策,使货币政策与财政赤字扩张政策相互统一,自然会加剧国际市场上(美元)流动性增加;日本政府在2013年伊始,已明确表示要加大通货膨胀水平,增大货币供应量,以刺激经济复苏;欧洲央行虽不是完整意义上的中央银行,其货币政策机制与欧元区17国的财政机制相互分离,而且其作为央行的货币政策工具也不充分,与各成员国间难以进行公开市场操作,但在欧债危机的影响下,经济复苏迟缓,迫使其也不得不考虑采取宽松的货币政策。这种国际性的由以扩张性财政政策为主应对危机转向同时运用扩张性的货币政策,以财政与货币政策同时双强力扩张来缓解危机的举措,会加剧国际市场上流动性过剩,从而推动国际市场上的通货膨胀加剧,进而通过进口贸易影响我国国内通胀压力的上升,而对于国际市场上的通胀,我国国内宏观政策难以予以影响,只能被动地接受其对我国经济的影响。最后,从国际收支失衡形成的巨额"外汇占款"来看,一方面,在进出口上,出口增速长期高于进口,金融危机以来,我国进出口增速趋缓,进口与出口增速均有所降低,但总体上出口增速快于进口增速的格局仍未根本改变。2012年外贸增速虽大幅回落至6.2%,但出口增速仍以7.9%显著高于进口增速(4.3%),全年贸易顺差2 311亿美元,较上年扩大48.1%,累计下来,我国外汇储备已超过3.5万亿美元,必然形成大量的"外汇占款",事实上,自2009年以来,外汇占款放出去的货币已显著高出银行贷款规模达到100%以上,高时达到129%,外汇占款已成为现阶段影响我国货币供给增长的首要因素。这种进出口结构失衡的状况短期内难以克服,出口方面,世界经济衰退中贸易保护主义抬头,出口增长本身会受到削弱,尤其是在内需不足未根本缓解的情况下,更不可能采取主动牺牲出口增速的做法求得进出口增速的结构平衡;而进口方面,扩大进口以求均衡,又面临种种我们不能控制的限制,诸如西方国家对我国仍未取消的种种封锁、禁运等。另一方面,在资本流入流出上,由于种种原因,人民币面临的升值压力不断增大,相应地,人们对人民币升值的预期不断提高,也会促使国际上的资本更多地流入我国,资本流入的增加(包括所谓"热钱"),也会导致外汇占款的增长,从而增大货币供给,并且产生严重的不稳定性。虽然我们可以采取种种监管措施加以监控,但只要人们对人民币升值预期不断上升,资本流入增加就会成为长期趋势,尽管可以通过加大资本流出扩大对外投资,以求资本流入与流出间增速均衡,但短期里难以有效地大幅提升资本流出。这样,国际收支方面失衡的长期存在,对国内经济均衡增长不能不产生严重的冲击,巨额"外汇占款"刺激通胀压力便是这种冲击的重要体现。通过宏观经济政策在短期里是难以消除这种冲击的。

因此,虽然目前我国通货膨胀得以缓解,2012年的居民消费物价指数已降至2.6%,但通货膨胀的潜在压力在未来几年仍然较高,并且在国际国内经济矛盾复杂的条件下,很有可能以某些短期里的突发变化为契机,从某种结构性物价上涨迅速演变为总量通货膨胀。尤其需要注意的是,由于现阶段通胀压力成因特殊,传统控制通胀的方式和政策的有效性受到极大的削弱,需求拉上的通胀压力具有滞后性,在经济衰退条件下,这种滞后时间会比正常条件下更长,使控制通胀的现行政策的时效性受到影响;成本推动的通胀压力显著,使传统的应对需求拉上通胀压力的机制和政策的有效性受到影响,甚至会产生反作用,加剧通胀;国际输入性的通胀压力,使国内宏观调控更为被动;国际收支失衡加剧的通胀压力取决于多种因素,且短期里均难以奏效。所以,现阶段虽然通胀水平表现并不高,但治理难度大。

第三节　财政与货币政策松紧搭配反方向组合中的政策作用方式和力度不断变化

自 2010 年 10 月刺激经济的宏观政策"择机退出"之后,财政政策与货币政策便又回到反危机之前的积极的财政政策与稳健的货币政策状态,即松紧搭配的反方向组合状态。财政政策虽然扩张力度有所放缓,但扩张性的方向仍是明确的,不过是从"更加积极"回到"积极的财政政策"。货币政策则相对比财政政策发生了方向性的逆转,从"适度宽松"逆转为"稳健(从紧)的货币政策",这种宏观经济政策的松紧组合方式,在 1998 年下半年就已提出,不过 1998 年下半年至 2002 年,面对亚洲金融危机的冲击及国内出现的新一轮结构调整中的内需不足,形成较严重的需求疲软,增长乏力,产能相对过剩,此前所制定的宏观经济政策适度从紧的目标导向与经济出现的新失衡严重不符。1998 年上半年之前的中国经济失衡总体上是需求膨胀,因而宏观调控的主要目标是反通胀,宏观政策的基本方向是从紧(党的十五大决议中明确提出,在整个"九五"计划期间,宏观经济政策适度从紧),为应对新的需求不足的失衡,宏观经济政策从全面紧缩调整为积极的财政政策、稳健的货币政策,虽然是反方向的松紧搭配组合形式,但总体上相对于此前是扩张性的,包括财政政策和货币政策,这才有了经过几年的物价指数负增长后,到 2002 年克服了通缩现象,迎来了 2003—2007 年的高速增长。在 2003 年至 2007 年经济高速增长中(经济增长率达到 10.6% 以上)财政与货币政策仍保持了松紧搭配的格局,但财政政策与货币政策的确采取了不同的方向,主要原因在于这一时期高速增长中,国民经济不同领域出现了反方向失衡的结构性矛盾,在投资领域需求膨胀,重要投资品价格居高不下,而在消费领域需求疲软,特别是工业消费品产能普遍过剩,这就使宏观调控既难以全面扩张,也难以全面紧缩,因而采取财政与货币政策松紧搭配反方向组合是降低宏观决策风险,提升经济稳定性的需要。2008 年下半年全面反危机之后,宏观政策进入全面扩张,2010 年 10 月择机退出以来,重回松紧搭配的反方向组合,但其原因和内涵都与反危机之前的政策反方向组合有所不同。

从原因上看,因为经济中既存在通胀压力,又存在下行风险(类似于所谓"滞胀"),这种双重风险所要求的宏观政策在方向上是相反的,这就使得宏观政策既不能双松(全面扩张),也不能双紧(全面紧缩),采取松紧搭配的反方向组合是风险较小且又能减轻经济波动程度的可行选择。尽管对于在危机冲击过程中是主要运用财政扩张还是主要运用货币扩张或是双扩张来刺激经济,以及在危机冲击后择机退出时期,是采取紧缩的财政政策与宽松的货币政策组合还是采取扩张的财政政策与紧缩的货币政策组合等问题仍存有争论,但两大宏观政策工具采取反方向组合在存在双重风险下是可行的。

从内涵上看,在不同时期积极的财政政策与稳健的货币政策的内容是不同的,其实,这种组合方式自1998年下半年提出直到2007年,在不同年份其实际内容就有所不同,不过2010年10月以来,这种同一政策组合方式的具体内容变化的节奏更快。从财政政策看,虽然仍是所谓"积极的财政政策",但财政支出政策的扩张力度有所减轻,财政赤字从2009年的9 500亿元(已接近2008年GDP的3%这一警戒水平[①])逐年减少(每年减少500亿元),目的首先在于控制赤字带来的通胀风险,财政支出扩张方向未变,力度也只是有所放缓,但变化更大的是财政支出结构,有关民生的重点支出比重有所上升,与此同时,财政收入政策从此前的从紧开始有所放松。事实上我国积极的财政政策长期以来主要是指积极的财政支出政策,财政收入政策总体上是从紧的,财政收入增速长期高于经济增长和居民收入增速,财政收入占GDP比重保持持续上升的趋势,本身便是从紧的财政收入政策的印证,为缓解经济下行,在前些年制度性、政策性减税的基础上,2010年择机退出以来,增值税扩围从开始的上海扩大到当年12月份的10个省市(营改增),中小微企业的税收扶持,个人所得税、资源税等方面的结构性减税,特别是2012年4月之后结构性减税的力度和节奏开始加快,产业结构升级中的税收引导,主体功能区建设中的税收结构调整,以及出口退税力度的加大,这些措施相对于以往较为从紧的财政收入政策有所放松,目的主要在于缓解经济下行风险。从货币政策来看,在择机退出初期,首要目标是控制通货膨胀,因此,连续上调法定准备金率,到2011年9月底,大型存款类金融机构法定准备金率上升到21.5%,中小存款类金融机构为19.5%,达到了非常高的水准,同时,连续上调基准利率,到2011年9月底,一年期贷款基准利率为6.56%(存款息差为3.06个百分点)。虽然同时运用公开市场操作持续货币净投放,对金融机构资金紧张局面有所缓解,但总的来说,信贷增速放慢,M_2供给增速2010年较2009年下降8个百分点,2011年又比上年下降6.1个百分点,降至13.6%。但自进入2012年以后,经济下行风险越来越突出,经济增长速度持续下降的势头难以遏制,货币政策虽然仍被称为稳健的货币政策,但事实上从紧的力度开始放松,通过运用货币数量工具和价格工具,开始扩大货币供给,M_2的增速较上年又有回升,虽然这种变化是更多地考虑了刺激经济增长的目标要求。

考虑到我国经济下行风险与通胀潜在压力同时存在的失衡状况,以及国内经济失衡与国际经济衰退的复杂局面,在短期内均难以根本克服,因此,我国财政与货币政策的松紧搭配反方面组合的格局在未来一段时期仍会保持,但根据双重风

---

① 《马斯特里赫特条约》规定的欧元区国家赤字上限。

险对国民经济威胁程度的变化,在宏观政策松紧搭配的格局下,宏观政策的具体内涵和作用程度必然还会有相应的调整。如何提高宏观政策的针对性、有效性,促使我国经济增长保持健康可持续,是需要我们不断深入实践的命题,也是转变发展方式的重要内容。

第四节　我国现阶段财政支出与财政收入政策间的结构特征分析

现阶段我国财政政策中的支出与收入间的结构有以下几个问题值得讨论。

一、财政支出与财政收入间存在松紧搭配的反方向组合特征

长期以来,我国财政支出政策是扩张性的。自1998年下半年起,为应对亚洲金融危机的冲击,我国财政政策由适度紧缩转变为积极的财政政策,尤其是在财政支出政策上扩张倾向明显。直到2003—2007年间,尽管我国经济已走出亚洲金融危机带来的阴影,开始出现持续高速增长(年平均增长率达到10%以上);尽管投资额已开始出现高速扩张趋势;尽管货币政策已开始采取从紧态势(稳健的货币政策),但财政支出政策仍坚持扩张方向(积极的财政政策)。2008年后为应对世界金融危机的冲击,自下半年起放弃了年初"防通胀防过热"的紧缩政策,采取"更加积极的财政政策和适度宽松的货币政策",财政政策扩张力度进一步加大。2009年财政赤字创纪录地达到9500多亿元,已接近GDP比重的3%。直到2010年第四季度开始"择机退出"之后,我国财政政策的方向仍未逆转,继续保持扩张性(积极的)财政政策,调整的是扩张力度,由此前的"更加积极"重回"积极"。总的来看,我国财政支出政策有两个较为突出的特点:一是自20世纪90年代末以来,扩张性的政策方向基本未变,改变的只是扩张程度;二是财政支出政策的扩张力度总体上是较为适度的,特别是由于体制方面的特殊性等原因,与欧美国家运用国债、赤字等平衡预算的做法相比,在我国应用时相对更为谨慎,财政支出扩张力度相对较缓,财政赤字均在GDP 3%以下,国债余额占当年GDP比重一般也只在20%左右,显著低于《马斯特里赫特条约》规定的欧元区成员国政府债务总额不能超过GDP 60%的上限①(这在一定程度上与我国财政与货币联系更为紧密的体制特点有关,我国政府相当部分投资不是依靠举债筹款,而是通过银行信贷计划支持,即银行的财政化,这在一定意义上降低了政府债务压力)。

但我国的财政收入政策究竟是扩张的还是紧缩的,就没有财政支出政策这样明确,需要深入展开讨论,从总体上看,税收占GDP的比重持续上升的。这里有这

---

① 事实上大多数发达国家都超过了这一上限。据国际货币基金组织(IMF)估计,2010年美国为92%,日本为22%,德国为80%,法国为82%,意大利为119%,英国为77%,加拿大为84%。参见庄健:"由美债危机而想到的",《上海证券报》,2011年8月11日。

样几点需要说明。

第一,1994年分税制改革后,我国在税收改革方面确实推出了一系列的减税措施。1994年分税制之前,税收是波动的,特别是在20世纪80年代中期采取"利改税"过程中,一部分利润转变为税收,因此这一期间的数据不具可比性。1994年后,税收占GDP的比重曾下降到有史以来最低水平(1996年为9.71%),此后,税收占GDP比重开始稳步持续上升。在这种背景下,我国在名义税制上采取了许多减税措施,比如,1998年开始提高纺织品出口退税率(由9%提高到11%),并取消了企业22项行政事业收费;1999年再进一步提高服装业出口退税率(提高到17%);对房地产业的相关税费给予一定减免;同时取消对企业的73项基金收费;2000年对软件、集成电路等高新技术产业实行税收优惠;2004年采取新的出口退税办法,普遍加大退税力度;2006年前后各地先后取消了农业税,并大规模取消对农户的缴费项目;2005年起在东北地区试行、后到2009年作为应对金融危机的举措之一的增值税转型,由生产型转为消费型,估算每年有数千亿的税收减少;2008年起对内资与外资企业实行统一税率,内资企业由此前33%的所得税税率降至统一的25%;再到现阶段试行的营业税转型,即增值税扩围,很有可能产生减税效应。另外,还有一些讨论中的结构性减税举措等。

第二,尽管采取了各种减税措施,我国税收占GDP的比重仍然在持续上升。这里要区别一个问题,税收增长和税收占GDP比重增长不是同一概念。税收增长是税收量的扩张,其基础首先在于经济发展及经济增长,同时,税收体系是否完整,税种结构状态如何等都会影响税收增长。税收总量扩张并不意味着税收在国民收入中的比重上升,只有在其他条件不变,同时税收增长速度较长时期高于国民收入增长速度,或者在国民收入增速既定的条件下,政府税收收入长期显著高于企业和居民收入增长速度的情况下,税收在国民收入中的比重才会显著上升。一般意义上的税收增长并不意味着采取从紧的财政收入政策,因为政府税收总量增长的同时,可能企业及居民收入增长更快,也可能是在降低税率减少税种的同时,由于经济活力的提升、企业效率的提高,使得税收总量不仅未减反而有所增加,即所谓"减税等于增税"。但如果政府税收在国民收入中所占比重持续提高,那么,就财政收入政策而言,可以视为较前一时期相对从紧的政策导向。尽管可以通过财政支出政策的扩张来刺激经济,但同时从紧的财政收入政策事实上抑制了市场力量的扩张能力,增大的财政支出扩张效应在一定程度上建立在抑制市场力量扩张能力提升的基础上,这种财政收入与财政支出政策相互反方向的结合最终政策效应怎样,具有很大的不确定性。这种不确定性主要包含两方面,一方面,从紧的财政收入政策对市场需求的抑制效应与扩张的财政支出政策对市场需求的扩张效应究竟孰大孰小?另一方面,即使扩张性的财政支出政策的刺激效应高于从紧的财政收入政策对市场需求的抑制效应,但政府财政支出政策的投资效果会怎样?从资源配置的微观效率上看,通常政府的投资效率会低于市场竞争性效率。因此,财政收入政策的导向,不能一般地从税收量上看是减税还是增税,重要的是要看税收在国民收入中所占比重是否提升。

我国虽然从1994年分税制改革之后,采取了一系列减税措施,但自1996年以来,税收占GDP的比重却持续上升,到2010年已达到18.25%。1996—2010年,税收占GDP的比重逐年持续提高,并且中间没有任何波动,几乎每隔两年上升1个百分点以上。究其原因主要在于三方面,一是税收增长速度长期高于经济增长速度,从1994年(分税制改革)至2010年以现行价格计算的我国名义GDP年均增长率为14.2%(已剔除价格不可比因素,因财政收入增长是以现行价格计),而同期我国按现行价格计政府全部税收收入的年均增长率为18.1%,税收年均增速高出国民收入增长4个百分点。二是在国民收入的宏观分配结构上,政府、企业、居民三者之间,政府(财政收入)与企业(GDP增速体现)和居民(居民收入)相比较,财政收入增速长期最快。2011年财政收入增速为22.6%(以现行价计),剔除价格因素均按当年现行价计,GDP增速则为17.5%(按不变价计为9.2%),财政收入增速明显较高。[①] 同期,居民收入的年均增速则更低,显著低于GDP的增速,以至于"十二五"规划中不得不明确要求居民收入增速须与GDP增速保持同步。这种国民收入分配宏观结构性失衡,不仅使从紧性财政收入政策倾向更为明显,而且在一定程度上抑制了市场需求的扩张。尤其是抑制了消费需求的增长,居民收入增速长期低于GDP增速,更低于财政收入增速,从而使居民收入在国民收入中所占比重持续下降(从1998年至2008年世界金融危机爆发时,据估算,我国居民收入占国民收入的比重下降近10个百分点,从68%左右降至58%左右)。这也是我国经济增长为何长期主要依靠投资需求扩张拉动,尤其是依靠政府投资拉动,而消费需求对增长拉动作用相对不足的重要原因。三是在税种结构上,我国的流转税税种比较多,在现行19个税种中有一半是流转税,如增值税、营业税、消费税等。而且同一产业设多个流转税(而其他国家大都是所有的产业只有一种流转税),如除征收增值税、营业税等外,有一些产业还附加有消费税等多个流转税(如烟酒),有的产业从流转税方面增加新税(如汽车产业的车购税;房地产转让不仅有营业税,还附加契税等)。此外,所有产业都有城建税。[②] 同时,流转税性质的税种在总量中所占比重高,增值税作为主要的流转税虽然在分税制后的1994—2010年年均增长率为15%左右,略高于同期GDP增速(14.2%),其在税收中的比重由

---

① 朱青:"对我国税负问题的思考",《财贸经济》,2012年第7期。
② 参见白景明:"应全面认识结构性减税",《中国税务报》,2012年3月7日。

1994年的45%下降到28.8%,但仍是各税种在税收总量中比重最高的税种。[①] 营业税同样是流转税性质的,现在全部税收总量中所占比重已超过15%,1994年分税制改革后,年均增长率达到19%以上,明显高出GDP增长。此外,费改税也在一定程度上推动了财政收入增速上升,比如以往的养路费列入消费税等。

由此,便形成了我国现阶段财政政策在支出与收入两方面的突出结构特征,即扩张性的财政支出政策与紧缩性的财政收入政策间的反方向组合。就财政政策本身的逻辑体系而言,这种反方向组合有一定的道理,即不断扩张的财政支出政策,必须有不断增长的财政收入作为支持。但财政收入量的增长以支持财政支出规模扩大,并不意味着财政收入占国民收入比重的持续增长,也并不意味着财政收入的增长速度长期高于GDP和居民收入的增长速度。否则,就不是一般的财政收入增长,而是具有紧缩性的财政收入政策了,即以降低企业和居民收入增长速度来换取财政收入的高增长。

二、我国财政支出与财政收入政策反方向组合的演变趋势

就扩张性的财政支出政策而言,一般来讲,在危机过程中,采取扩张性的财政支出政策对于短期增长具有显著的效应,但在危机过后若长期采取强烈的扩张性财政支出政策,则不仅对经济增长没有正面效应,却反而会因形成的巨大赤字推动通货膨胀,进而给经济增长带来严重负效应。因此,在应对经济危机的过程中,危机状况一旦有所缓解,扩张性的财政支出政策应当率先退出,不应长期采取扩张性的财政支出政策。当然,财政支出政策的率先退出,是以市场力量逐步复苏为前提的,即企业的投资需求和居民的消费需求逐步复苏。我国现阶段的现实在于,由于制度创新,特别是要素市场化不够深入,市场竞争不充分,大型和特大型国有企业作为垄断力量,创新力受到压制,进而难以寻求有效的投资机会。民营小企业难以获得金融等要素市场的支持,其投资需要难以转化为有效的投资需求。在市场力量难以复苏的条件下,经济增长往往主要依靠政府(包括中央和地方),尤其是政府投资拉动,使扩张性的财政支出政策难以适时退出。这种状况的改变,关键在于深化改革,提升制度创新和技术创新能力,这就需要较长时期的努力。

就从紧的财政收入政策的发展趋势而言,财政收入总量保持增长势头,不仅是必要的而且是可能的。问题关键在于财政收入占国民收入的比重是否持续上升,即其增速是否继续明显高于国民收入增长速度。这里有几个问题需要讨论。(1)长期以来我国财政收入的增长是在减税背景下形成的,是在不增加税种、不

---

① 从生产角度看,GDP是各部门增加值的合计,但在第一产业,相当一部分增加值是免税的,所以到底是多交了钱,还是少算了GDP,这是值得进一步研究的。

提高税率、不扩大范围的前提下,通过经济发展和严格征管形成财政收入增长,那就不存在是否需要采取新的减税政策的问题,只要继续延续以往已有的"减税"即可。问题在于,为什么在"减税"的背景下财政收入占 GDP 的比重在持续上升呢? 只能解释为财政收入增速显著高于经济增长,这就需要考虑控制财政收入增速了。正是从这个意义上才提出是否需要采取新的"减税"举措,目的不是减少财政收入总量的增长,而是控制其增速,使之与国民经济增长相协调,尤其是不至于长期严重排斥市场力量(企业、居民)收入增长,特别是对实体经济产生持续的"挤出效应"(crowd out effect)。(2) 财政收入的比重占 GDP 比重持续上升,是否由于国民经济核算过程中 GDP 核算少了,而同时财政收入核算多了? 静态地看,比如只举某一年份的比重来看,或许存在当年核算时财政收入多计而同时 GDP 少计的问题,但动态地看,只要对财政收入和 GDP 的核算口径及方式是稳定的、连续的,观察历年来财政收入占 GDP 比重的逐年变化,若存在上升趋势,那就表明政府财政收入确实比其他方面收入上升得快,即使财政收入的口径及 GDP 的统计存在不准确或不科学的方面,但若是始终按同样的口径和方法,其比重的变化是有统计意义的,也能反映变化趋势。(3) 是否存在"减税"的客观性? 即在未来发展中客观上我国财政收入是否在总量扩张的同时增速放缓? 应当说是有这种客观性的。一方面经济增长速度会放缓。据分析,我国经济增长进入中等收入发展中国家水平之后,预计到 2020 年实现全面小康(上中等收入),再到 2030 年前后实现高收入发展中国家目标,年均增长速度从目前的 8% 左右,每隔 10 年左右下降 1 个百分点以上,这就构成财政收入增速放缓的重要因素。另一方面,经济结构的调整要求财政收入结构调整,客观上也会导致财政收入增速放缓,包括区域经济结构调整、产业结构调整等,结构性减税在长期会通过调整国民经济结构提高国民经济质量进而推动财政收入增长,但在短期甚至相当一段时期里,虽然不至于影响财政收入总量正常增长,但却会影响其增长速度。此外,国际金融危机冲击会影响财政收入的增长,其直接表现是对进出口环节税收增长的影响。目前我国税收结构中进出口环节税收比重显著上升,尤其是进口环节(出口环节中有一些流转税退税)收入占比较多,包括增值税、消费税、关税等,近年来占我国税收总量约为 16%—18%,特别是占中央财政收入比重高(因进口环节税多为中央税收),2011年占中央财政收入 35% 左右。① 世界金融危机及相应的经济危机对我国进出口,特别是进口的冲击,不仅会影响财政收入(尤其是中央财政)增长速度,而且可能影响增长量,如果再考虑到世界贸易保护主义抬头及由此产生的对人民币升值压力增大等因素,虽然可能刺激进口量增长,但也会因汇率的变化减少进口环节税

---

① 参见白景明:"应全面认识结构性减税",《中国税务报》,2012 年 3 月 7 日。

收,这就进一步加大了进口环节税收变化的不确定性。(4)是否存在减税的要求?我国目前宏观经济失衡的特点在于既面临通胀压力,又面临经济下行的威胁。采取传统的需求管理遇到了严重的困难,无论是财政还是货币政策,既难以全面扩张,也难以全面紧缩。事实上,在宏观管理方式上,结合需求管理同时实施供给管理已成为必然趋势,尤其是针对"滞胀"威胁。"减税"作为供给管理的基本政策,既可通过降低企业成本减轻成本推动的通胀压力,又可通过调动生产者和劳动者积极性刺激经济增长。运用供给管理通过减税等措施影响生产者和劳动者的成本及效率,最突出的特点在于可以不通过提升通胀水平而实现经济扩张,这在我国现阶段是十分需要的。[①]当然这里的"减税"主要是指发展动态中财政收入的增速放缓,而不是总量的减少。(5)是否存在"减税"的可能?财政收入的负增长(总量减少)的可能性不大,所谓"减税"的可能,指的也还是财政收入增速放缓,这种可能主要取决于财政收支间的失衡状况以及国民经济对其承受力,这在短期里是财政收支均衡问题,涉及赤字、债务以及相应的财政风险等,但在长期里,涉及政府职能转变及公共财政制度建设问题。就短期而言,我国目前财政收支失衡程度并不高,无论是财政赤字还是政府债务规模及比重都处在较为安全可控的范围之内。从这个意义上说,推出某些"减税"举措,包括税收政策的局部调整和税收制度的某些改革,财政收支状况在一定程度上是可以承受的。诸如增值税扩围、个人所得税起征点上调、扶持中小微企业的税收优惠减免等,都是有可能实施的。但就长期而言,合理控制财政收入在 GDP 中的比重,在体制上取决于政府职能的转变和伴随市场化进程实施的公共财政建设,如果市场化不深入,政府职能转变滞后,政府仍然承担着投资主体、社会保障、基础设施、民生服务等大量的社会经济责任和职能,市场机制难以有效地发挥作用,无以形成政府与市场的协调,财政收入增速快于经济增长进而占 GDP 比重不断上升的势头便不可能扭转。如果财政体制难以切实转向公共财政,以提供真正公共品为主要功能,而财政决策难以切实从过度集权的行政决策转为纳税人公共选择的民主、法治决策,财政收入增长速度便难以在制度上与经济增长保持协调。因此,从长期来看,"减税"能否实施关键在于深入市场化条件下的政府职能转变及相应的公共财政建设,这在短期是难以实现的。总之,我国现阶段经济发展的可持续性和经济增长的均衡性目标要求财政收入增长速度与国民经济增长协调,要求在保证财政收入总量不断扩大的基础上,使其增长速度进而占 GDP 的比重得到有效控制,国民经济在这一意义上具有"减税"的要求。

[①] 刘伟、苏剑:"供给管理与我国现阶段的宏观调控",《经济研究》,2007 年第 2 期。

三、我国现阶段税负水平及增长速度是否过高

这是一个很复杂也极具争议的问题。在这里,只做两方面的讨论,一是如何看待福布斯税负痛苦和改革指数对中国的反映;二是如何看待名义税负和实际税负。这两个问题的讨论,不仅涉及对我国现阶段税负状况的根本判断,而且涉及今后我国财政收入政策方向的选择。

《福布斯》杂志根据世界主要国家和地区的公司税率、个人所得税税率、富人税率、销售税税率/增值税税率,以及雇员和雇主的社会保障贡献等,每年计算并公布所谓福布斯税负痛苦和改革指数(Forbes Miser & Reform Index),2002年中国位居第三,2004年第四,2005年第二,2008年第五,2009年又上升至第二位。总之,中国按照《福布斯》杂志的标准,属于高税负国家,因而税收体制需要做出更多改革。福布斯税负痛苦和改革指数的计算方法是将一国(或地区)六个税(费)种的法定最高税率简单相加所得结果。这六个税(费)种包括:公司和个人所得税、雇主和雇员缴纳的社会保险金(Employer and Employee Social Security)、销售税、财产税等。例如2009年中国的福布斯税负痛苦和改革指数为:企业最高所得税税率25% + 个人最高所得税税率45% + 雇主缴纳的社会保险金最高费率49% + 雇员缴纳的社会保险金最高费率23% + 增值税最高税率17% = 159%。显然,用这种方法来评价中国的税负痛苦程度是存在问题的。

首先,关于中国的福布斯税负痛苦指数计算所采用的数据是存在问题的,计算指标中的雇主(企业)为员工向社会缴纳的社会保险费占员工工资的比重为49%,员工自己缴纳的社会保险费占其工资的比重为23%。但实际情况是,按照我国现行社保制度,由单位负担的社会保险费率(养老保险、失业保险、工伤保险、生育保险和基本医疗保险)大约相当于员工工资的30%左右,员工个人缴纳的部分约相当于工资的10%。根据这种实际情况,其他条件不变,中国2009年的福布斯税负痛苦指数应为132%,而不是《福布斯》杂志计算的159%。

其次,这里比较的是最高边际税率,我国最高边际税率在世界上的排名是靠前的,但最高边际税率并不等于总的税负水平。以所得税为例,在《福布斯》杂志公布的数据中,中国个人所得税最高税率为45%,低于法国(52.1%)、比利时(53.5%)、瑞典(61%)、荷兰(52%)、日本(50%)等发达国家,与加拿大、美国、澳大利亚、德国的水平大体相当。这些高于中国或与中国大体相近的国家都是发达国家,这些国家不仅人均GDP水平显著高于中国,而且收入分配的总体差异程度一般也小于中国。发达国家的收入分布往往比发展中国家更加均匀。在平均收入以及收入分配差距不突出的条件下,累进税制上的差别,的确能够说明税负水平的不同,在它们之间,福布斯指数是可比的。但中国现阶段是一个发展中国家,虽然经济总量较大,经济增长速度快,但人均水平仍较低,收入分配的差

异也较大,而且还处在扩大差异的过程中,这就不能以最高税率和发达国家进行对比,并通过这种对比反映中国总体税负状况。我国达到最高纳税等级的人在纳税人中所占比例很小,适用于低税率的公司和个人占据更大比例。这样以最高的个人所得边际税率反映中国的总体税负就不是十分符合中国的实际。中国现阶段的问题不是最高税率高了,而是需要对低收入人群减税,但如果以最高边际税率来反映税负痛苦程度,即使普遍降低低收入群体税率,也并不能反映在福布斯税负痛苦指数的降低上。但在经济发达国家,适用最高税率的人群在全部纳税人中所占比例比我国要高,因此用福布斯指数中的最高税率进行比较,能够更准确地反映发达国家的现实,但却不能反映我国的现实,以此为根据进行我国在国际上的比较,就会出现较大的偏差。

再来讨论我国现阶段名义税收和实际税收间的差别问题。从体制和政策变化上看,我国进入21世纪以来,的确是在减税,不仅已经采取了一系列减税措施,而且从体制改革的趋势来看,还将可能有一系列的减税措施推出。比如,2012年里将进一步降低能源产品、先进设备和关键零部件等商品进口关税;对小微企业提高增值税、营业税起征点,减免所得税;进一步取消不合理涉企收费项目;扩大营业税改增值税试点范围;推进物流企业的税收优惠;推进多项税收制度改革;等等。但从总体上看,市场主体,特别是实体经济主体并未明显地感受到减税,却反而强烈地感受到缴纳的税负在不断地增加,并且这种实际税负的增加速度超过了企业发展速度。如果在企业发展的基础上相应税负额度增加,应属正常,但事实上在许多情况下,税制、税种、税率都未变,甚至有所降低,同时企业发展也未取得进展,企业产出和利润并未增大,但实际缴纳的税费却增加了。由此便产生一个矛盾,政府特别是中央政府觉得是在不断减税,而企业和居民的税负却增加了。

问题主要发生在两方面,一方面,政府特别是各级地方政府,在其财政出现困难的情况下,会以各种非税项目的方式增大对企业和居民上缴的要求;另一方面,即使在税制、税种都不变,税率有所下降的条件下,各级税务部门加强征管,严格按照下调后的税率水平征收,实际征缴的税费可能比税率未下调之前还要高。此前虽然税率水平相对较高,但政府相关部门并未真正按制度规定的税率征收,甚至对一些企业可能采取简单的包税,从而形成尽管名义税负水平较高,但实际执行的税负水平并不高的局面;减税后,虽然名义制度税负水平有所下降,但实际征缴的税费比未减税之前实际缴纳的税负水平可能还要高。一个基本事实是,尽管采取了一系列减税措施,但财政收入不仅迅速增长,而且其占GDP的比重也在持续上升。单纯的量的增长还可以解释为经济增长的拉动,但占GDP比重的上升则表明税负的相对增加,与之对应的是企业和居民收入相对比重的下降,尤其是居民收入比重的下降。

那么,到底如何看待目前我国税负水平的高低呢? 横向比较看,无论是与当代发达国家还是与发展中国家比较,我国目前的宏观税负(即税收和社会保险占GDP的比重)并不算高,居世界发展中国家的中等水平。但纵向地看,我国近10年来国家财政收入的增长明显加快,远高于按现行价格计算的国民收入增长速度,进而政府所支配的国民收入的比重不断提高。也就是说,不能一概地说我国宏观税负水平过高,甚至像福布斯税负痛苦指数所反映的那样名列当代世界前茅,这种判断是不符合中国实际的。宏观税负在发达国家平均为 43.3%(其中社会保险缴款占 10.4%),发展中国家平均为 35.6%(其中社会保险缴款占 6.9%),以我国 2009 年为例约为 30%(其中国有土地使用权出让收入占 4.2%,社保基金收入占 3.8%)。① 但必须承认,现阶段我国财政收入增速快,其在国民收入中所占比重持续提高,这种趋势需要适当控制,特别是中国处在工业化加速和市场化转轨期,与发达国家一个重要的不同在于,发达国家宏观税负占 GDP 比重一般是稳定的,而我国则是在迅速增长中的,这就特别需要控制其增长速度。因为政府收入占 GDP 比重持续上升本身意味着在需求结构上产生对市场力量作用程度的"挤出效应",不仅使国民经济中的政府、企业、居民三者间收入分配宏观结构失衡,这种政府对市场力量的挤出会产生经济增长的需求动力结构扭曲,致使消费需求疲软,市场力量难以充分启动,经济增长不得不持续过多地依靠政府需求,特别是政府投资需求拉动,而且会使市场化进程受阻,尤其是阻滞要素市场化的进展,进而导致资源配置效率受损,甚至加剧垄断,特别是加剧政府本身的垄断。考虑到中国现阶段经济结构中国有经济、国有企业的比重和作用,以及政府与国有企业间的联系,虽然国有企业的收入并非政府收入,但国有企业的主导及主体作用在一定程度上与政府收入占 GDP 比重持续上升的趋势相互呼应,政府对市场的替代程度会更为严重。因此就宏观财政收入政策而言,将其增长速度从近十几年显著超越经济增长的持续高速扩张状态,逐渐调整至与国民经济增长相互协调,逐渐实现政府、企业、居民三者间收入增长的均衡是极为必要的。从调整财政收入增速而言,现阶段适度减税是必要的,或者说合理控制财政收入增速是必要的。

在我国控制财政收入增速,使之与国民经济增长相互协调,关键在于调整税收负担结构,并在此基础上结合国民经济结构转变的要求,推动结构性减税,而不是简单地降低财政收入的增速。我国税收种类中流转税较多,这一方面构成我国税收增速较快的主要原因,另一方面这些流转税,包括增值税、营业税、消费税、城建税、车购税、房产契税、烟酒消费税等,就其属性而言都是消费课税。2011 年我国消费课税占税收总收入(含社会保险缴费)50.9%,高于一般发达国家近 20 个

---

① 肖捷:"走出宏观税负的误区",《中国改革》,2010 年第 10 期。

百分点(经合组织国家为31%),表明我国目前税负责任主要集中在居民消费基础上。而同时我国个人所得税低,2011年占税收总收入为5.7%,大大低于一般发达国家(经合组织国家为25%)。说明我国目前税收负担没有落在个人收入上,尤其是我国针对普通居民的一般消费课税比重高,占总消费课税的97%(经合组织国家为65%),针对高收入层的特定消费品征税(奢侈品等)比重少,占消费课税的3%(经合组织国家为35%)。这实际上使低收入居民成为税负主要承担者。个人所得税占比低,实际上使个税调节作用减弱,难以从个人收入调节上,提高结构上的公平合理性。[①]

四、中央财政与地方财政的结构性失衡

从总体上看,我国中央与地方财政收支格局的特点是,在财政收入上,中央财政占比相对更高些,而在财政支出上,则以地方财政为主导。

先来看中央与地方的财政收入结构:突出特点是中央财政收入特别是税收收入中,中央占比大于地方。以2010年为例,中央财政收入在整个财政收入中占比为51.1%,地方财政收入占比为48.9%。2009年这一比重上的差距更大些,分别为52.4%和47.6%。自2000年以来,在我国财政收入中,中央与地方财政所占比重基本是稳定的,波动不超过2%,中央财政占比始终高于地方财政占比。在其中严格意义上的税收收入中(目前我国税收收入占财政收入的比重已近88%以上),国税所形成的税收占55.3%,地税所形成的税收占44.7%。但在非税收收入的项目中,中央与地方占比相比显著偏低,如非税收收入(20∶80)、专项收入(14.6∶85.4)、行政事业收费(13.2∶86.8)、其他收入(33.2∶66.8)、罚没收入(3∶97),也就是说非税收收入在地方财政收入中起的作用相对更为显著。

再来看中央与地方间的财政支出结构。进入21世纪以来,我国财政支出规模不断扩大,2000—2010年间年均增长19.1%。从中央和地方财政支出占国家财政支出的比重看,近10年来,地方财政支出占比不仅高于中央财政支出占比,而且持续上升,从2000年的65.3%提升至2010年的82.2%,保持持续上升的态势。10年间地方财政支出占比提高了17个百分点,相应地,中央财政支出在国家财政支出中占比始终保持逐年下降的趋势,其中甚至没有出现任何反复和波动。

这就形成一个对照,在财政收入上中央占比始终高于地方,并且这种高出状态长期中保持稳定,而在财政支出上地方占比始终高于中央,并且这种高出状态长期里还在不断扩大。静态比较以2010年为例,中央与地方财政收入占比为51.1∶48.9;而中央与地方财政支出占比为17.8∶82.2。纵向动态比较观察2000—2010年的变化,中央与地方财政收入占比波动很小,基本上是稳定的比例,中央占

[①] 朱青:"对我国税负问题的思考",《财贸经济》,2012年第7期,第7—8页。

比一般在53%左右(波动上下一般不超过2%),地方占比一般在47%左右。相差最高的年份是2002年,当年,中央财政收入占比为55%,地方为45%,相差10个百分点。而同期中央与地方财政支出的占比变化很大,中央财政支出占比从2000年的34.7%持续下降至2010年的17.8%,地方财政支出占比则由65.3%升至82.2%。这种失衡构成我国与世界大多数国家的一个重要不同,欧美国家虽然也采取分税制,但一般不存在中央大规模的转移支付,地方税收支出基本上依靠地方预算收入平衡,其利在于地方经济发展与地方财政收入和公共品供给相互间联系紧密,能够更充分地体现谁纳税谁受益,利于调动纳税人的积极性和明确相应的责任。其弊在于政府对缩小地方差距的作用能力受限,地方间差距缩小主要依靠要素的市场流动实现,缓慢且不稳定,但有长期效率。我国目前中央财政与地方财政收入结构与支出结构间的严重失衡,同样也会带来一系列的矛盾。

首先,在国家总的财政收入占GDP比重持续上升的基础上,中央财政收入的比重长期高于地方财政收入占比表明,不仅政府在支配国民收入中的作用程度在提高,而且主要又是中央政府的控制力度在加大,这就进一步加剧了中央政府对经济干预的垂直性和集中度,进而对社会主义市场经济改革的深入产生影响。但这种中央对经济直接干预程度的加剧,并不意味着中央宏观调控效率的提升,因为中央财政只是占有了更多的国民收入,而在财政支出上,地方财政支出又占据主要比例且不断加大。这种财政支出结构又在很大程度上削弱着中央政府财政政策的宏观效率。从某种意义上可以说,这也是一种权利与责任的不对称,财政收入更多比例由中央掌握,特别是税收性收入中央财政占比高,势必影响地方政府培育相关税源和执行相关税收政策的积极性,而财政支出又主要通过地方财政,在增大地方财政压力的同时,也会加大中央财政政策效应的不确定性,并且由于各地方财力及社会经济发展的差异,主要依靠地方财政支出来实现财政支出政策目标,会带来政策效果在不同地方的巨大差异。比如2010年我国教育支出中的中央财政支出占比为5.7%,地方财政为94.3%。各地方发展水平和环境的不同,肯定会严重影响教育发展的均衡性。其他在社保与就业(4.9:95.1)、农林水事务(4.8:95.2)、城乡社会事务(0.2:99.8)、医疗卫生(1.5:98.5)、环境保护(2.8:97.2)等方面都存在类似问题。

其次,这种中央与地方财政收支结构性失衡,必然形成中央财政转移支付增大的局面。我国31个省市自治区,不论社会经济发展状况如何,其一般预算支出均大于其一般预算收入,支出/收入的比值都大于1,也就是说都有中央财政转移支付的正向支持。从体制和政策要求来说,一方面可以增强中央政府财政转移支付能力,加大扶持落后地区发展力度,促进区域间社会经济发展的均衡。以2010年为例,我国各省市地方政府一般预算支出占一般预算收入的比重,平均为

180%，即地方一般预算支出额为一般预算收入额的 1.82 倍，其中西藏最高为 15 倍，其他西部地区省区中的青海、甘肃、宁夏、新疆、贵州等的支出都为收入的 3 倍以上。东部沿海地区的主要省市大都在 1.5 倍以下，其中北京和上海最低，仅为 1.15 倍。中部地区及四川、云南、广西等省区，大都在 2 倍以上。显然，越是落后地区，中央财政转移支付支持力度相对越高，因而其一般预算支出超过其一般预算收入的程度也就越大，经济对中央财政转移支付的依赖度相应也越高。另一方面，值得注意的是，即使是相对发达地区的省市，也都存在中央财政的净转移支付。包括北京、上海在内其一般预算支出也高于一般预算收入，说明即使是发达省市，财政支出上的自主性也受到极大限制。其前提在于，财政收入的大部分首先要作为中央财政收入部分缴纳，再由中央财政转移支付，完成地方财政支出。这就在一定程度上限制了地方政府，特别是发达省市的主动性和积极性，各地方省市普遍不能以自身一般预算收入平衡自身一般预算支出的制度安排，特别是社会经济相对发达的省市也无以实现自身财政收支平衡。这是否表明体制上中央财政收入集权过高？这里不仅是指中央财政收入占比高，更重要的是在体制上，地方财政支出的实现要在更大程度上依赖中央财政的转移支付，而不是主要基于自身的社会经济发展形成的稳定的自身一般预算收入增长。这对地方财政收支的均衡和地方财政的稳定可持续发展都会产生不利影响。

再次，这种中央与地方财政收支结构失衡，在一定程度上会加剧地方政府性债务风险，尤其是在中央财政支出扩张，同时又要求地方财政配套的过程中，地方政府性债务会进一步放大。在中央与地方财政收支结构长期不对称的背景下，2008 年采取全面反金融危机的更加积极的财政政策以来，为缓解地方财政配套资金不足的矛盾，启动了中央代发地方债和地方政府利用融资平台公司筹措项目资金的融资方式。中央代发地方债，一是规模不十分大，2009 年和 2010 年，中央分别代发地方债券 2 000 亿元，同时，最终风险和责任事实上也是由中央财政承担，对地方政府而言风险责任不大。真正构成风险的是地方政府性债务，地方政府性债务是指：地方政府、经费补助事业单位、公用事业单位、政府融资平台公司、其他单位等直接借入、拖欠或因提供担保、回购等信用支持责任，因公益性项目建设形成的债务等。显然，地方政府性债务不同于地方政府直接举债的地方政府债务。这里所说的地方政府性债务除地方政府直接举债外，还包括经费补助事业单位、公用事业单位、地方政府融资平台公司及其他单位等，债务主体所包括的范围比政府债务更广泛。[①] 根据审计署审计结果，我国到"十一五"末（2010 年年底）地方

---

① 我国目前"地方政府性债务"还没有形成标准的统计口径，比较权威的统计核算是根据审计署公布的审计结果（审计署审计公告 2011 年第 35 号）。

政府性债务总额已超过 10.7 万亿元(这是有凭证可审计的,还有一些没有凭证的)。同时,审计署审计口径中没有包含对社会保障资金缺口等债务的评估。因此,实际地方政府性债务规模比审计署公布的审计结果可能还要大些。地方政府性债务的资金来源主要是银行贷款(79.1%),上级财政、政府发债、其他借款等项加总只占 20% 左右。并且其中 70% 将在"十二五"期间到期。据测算,"十二五"时期,考虑到"十一五"时期形成的地方政府性债务中有 7.5 万亿元到期,再加上利息支出和借新还旧等因素,2011—2015 年会形成总量为 12.5 万亿元以上的资金需求。再加上社会保障基金隐性负债(包括基本养老保险、失业保险、基本医疗保险、工伤保险、生育保险等),其中养老保险占社保基金支出的 70%,且有上升趋势。在我国目前的实际支付中,地方政府承担了基本养老保险基金收支缺口的一部分,这部分事实上构成地方性债务中重要的隐性负债。以上是"十一五"末地方政府性债务存量将会发生的影响,从"十二五"发展来看,据预测,考虑到地方经济增长、工业化及城市化发展等多方面目标要求,"十二五"期间我国地方政府公共投资总需求估计在 29.3 万亿至 33.9 万亿元,而同期,地方政府投资能力(地方政府收入与地方政府消费性支出之差)在 22.1 万亿至 24.6 万亿元,具体数字可以再探讨,但缺口是客观的。这一缺口的存在无疑又进一步增大了地方政府收支失衡的矛盾。这一缺口构成"十二五"期间地方政府性债务新增债务的基本动因。①"十二五"期间地方政府性债务规模将继续扩大,偿旧债、举新债,压力都将上升,虽然期间地方政府性债务规模的增长速度可能逐年下降,且总体负债率仍能控制在警戒线之内,但必须予以高度关注。为此,调整中央与地方间的财政关系,深化财政体制改革,中央向地方转移部分财力,建立中央与地方债务分担机制,逐渐改变中央与地方财政收支结构长期失衡的状况,是极为必要的。

最后,中央与地方收支结构长期严重失衡,一方面,在体制上进一步集中了中央对财政收入的控制权,同时,增大了中央转移支付的强度,另一方面,会使地方经济发展在更大程度上依赖中央转移支付,甚至模糊地方政府的责任。从而可能事与愿违,转移支付不仅未能有效地缩小地区差别,反而可能扩大地区间竞争力和效率的差异。事实上,由于地区间的发展阶段不同,尽管中央对地方存在普遍的转移支付,尤其是对落后地区支持力度更大,但不同地区基础不同,地方政府的投资能力、投资需求、扩张速度不同,特别是不同地区政府投资的效率存在显著差异,因而财政收支状况和面临的矛盾不同。越是落后地区财政收支矛盾越尖锐,且不说政府消费性支出能力方面的差别,就投资能力和投资效率而言,发达地区显著高于落后地区,更重要的是在投资需求的增速上,我国在相当长的时期中,地

---

① 刘尚希等:"'十二五'时期我国地方政府性债务压力测试研究",《经济研究参考》,2012 年第 8 期。

方经济增长速度(GDP)及相应的当地居民储蓄增长速度,与当地固定资本形成的增长速度高度不相关,一般在经济快速发展时期,它们之间应当是高度正相关的。主要原因在于两方面,一方面是垄断性的垂直管理的金融和银行体系,割断了当地居民储蓄与当地固定资本形成之间的体制联系,垂直的银行体系与地方经济之间缺乏充分的市场性融合;另一方面是地方固定资本投资支出的形成在难以获得银行金融市场支持,且又难以通过地方财政予以政策保障的条件下,相当大的程度上依靠招商引资,即超越当地财力的限制,通过层层招商引资推动当地的发展;由此,便形成了当地经济增长与居民储蓄增长和固定资本形成增长间的不相关格局。但近年来,伴随着经济发展和市场化的深入,一种新的情况开始出现,经济发展水平(不是指经济增长速度,而是指人均 GDP 和 GDP 总量达到的绝对水平)与固定资本形成增长速度之间出现负相关,主要原因在于,经济发达地区伴随增长基数效应的增强,增速开始放缓,经济水平越高,增长速度越趋缓,相应地固定资本增长速度开始放缓。同时,相对落后地区增长的梯度效应逐渐显现,经济水平相对较低的区域,经济增长速度和固定资本形成增长速度相对更高。当然,这也与发达地区成本相对更高,甚至局部地区开始形成资本"过密"有关。近年来,我国固定资本增长率排序中,欠发达的中西部地区领先,东部沿海省市相对落后,上海甚至列最末位。这表明,相对发达地区的地方投资需求增长与地方投资能力增长(地方政府收入能力与地方政府消费性支出需求)间的矛盾在缓解。进而,即使各地方政府支出均大于其收入,即使中央对落后地区转移支付力度相对更大,但落后地区地方财政收支矛盾仍然在相当大的可能上较发达省市更为严重。因为中央财政转移支付的总体力量是有限的,同时也必须考虑其效率要求,问题的关键还在于地方政府自身的一般财政收入与一般财政支出间的均衡。在同样的中央与地方财政收支失衡条件下,发达省市实现地方收支均衡的能力显然高于落后地区,因而这种普遍的收支失衡的结构在长期里很可能扩大地方差距。

第二章　中国经济增长面临新的跨越

20世纪90年代以来,中国进行了以建立社会主义市场经济为目标的、全面的、深刻的市场化改革,以全新的姿态进入新世纪,并在新世纪的前十年里取得了中国历史上最大的经济规模扩张。这种经济规模的扩张,使中国在世界经济总量和国际贸易总量中的份额不断加大,而全球金融危机后,发达市场经济国家先后进入严重的经济衰退,而中国则依然保持了强劲的总量增长,这种对比进一步改变了国际力量的对比尤其是中国的国际地位,使中国成为世界上最有经济影响力的大国之一。社会主义市场经济的确立,成为中等收入水平的国家,国际地位的迅速提升,标志着我国改革开放以来已经取得了巨大的成就。尤其是从党的十六大到十八大这一期间,可以说是中国在"赶超"进程中取得最大发展的十年。党的十八大上提出要在2020年全面建成小康社会,如果能够实现这一目标,从经济增长和国际比较的角度看,中国必须保持适度的较快增长以进入高收入国家的行列(按2012年平均汇率计算人均GNI须达到12 000美元以上)。尽管到那时,我们和发达国家比较仍然有较大的差距,但可以说我们改革开放初期提出的现代化目标已经基本实现。但从现在的情况看,虽然我们有着实现这一目标的现实条件,但在经济发展中也存在着许多矛盾,解决这些矛盾并实现历史性的跨越,对我们来说仍然是艰巨的任务。

第一节　改革开放与中国崛起

从18世纪中叶开始,随着以英国为代表的思想解放、科技进步、市场化进程和工业革命,世界上出现了人类历史上最大规模的经济增长。但是旧的资本主义发展模式,是以帝国主义对外侵略和瓜分世界为特征的,一方面,先进的资本主义国家通过政治和经济体制的创新、技术革命和工业化进程,使生产力得到迅速的提升;另一方面,通过富国强兵、对外侵略,对落后国家进行殖民统治,掠夺那里的资源和原料,同时占领当地的商品市场,把自身的发展建立在对落后国家掠夺的基础上。而后来居上的资本主义国家,也都希望通过这样的道路获得发展,这样,在先进资本主义国家或者是帝国主义列强之间,就不可避免地因互相争夺势力范围而引发战争,在列强和被侵略国家之间也不断地发生着侵略和反侵略的战争。在这种以殖民扩张和争夺势力范围为重要手段的扩张中,虽然各国的市场经济和科学技术也由于种种需要得到了一定的发展,生产力也有所提高,但也伴随着因人类的相互残杀而带来的世界财富的大量浪费和毁灭。而20世纪两次世界大战所带来的浩劫,实际上就是对这种旧的帝国主义发展模式的否定,宣告了殖民经济和文化的终结。这也是战后和平与发展逐渐代替侵略和战争成为新的世界主题的重要原因。第二次世界大战后,形成了美苏两个超级大国以及附属于它们的阵营,双方的对立虽然也带来了一些局部战争,但主要目的是争取世界霸权,而通过战争来获得经济发展已经成为一种过去的发展方式。

随着帝国主义对中国的侵略,一直是世界上最强大的经济体的中国也就开始了落后和挨打的历史。从1840年到现在,中华民族花了170年的时间努力实现重新崛起,其中历经磨难,直到改革开放,中国才真正迈开现代化的步伐。现在看来,经过进一步的努力(包括经济、政治、社会、科学发展等各个领域的努力),在21世纪的上半叶,中国有可能实现几代人的梦想,重新成为世界上发展最好的经济体之一。中国的经济发展走的是和世界列强完全不同的道路,这就是和平发展。尤其是改革开放以后,我们把工作重点转移到经济建设上来,一心一意谋发展,并在很长一段时间,把GDP作为衡量这种发展的最重要的指标。这种衡量当然是有局限性的,以GDP反映的经济增长不可能完全说明经济和社会的进步,也有可能以牺牲能源和环境的可持续发展为代价,这也正是我们当前强调要转变经济增长方式和发展方式的基本原因。但在另一方面,我们也确实看到,在特定条件下提出的高速经济增长目标,以及为实现这种目标而启动的经济体制改革和对外开放,确实极大地推动了中国的经济和社会发展,为发展中国家通过和平发展实现现代化探索了一条成功的道路。

十一届三中全会以后,中央全面地调整以往的对国内和国际形势的判断,开始实施全面的改革和开放。对国内的发展,邓小平同志总结说:"我们过去固守成规,关起门来搞建设,搞了好多年,导致的结果不好。经济建设也在逐步发展,也搞了一些东西,比如原子弹、氢弹搞成功了,洲际导弹也搞成功了,但总的来说,很长时间处于缓慢发展和停滞的状态,人民的生活还是贫困。"[①]"目前我们国内正在进行改革。我是主张改革的,不改革就没有出路,旧的那一套经过几十年的实践证明是不成功的。过去我们搬用别国的模式,结果阻碍了生产力的发展,在思想上导致僵化,妨碍人民和基层积极性的发挥。我们还有其他错误,例如'大跃进'和'文化大革命',这不是搬用别国模式的问题。可以说,从一九五七年开始我们的主要错误是'左','文化大革命'是极'左'。中国社会从一九五八年到一九七

---

① 《社会主义必须摆脱贫穷》(1987年4月26日),载《邓小平文选》第三卷,人民出版社,1993年,第225页。

八年二十年时间,实际上处于停滞和徘徊的状态,国家的经济和人民的生活没有得到多大的发展和提高。这种情况不改革行吗?"①对国际形势,邓小平同志指出:"粉碎'四人帮'以后,特别是党的十一届三中全会以后,我们对国际形势的判断有变化,对外政策也有变化,这是两个重要的转变。""过去我们的观点一直是战争不可避免,而且迫在眉睫。我们好多的决策,包括一、二、三线的建设布局,'山、散、洞'的方针在内,都是从这个观点出发的。这几年我们仔细地观察了形势,认为就打世界大战来说,只有两个超级大国有资格,一个苏联、一个美国,而这两家都还不敢打。首先,苏美两家原子弹多,常规武器也多,都有毁灭对手的力量,毁灭人类恐怕还办不到,但有本事把世界打得乱七八糟就是了,因此谁也不敢先动手。其次,苏美两家都在努力进行全球战略部署,但都受到了挫折,都没有完成,因此都不敢动。同时,苏美两家还在进行军备竞赛,世界战争的危险还是存在的,但是世界和平力量的增长超过战争力量的增长。这个和平力量,首先是第三世界,我们中国也属于第三世界。第三世界的人口占世界人口的四分之三,是不希望战争的。这个和平力量还应该包括美苏以外的发达国家,真要打仗,他们是不干的呀!美国人民、苏联人民也是不支持战争的。世界很大,复杂得很,但一分析,真正支持战争的没有多少,人民是要求和平、反对战争的。还要看到,世界新科技革命蓬勃发展,经济、科技在世界竞争中的地位日益突出,这种形势,无论美国、苏联、其他发达国家和发展中国家都不能不认真对待。由此得出结论,在较长时间内不发生大规模的世界战争是有可能的,维护世界和平是有希望的。根据对世界大势的这些分析,以及对我们周围环境的分析,我们改变了原来认为战争的危险很迫近的看法。"②在这种判断下,中国主动进行了百万大裁军,不和大国搞军备竞赛,国防工业开始实行转型,把更多的资源转向民用建设。邓小平还说:"第三世界有一些国家希望中国当头。但是我们千万不要当头,这是一个根本国策。这个头我们当不起,自己力量也不够。当了绝无好处,许多主动都失掉了。中国永远站在第三世界一边,中国永远不称霸,中国也永远不当头。"③现在看来,这是一个非常正确的选择,经济实力是一切发展的基础,当中国真正在经济上强大起来之后,国际影响力自然会得到巨大的提升。

当时,正是世界性的以信息技术、生物技术和新材料技术为代表的新技术革命迅速兴起的时期。我们和美国、欧洲、日本、苏联等国在政治上改善了关系,在经济上扩大合作,开始全面地融入世界经济。在技术路径上,我们抓住了有利时

---

① 《改革的步子要加快》(1987年6月12日),载《邓小平文选》第三卷,人民出版社,1993年,第237页。
② 《在军委扩大会议上的讲话》(1985年6月4日),载《邓小平文选》第三卷,人民出版社,1993年,第126页。
③ 《邓小平文选》第三卷,人民出版社,1993年,第363页。

机,实行了引进、消化、吸收和再创新的发展战略,强调要学习国外的先进技术,缩小与先进国家科技水平之间的差距,强调科学技术为经济发展服务;在发展路径上,强调要利用国外的资金、技术、经济管理经验和市场,为发展我国的外向型经济服务,并通过华人华侨、港澳同胞、台湾同胞在国际上具有广泛联系的优势,扩大我们的对外开放。和新兴工业化国家相比较,中国现在对外开放的程度是最大的,日本在高速发展过程中,零售业是不对外开放的,但中国的服务业(包括零售、金融和通信等)、制造业(尤其是汽车制造业、高科技产品)等则实现了全面的对外开放。现在看来,当时的这些决策都相当有远见,以电脑产业为例,如果当年我们以保护计算机产业为名对电脑和软件的进口实行高关税,那么到了现在,我们的高科技产业就不可能走到全球高科技产业的前沿。对外开放解放了我们的思想,提高了我们的科技水平,同时让我们在经济全球化的浪潮中和世界各国共享发展的成果,推动了我们的发展。

如果说在我们的发展进程中,对外我们采取了和平发展的战略,那么对内我们则进行了中国历史上最为深刻的经济变革,使中国的经济体制和生产力的发展相适应,从而激发了经济发展的潜能,使中国获得了前所未有的经济增长和经济发展。相比较而言,中国的经济体制改革经历了更加慎重的探索和发展过程,更强调通过改革调动各方面的积极因素来推动增长,而不是立即照搬国外的体制,使我们在相对平稳的转轨过程中实现了高增长,并极大地改善了人民生活。直到改革开放十多年后,在1994年召开的党的十四大上,我们才正式提出中国经济体制改革的目标是建立社会主义市场经济,而且直到现在,我们的经济体制改革及其他领域的改革仍然在推进,这种渐进式的改革虽然使得我们很多长期矛盾一时还得不到解决,但是从历史唯物主义的观点看,无论是总体还是个体,城市还是农村,这种改革对中国经济发展的贡献是无可置疑的。而俄罗斯等国的激进变革则严重地挫伤了生产者和劳动者的创造积极性,新的生产力还没有形成,旧的生产力已经被破坏,当然要引发经济衰退和停滞,致使人民生活受到严重影响。中国改革开放后积累的一条重要经验就是中国的生产力发展要通过不断的改革来推动,而无论什么样的改革,都不能以挫伤生产者和劳动者的积极性、牺牲生产力的发展为代价。反过来说,如果我们不能够针对中国经济发展中暴露出来的各种矛盾,及时地进行具有前瞻性的改革,我们的经济增长和经济发展也会受到影响。

第二节　中国国民收入的国际比较和对"中等收入"的进一步讨论

1978—2012年,中国的年均经济增长率达到了9.8%(参见表2.1),这是世界经济发展史上年均增长率最高、延续时间最长的经济增长。进入21世纪以来,随着工业化和城市化进程的推进,中国经济增长进一步加速,2000—2012年年均经济增长率达到了10.1%。虽然近两年来,由于对积极的宏观经济政策实施"择机退出",鼓励由市场引导而不是政府刺激的自主的经济增长,加上结构调整等方面的原因,经济增长率有所回落,2012年的经济增长率已经由上一年的9.3%回落为7.8%,但是和世界各国相比,仍然是经济增长最好的国家。在经济调整中,就业和人民生活继续有明显改善,通货膨胀得到了有效的抑制,这为我们未来的经济增长打下了坚实的基础。

表2.1 1978—2011年中国GDP指数

年份	GDP指数上年=100	年份	GDP指数上年=100	年份	GDP指数上年=100
1979	107.6	1991	109.2	2003	110.0
1980	107.8	1992	114.2	2004	110.1
1981	105.2	1993	114.0	2005	111.3
1982	109.1	1994	113.1	2006	112.7
1983	110.9	1995	110.9	2007	114.2
1984	115.2	1996	110.0	2008	109.6
1985	113.5	1997	109.3	2009	109.2
1986	108.8	1998	107.8	2010	110.4
1987	111.6	1999	107.6	2011	109.3
1988	111.3	2000	108.4	2012	107.8
1989	104.1	2001	108.3		
1990	103.8	2002	109.1		
2012年为1978年的倍数					24.23
1978—2012年年均经济增长率(%)					9.83
2012年为2000年的倍数					3.18
2000—2012年年均经济增长率(%)					10.12

资料来源:根据《中国统计年鉴》历年数据整理而成。

党的十六大提出了21世纪的前20年GDP翻两番的目标,十七大则把增长目标调整为人均GDP翻两番,从现在的情况看,2012年的GDP总量已经达到了2000年的3.18倍,使这一期间的年均经济增长率达到10.12%,也就是说,由于在前一阶段中国取得了更高的经济增长率,因此在未来的8年里,中国只要再实现3%的年均GDP增长率,就能完成十六大、十七大提出的总量和人均指标在21世纪的前20年翻两番的目标。如果按照年均7.5%的经济增长率,我国将在2015—2016年间,提前3—4年完成十六大和十七大提出的增长目标。党的十八大上,根据我国经济增长的新形势,提出了自2010年至2020年GDP再翻一番的新目标,也就是要求从 2010 年到 2020 年的年均 GDP 增长率达到 7.2%，而实际情况是，我国在 2011 年和 2012 年的经济增长率分别达到了 9.3% 和 7.8%，这样，未来 8 年的年均增长率只要达到 6.9%（略低于"十二五"规划中年均 7% 的增长目标），就有可能实现我们的总量目标。而按照目前的中长期增长趋势，在未来 8 年里达到 7% 左右甚至更高的年均经济增长率，经过努力是有可能达到的。对中国来说，全面建成小康社会，困难主要不在于总量目标，而在于如何使我们的经济增长更好地为经济、社会和环境的可持续、协调发展提供更加有效的支持。

和 GDP 的增长相比，居民家庭可支配收入的增长仍然相对偏慢。在 1978—1990 年、1990—2000 年和 2000—2010 年，我国城镇居民家庭人均可支配收入（在消除了价格变动后）的年均增长率分别为 5.86%、6.83% 和 9.66%，呈现出每一个 10 年上一个台阶的现象，而长期的年均增长率为 7.34%，约低于人均 GDP 年均增长率 1.5 个百分点；而农村居民家庭人均纯收入在三个 10 年的年均增长率分别为 9.92%、4.50% 和 7.04%，长期年均增长率为 7.3%，呈现出在第一个 10 年（增长主要发生在 20 世纪 80 年代以后）迅速增加，第二个 10 年有所减缓，第三个 10 年重新提高的趋势。① 还应该看到，由于我国劳动力结构和城乡结构的变化，大量农村居民转为城市居民或流动劳动力，由于权重变化的影响，我国居民收入平均水平的提高程度还会更高一些。7.2% 以上的居民收入实际增长（已经扣除价格变动因素的影响），意味着每 10 年我国城乡居民的实际收入水平就能翻一番，按此推算，我国城乡居民的平均收入现在已经达到改革开放初期的 10.97 倍，虽然不如 GDP 的增长幅度大，但仍然是很大的改善。这体现了我国作为一个新兴工业化进程中的发展中国家在分配经济增长成果上的特征，这就是在全部新生产的价值中用于积累的比重是递增的，由此促进了以投资和外向型经济拉动的经济增长。这样做的结果是加快了经济起飞初期和新兴工业化时期的经济增长，但有可能在一定程度上影响当前居民生活的改善以及资源配置的优化，这是新兴经济在加速工业化时期必须做出的选择。

中国的投资率现在已经达到 50% 左右（即固定资本形成占国内总需求的比重），这在全世界是最高的。这从国民收入的使用方面解释了中国为什么会保持这么多年的高增长，这种政府导向和市场经济共同推动的经济增长，在鼓励投资并取得回报方面，比一般的市场经济和传统的计划经济有更多的积极性。传统的计划经济虽然鼓励投资，但投资效率低下，而一般市场经济的投资效率较高，但在组织资源方面受企业本身规模和能力的限制。中国在转轨和高速经济增长时期，政府和企业两方面的积极性都被调动起来，通过投资带动经济总量实现了迅速扩

---

① 根据《中国统计年鉴 2011》中居民收入数据综合计算整理。

张,这对中国经济增长有积极意义。但也要看到,过度的投资扩张也可能造成生产能力的闲置和浪费,从而降低经济增长的效率。同时,由于居民收入增长相对较慢,有支付能力的需求受到限制,由消费所带动的经济增长是有限的,只能继续依赖投资和出口拉动。在处理投资和消费的关系上,对于究竟是要做大蛋糕还是要分好蛋糕始终存在着争论,现在看来,在经济发展的不同阶段,侧重点应该有所不同。如果说在改革开放初期,我们更强调"发展是硬道理",强调通过经济增长来带动人民生活的改变,那么到了今天,则应该通过对国民收入更加合理的分配和使用,通过人民生活水平的整体提高和使已经形成的固定资产更好地发挥效用,来实现我们的增长目标和发展目标。

一、世界主要国家 GDP 水平及其份额变化的长期比较

国民收入反映的是一个国家或地区在一年中新生产出来的商品和服务的价值总额。国民收入首先是一个经济学的概念,威廉·配第、马克思以及后来的凯恩斯都使用过国民收入这一概念进行研究和分析,但其真正成为统计指标和统计指标体系,还是20世纪20年代以后经过西蒙·库兹涅茨等人的开创性研究以及政府统计机构的实际应用而逐渐发展起来的。当代的国民收入指标是由一系列指标形成的一个指标体系,我们最常用的国内生产总值(GDP)就是其核心指标,国民经济核算体系发展起来后,它成为国民经济核算账户的基本流量,即在基本账户中,用它来反映支出法、生产法和收入法的构成及其对应关系。在国民收入指标中,另一个常用的指标是国民生产总值(GNP),在很长一段时间里,美国等发达国家都是按照这个指标来反映经济总量和经济增长,美国著名的国民收入和生产账户(NIPA),在20世纪80年代以前,都是以这个指标作为核心指标的。这也是在改革开放初期,邓小平提出的长期经济发展战略是"国民生产总值"(而不是国内生产总值)翻两番的主要原因。这个指标和 GDP 指标的不同之处在于,它是按照国民原则而不是 GDP 的国土原则来计算经济总量的,具体地说,凡是一个国家的国民在每年生产的货物和服务,无论是在本国还是外国生产的都算入该年的 GNP,而 GDP 则不同,它反映的是一个国家的领土上在一个时期新生产出来的货物和服务,无论这个价值是由本国人还是外国人创造的。两个指标在总量上的差别体现为"来自国外的要素收入净额"。现在很多人还在争论,到底是应该按 GDP 还是按 GNP 来核算一个国家或经济体的经济总量更加科学,其实这个问题早就已经解决,这就是两个指标都有各自的侧重点,GDP 能更好地从生产方面反映一个国家的经济总规模,而 GNP 则能更好地从收入方面反映一个国家国民收入的总水平。这样,在进行总量核算时,为了更好地进行国家间的对比,联合国推荐各国采用 GDP 指标做为国民经济核算的基本流量,中国是最早采用 GDP 进行核算的国家之一,而美国、日本和 OECD 国家,也都先后完成了由 GNP 向 GDP 的转换。所

以现在各国所说的经济增长率,都是以GDP为基础计算的经济增长率。在这种情况下,国民经济核算体系中各个账户上的分量,如国民经济的产业构成、最终需求构成和增加值构成,都是按国土原则核算的,不可能再得到按国民原则核算的分量。但是,国民生产总值并没有退出历史舞台,如果要进行各国人均国民收入水平的比较,目前世界银行推荐的仍然是人均GNP指标,只是根据1993年联合国《国民经济核算体系》的要求,现在这个指标的名称已经改为国民总收入(Gross National Income, GNI),世界银行对世界各国人均国民收入的比较,就是通过人均国民总收入(人均GNI)的比较进行的。

进入21世纪后,由于高速的经济增长,中国在世界经济总量中所占的份额在迅速提高。从表2.2中可以看到,1978年中国刚刚开始改革开放的时候,GDP总量仅为1 500亿美元,在世界经济中所占份额仅为1.8%,排名第10位,和一个世界人口大国的地位极不相称。而且由于人口众多,人均水平就更低,属于低收入贫穷国家。在此之后的20年,中国虽然取得并保持了高速经济增长,但是GDP占世界经济的份额仍然只有3.7%,落后于传统的发达国家如日本、德国、英国、法国等,排名第6位,虽然排名提前了4位,但国际影响力仍然是有限的。进入21世纪后,这种情况发生了明显的改变,由于发展基数已经大为提高,再加上强劲的经济增长,中国的经济总量先后超过法国、英国、德国、日本,成为仅次于美国的世界第二大经济体。2010年中国的GDP总额达到了5.93万亿美元,占世界GDP比重的9.4%,成为对世界具有重大影响的经济大国。

表2.2 世界20个主要国家过去30年GDP及变化情况

国家	2010年			2000年			1978年		
	排序	GDP（万亿美元）	份额（%）	排序	GDP（万亿美元）	份额（%）	排序	GDP（万亿美元）	份额（%）
美国	1	14.59	23.1	1	9.90	30.7	1	2.28	27.1
中国	2	5.93	9.4	6	1.20	3.7	10	0.15	1.8
日本	3	5.46	8.6	2	4.67	14.5	2	0.98	11.7
德国	4	3.28	5.2	3	1.89	5.9	3	0.72	8.5
法国	5	2.56	4.1	5	1.33	4.1	4	0.50	5.9
英国	6	2.25	3.6	4	1.48	4.6	5	0.33	3.9
巴西	7	2.09	3.3	9	0.64	2.0	8	0.20	2.4
意大利	8	2.05	3.2	7	1.10	3.4	6	0.30	3.6
印度	9	1.73	2.7	13	0.46	1.4	13	0.14	1.6
加拿大	10	1.58	2.5	8	0.72	2.2	7	0.21	2.6
俄罗斯联邦	11	1.48	2.3	19	0.26	0.8	—		

（续表）

国家	2010 年 排序	2010 年 GDP（万亿美元）	2010 年 份额（%）	2000 年 排序	2000 年 GDP（万亿美元）	2000 年 份额（%）	1978 年 排序	1978 年 GDP（万亿美元）	1978 年 份额（%）
西班牙	12	1.41	2.2	11	0.58	1.8	9	0.16	1.9
墨西哥	13	1.03	1.6	10	0.58	1.8	15	0.10	1.2
韩国	14	1.01	1.6	12	0.53	1.7	27	0.05	0.6
荷兰	15	0.78	1.2	16	0.39	1.2	11	0.15	1.7
土耳其	16	0.73	1.2	18	0.27	0.8	22	0.07	0.8
印度尼西亚	17	0.71	1.1	28	0.17	0.5	26	0.05	0.6
瑞士	18	0.53	0.8	20	0.25	0.8		0.00	—
波兰	19	0.47	0.7	25	0.17	0.5		0.00	—
比利时	20	0.47	0.7	22	0.23	0.7	16	0.10	1.2
以上合计		50.13	79.4		26.81	83.2		6.48	77.0
世界		63.12	100		32.24	100		8.42	100

资料来源：世界银行数据库，http://databank.worldbank.org/databank/download/GDP.xls。

在表 2.2 列出的 2010 年世界上经济总量最大的 20 个国家中，按汇率法计算的 GDP 总量、份额和排序的比较，在过去 30 年间发生了很大的变化。在 2010 年的前 10 大经济体中，有 7 个为传统的高收入发达国家（美国、日本、德国、法国、英国、意大利和加拿大），即所谓 7 国集团成员，一个为南美上中等收入国家（巴西，人均 GNI 在 10 000 美元左右），两个为亚洲发展中国家（中国和印度）。在过去 30 年间，发达国家在世界上的排序基本上没有发生大的变化，巴西的经济虽然有所增长，但是从排序上看，从 1978 年的第 8 位下降到 2000 年的第 9 位，近 10 年又因为增长率略高于平均水平而提高到第 7 位，30 年间仅提前了一位。变化最大的是中国，从 1978 年的第 10 位提高到 2010 年的第 2 位；其次是印度，从 1978 年和 2000 年的第 13 位提高到 2010 年的第 9 位，从排序上看大约处于中国 30 年前的位置，明显的变化主要发生在近 10 年。对各个国家排序变化的直接影响因素主要有三个，即实际经济增长率、通货膨胀水平和汇率，而经济增长率则是最重要的影响因素。从长期发展的观点看，在开放经济的条件下，一个国家的通胀程度通常与其汇率变化存在着反比的关系，通胀程度越大，本币贬值的程度往往也越大，反之亦反。而开放程度和经济发展水平也是影响汇率的重要原因，一般地说，一个国家的开放程度越低、经济发展水平越低，在它的全部产品中，低技术含量的劳动密集产品的比重也就越高，以它为标准计算的购买力平价与汇率之间的差别也就越大。这也是发达国家利用其资本密集型、技术密集型产品通过国际贸易来获得更多福利的途径。而发展中国家在增长过程中,因为需要增加积累提高装备水平来实现"赶超",不得不付出一定的代价,所以汇率水平通常偏低。因此汇率水平的高低,实际上也是一个国家经济发展水平的标志,随着中国的经济发展,从长远来看,国内初级产品和服务的相对价格还会提升,而制造业产品的相对价格还会下降,同时还将伴随着汇率的提升,如果综合考虑经济增长、通货膨胀和汇率变动的因素,中国在世界经济中的相对份额的继续提高,应该快于由经济增长本身所导致的相对份额的变化。

二、全球金融危机以来世界主要国家 GDP 及其份额的变化

表 2.3 列出了全球金融危机以来世界主要国家(2011 年的 GDP 总量位于前 20 位的国家)的 GDP 以及占比的变化。这 20 个国家 GDP 的合计占全球的份额达到了 80% 左右,可以说它们的总体经济增长基本上决定了世界经济的变化。从表中可以看到,金球金融危机以来,尽管发达市场经济国家经历了严重的停滞和通货紧缩,但就全球而言,按现行价格计算的经济总量仍然是在不断增加的,由 2008 年的 61.24 万亿美元提高到 2011 年的 69.98 万亿美元,增长了 14.3%,年均增长率为 4.6%,从总体上看,这仍然属于比较好的经济增长(如果不考虑价格因素,4% 以上的 GDP 增长率就属于较高的经济增长)。这种增长受多种力量影响,其中既有美国经济的缓慢复苏,也有欧洲的持续衰退,但主要是中国的经济增长。在这一阶段世界经济总量的变化(8.74 万亿美元)中,中国所占的比重最大,占 32.03%;日本其次,占 11.67%,但日本份额的扩大主要不是因为经济增长而是由于汇率上升(日本在 2008—2011 年各年的经济增长率分别为 -1%、-5.5%、4.4% 和 -0.7%,但对美元的汇率却从 2008 年年初的 1 美元兑 110 日元左右上升到 2011 年年底的 90 日元左右);巴西第三,为 9.5%;美国第四,为 8.81%;印度第五,为 7.21%;印度尼西亚第六,为 3.89%;澳大利亚第七,为 3.78%;其他国家都在 3% 以下,而西欧主要国家包括德国、法国、英国、意大利和西班牙,对这一期间世界经济增量的贡献都是负数。前面列出的对世界经济增长贡献超过 3% 的国家,中国都是它们重要的贸易伙伴,反之,它们也是中国的最主要贸易对象国。从这个角度看,中国不仅仅通过自身的经济增长向世界经济增长做出了贡献,同时也通过和世界各国尤其是主要经济体的联系做着贡献。一个不容否认的客观事实是,中国经济发展到今天这个阶段,已经开始对世界经济产生直接和间接的重大影响。从表 2.3 中可以看出,2008 年和 2009 年,中国的 GDP 仍然低于日本,而在 2010 年开始超越日本成为世界上第二大经济体,而到了 2011 年已经比日本高出 24.7%。正如前面所说,这种变化包含着三方面的因素,即经济增长、价格变动和汇率变化,但在这三者之间,经济增长是决定性因素,如果仅仅由汇率和价格因素的变动来增加份额,只可能是短期的,而且会给这个国家的出口及增长带来负面的影响,经济本身也是不可持续的。

表2.3　2008—2011年世界主要国家GDP及其份额的变化

排序	国家	GDP总额(万亿美元)				占世界的份额(%)				2011年比2008年增加(%)
		2008年	2009年	2010年	2011年	2008年	2009年	2010年	2011年	
	世界	61.24	57.93	63.20	69.98	100	100	100	100	
1	美国	14.22	13.90	14.42	14.99	23.22	23.99	22.82	21.42	-1.80
2	中国	4.52	4.99	5.93	7.32	7.38	8.62	9.38	10.46	3.07
3	日本	4.85	5.04	5.49	5.87	7.92	8.69	8.68	8.38	0.47
4	德国	3.62	3.30	3.28	3.60	5.92	5.69	5.20	5.15	-0.77
5	法国	2.83	2.62	2.55	2.77	4.62	4.52	4.03	3.96	-0.66
6	巴西	1.65	1.62	2.14	2.48	2.70	2.80	3.39	3.54	0.84
7	英国	2.65	2.18	2.26	2.45	4.33	3.77	3.57	3.49	-0.83
8	意大利	2.31	2.11	2.04	2.19	3.77	3.64	3.23	3.14	-0.63
9	俄罗斯	1.66	1.22	1.49	1.86	2.71	2.11	2.35	2.65	-0.06
10	印度	1.22	1.36	1.68	1.85	2.00	2.35	2.67	2.64	0.64
11	加拿大	1.50	1.34	1.58	1.74	2.45	2.31	2.50	2.48	0.03
12	西班牙	1.59	1.46	1.38	1.48	2.60	2.51	2.18	2.11	-0.49
13	澳大利亚	1.05	0.92	1.14	1.38	1.72	1.59	1.80	1.97	0.25
14	墨西哥	1.09	0.88	1.04	1.15	1.79	1.52	1.64	1.65	-0.14
15	韩国	0.93	0.83	1.01	1.12	1.52	1.44	1.61	1.60	0.07
16	印度尼西亚	0.51	0.54	0.71	0.85	0.83	0.93	1.12	1.21	0.38
17	荷兰	0.87	0.80	0.77	0.84	1.42	1.37	1.23	1.19	-0.23
18	土耳其	0.73	0.61	0.73	0.77	1.19	1.06	1.16	1.11	-0.09
19	瑞士	0.52	0.51	0.55	0.66	0.86	0.88	0.87	0.94	0.09
20	沙特阿拉伯	0.48	0.38	0.45	0.58	0.78	0.65	0.71	0.82	0.05
	合计	48.8	46.6	50.6	56.0	79.7	80.4	80.1	79.9	

资料来源:世界银行数据库,http://databank.worldbank.org/databank/download/GDP.xls。

三、人均GNI水平与"中等收入国家"

一个国家的经济发展及其水平,不仅要看国民收入的总量及其变化,还要看人均收入水平。虽然由于经济的迅速增长,中国的国民收入总量已经得到了巨大的提升并达到了世界先进水平,但是从人均国民收入水平(表现为人均GNI,有时也使用人均GDP,二者观察问题的角度略有不同,但具体数值一般不会有太大差别)上看,还和发达国家存在着较大的差距。表2.4列出的是世界银行公布的一部分国家和地区的人均GNI[①],从表中可以看到,2011年中国内地的人均GNI为

---

① 一些较小经济体的数据未列入此表中,但在排序中没有排除。

4 940 美元①,在列入统计的 213 个国家和地区里名列第 114 位,比 2010 年的排序提前 7 位。从历史发展的角度看,可以说中国内地已经取得了相当大的进步。2003 年,中国内地的人均 GNI 为 1 100 美元,在世界上排第 134 位,仅比排 135 位的菲律宾高 20 美元,而 2011 年菲律宾的人均 GNI 为 2 210 美元,从表面上看也翻了一番,但排序变成第 152 位,下降 17 位,中国内地和菲律宾之间无论是在人均 GNI 的数值上还是在排序的差距上,都在明显扩大。由此可见高速经济增长对中国改善人均 GNI 水平在国际上的地位有明显的意义。

表 2.4 2011 年世界各国(或地区)人均 GNI

排序	国家或地区	人均 GNI (美元)	排序	国家或地区	人均 GNI (美元)	排序	国家或地区	人均 GNI (美元)
1	摩纳哥	183 150	36	中国香港	36 010	81	土耳其	10 410
2	列士敦士登	137 070	37	意大利	35 290	82	阿根廷	9 740
4	挪威	88 890	38	冰岛	34 820	83	墨西哥	9 420
5	卡塔尔	80 440	39	文莱	31 800	84	黎巴嫩	9 140
6	卢森堡	77 580	40	西班牙	30 890	85	马来西亚	8 770
7	瑞士	76 400	42	新西兰	29 140	86	哈萨克斯坦	8 260
9	丹麦	60 120	43	以色列	28 930	88	毛里求斯	8 040
11	瑞典	53 150	46	希腊	24 480	89	罗马尼亚	7 910
14	科威特	48 900	47	斯洛文尼亚	23 610	92	巴拿马	7 470
15	荷兰	49 650	51	葡萄牙	21 210	95	黑山共和国	7 140
16	澳大利亚	49 130	53	韩国	20 870	98	南非	6 960
17	美国	48 620	56	马耳他	18 620	100	保加利亚	6 530
18	奥地利	48 190	57	捷克	18 620	102	哥伦比亚	6 070
19	芬兰	47 770	58	沙特阿拉伯	17 820	104	白俄罗斯	5 830
20	中国澳门	45 460	65	克罗地亚	13 530	105	马尔代夫	5 720
21	比利时	45 990	67	匈牙利	12 730	107	塞尔维亚	5 690
22	加拿大	45 560	70	波兰	12 480	110	秘鲁	5 150
23	日本	44 900	71	拉脱维亚	12 350	114	中国内地	4 940
24	德国	44 270	72	智利	12 280	115	土库曼斯坦	4 800
27	新加坡	42 930	72	立陶宛	12 280	118	纳米比亚	4 700
28	法国	42 420	75	乌拉圭	11 860	119	阿尔及利亚	4 470
30	爱尔兰	39 930	78	俄罗斯联邦	10 730	120	泰国	4 440
34	英国	37 840	79	巴西	10 720	121	约旦	4 380

① 这一比较结果是通过 Atlas Method,即三年平均汇率法计算而得,不只是考虑当年的汇率变化;而人民币这三年的汇率是小幅升值的,因此世界银行所公布的计算结果要低于我们用当年汇率直接换算而得到的结果。

（续表）

排序	国家或地区	人均 GNI（美元）	排序	国家或地区	人均 GNI（美元）	排序	国家或地区	人均 GNI（美元）
122	厄瓜多尔	4 200	162	加纳	1 410	191	马里	610
123	突尼斯	4 070	162	印度	1 410	193	卢旺达	570
124	阿尔巴尼亚	3 980	166	苏丹	1 310	193	多哥	570
126	安哥拉	3 830	167	尼日利亚	1 280	196	坦桑尼亚	540
133	亚美尼亚	3 360	168	越南	1 270	196	尼泊尔	540
136	乌克兰	3 130	170	喀麦隆	1 210	199	乌干达	510
138	摩洛哥	2 970	172	赞比亚	1 160	202	莫桑比克	470
140	印度尼西亚	2 940	173	老挝	1 130	202	阿富汗	470
147	伊拉克	2 640	174	巴基斯坦	1 120	204	几内亚	430
148	埃及	2 600	179	毛里塔尼亚	1 000	204	马达加斯加	430
150	蒙古	2 310	181	塔吉克斯坦	870	207	埃塞俄比亚	370
152	菲律宾	2 210	182	柬埔寨	820	208	尼日尔	360
153	不丹	2 130	182	肯尼亚	820	208	马拉维	360
156	玻利维亚	2 020	184	孟加拉国	780	211	利比里亚	330
157	洪都拉斯	1 980	188	海地	700	212	布隆迪	250
159	乌兹别克斯坦	1 510	189	乍得	690	213	民主刚果	190
159	尼加拉瓜	1 510	190	津巴布韦	660		世界平均	9 511

资料来源：世界银行数据库，http://databank.worldbank.org/databank/dounload/GNIPC.pdf。

但是也应该看到，中国的人均 GNI 水平在世界上仍然不高，而且人均 GNI 这个指标是从总体上考察的人均水平，还要从中扣除政府、金融机构和企业部门等使用的收入，才是居民家庭能够支配的收入即可支配收入（Household Disposable Income）。居民平均收入的高低，除了要看人均 GNI 水平外，还要看 GNI 总量在各个收入支出部门之间的分配。这是运用人均 GNI 进行国际比较时应该注意的问题。从这个意义上看，人均 GNI 仍然是一个国家的发展水平而不是个体收入水平的指标。

观察表 2.4 中的数据可以看出，世界各国的人均国民总收入水平上的差异是巨大的。人均收入最高的摩纳哥为 18 万美元，而收入最低的刚果民主共和国只有 190 美元，相差近 1 000 倍。在这些国家中，排名居前的国家和地区主要有三类，一是发达经济体，包括美国、西北欧国家、日本和大洋洲国家；二是资源输出型国家尤其是石油输出国，但是近些年来，这些国家由于增长缓慢，在世界上的排序开始落后；三是新兴工业化经济体，包括新加坡、韩国、中国澳门和中国香港等，尤其是韩国，其经济规模远远大于"四小龙"中的其他经济体，但仍然能保持不断的经济增长，现在的人均 GNI 已经达到 20 000 美元以上，2011 年位于世界第 53 位。排名靠后的国家主要是亚非拉发展中国家,亚洲有印度、巴基斯坦、孟加拉国、柬埔寨等国家,人口众多;拉丁美洲有海地等国家;非洲则是贫穷国家最多的地区。中国原先也属于这一贫穷集团,改革开放初期的人均 GNI 不到 200 美元,但经过三十多年的努力,现在的人均 GNI 已经超过了中等收入国家的平均水平,进入了排序居中的国家行列(现在的排序正好位于 200 多个国家和地区的居中位置)。排序居中的国家主要是一些拉美国家、中南欧国家、东南亚国家和北非国家。

因此,世界银行把对人均 GNI 水平的分类①作为一项重要的工作,并将其作为一项最为重要的分类。这种分类和世界银行的工作内容有关,他们认为较低收入的经济体在得到世界银行的经济支持时,和较高收入的经济体的待遇(包括贷款利率、贷款额度以及评审过程等)应该有所差别。在 1987 年以前,只是把所有的经济体分为工业化(Industrial)经济体和发展中(Developing)经济体,而从 1987 年开始,则开始使用细化的分组并提出了相对的标准。2011 年的分类及其标准为:低收入(Low Income)组,少于 1 025 美元;下中等收入(Lower Middle Income)组,为 1 026—4 035 美元;上中等收入(Upper Middle Income)组,为 4 036—12 475 美元;高收入(High Income)组,高于 12 476 美元。② 2011 年进入分类的经济体包括 188 个世界银行的成员,以及人口超过 3 万的其他经济体,共 214 个国家和地区。按照目前的标准,凡是人均收入处在一定贫困标准以下(原来为每天 2 美元,现在已经调整到接近 3 美元)的国家(或地区)为低收入经济体,而超过这一标准的占世界人口三分之一的国家(或地区)则被视为中等收入国家(Middle-Income Countries, MICs)。自 20 世纪 90 年代中期以来,共有 10 个国家(包括中国、埃及等)由低收入国家发展成为中等收入国家。显然,这里所使用的"中等收入",不是算术平均数而是类似于中位数的概念。③

根据世界银行 2012 年 7 月公布的 2011 年的世界发展指数(World Development Indicators),当今世界按人均 GNI 水平分类,各收入组别包含的经济体的情况如表 2.5 所示:

---

① 其他的分类还有地区分类,以及在不同的收入组中按地区进行分类。
② 参见世界银行说明:"How We Classify Countries"。
③ 参见世界银行网站的有关说明:"What are Middle-Income Countries?", http://web.worldbank.org/WBSITE/EXTERNAL/EXTOED/EXTMIDINCCOUN/0,,contentMDK:21453301~menuPK:5006209~pagePK:64829573~piPK:64829550~theSitePK:4434098,00.html。

表 2.5　世界银行按人均 GNI 水平分类的各收入分组包含经济体情况

低收入经济体(少于 1 025 美元),共 36 个

阿富汗	中非共和国	冈比亚	吉尔吉斯斯坦	莫桑比克	索马里
孟加拉国	乍得	几内亚	利比里亚	缅甸	塔吉克斯坦
贝宁	科摩罗	几内亚比绍	马达加斯加	尼泊尔	坦桑尼亚
布基纳法索	民主刚果	海地	马拉维	尼日尔	多哥
布隆迪	厄立特里亚	肯尼亚	马里	卢旺达	乌干达
柬埔寨	埃塞俄比亚	朝鲜	毛里塔尼亚	塞拉利昂	津巴布韦

下中等收入经济体(1 026—4 035 美元),共 54 个

阿尔巴尼亚	吉布提	印度尼西亚	摩尔多瓦	萨摩亚	东帝汶
亚美尼亚	埃及	印度	蒙古	圣多美和普林西比	汤加
伯利兹	萨尔瓦多	伊拉克	摩洛哥	塞内加尔	乌克兰
不丹	斐济	基里巴斯	尼加拉瓜	所罗门群岛	乌兹别克斯坦
玻利维亚	格鲁吉亚	科索沃	尼日利亚	南苏丹	瓦努阿图
喀麦隆	加纳	老挝	巴基斯坦	斯里兰卡	越南
佛得角	危地马拉	莱索托	巴布亚新几内亚	苏丹	西岸和加沙
刚果共和国	圭亚那	马绍尔群岛	巴拉圭	斯威士兰	也门
象牙海岸	洪都拉斯	密克罗尼西亚	菲律宾	叙利亚	赞比亚

上中等收入经济体(4 036—12 475 美元),共 54 个

安哥拉	巴西	厄瓜多尔	利比亚	帕劳	圣文森特和格林纳丁斯
阿尔及利亚	保加利亚	加蓬	立陶宛	巴拿马	苏里南
美属萨摩亚	智利	格林纳达	马其顿	秘鲁	泰国
安提瓜和巴布达	中国内地	伊朗	马来西亚	罗马尼亚	突尼斯
阿根廷	哥伦比亚	牙买加	马尔代夫	俄罗斯联邦	土耳其
阿塞拜疆	哥斯达黎加	约旦	毛里求斯	塞尔维亚	土库曼斯坦
白俄罗斯	古巴	哈萨克斯坦	墨西哥	塞舌尔	图瓦卢
波黑	多米尼克	拉脱维亚	黑山共和国	南非	乌拉圭
博茨瓦纳	多米尼加	黎巴嫩	纳米比亚	圣卢西亚	委内瑞拉

高收入经济体(12 476 美元以上),共 70 个

安道尔	海峡群岛	德国	韩国	阿曼	圣基茨和尼维斯
阿鲁巴	克罗地亚	希腊	科威特	波兰	圣马丁
澳大利亚	库拉索	格陵兰	列支敦士登	葡萄牙	瑞典
奥地利	塞浦路斯	关岛	卢森堡	波多黎各	瑞士
巴哈马群岛	捷克	中国香港	中国澳门	卡塔尔	特立尼达和多巴哥

(续表)

高收入经济体(12 476 美元以上)，共70个					
巴林	丹麦	匈牙利	马耳他	圣马力诺	特克斯与凯科斯群岛
巴巴多斯	爱沙尼亚	冰岛	摩纳哥	沙特阿拉伯	阿联酋
比利时	赤道几内亚	爱尔兰	荷兰	新加坡	英国
百慕大	法罗群岛	曼岛	新喀里多尼亚	荷属安地利斯	美国
文莱	芬兰	以色列	新西兰	斯洛伐克	维尔京群岛
加拿大	法国	意大利	北马里亚纳群岛	斯洛文尼亚	
开曼群岛	法属波利尼西亚	日本	挪威	西班牙	

资料来源：世界银行数据库，http://data.worldbank.org/about/country-classifications/country-and-lending-groups#High_income。

这种分类为世界各国开展经济发展水平的研究和国际比较提供了一个很好的基础，而国际统计标准的建立和世界各国政府统计工作的发展，为世界银行完成这项工作提供了统计数据支持。虽然这种比较受各国统计工作的完善程度以及各国具体情况的影响，仍然存在着各种争议，尤其是很多人认为用汇率法反映的结果不能完全真实地反映各国发展水平的差别，因此，世界银行还发展出一套用购买力平价(PPP)来进行分组比较的方法并公布相应的数据。但由于购买力平价涉及对各国货币的实际购买力之间差别的评价，很难得到唯一的共同标准，比方说不同的团体按购买力平价(用国际元反映)计算中国的人均GNI，将可能出现很大的差别，而且从历年研究的结果看，汇率法和PPP方法所得出的结果，虽然在数值上可能存在较大的差异，但在排序上往往没有显著性的差别。因此，汇率法所得到的结果被更加广泛地接受。由于随着各国的经济增长、价格变动和汇率变化，按三年汇率法计算的世界平均收入水平是不断提高的，因此这些标准也在不断调整。表2.6列出的就是世界银行从1987年以来收入标准的变化以及中国人均GNI水平和所处组别的变化情况。

表2.6 世界银行收入分组和变化及中国的人均收入变化

年份	低收入	下中等收入	上中等收入	高收入	中国的人均GNI	中国所归入的组别
1987	≤480	481—1 940	1 941—6 000	>6 000	320	低收入
1988	≤545	546—2 200	2 201—6 000	>6 000	330	低收入
1989	≤580	581—2 335	2 336—6 000	>6 000	320	低收入
1990	≤610	611—2 465	2 466—7 620	>7 620	330	低收入
1991	≤635	636—2 555	2 556—7 910	>7 910	350	低收入
1992	≤675	676—2 695	2 696—8 355	>8 355	390	低收入

(续表)

年份	低收入	下中等收入	上中等收入	高收入	中国的人均GNI	中国所归入的组别
1993	≤695	696—2 785	2 786—8 625	>8 625	410	低收入
1994	≤725	726—2 895	2 896—8 955	>8 955	460	低收入
1995	≤765	766—3 035	3 036—9 385	>9 385	530	低收入
1996	≤785	786—3 115	3 116—9 645	>9 645	650	低收入
1997	≤785	786—3 125	3 126—9 655	>9 655	750	低收入
1998	≤760	761—3 030	3 031—9 360	>9 360	790	下中等收入
1999	≤755	756—2 995	2 996—9 265	>9 265	840	下中等收入
2000	≤755	756—2 995	2 996—9 265	>9 265	930	下中等收入
2001	≤745	746—2 975	2 976—9 205	>9 205	1 000	下中等收入
2002	≤735	736—2 935	2 936—9 075	>9 075	1 100	下中等收入
2003	≤765	766—3 035	3 036—9 385	>9 385	1 270	下中等收入
2004	≤825	826—3 255	3 256—10 065	>10 065	1 500	下中等收入
2005	≤875	876—3 465	3 466—10 725	>10 725	1 740	下中等收入
2006	≤905	906—3 595	3 596—11 115	>11 115	2 040	下中等收入
2007	≤935	936—3 705	3 706—11 455	>11 455	2 480	下中等收入
2008	≤975	976—3 855	3 856—11 905	>11 905	3 040	下中等收入
2009	≤995	996—3 945	3 946—12 195	>12 195	3 620	下中等收入
2010	≤1 005	1 006—3 975	3 976—12 275	>12 275	4 240	上中等收入
2011	≤1 025	1 026—4 035	4 036—12 475	>12 475	4 940	上中等收入

资料来源:世界银行 Methodologies, http://siteresources.worldbank.org/DATASTATISTICS/Resources/OGHIST.xls。

从表2.6中可以看出,按照世界银行的标准,1997年亚洲金融危机前后,中国还属于低收入国家,而经过14年的发展,到2010年,中国跨越了下中等收入和上中等收入国家的临界值,成为上中等收入经济体中的一员。进入了这个组,就标志着一个国家将开始由中等收入向高收入国家的发展。从表2.6的分组标准看,早在1997年,中国就可以说不再是低收入国家,而是一个由广义中等收入经济体(包括下中等收入和上中等收入)所组成的中等收入经济体中的成员,也可以说成为一个广义的中等收入国家。这和我们提出的中国式现代化的目标及实现的经济增长是相关的,在改革开放初期,邓小平指出中国式的现代化就是要实现小康社会,而经过20年左右的努力,在20世纪末,国家根据原来设定的小康社会的标准,宣布中国人民的生活已经在总体上达到了小康水平,也就是说,总体小康或者是初步小康的目标已经基本实现。① 而这一时期,恰好是中国的人均 GNI 完成由低收入向下中等收入跨越的时期。党的十六大提出了在 2020 年实现全面小康的目标,而且指出,从 2000 年至 2010 年是中国全面建设小康社会的关键 10 年,对 2020 年实现全面小康具有至关重要的意义。从人均 GNI 的变化来看,在 21 世纪的这关键 10 年,我们确实取得了实质性的进展,由下中等收入国家发展成为一个上中等收入国家,人均 GNI 超越中等收入国家的平均水平。而从发展上看,十八大再次重申要在 2020 年全面建成小康社会,并且把这一过去的长远目标转化成了当前的现实目标,并且提出了一系列实现这一目标的方针、政策和措施。如果我们能实现这一目标,中国的国民收入总量以及人均 GNI 一定要有很大程度的提升,十八大提出在 2020 年的 GDP 比 2010 年再翻一番,虽然是一个总量目标,但这一目标的实现也就意味着中国的人均 GNI 将会提高到一个新的水平。考虑到经济增长、购买力平价、通货膨胀和汇率等多重因素的影响,当中国全面建成小康社会时,以人均 GNI 反映的经济发展水平也将会完成由上中等收入向高收入的转化。这也说明了世界银行的这种分组的合理性,它和中国各个大的历史发展阶段的经济发展水平之间表现出明显的相关关系。显然,按照低收入、下中等收入、上中等收入和高收入来对各个国家和地区进行分类,既说明了各个国家和地区处于什么样的发展阶段,也说明了它们的发展水平。

  如果用一个区间能够更好地说明一个国家或地区的发展阶段的话,那么用标志性数值则能更好地说明它的发展水平。世界银行在每年发布的《世界发展报告》(World Development Report)中,都会发表各国的人均 GNI 数据(参见表 2.4),同时对应地公布相应的标志性数值(参见表 2.7)。

---

 ① 1991 年,国家统计局专门组织了课题组,按照国务院提出的小康社会的内涵确定了 16 个基本检测和临界值。这 16 个指标把小康的基本标准设定为:(1)人均国内生产总值 2 500 元(按 1980 年的价格和汇率计算,2 500 元相当于 900 美元);(2)城镇人均可支配收入 2 400 元;(3)农民人均纯收入 1 200 元;(4)城镇住房人均使用面积 12 平方米;(5)农村钢木结构住房人均使用面积 15 平方米;(6)人均蛋白质日摄入量 75 克;(7)城市每人拥有铺路面积 8 平方米;(8)农村通公路行政村比重 85%;(9)恩格尔系数 50%;(10)成人识字率 85%;(11)人均预期寿命 70 岁;(12)婴儿死亡率 3.1%;(13)教育娱乐支出比重 11%;(14)电视机普及率 100%;(15)森林覆盖率 15%;(16)农村初级卫生保健基本合格县比重 100%。这 16 个指标按照统计方法综合评分,到 2000 年总体实现了确定目标的 96%。分地区来看,东部基本实现,中部实现程度为 78%,西部实现程度为 56%。16 个指标中有 3 个指标没有完全实现。第一个是农民人均纯收入。当时确定的是按 1980 年不变价计达到 1 100 元,实际只达到 1 066 元。第二个是蛋白质日均摄取量。当时按照联合国有关组织对欠发达国家、贫困国家营养指标标准,确定人均蛋白质日摄取量为 75 克,实际按农村和城市综合计算只达到 73.7 克,主要是农村居民没有实现。第三个是农村基本卫生达标县,实际也没有达到 100%。这说明在中国经济增长过程中,农村的发展低于我们原先的预期,这也是后来国家重点强调社会主义新农村建设的重要原因。根据前面的测算结果,中国政府向全世界宣布:中国人民生活总体上达到了小康水平。参见《中国经济增长报告 2010》。

表 2.7 世界银行公布的 2003—2011 年人均 GNI 标志性数值 （单位：美元）

	2003	2008	2009	2010	2011
世界	5 510	8 579	8 751	9 097	9 511
低收入	440	524	503	510	569
中等收入	1 930	3 211	3 400	3 764	4 144
下中等收入	1 490	2 015	2 310	1 658	1 764
上中等收入	5 440	7 878	7 523	5 884	6 563
低收入和中等收入	1 280	2 748	2 969	3 304	3 648
高收入	28 600	39 345	38 134	38 658	39 861
中国	1 270	3 040	3 620	4 240	4 940

资料来源：根据世界银行 2003 年、2008 年、2009 年、2010 年和 2011 年《世界发展报告》中公布的世界各地人均 GNI（三年平均汇率法）列表中的有关数据整理而得。

表 2.7 中的各个数据，反映的是各个收入组的平均水平。以 2011 年为例，当年按全世界平均的人均 GNI 为 9 511 美元，其中，低收入经济体的平均水平为 569 美元，中等收入经济体的平均水平为 4 144 美元（其中下中等收入经济体的平均水平为 1 764 美元，上中等收入经济体的平均水平为 6 563 美元），将低收入和中等收入经济体合为一组，人均 GNI 为 3 648 美元，而高收入经济体的平均水平为 39 861 美元。

在表 2.7 中可以看到，直到 2008 年，中国的人均 GNI 都在中等收入经济体的平均水平以下，而 2009 年则发生了转折，这就是中国的人均 GNI（3 620 美元）超过了中等收入经济体的平均水平（3 400 美元），但如果从表 2.6 中的分组标准看，中国仍然属于下中等收入国家，而 2010 年，中国的人均 GNI（4 240 美元）则进入了世界银行上中等收入经济体的分组（3 976—12 275 美元）中。这就是中国经济三十多年的经济增长取得的历史性转折。不但人均 GNI 超越了中等收入经济体的平均水平，而且进入了上中等收入国家的序列。虽然早在 1998 年中国已经成为一个下中等收入国家、列入中等收入经济体的大分组中，但直到这时，中国才成为真正意义上的中等收入国家，并开始了由中等收入国家向高收入国家的发展。正因如此，自 2009 年以来，关于中国成为中等收入国家以及有可能遇到的发展难题的有关讨论（如中等收入陷阱等）开始迅速增加，"中等收入"成为中国甚至是世界增长论坛中的一个热门话题。

从表 2.7 中还可以看出，由于中国的人口众多，中国的经济发展对世界的人均 GNI 分布格局具有很大影响。从 2009 年到 2010 年，中等收入经济体的人均 GNI 的平均水平由 3 400 美元提高到 3 764 美元，但下中等收入经济体和上中等收入经济体的人均 GNI 水平都出现了显著的下降，其中下中等收入经济体的平均水平由 2 310 美元下降到了 1 658 美元,而上中等收入经济体的平均水平由 7 523 美元下降到 5 884 美元,其中的基本原因,就是在下中等收入组中,人均 GNI 较高和权重很大的中国离开了这一分组,导致其平均水平下降,而在上中等收入组中,也由于权重很大但人均 GNI 较低的中国的加入,导致这一组的平均水平明显下降。从平均的意义上看,无论和世界平均水平相比,还是和高收入国家平均水平相比,仍然存在着很大的差距,但如果和上中等收入国家的平均水平相比,差距已经不大(中国为 4 940 美元,上中等收入国家平均水平为 6 563 美元),按目前世界经济格局的变化看,大约在 2013 年或 2014 年前后,中国就有可能达到这一收入组的平均水平。再下一步,就是向更高的水平发展,首先超越世界平均水平,然后再进入高收入经济体的行列,这是我们经过努力有可能实现的。在全球经济一体化的今天,一个大国的发展不可能是孤立的,必然和世界经济密切相连并反过来影响世界经济格局。表 2.8 列出的是世界上经济规模最大的 20 个国家(参见表 2.2)的人均 GNI 的分布情况,这些国家的人均 GNI 可以按数据相邻的情况大致分成三个组:第一组是人均 GNI 达到 3 万美元以上的发达国家,包括美国、澳大利亚、加拿大、日本、德国、法国、英国、意大利和西班牙等大的发达经济体,也包括人均 GNI 水平很高的中小国家(如瑞士、荷兰等);第二组是人均收入在 1 万美元到 2 万美元之间的工业化国家(墨西哥略低于 1 万美元,也可以归入这一组);第三组就是人均收入在 5 000 美元以下的发展中国家,包括中国、印度尼西亚和印度。从这个表中可以看出,新兴工业化国家和发展中国家在世界经济中的地位已经开始显现。尤其是人均 GNI 在 2 万美元以下的主要国家,近几年的经济表现都比较好,其中收入最低的三个国家,属于近 10 年经济增长在世界上表现最好的国家,而这个表中排序较前的国家,近些年来经济普遍出现了徘徊。[①] 表中的后几位国家,都属于人口大国,这些国家的人均 GNI 虽然偏低,但一旦出现较快的增长,由于人口权重的作用,就会对全世界的人均 GNI 产生较大的影响。近 20 年来世界经济发展的一个新的特征,就是新兴工业化国家和发展中国家的加速的经济增长正在迅速地改变着世界经济由欧美发达国家主导的格局,而中国正是这一变革中的积极力量。

[①] 参见北京大学中国国民经济核算与经济增长研究中心:《中国经济增长报告 2012——宏观调控与体制创新》,北京大学出版社,2012 年。

表 2.8　2011 年世界主要国家人均 GNI 情况

排序	国家	人均 GNI(美元)
	世界	9 511
1	瑞士	76 400
2	荷兰	49 650
3	美国	48 620
4	澳大利亚	48 190
5	加拿大	45 560
6	日本	44 900
7	德国	44 270
8	法国	42 420
9	英国	37 840
10	意大利	35 290
11	西班牙	30 890
12	韩国	20 870
13	沙特阿拉伯	17 820
14	俄罗斯	10 730
15	巴西	10 720
16	土耳其	10 410
17	墨西哥	9 420
18	中国	4 940
19	印度尼西亚	2 940
20	印度	1 410

资料来源：世界银行数据库。

四、对于"中等收入陷阱"的再讨论

在《中国经济增长报告 2011》中，我们曾经对"中等收入陷阱"(Middle Income Trap)问题进行过探讨。2006 年，世界银行发表了一篇题为《东亚复兴——经济增长的思路》的研究报告[1]，是较早讨论"中等收入陷阱"的报告，引起了世界各国的关注。在此之后，许多国家(尤其是那些已经成为或正在成为中等收入国家的国家)的学者开始对这一问题进行更加深入的研究。所谓"中等收入陷阱"，指的是一个国家从低收入国家发展成为中等收入国家后，经济增长率出现回落，无法继续保持高速增长。以马来西亚为例，1980 年，它的人均 GNI 在世界上的排名是第

---

[1] Indermit Gill and Homi Kharas, *An East Asian Renaissance: Ideas for Economic Growth*. World Bank, 2006.

84位,2003年进到第82位,而2009年又回落到第89位,2011年则是第85位,排名没有发生显著性变化。虽然在1980年,世界银行还没有明确对收入做出数量分组,但如果按照这一思路进行推算,那么早在80年代,马来西亚就已经成为上中等收入国家,但是经过三十多年的发展,它仍然停留在这一组中。在这一期间,它的人均GNI的年均名义增长率约为5%,高于全球3%左右的平均增长率。与世界平均水平相比的差距也在减少,1980年它的人均GNI不到世界平均水平的一半,但2011年已经达到了8770美元,接近世界平均水平(9551美元),长期经济增长的表现好于世界平均水平的增长。但是如果与东亚的其他经济高速成长的国家相比,尤其是与韩国和它的邻国新加坡相比,它的步伐就太慢了,这也是近些年来马来西亚对"中等收入陷阱"的讨论十分热烈的基本原因。从表2.9中可以看到,1980年韩国的人均GNI为1646美元,甚至略低于马来西亚(1748美元),但是到了2011年,韩国的人均GNI已经超过20000美元,为马来西亚的2.3倍,在这一期间,韩国的年均增长率是8.54%,而马来西亚仅为5.34%,这种差距是在长期的经济增长中拉开的,而不是由于短期因素的影响。

表 2.9 1980—2011 年部分国家和地区人均 GNI 名义增长率

排序	国家	人均 GNI(美元)		2011年为1980年的倍数	年均名义增长率(%)	1980—2011 年经济增长率排序
		1980 年	2011 年			
1	中国	192	4 940	25.73	11.04	1
2	韩国	1 646	20 870	12.68	8.54	2
3	越南	118	1 270	10.76	7.97	3
4	新加坡	4 662	42 930	9.21	7.42	4
5	波兰	1 563	12 480	7.98	6.93	5
6	柬埔寨	125	820	6.56	6.26	10
7	土耳其	1 616	10 410	6.44	6.19	7
8	挪威	15 081	88 890	5.89	5.89	6
9	印度尼西亚	504	2 940	5.83	5.85	12
10	巴西	1 869	10 720	5.74	5.80	15
11	印度	265	1 410	5.32	5.54	14
12	乌干达	98	510	5.20	5.46	11
13	智利	2 375	12 280	5.17	5.44	18
14	西班牙	6 085	30 890	5.08	5.38	9
15	马来西亚	1 748	8 770	5.02	5.34	17
16	日本	8 968	44 900	5.01	5.33	16
17	希腊	5 347	24 480	4.58	5.03	8

（续表）

排序	国家	人均 GNI(美元)		2011年为1980年的倍数	年均名义增长率(%)	1980—2011年经济增长率排序
		1980年	2011年			
18	澳大利亚	11 546	49 130	4.26	4.78	20
19	瑞士	18 079	76 400	4.23	4.76	25
20	尼泊尔	129	540	4.19	4.73	22
21	英国	9 389	37 840	4.03	4.60	13
22	美国	12 154	48 620	4.00	4.57	19
23	德国	11 716	44 270	3.78	4.38	24
24	阿根廷	2 715	9 740	3.59	4.21	28
25	墨西哥	2 781	9 420	3.39	4.01	23
26	瑞典	15 839	53 150	3.36	3.98	26
27	法国	12 863	42 420	3.30	3.92	21
28	菲律宾	673	2 210	3.28	3.91	29
29	俄罗斯	4 003	10 730	2.68	3.23	30
30	纳米比亚	1 842	4 700	2.55	3.07	31
31	冰岛	14 330	34 820	2.43	2.91	27
32	科威特	24 354	48 900	2.01	2.27	32
33	赞比亚	593	1 160	1.96	2.19	34
34	阿富汗	244	470	1.93	2.14	35
35	埃塞俄比亚	193	330	1.71	1.75	33
36	沙特阿拉伯	17 163	17 820	1.04	0.12	36
	世界平均	3 705	9 511	2.57	3.09	

资料来源：世界银行数据库。

表2.9列出了36个国家①1980—2011年人均GNI的变化。在这个表中，年均增长率居前的主要是亚洲国家，其中的中国、越南、柬埔寨、印度尼西亚和印度，在这一期间要实现的增长目标都是由低收入国家向中等收入国家发展，而最终进入中等收入国家行列的只有中国和印度尼西亚。中国的起点比较低，依靠的主要是高增长；印度尼西亚的年均增长率虽然略低，但其起点较高。从国际比较看，赶超进程中的高增长是非常必要的，如果没有高增长，虽然人民生活可能会逐渐有所改善，但不可能改变自己的相对落后地位。中国的发展为其他亚洲发展中国家提供了成功经验，即发展中国家应该通过改革和开放不断提高生产效率，实现高增长，从而改变自己的国际地位。现在看来，亚洲国家（主要是东盟国家和南亚国

---

① 所选取的标准主要有两个：一是经济规模比较大，如不包含太平洋岛国，二是统计数据的可获得性。

家)的经济已经启动,进入了高增长时期。再看中等收入国家向高收入国家的发展,在表2.9所列出的国家中,有5个国家的人均GNI由6 000美元(1987年高收入标准)以下提高到了12 000美元(目前高收入国家标准)以上,分别是新加坡、韩国、希腊、智利和波兰。这5个国家的情况有所不同:新加坡和韩国是属于新兴工业化国家,通过高速经济增长实现了收入水平的跨越式增长,经济总量实现了非常明显的扩张。希腊和波兰属于加入欧洲经济一体化进程后,经济发展水平迅速提高的国家,它们的经济发展对欧盟和欧元区的依赖很大,自身的基础还不够稳定,这也是希腊主权债务危机对其经济造成重创的原因。而智利则是通过缓慢的发展,最终进入高收入国家行列的。许多南美国家的情况和智利都比较相似,如巴西、墨西哥和阿根廷,它们早在30年前,就已经成为中等甚至是上中等收入国家,当年的人均GNI和韩国相仿甚至高于韩国,最近30年的经济也有缓慢的发展,人均收入水平有所提高,到达了10 000美元左右。它们和智利的区别在于没有迈过高收入国家的门槛,仍然是上中等收入国家。这就是所谓的"中等收入陷阱",即成为中等收入国家后,经济发展开始出现徘徊甚至停滞。在亚洲,情况相近的有土耳其,在30年前人均GNI的水平和当年的韩国相仿,经过三十多年的经济增长,人均GNI也已经超过10 000美元,但仍然没有进入高收入国家的行列。这说明对于一个经济规模较大的国家来说,如果在世界平均增长率附近按常规增长,由中等收入国家进入高收入国家,往往要经过一个相当漫长的过程。俄罗斯实际上也属于这一类国家,经过几十年的社会主义建设,在前苏联解体前它的经济发展水平已经到达了很高的地步,远远超过韩国和南美中等收入国家,但是由于经济改革失败,经济发展长期徘徊,人均GNI的增长主要是因为价格总水平和汇率因素的影响,经济增长的贡献很小。

　　一个国家成为中等收入国家后,经济发展有了新的起点,基础设施建设、装备水平、技术水平也都会比过去有较大的提高,这本来为进一步的经济增长和经济发展提供了比较好的条件。但随着国家的经济发展水平的提高,也会产生一系列新的问题和矛盾,使这些国家难以继续保持经济起飞时期的活力,导致其经济长期在中等收入阶段徘徊,这就是"中等收入陷阱"。各个国家的具体情况不同,进入中等收入陷阱的主要原因也可能不同,但仍然具有一定的共性,一般地说,出现"中等收入陷阱"的原因主要有以下几个方面:

　　首先是不能保持持续的制度创新,经济和社会发展缺乏持续的动力。政治清明和社会和谐,是一个国家经济发展的基本保证,这首先需要有一个有群众基础的、具有较高行政效率的政府,在现代社会中,这种政府效率需要通过不断的制度建设来改进。在很多国家,最初的经济起飞往往是通过政府指导对银行贷款(间接融资),进而推动私营经济的发展来实现的。在这一过程中"寻租"行为将有扩大的趋势,私营经济及国民经济的发展往往伴随着政府官员中腐败行为的增加,尤其是在经济发展到中等收入阶段后,国民收入和国民财富都会明显增加,这时如果制度建设不能及时跟上,腐败现象就会出现和蔓延。大多数"中等收入"国家都会出现这一问题,由此导致政府效率降低、银行不良贷款增加和一般企业的积极性受挫等一系列问题,严重时还会出现社会动荡。在这种情况下,经济和社会资源的配置不是根据效率原则而是根据腐败指数来配置的,其经济效率就可能不断降低,进入中等收入陷阱。反之,一个国家或地区如果注重制度建设,关心大多数人的利益而不是维护少数利益集团,注重惩处和清除腐败,这些国家或地区的经济发展就有了基本的保证,如新加坡、韩国和中国香港都很注重惩治腐败并形成了一系列制度,这对它们的经济发展有积极的推动作用。

其次是技术创新能力不足,不能通过稳定地提高效率来保持经济增长。大多数国家或地区的经济起飞即最初的加速经济增长,主要是依靠在短期内迅速增加投入并获得产出来形成的。但是生产要素的供给尤其是自然资源和劳动力的供给是有限的,当一个国家由低收入成长为中等收入国家时,生产要素上的比较优势会大为减弱,生产要素的供给会由充裕而转为紧缺,如果没有技术进步或技术进步缓慢,就会出现投入产出效率递减的现象。因此,要实现可持续的经济增长,就必须更多地依靠技术进步而不是简单地增加投入来促进经济增长。新加坡、韩国的经济之所以能长期保持较快的增长,是和它们注重人力资源的培养以及研究开发的投入分不开的。反之,如果一个国家只是出卖资源而不注重研究开发以及提高产品的附加值,它的增长就只能依靠加大资源的开发量,国内的资源是有限的,而利用国际资源则可能因为资源价格的提升而扩大生产成本,经济增长的持续性自然受到影响。技术进步是生产领域的问题,主要是依靠企业家的不断创新来实现的,当然,也需要政府直接支持的教育、科学和研究事业的发展,但和企业家的创新精神的联系更为直接和紧密,一个社会如果缺乏对企业家的激励机制,企业家可以通过垄断、腐败等手段保持投资回报,就不会去考虑高投入和见效慢的技术创新和技术进步,所以,技术进步归根到底也是一个制度创新问题。一个好的经济和社会制度,是鼓励技术进步的。

再次是经济发展失衡导致资源配置恶化和供需失衡。经济发展失衡包括收入分配失衡、地区发展失衡、投资和消费失衡等。对于低收入国家而言,在经济起飞初期,往往伴随着收入分配差距的扩大,部分地区的经济优先获得发展以及积累率的迅速提高,这对提高整个国民经济的效率具有积极的作用,但是当经济发展到一定阶段时,社会经济发展就会要求在新的基础上形成新的均衡,即减少收入分配差距、大城市和中小城市都获得发展、城乡差距缩小、中低收入居民家庭明显改善等。如果在这时有科学合理的政府干预和制度安排,形成这种新均衡的时间就会大大缩短,否则很可能会经历一个长期甚至是痛苦的过程。严重的收入分配差距、少数大城市的畸形发展和其他地区的极端落后并存以及投资和消费拉动不足,是长期陷入"中等收入陷阱"国家的基本特征。从这里看出,一个国家的经济增长,尤其是超常规的经济增长,不仅在总量上,而且在结构上,都和国家层面上的经济决策密切相关,如果说企业家的动力不足将导致经济增长趋缓,那么国家干预或者是决策上的失误,则可能导致经济结构的严重失衡从而降低经济增长效率。而且一种结构一旦形成,如区域发展严重失衡和少数大城市的畸形发展,改变它将非常困难,日本、韩国、拉美国家以及现在的低收入国家都有这个问题,和美国、欧洲发达国家之间形成鲜明的对照。

最后是经济发展过程中对外部世界的过度依赖,经济活动缺乏内在的稳定性。很多中等收入国家在发展过程中,都对外部的资源存在着较大的依赖,如资金、技术、人才、市场等,而在经济发展到一定程度时,又没有及时地对自身的资金结构、市场结构等加以调整,这样,外部世界的动荡和风险往往会严重地影响本国经济的稳定。一些拉美国家从20世纪70年代末起,就一直处于债务危机的阴影中,这和它们外资结构不合理,又没适时地进行调整有很大关系;还有一些国家和地区的产业发展过分单一,对世界市场的依赖过大,国际市场一发生变化,国内经济就受到严重冲击。

以上所说的这些问题,在中国也是存在的,只是程度不同而已,因此,中国也存在着进入中等收入陷阱的可能性。但是和那些经济长期徘徊或增长缓慢的中等收入发展中国家不同,中国目前仍然处于高速经济增长的过程中,虽然经济发展中存在着很多矛盾,各个方面(如社会、能源、环境等)对经济增长的约束条件也在增加,但中国保持平稳较快增长的基本条件并没有发生根本的变化,如果我们能较好地改善和解决各种经济和社会发展中的矛盾,中国便有可能继续保持一个较长时期的高速经济增长,使经济发展进入一个更高的水平。

第三节 中国有可能保持强劲增长,实现全面建成小康社会的宏伟目标

改革开放后,邓小平提出了"中国式的现代化",并用经济增长指标(GNP)和"小康社会"对这一远景进行了规划。此后,实现现代化和建成小康社会就成为我们长期奋斗的目标。"现代化"是一个动态的概念,是在国际比较中产生的,中国的经济在发展,世界经济也在发展,所以发展中国家的现代化进程,实际上是一个赶超进程,要通过更快更好的经济增长和经济发展,提高综合实力和改善人民生活,逐步缩小和先进国家之间的差距,最终实现赶超目标。经过三十多年的努力,我们已经在建设小康社会和现代化进程中取得巨大的进展。虽然还存在着很多

问题和矛盾,但经济增长和经济发展的基本面仍然是好的,这是我们和那些经济增长已经出现徘徊和停滞的经济体的主要区别。党的十八大提出,要在2020年前全面建成小康社会,如果这一目标得以实现,中国将进入高收入国家的行列。虽然到了那时,从人均水平上看我们和发达国家之间仍然存在着差距,但是可以说已经基本上实现了现代化。现在看来,全面建成小康的条件已经基本具备,但也面临着一系列的挑战和矛盾,尤其是在中等收入阶段中出现的各种体制性和发展性的矛盾。充分发挥我国的发展优势,克服或解决前进道路上的各种矛盾,是我们成功地穿越上中等收入阶段,从而全面建成小康社会的关键。

一、中国实现可持续发展的优势

首先,从经济发展阶段性特征看,我国正处于工业化加速期,具有可持续发展的"天时"。按当代国际工业化标准,我国工业化率显示我国发展正处于工业化中后期,即工业化尚未完成,但已进入由一般加工制造业为主向重工、重化工为主的产业革命深化的阶段。据测算,我国京、沪、津三个城市已基本完成工业化(工业化率达100%),其他东部沿海发达地区工业化已进入后期(工业化率一般在70%以上),而西部部分落后地区工业化尚处于初期阶段(工业化率一般在50%以下,甚至有的地区仅为30%左右),其他地区则在工业化中期。全国加权平均所得工业化率在工业化进程的中后期。① 从经济发展史来看,这一阶段的经济发展通常是高速增长期,这一高速增长期的长短在不同国家有所不同,一般地说,越是大国这一时期相对越长,因为要解决的问题更艰巨,同时有工业梯级转移的过程;先发展起来的国家这一时期相对较长,因为没有后发优势,就要不断创新。所以欧美发达国家的工业化进程,通常是伴随着不断的技术革命而推进的,而新兴国家的工业化进程,除了依靠体制创新外,在技术路线上,首先是通过引进外来先进技术来提高装备水平,从而达到提高劳动生产率和推进经济增长的目标,当经济发展到一定阶段,由于后发优势逐渐减弱,就会需要有更多的自主创新。这也是我国现阶段技术水平的提高需要更多的自主创新的原因所在。如果我们在2020年实现了全面建成小康社会的发展目标,也就意味着我国的工业化进程基本完成,或者说在总体上实现了工业化,但是离全面实现工业化还有距离。这也就是说,在未来10—20年里,在我国全面完成工业化、城市化发展阶段之前,仍然有可能通过不断的体制创新和技术创新继续保持较高的增长率。从发展阶段上看,我国经济发展正处在一个前后长达50年左右的高速增长期的中期,在这一时期,无论是投资需求还是消费需求均具有较高的增长动力,若再考虑到我国特有的人口规模

---

① 刘伟、张辉、黄泽华:"中国产业结构高度与工业化进程和地区差异的考察",《经济学动态》,2008年第11期。

和"人口红利",这种需求动力就更为强劲。而制度创新、技术创新所获得的经济效率的提高,则在供给方面为满足这种需求创造了条件。这种发展的阶段性特征构成了我国克服"中等收入陷阱"的"天时"。

其次,潜在的城市化空间是支持我国经济持续增长的重要因素,我国城市化水平不仅低于世界平均水平,而且落后于我国经济发展水平。2009年世界首次出现城市人口超过农村人口,而我国当年按城市人口占全部人口的比重来表示的城市化率仅为46%略强,直到2011年,我国的城市化率才突破了50%,比世界平均水平落后两年。而这50%的城市化率中还包含2亿多进城民工,进城民工指的是离开了农村户口所在地半年以上并以进城务工收入为生的人群,他们的生产方式和社会福利水平与真正的市民有很大差距,这表明我国城市化率不仅规模低,而且质量水平也不高。更为重要的是,我国城市化率水平低的同时,城乡差距悬殊。从收入水平上看,据统计我国目前平均每个农村居民年纯收入仅相当于城市居民可支配收入的1/3左右,而农村居民家庭同时又是生产者,其收入能够用于消费的部分就更少,平均每个农村居民的消费支出不到市民平均水平的1/4。换句话说,我国作为一个拥有13亿以上人口的人口大国,经济增长的需求动力长期主要依靠占总人口50%左右的城市居民的收入增长拉动,而另一半作为农村居民的人口,收入增长长期滞后,不能不使我国经济增长的需求动力结构严重扭曲,其可持续性受到极大的限制。因此,我国城市化速度的加快和城乡差距的缩小,不仅推动着社会经济的均衡发展,而且是扩大内需、保持持续高速增长的重要动力。我国现阶段城市化的进程,已进入加速期,一般说来,城市化率在30%—70%之间是加速发展时期。我国不仅城市化规模提升空间巨大,而且城市化质量改善的空间更大,在改善和完善现代城市功能的过程中,必然要求在体制上加快市场化,很难想象脱离较完备的市场机制能够发展起现代城市。现代城市是市场机制功能上的集合,必然要求在产业结构上不断高级化,尤其是在现代工业制造业基础上发展现代服务业,如果说工业制造业的发展主要决定了城市的规模,那么现代服务业的发展则主要决定着现代城市的质量。而经济体制的市场化和产业结构的高级化,都是提高经济增长效率的重要条件,因此,城市化规模和质量的提高不仅使更多的农村人口生活方式转变为城市现代生活,从而创造出更大的需求以推动增长,而且使经济资源在更大程度上从传统方式转入现代市场体系和产业结构体系,这本身就是资源配置效率提升的过程。

最后,非均衡的区域经济结构,既是我国现代化发展水平低的表现,同时也是支持我国可以更持续地保持高速增长的因素。我国地区间经济发展差距的客观存在,使我国经济发展的主要地区推动力呈现出梯度状态,从而持续拉动经济高速增长。如果说以前东部经济发达地区是我国经济增长的主要区域推动力,那么伴随我国西部大开发的深入和中部崛起的加速,即使东部沿海地区进入增长速度逐渐放慢的增长拐点(比如通常所说的当人均 GDP 达到 15 000 美元后),西部和中部却可能恰好进入高速增长期。此外,各地根据当地优势和资源禀赋,发展和培育"增长极",努力扩大极化效应,能够极大地提高我国区域经济结构性效益,不仅提升着高速经济增长的可持续性,而且提高着经济增长的效率。近些年来,我国政府先后批复涉及珠江三角洲、长江三角洲、北京中关村高科技园区、天津滨海新区、福建海西经济区、陕甘关中—天水经济区、黄河三角洲、中国图们江区域、珠海横琴新区、安徽皖江城市带、鄱阳湖生态经济区、曹妃甸循环经济示范区、海南旅游岛、广西北部湾经济区、江苏沿海城市带、辽宁沿海城市群、长株潭城市群、武汉城市圈、中原城市群等二十多个国家级地方发展区域战略规划,这种区域性增长极的批次涌现不仅提高着中国经济发展的区域均衡性,而且推动着经济增长的可持续性。

二、中国实现可持续发展的发展背景和体制背景

改革开放后,一方面,我们克服各种困难取得了历史上最大的经济发展,把一个贫穷的、低收入水平的中国发展成为一个经济总量位居世界前列的经济体;另一方面,虽然我国的人民生活已经得到了极大的改善,但无论从人均收入水平还是从城乡居民收入差距上看,我们都和世界先进水平存在着很大的差距,而且从长远看,即使我们建成了全面小康,成为世界银行分组中的高收入国家,这种差距仍然是存在的(如果中国进入高收入国家的行列,人均 GNI 也只有欧美发达市场经济国家的三分之一到五分之一),仍然需要我们在相当长时间里保持较高的经济增长率,进一步缩小与发达国家之间的差距。而无论从经济体制、市场规模、资金技术、国际环境还是人力资源、自然资源来看,中国目前以及未来相当长的一段时间里都是具备保持较高经济增长率的条件的,关键在于如何在科学发展观的指导下,通过有效地制定和实施各种有力措施,使这些条件充分合理地发展作用,克服各种短期冲击对经济增长和经济发展的影响,实现可持续发展。

从发展背景上看,在工业化、城市化没有完成但又进入加速阶段的时期,供给方面,正是产业结构和产业组织发生迅速而深刻变化的时期,结构效益和规模经济迅速提升;需求方面,无论是投资需求还是消费需求都进入活跃期,尤其是投资需求在这一阶段的增长更为迅猛。而在高速经济增长中,各个方面(如地区、部门、人群等)的发展通常是不均衡的,由此而产生的各种矛盾也比常规条件下多,这些矛盾从表面上看起来是坏事,但从我国三十多年的改革开放实践来看,没有什么矛盾是不可解决的,而矛盾的解决或缓解就意味着我国的经济增长和发展有了新的空间。

一方面,我国目前正处于工业化进程的中后期。虽然各个地区的经济发展存在着差距,北京、上海和沿海城市发展得快一些,内陆地区尤其是中西部地区发展得慢一些,但从整体上看,经过30年的改革和发展,中国已经大大推动了自身的工业化进程,不仅满足了广大国内市场强劲增长的需求,而且开始成为国际上新的制造业中心。从产业结构上看,中国从20世纪80年代基本上解决农业问题后,由轻纺工业到电子工业再到重化工业,主导产业群落不断延伸并带动了房地产业、交通运输通信及金融产业等现代服务业的全面发展,目前已经发展到以第二产业发展为主导的加速工业化时期。在这一时期,各种短期因素的影响可能会使经济增长出现波动,但由于这一阶段体制创新、技术进步、市场发展、社会需求等方面特定的优越条件,中长期的高速增长的趋势是不会改变的。而幅员辽阔、人口众多、资源相对丰富的特点,使得中国能够通过建立相对独立的经济体系和市场体系来实现自我循环,在外部需求减少的情况下保持较快的发展。从供需平衡上看,中国目前经济增长中的一个重要矛盾是一般产品的产能相对过剩或有效需求相对不足,尤其是工业部门的生产能力的增加不能被社会上有支付能力的需求尤其是消费需求充分消化,所以近年来我国出现流动性过剩时,尽管资本品、农产品价格出现了较大的上涨,但一般消费品的价格仍然是平稳甚至是下降的,这说明扩大内需和改善人民生活,本身就是现阶段经济发展的需要。只要我们通过有效措施实现供需平衡,我国经济增长的潜能就能充分实现。

另一方面,我国目前正在经历着迅速的城市化进程,这主要表现在两个方面:一是工业化带动的城市发展,使城市能够吸收更多的农村人口,使统计指标反映的城市化率即城市人口占全国人口的比重迅速增加,从2000年的36.22%上升到现在的50%以上,平均每年上升一个百分点;二是城市本身得到了迅速发展,基础设施、工业水平和人民生活水平都在提高,大都市—中心城市——般城市—农村的辐射关系也建立了起来。城市化进程一方面拉动了城市本身的投资和消费的需求,另一方面也通过国家财政收入的转移支出以及农民工务工收入反哺了农村,使社会主义新农村建设有了更好的经济基础。这说明城市化进程为中国现阶段的经济发展提供了巨大的动力。从发展趋势上看,中国的城市化进程正方兴未艾,如果说在改革开放中前期,中国的经济增长主要是在"二元化"结构下发生的,即在农村通过经济体制改革进入相对稳定阶段后,通过部分城市(经济特区、沿海开放城市等)的高速发展来带动城市经济的发展,那么在进入21世纪以后,伴随着加速的工业化进程,城市化进程加快了,中国进入了一个农村人口向城市流动,小城市人口向大城市、中心城市流动,人口布局迅速变化的时代,这一趋势目前没有丝毫减缓的迹象。这种人口由较不发达地区向发达地区的集中,是经济增长的结果,同时也为经济增长增加了新的动力,反映了农业时代的分散经营模式向工业化时代集约经营模式的转移,这就在供给和需求两个方面为工业、建筑业、服务业的进一步发展提供了空间。只有在中国的城市化进程发展到了一定的高度,这种流动和集中才会趋向于相对稳定,但就目前中国的情况看,中国的城市化进程还远远没有发展到这种高度。在这一过程中,如何改善中国城市布局和人口布局,存在着很多的争论,是通过现在的大都市、省会城市和中心城市容纳更多的人口,还是通过发展中小城市容纳更多的分散人口,是把目前的各个产业中心做得更大形成更好的规模效应,还是加强对地方的基础设施建设和产业投资,增加产业的分散度,由此带动各个地方的发展。目前的决策和行为将直接影响到各个地区长远的发展。但无论如何,我国目前的城市化进程所创造的需求以及由此带动的供给,为我国的经济增长带来了活力。

从体制背景上看,中国的经济增长是在特定的体制背景下发生的,这就是我们的经济增长是在经济体制的渐进转轨中发生的,改革开放推动了经济增长。经济体制改革可以概括为两个层面的改革:一是政府层面的改革,包括政府机构、政府职能及政府管理方式的改革,从直接通过指令性计划和行政命令直接管理经济,转变为通过各种包括宏观调控在内的经济手段影响和促进经济增长和经济发展;二是企业层面的改革,主要通过收入分配制度的改革、产权制度的改革、劳动制度的改革和市场制度的改革,使包括国有企业、民营企业和外资企业在内的广大企业成为独立的或相对独立的市场主体,通过市场竞争优胜劣汰,从而实现市场导向下的企业自主增长。这种渐进的经济体制改革具有鲜明的中国特色,而且效果非常显著。和原来的市场经济国家不同,那些国家虽然在第二次世界大战后也通过推进市场化改革促进经济增长,如德国、日本都有过这方面的实践,但它们的改革是在原有的市场经济的基础上,再进一步推进自由市场经济,经济增长主要是依靠市场而不是政府,所以一旦市场能力衰弱或市场机制失灵,经济增长就可能放缓;和原来的计划经济国家的改革也不同,它们(尤其是俄罗斯)的"休克疗法"由于严重脱离了本国实际,使得国内经济陷入严重的动荡和长期的停滞。中国的改革从一开始就是以生产力或者是经济增长来评价的,尤其是在改革开放的中前期,能否推动经济增长就是改革的最基本评价标准,现在虽然评价标准稍微复杂,但核心仍然是能否推动中国的经济社会发展,也就是说,从一开始,我们就把改革看成是一个动态的过程,改革是为了推动国家的发展,而不是为了建立和形成一个"理想化"的体制和机制。党的十四大提出把建立社会主义市场经济作为经济体制改革的目标,后来江泽民同志又提出了"三个代表"重要思想,而"三个代表"的核心,仍然是生产力标准①,也就是说,社会主义市场经济的建立和社会主

---

① "三个代表"指的是中国共产党要始终代表中国先进生产力的发展要求,始终代表中国先进文化的前进方向和始终代表中国最广大人民的根本利益,其中先进生产力是第一条。和以往的提法不同的是,这里的"先进生产力"是作为单一标准提出来的,而不像过去那样必须和生产关系相联系,这就使我们摆脱了传统观念的束缚。

义市场秩序的完善,同样也要以能否推动生产力的发展为标准,而从现代经济学的观点看,也就是要看一个体制能否促进经济增长和经济发展。所以对中国而言,它的经济增长动力和一般市场经济国家不同,从现行体制上看,它有两个积极性,即市场的积极性和政府的积极性:市场的积极性表现在经过多年的经济体制改革,企业的生产者和劳动者的生产积极性得到了有效的激发,全社会的市场激励机制已经基本形成;而政府的积极性则表现为各级政府对经济增长的重视和推动,一些学者把这种地方政府的积极性归纳为"县域经济"。[①] 虽然在这个过程中,存在着单纯追求 GDP 的倾向,一些地方的招商引资也给当地的人民生活和环境带来了负面影响,但是总体而言,这种具有"两个积极性"的经济是充满活力的。当然,与 20 世纪改革开放中前期相比,现在中国的经济体制已经进入相对稳定时期,一方面,改革的重点已经从建立社会主义市场经济发展成为完善市场秩序,由政企分开、对国有企业的产权制度改革发展成为改善政府职能,另一方面,由于市场经济体制的建立和发展,我国宏观经济的微观基础明显地改善,这又反过来为我们市场引导的自主经济增长和更加科学合理的宏观调控创造了条件。同时,中国的经济体制改革仍在深化,中国当前存在的矛盾和问题,大多数都能从体制上或制度上找到原因,如国有企业的垄断问题、生产要素尤其是土地等的市场化问题、财政体制和金融体制与经济发展不相适应的问题、政府职能错位的问题、收入分配问题、社会保障体制以及科技体制方面的问题等。从历史发展的角度看,一方面现行制度的形成是改革发展到一定阶段的产物,曾对我国的经济增长和经济社会发展起过积极的作用,但在另一方面,随着我国经济发展水平的提高和经济活动的复杂化,已经开始出现很多和我国经济发展不相适应的地方。我国的改革潜力和改革红利仍然是存在的,问题在于在什么样的时机推动什么样的改革,能以较小的风险或代价得到生产力水平的进一步提高和全体人民福利的增加。

第四节 中国经济增长中的总量失衡与结构失衡

改革开放后中国的经济增长是从打破传统计划体制下的均衡开始的。从 20 世纪 50 年代中期至改革开放初期,中国计划体制已经建立和维持了二十多年,在这一期间,中国的经济几经起伏,但计划体制的框架基本上没有改变,计划体制要求国民经济高速度按比例协调发展,但实际上是很难做到的,苏联没有做到,而中国由于经济发展中所受到的各种干扰更多,更不可能做到。在计划体制下,中国经济在总量上是长期失衡的,这就是供给长期落后于需求,形成各种短缺,而在结

---

① 参见张五常:《中国的经济制度》,中信出版社,2009 年,第 10 页。"台湾"海基会董事长曾经对中国地方政府的效率做出高度评价。

构上,由于"协调"的标准是由长官意志而不是由市场来决定的,经济结构同样也是失衡的,尤其表现在重工业、轻工业和农业发展的失衡上,这也是改革开放后为什么农业会首先得到发展,而第二产业的比重会长时期回落的重要原因。在计划体制下,收入分配是平均主义的,虽然提倡的是"各尽所能、按劳取酬"或者是"按劳分配",但是由于从整个国民经济的角度去考察每个人的"劳"是不可能做到的,因此分配制度实际上就是平均分配,经济发达的上海和经济落后的贵州,同样级别的工人和干部,收入上只有很小的差别。最终的结果必然是"干多干少一个样、干好干坏一个样",在同等收入的条件下,一个人劳动得越少,他的单位时间劳动收入也就越高,所以在企业中,如果不考虑其他因素,收入的平均主义就意味着鼓励懒汉。如果所有的企业都在鼓励懒汉,即使有"政治思想工作"等鼓励勤劳,效果也是有限的,就全局而言,经济发展的效率即使不是降低的,最多也只是缓慢地发展,而各种非经济因素的干扰更是加剧了经济波动。中国经济发展的真正转折出现在"把党和国家的工作重点转移到经济建设上来",而经济发展的最初推动力,或者说经济体制改革的突破口,就是分配制度的改革。改革伊始,邓小平就开始不断提倡的"一部分人、一部分地区先富起来,再带动全体人民的共同富裕"①,讲的就是分配制度的改革。要通过打破计划体制下的收入分配均衡,通过把国家利益、企业利益和个人利益联系起来,使人们的收入和他们对企业的贡献联系起来,企业的收入要和他们对市场的贡献联系起来,而一个地区的生活水平要和这个地区的经济发展相适应。从现在的情况看,经过改革开放三十多年的经济增长,一部分人、一部分地区先富起来的目标我们已经实现,但是离"全体人民的共同富裕"仍然还有距离。党的十八大提出全面建成小康社会的目标,就我们理解,就是要让全体人民在总体上摆脱贫困,基本上实现共同富裕的目标,因为一个社会的经济发展,从根本上说,还必须以全体人民生活水平的高低为标志。收入分配制度的改革必须服从这个目标,也就是说,既需要在一定的价值观标准上实现社会公平,也需要分配制度发挥促进生产力持续发展的作用,使得这个社会有更多的产品用以改善社会在发展和公平方面的要求。所以一个好的分配制度,应该是能够促进经济增长的,使这个经济能够不断创造出更多的财富,能够在社会成员之间进行分配,同时,这种分配又必须是公平和可持续的。如果一种分配制度的改革要以牺牲发展为代价,或者说以牺牲社会或企业成员的长期福利为代价,那么它就不是一个好的分配制度。中国以分配制度变革为起点,打破传统的发展均衡与分配均衡,其主导思想是明确的,这就是首先要求经济发展,再在经济发展

---

① 《解放思想,实事求是,团结一致向前看》(1978 年 12 月 13 日),《邓小平文选》第二卷,人民出版社,1993 年,第 152 页。

的基础上改善均衡。这意味着中国的高速经济增长实际上是在不断的失衡和再均衡的状态下实现的。一系列改革带来了分配制度的变迁,从宏观上看,表现为政府、企业、金融机构和居民在国民收入中占有份额的变化,从中观上看,表现为地区间、产业部门间分配的变化,从微观上或从居民部门内部看,表现为不同的收入群体收入的变化,而各个不同的方面将所得收入重新用于生产和生活、投资和消费时,就导致了国民经济各种结构的演变。在长期的演变过程中,我们不断经历着失衡—平衡—再失衡的过程,就总体而言,均衡是短暂的,失衡是常态,而经济发展水平越高,经济活动中的各种失衡也就更加严重,这种失衡是由不同的利益集团的发展取向和对全局发展的影响程度所决定的。因此,解决或缓解总量失衡和结构失衡,实际上也是一个调整各方面利益的过程,通过对各方面利益关系的调整,实现全社会整体利益的优化。

一、总量的失衡

改革开放以来,经济增长中总量失衡是始终存在的,但失衡的方向不断在发生变化。1998 年之前,失衡的基本方向是需求大于供给,曾经发生过三次较明显的通货膨胀,即 1984 年年底至 1985 年春,1988 年夏秋之际,1994 年至 1995 年,这三次较严重的通胀每次发生的诱因不同,但都是在需求大于供给的失衡方向下发生的。从 1998 年下半年至 2002 年,我国经济总量失衡方向转变为需求相对不足,甚至出现了近四年之久的"通缩",CPI 上涨率在 2% 以下,宏观经济政策也由以前的紧缩性政策转变为扩张性政策。自 2003 年起直至 2007 年,我国进入一轮高速增长,每年增长率均在两位数以上,年均增长 10.6% 左右,通货膨胀也很温和,但其中发生的总量失衡具有新特点:在投资和消费领域出现了反方向的失衡,即投资领域需求过热,而在消费领域需求不足,特别是工业消费品和产能过剩严重,中央相应地采取了淡化总量政策而强化"有保有压,区别对待"的结构性政策。2008年则是我国宏观失衡变化最为迅速和复杂的一年,宏观经济政策从年初的紧缩转为年末的扩张,发生了方向性的逆转。经济增长率下滑的势头得以遏制,但通货膨胀又重新抬头。2010 年前后,为了控制通货膨胀,中央实施了"择机退出"的宏观经济政策,目标是实现经济增长由政府刺激向企业自主增长的有序转变,这使得我国的通货膨胀有明显的缓解,但经济增长率又开始出现回落。中国的通货膨胀当然也属于货币现象,从长期来看,也是不断增加的货币供应量推高了价格总水平。但是在改革的不同历史阶段,导致价格总水平变化的原因以及通货膨胀的表现及其程度都有所不同。在改革开放的中前期,在我国的商品市场化水平还很低的情况下,价格总水平的提升一方面是社会供求关系的反映,另一方面也是在计划体制向市场体制的转换中,理顺价格关系的需要。进入 21 世纪以来,由于社会主义市场经济在我国已经基本建立,绝大多数商品已经实现了市场定价,这时候通货膨胀的波动幅度已经大大降低,但是由于经济规模已经远远高于改革开放初期,经济活动对于价格的反应也更加敏感,我国宏观总量失衡及其调控就更为复杂。这一阶段的特点是,投资增长开始加快,而在消费领域,大多数商品的生产能力仍然是相对过剩,市场疲软,价格分类指数反映出来的是需求不足,推动CPI的主要力量是农产品和基础原材料。通货膨胀和经济增长这两个车轮在相互赛跑,也在相互制约,要控制通货膨胀,经济增长率就出现回落,而一刺激经济增长,通货膨胀率马上就会上升。从需求方面看,自2008年下半年以来,扩大内需的一系列政策举措可能产生两方面的作用,一方面是刺激需求,拉动增长增加就业,另一方面是冲击物价,加剧通胀。问题在于这两方面的效应哪方面更显著,如果拉动物价的效应在强度上超过拉动增长的效应,在时间上抢在了有效拉动增长之前,就有可能产生"滞胀"。从供给方面看,改革开放以来尤其是进入21世纪以来,10%左右的年均经济增长率也可能产生两方面的作用,一方面是提高经济效率推动技术进步,另一方面是提高对各类要素的需求,提高包括土地、能源、资源、人工等要素的价格,从而提高国民经济的成本。如果提高效率的效应落后于成本提高的速度,物价上涨则在更大程度上由需求拉动转为成本推动,也可能产生"滞胀"。也就是说,我国经济现阶段,无论是在需求还是供给方面,均存在通货膨胀和经济增长两个车轮赛跑的状况。

2008年全球金融危机后,我国的宏观经济政策取向经历了两次转向,但从政策实施的结果看,无非是两种选择,就是经济增长和通货膨胀二者之间,谁在起主导作用。如果是通货膨胀主导,那么人民群众的当前利益就会受到冲击,但如果控制住了通货膨胀,经济增长又可能出现回落。中国的赶超战略和现代化进程,是建立在高增长的基础上的,如果没有较高的经济增长率,就有可能影响我们实现现代化和建成全面小康社会的进程。所以我们的总量均衡,必须是以较高经济增长率为先决条件的供需平衡。既要立足于当前,又要放眼长远。如果通货膨胀率较高,虽然在较高的价格水平上,各种商品和生产要素的价格仍然会形成新的均衡,但是从经济全球化的观点看,它将削弱中国经济的比较优势和竞争能力,从而影响外向型经济,而对内而言,将可能因为生产成本提高而影响企业生产和人民生活,从而影响国内经济增长的稳定性和可持续性。但是如果供过于求,甚至出现通货紧缩,供需关系缓和了,经济增长率却出现回落,也有悖于我们的初衷。所以我们希望出现的局面是,既要低通胀率,又要高增长,这当然是一个相当艰难的任务。在现阶段,随着经济规模的扩大和发展水平的提高,中国的年均经济增长率有可能出现放缓,比21世纪的第一个10年(10%左右)大约下降1—2个百分点,也就是说,在8%—9%之间,在经济增长周期的低谷,回落到8%以下是允许的,但是从中长期发展看,现阶段的年均经济增长率还是应该达到8%以上,否则中国经济增长的连续性就间断了，甚至可能影响我们的长期发展目标。进入 21 世纪后，由于金融体制改革改善了中国宏观调控的微观基础，我们在宏观调控中加大了货币政策的应用力度，开始的时候效果很好（尤其是在 2004 年那一次宏观调控中），但是随着时间的推移，货币政策的效应在递减，虽然在平抑总量波动方面仍然能发挥一定的作用，但是在刺激经济增长方面的作用在减弱。这其实就是货币学派所说的货币中性，不过就中国而言，由于市场经济以及在这一基础上建立的现代宏观调控体制刚刚确立不久，货币政策的传导机制还不流畅，当中央银行增加货币供应量时，投资部门获得了更多的资金来源，但是劳动者的劳动报酬可能不会得到及时的调整，因此，货币政策对投资部门（政府和企业）扩大投资还是有短期的刺激作用的，但由于这种投资形成的产能无法充分被消费部门消化，从长期看仍然是有问题的。

从调控的数量目标来看，我们应该研究，在高速经济增长的背景下，什么样的通货膨胀率是合理的。在发达市场经济国家，2% 通常是合理的通货膨胀的控制标准，但是它们的经济增长率很低，如果能实现 2% 左右的长期年均经济增长率，或者说在 15 年左右就能将名义 GDP 翻一番，就是很好的经济增长。但是中国是 8%—10% 的年均经济增长率，在这种情况下把 2% 作为通货膨胀率的控制标准显然是不够的，满足不了通过价格关系的调整理顺经济关系和通过价格信号引导企业活动的需要，但如果放宽通货膨胀的调控标准，企业生产和人民生活所受到的冲击就会加大。在这种情况下，就要考虑加大对通货膨胀补偿机制的研究，一方面要通过合理的价格总水平的变化满足经济增长的要求，另一方面又不使价格总水平较大幅度的波动冲击企业生产和人民生活。同时，我们还应该看到，从改革开放以来我们的经验和教训看，通过总量政策尤其是短期需求管理政策来调节和管理总量失衡的成效是有限的，必须通过经济体制改革、政府职能转变、技术进步和结构调整等其他方面的长远措施，从体制和机制方面继续创造推动中国经济增长的动力，才能有效地改善经济增长和通货膨胀两个车轮互相制约而导致的总量失衡。从这个意义上看，总量失衡通常都有结构性因素在发挥作用，是结构失衡的集中表现，而改善了结构性失衡，总量失衡的矛盾也会得到缓解和改善。

二、收入分配的失衡

由收入分配改革开始的我国经济体制改革，打破了我国原有的、已经僵化的收入分配制度以及在这一基础上形成的均衡，使中国经济重新活跃起来。从改革开放初期一直到党的十四大之前，我国的收入分配改革主要是围绕着把人们的收入和他们的劳动贡献联系起来，通过激励劳动而达到促进生产和改善民生的目标。这一改革首先是从农村起步的，然后逐渐发展到城市。但这种改革是有局限性的。我们很快就发现，经济增长不能只依赖于劳动这一种生产要素的投入以及效率的改善,因为在现代生产方式中,如果其他生产要素不能充分发挥作用,仅靠增加劳动量对推动经济增长的作用可能是有限的,有时甚至可能是无效的。经济增长不仅仅取决于劳动投入量的增加和个人劳动态度的改善,虽然这是必要的,但还不充分,还必须把各种生产要素作为一个整体,全面地改善它们的效率,实现资源配置的优化。① 党的十四大确立了以建立社会主义市场经济体系为经济体制改革的目标,后来在十四届三中全会上又明确提出新的收入分配格局要实现"效率优先、兼顾公平"。这里的效率首先指的是经济增长的时间效率,即保持改革开放以来的高速经济增长。因为随着经济发展水平的提高,每一个百分点的增长量是不断提高的,但是在传统的所有制结构和计划经济框架下的分配结构却是制约经济发展的。因此,进一步调整收入分配的激励机制,包括强化正面鼓励和反面鞭策,成为那一时期我们提高效率、促进增长的最基本和最重要的手段。在新的背景下,国民收入的分配和再分配就不能以劳动贡献为主要评价标准,而要以生产要素对经济活动的贡献为基本评价标准,再综合考虑其他方面的约束条件或要求(如扶贫的要求等)加以调整,形成国民收入分配与再分配的新格局。这既是我们对传统的社会主义分配理论的重大突破,也是中国在现代化进程中的伟大实践。从总体上看,这种改革反映了我国改革开放以来生产力发展的要求,是符合我国经济增长和改善人民生活的要求的,否则,我国 21 世纪以来的经济增长不可能取得那么大的成就。以公有制为主导、多种经济成分并存的所有制结构以及相应的分配结构的建立,确实对改善我国的经济效率、保持高速经济增长发挥了重要的作用。这一改革的原则和方向是正确的。这个改革的关键不是如何协调"效率"和"公平"的关系问题,而是在一个什么样的产权制度下建立新型的、中国特色的社会主义分配制度的问题。

　　当然,在原则确定下来之后,还需要根据我国经济发展的实际情况,对具体的国民收入分配格局进行不断的调整,尤其是各个方面数量关系的调整。一是考虑政府部门、生产者部门(企业)和住户部门(居民)之间的分配关系,二是考虑在住户部门内部,调整城乡居民之间、城市居民内部、乡村居民内部收入分配差异。这两个数量关系之间是相互联系的。在我国社会主义市场经济的框架基本建立起来之后,针对我国收入分配的实际情况,在十六届五中全会上提出了"更加注重收入公平"。对于公平、平等和效率之间的关系,国内外早已进行过广泛和深入的讨论,得出了基础性的结论。② 公平实际上是一种价值观,它会随着历史的发展和经

---

　　① 我们的研究表明,在改革开放中前期,资本对于经济增长的贡献远远大于劳动的贡献。参见刘伟、李绍荣:"所有制变化与经济增长和要素效率提升",《经济研究》,2000 年第 1 期。
　　② 参见阿瑟·奥肯:《平等和效率》,华夏出版社,1987 年。

济发展水平的不断提高而发生变化。在公平的概念下,包含着两种平等:一种是机会均等,这里强调的是效率原则,同样起点的人由于在成就上或对社会的贡献上的差别,所享受的回报应该是有差别的(不论你是什么出身,成绩好的学生,有权利上更好的大学);一种是结果均等,强调的是平均原则,人和人之间的收入和福利差距不能太大(所有的人都有受教育的权利)。一般地说,在由政府推动的加速经济增长发生后,在经济发展水平较低时期,由于希望获得较高的经济增长,一个国家或社会往往更强调效率原则,在经济发展水平较高时期,由于要避免收入差距过大所造成的社会不稳定以及实现共同富裕的目标,会更强调结果平等,也就是我们所说的"全体人民共同分享经济成长的成果"。所谓的库兹涅茨曲线揭示的就是这一规律。而在改革开放中前期,我们的首要目标是迅速地提高中国的经济发展水平,因此,机会平等原则或者是效率原则必然要成为首要原则。按照索洛的总量生产函数模型,经济增长可以看成是三大变量的函数,即资本、劳动和广义技术进步(包含狭义的由科学技术推进的技术进步以及由管理、人力资源改善等带来的产出的增加),而对于中国而言,一般劳动力的供给是相对充裕的,促进经济增长主要是要依赖增加资本的投入和技术进步。如果要鼓励经济增长,就要鼓励投资(包括引进外资和增加积累)、改善管理和鼓励创新,反映在生产要素的回报上,就是资本的报酬、管理的报酬和专业技术人员的报酬的增长要远远快于一般劳动者。这种以效率原则为主导的国民收入分配体制改革,对改善我国改革开放初期一度出现的国民收入分配扭曲的现象有着积极的作用,当时出现的国民可支配总收入中政府收入比重下降、大量国有企业因脱离市场需求和经营管理不善而难以为继、劳动报酬中脑体倒挂(造原子弹的不如卖茶叶蛋的、拿手术刀的不如拿剃头刀的)等不合理现象得到了明显的改善。1994 年我国实行的分税制改革,从短期看是一种减税政策,导致了税收占国民收入的比重有所下降,但从 20世纪 90 年代末期开始,这种趋势就开始发生了变化,在税收制度基本不变甚至在不断减税的背景下,税收占国民收入的比重开始提高,一直延续到现在。这证明了供给学派的"拉弗曲线"所指出的"合理的减税会促进总体税收的增加"的观点的积极意义。大量的国有企业关停并转,但保留一批对国计民生有重大影响的骨干企业并对它们进行现代企业制度的改造,从短期看整个国民经济的生产活动受到了一定的影响,这其实也是亚洲金融危机前后我国出现通货紧缩和增长率回落的重要原因,但从长期看,由于国有企业恢复了活力、民营经济和外资发展了起来,从进入 21 世纪后,情况就有了明显的改善。企业部门的可支配收入迅速增长,甚至超过了经济增长,这导致国民可支配收入中企业的份额也在不断提高;在劳动收入方面,复杂劳动的报酬的增长开始超过简单劳动,使得脑体倒挂的现象在整体上已经不再成为主要矛盾。这一切都说明,20 世纪 90 年代中后期我国进行的大规模的以提高效率为目标的收入分配改革的方向是正确的,对经济增长有积极的促进意义,并通过经济增长显著地改善了政府、企业和居民收入。对于这一点,应该有一个客观的评价。

但在另一方面,我们也要看到,在20世纪末大规模的收入分配体制改革后,进入21世纪以来,和中国的经济和社会发展相比,收入分配领域的改革和发展是相对滞后的。最近一段时间,有关我国目前存在的居民收入分配差距较大的现象(如和世界其他国家相比基尼系数较高的问题)得到了政府和社会各方的重视,宏观的国民收入分配也存在着一些问题。我们的研究成果表明,近些年来,在我国的国民可支配总收入中,非金融企业、金融机构和政府部门所占的份额在逐渐增加,住户部门即居民家庭所占的份额在不断降低①,而在住户部门中,居民的收入分配差异较大。

首先看居民收入差异。最近,国家统计局发布了近10年来我国的基尼系数,2003—2012年,全国居民收入的基尼系数分别为0.479、0.473、0.485、0.487、0.484、0.491、0.490、0.481、0.477和0.474,可以看到,在这10年间,我国居民的收入分配差异经过了一个不断提高又重新回落的过程。从动态上看,2012年的基尼系数已经低于2003年,但从静态的国际比较上看,这个数值仍然偏高。在《中国经济增长报告2012》中,我们曾经根据国家统计局的城乡居民收入分组的数据,计算过中国的基尼系数,所得到的结果和国家统计局现在公布的结果是接近的,近几年来,由于各级政府更加重视改善民生,同时在经济发展阶段上看,我国又进入了一个普通劳动力价格上升的时期,这使得我国居民的收入分配问题有所改善。我们认为国家统计局的这个计算结果是能够反映我国目前的居民收入分配现状的。我国的基尼系数之所以高,有两方面重要的影响因素:一是改革开放后,在城市的分配制度改革中强调了效率原则和激励原则,拉开了城市不同家庭的收入分配差距;二是城乡二元化经济结构的存在,农村居民和城镇居民之间的收入差距未发生显著变化(从改革开放到现在,按消除了价格变动的可比价格计算,我国城镇居民家庭的人均可支配收入和农村居民家庭人均纯收入年均增长率都在7.3%左右,参见《中国经济增长报告2012》)。而在城乡收入差距和城镇居民收入差距这两大影响因素中,城乡差距是主要影响因素。如果分别就城镇和农村计算基尼系数,我国在这些年里仍然控制在0.4以下,但如果合并计算则出现明显的上升。这说明要真正把我国的基尼系数降下来,还需要进一步发展农村经济并在此基础上改善农村居民的收入,这些年各级政府已经在这方面做了一些工作,也取得了一定的效果,但是中国的二元化格局和城乡收入差距是在长期的过程中

---

① 参见刘伟、蔡志洲:"国内总需求结构矛盾与国民收入分配失衡",《经济学动态》,2010年第7期。

形成的,改善它也将是一个长期的过程。

其次看不同机构部门的收入变化。在经济增长中,各个方面所获得的利益或者说可支配收入的改善程度是不同的。2000—2010年,我国政府部门、企业部门(包括金融和非金融企业)的可支配收入占国民可支配收入的比重各上升了3%以上,居民部门的比重则从原来的67%左右下降到了60%左右,下降了6%以上。这种国民收入分配的失衡或者说宏观分配的失衡所潜在的风险不亚于居民收入差异扩大对社会带来的不稳定因素。本来随着经济增长,形成政府可支配收入主要来源的政府税收也在不断增加,国家应该通过适度的减税来进一步降低企业和居民的负担,反过来再进一步促进经济增长,但从实际情况看,各级政府更倾向于通过直接掌握更大的财力进行基础设施投资等来改善经济增长的条件。国家虽然在减税方面采取了一些措施(如停征农业税等),但是力度仍然不够。从财税专家们那里看到的新学术观点,大多数都是如何加税的(如征收房产税),很少看到减税的呼吁。企业发展了,应该相应地提高劳动者报酬,从而使居民的可支配收入得到提高,但是为了经济增长,各级政府往往鼓励企业把更多的资金转化为积累和投资,从而在客观上导致了企业可支配收入的增长(尤其是金融机构可支配收入的增长)高于国民收入的增长。而在居民部门中,高收入群体的收入增加得更快,而相对于中低收入群体而言,他们将会把总收入中更大的比重用于积累和投资。这种发展所导致的结果是,在每年的国民收入中,转化为积累和投资的比重越来越大,相应地,用于消费的比重却越来越小。这样实际上意味着等量的增长带给居民的福利是递减的。这种现象是随着中国经济发展水平的不断提高而出现的,而按照一般规律,随着经济发展水平的提高,公平原则的天平会逐渐地由机会均等向结果均等转化,如果这种转化低于社会的整体预期或者说在节奏上慢于经济发展水平的提高,那就是出现了收入分配的发展失衡,当过度的积累和投资形成严重的产能过剩时,一个经济仍然还要靠由收入分配失衡形成的积累和投资来加以推动,那就很难说它是一个有效率的经济增长了。因此,发展失衡的收入分配,既不公平,同时也可能使效率降低。

无论从发展水平上看,还是从经济增长的活力上看,中国现在的情况和党的十四大前后已经有很大的不同,如果说在当时收入分配制度改革的重点是要考虑如何强调起点公平和机会公平,通过收入分配的激励机制使中国经济释放潜力和提高效率,那么到了现在,当我们的这一制度已经建立起来并取得了巨大的成果之后,确实应该从结果公平的角度更加强调全社会共同分享改革开放和高速经济增长的成果,或者说,在国民收入分配格局中更多地考虑低收入群体的利益。按照《中国农村扶贫开发纲要(2011—2020年)》的要求,到2020年要实现扶贫对象不愁吃、不愁穿,保障其义务教育、基本医疗和住房。而按照该纲要提出的新的年人均纯收入2 300元的扶贫标准,到2011年年底,全国扶贫对象1.28亿人,占农村总人口比例13.4%。如果到2020年扶贫对象占比降到3%以下,那么在2020年前每年需要减贫1 000万。① 如果把每天2美元作为低收入标准(年人均纯收入4 000元人民币左右),那么我们的扶贫对象的人口数还要更多,可能会达到2亿以上。如果每年减贫1 000万人,那么到了2020年,按照这一标准(按2010年价格计算每天2美元)计算,我们还会有1.2亿的低收入或贫困人口。不可能想象在一个建成了全面小康社会的高收入国家里,还会有这么多的贫困人口。因此,对中国而言,如何迅速地改善低收入人群的收入,可能是在实现全面建成小康社会这一目标中最艰难的任务。

三、内需和外需的失衡

发展中国家要实现赶超目标,外向型经济是不可缺少的。日本和亚洲"四小龙"在战后实现经济崛起,都和外向型经济的发展密切相关。发展外向型经济不仅是发展一个国家或地区经济的需要,同时也是学习和借鉴世界先进文明的过程。中美关系的大门重新打开后,随着我国对外交往的不断增加,我们已经意识到中国与世界各国尤其是发达国家经济发展上的差距,开始考虑利用国外的资金和技术发展中国的民族经济。但是如果对外开放仅仅局限于利用国外的技术、设备和资金,那么这种学习和开放仍然是有限的。因此,邓小平提出了全面开放的思想,利用国际和国内两种资源、国际和国内两个市场,来促进我们的经济发展。我们对内实施了外贸体制改革,并且推出了吸引外资的一系列措施;对外则按照国际准则,实行了最大限度的对外开放。在进行"入世"谈判时,美国对我们提出的开放标准远远超出了对一般发展中国家的要求,要求我们在零售业、通信业和金融业都对外开放,我们仍然接受了这些苛刻条件,表明了对外开放的坚定决心。事实证明当时的决策是正确的。加入WTO以来,无论是在对外贸易上,还是在吸引外资上,我们都取得了最大的进展。中国的外向型经济还从"引进来"逐渐发展到"走出去",从对外输出劳务发展为开展对外投资、对外承包工程。2007年,我国的国民总收入已经超过国内生产总值,来自国外的要素收入净额已经转为正数,近些年仍然在不断扩大。

我国外向型经济的发展之所以取得成功,首先当然是我们根据自己的实际情况,采取了正确的对外开放的方针和政策,同时也在于中国作为一个发展中国家,在生产要素方面所具有的独特优势,包括政府支持、人力资源条件、基础设施建设、土地使用和原材料价格以及市场等。如在人力资源方面,中国具有全世界最大的劳动力供给,虽然就教育的平均水平而言(如平均受教育年限、各级学校入学

---

① 参见顾仲阳:"全面小康,贫困地区会拖后腿吗?",人民网,2013年1月28日。

率等)和发达国家仍有差距,但是要从其中选择出符合外资企业要求的各类人才包括高素质的人才,从来就没有成为过问题。这就使得中国在对外出口方面,在吸引外资发展加工出口型产业方面,都具有无可比拟的比较优势。改革开放以后,外向型经济的发展对我国经济增长做出了重大的贡献。我国目前在总量分析中,对于出口对经济增长的贡献经常是以净出口(=出口-进口)占支出法GDP的比重来衡量的,用这种方法得出的出口贡献率衡量的实际上是贸易差额的贡献,并不是出口本身的贡献。按这种衡量方法,出口的顺差越大,净出口的贡献也越大。但如果在进出口平衡时,就没有净出口的贡献了。应该认识到,没有了净出口对经济增长的贡献,不等于进口和出口对于经济增长没有贡献,这是不同的概念。进口产品可能用于生产资料作为中间投入(如进口原油、铁矿石等),也可以用于直接满足居民的最终消费(如进口汽车)和企业的固定资产投资(如机器设备),这些产品是由国外生产的,但在支出法中反映为满足国内的最终需求,因此在反映全部最终产品时必须把它从支出法GDP中扣除,具体地说,从最终消费和国内资本形成中扣除而不是从出口中扣除,只是因为进口和出口都是和国外之间所发生的经济行为,所以有"净出口"这个项目,以反映国内和国外之间在货物和服务交易间的关系。如果我们在投入产出表中,把出口产品的生产都列为一个部门(如出口部门),那么,出口部门的生产活动和其他部门(如第一产业部门、第二产业部门、第三产业部门)都是类似的,都要在生产过程中使用机器设备、进行中间投入、由劳动者进行生产、销售产品时向国家纳税并获得企业利润,形成由固定资本损耗(折旧)、劳动报酬、间接税净值和营业盈余构成的增加值,这样的增加值的增长,才能真正反映出口部门的生产活动对于经济增长的贡献。通过我们对中国投入产出表的分析,我们得到的结论是,在2003年开始的那一轮经济周期中,我国的出口每增长10%,对于我国经济增长的拉动大约是1%,如果出口增长达到30%,对经济增长的拉动大约是3%。① 这就解释了为什么我国自2003年以来连续多年的高达20%以上的出口增长率对我国当时的经济增长有那么重大的意义,也解释了为什么在全球金融危机的冲击下,我国即使保持了贸易平衡(但出口增长率突然回落),仍然可能出现经济增长率出现急剧回落的现象。加入WTO之后,中国的外向型经济发展得非常迅速,在给中国经济增长带来巨大贡献的同时,也使中国经济的对外依赖度大大提高了,事实上增加了中国经济增长的不确定性。

经过三十多年的发展,中国的外向型经济已经发生了很大的变化。改革开放

---

① 参见北京大学中国国民经济核算与经济增长研究中心:《中国经济增长报告2009——全球衰退下的中国经济可持续增长》,中国发展出版社,2009年。

初期,由于中国与外部世界的经济关系是分割的,对外贸易总额在世界上只占很小的份额,因此,我们开发国际市场主要受到的不是市场容量的限制,而是在于产品能不能够满足国际市场的需求。当然,在我们开发国际市场的过程中,非市场因素的干扰始终就没有停止过,开始是纺织品配额和最惠国待遇,后来是反倾销。但是从长期趋势看,从改革开放初期到全球金融危机前后,中国能否有效地增加出口主要是供给问题而不是需求问题,市场需求是巨大的,关键是我们能否发挥生产能力满足这些需求。而对于国内厂商(包括国有企业、民营企业和外资企业)而言,发展外向型经济也是受到鼓励的,尤其是"两头在外"(资金、设备和原材料来自外部,产品销往外部)的企业更是受到支持,这种面向外部的经济为地方经济创造了投资、安排了就业、上缴了税收,也不存在解决收入分配、根据国内市场需求调整产品结构的问题,只要国际市场有需求,国内有供给能力,就会受到大力支持。虽然发展外向型经济会在产品质量等方面对企业提出更高的技术要求,但是却较少受到发展内需时复杂的经济关系的约束。在经济增长的导向下,外向型经济就有了比内向型经济更好的环境,这就形成了中国外向型经济长期快于整体经济增长和内向型经济增长的局面。但是现在外向型经济发展到如此大的规模,继续扩张尤其是数量型的扩张就受到了限制。2009年中国的对外出口超过德国成为世界上最大的单一国家经济体,而到了2012年,中国的对外贸易总额已经相当于世界上最大的单一国家经济体美国①,虽然具体数据还可能有所调整,但中国的对外贸易总额很快会成为世界第一,并且会把这个纪录保持相当长的一段时间则是没有疑问的。在这种情况下,中国要想继续保持21世纪初的那种超常规的增长已经很难,或者说不再可能。一方面是世界市场对中国商品的市场容量有限,另一方面,我们在发展外向型经济的中前期,主要是靠做大规模来求发展,但这种发展已经越来越受到我国和世界资源条件的限制。我们发展对外贸易,目的是要让它服务于中国的经济增长,把数量做大是必要的,但是更重要的是要让外向型经济为我们创造更多的增加值,由于在量的方面受到限制,就更需要在质的方面获得提高,使出口产品在国内带动产业链的延伸以及更多增加值的创造,在对外贸易增长有限甚至不增长的情况下,为中国经济增长做出更大的贡献。近些年

---

① 2013年2月20日,商务部发言人沈丹阳针对有关媒体报道所说"2012年中国贸易总额首次超过了美国"这一问题做出了如下回应:"美国商务部2月8日在网站上公布了2012年美国外贸进出口三个口径的统计数据,第一个是国际收支口径,按照这个口径总额是38 628.59亿美元,这个数据是根据美国海关统计数据进行调整形成的;第二个是美国海关统计数据口径,也就是进出口都以船边交货价为基础的数据,总额是38 221.8亿美元;第三个统计口径是出口以船边交货价统计,进口以到岸价统计的数据,按照这个统计总额是38 824亿美元。这三种口径中,只有第三种口径和世贸组织公布的口径有可比性。我国2012年进出口总额是38 667.6亿美元,与美国第三个口径是有可比较性的,比美国进出口总额少了156.4亿美元。"参见商务部网站关于例行新闻发布会的报道。

来,我们在这些方面已经取得了一些进展,出口产品的结构已经开始发生变化,一般贸易在出口中的比重在提升,而加工贸易的比重在下降。在出口产品中,高新技术产品的比重在提升,而初级产品的比重在下降。中国的外向型经济已经开始在更高的平台上与发达国家之间展开竞争,这也是近年来我国对外贸易中贸易摩擦不断增加的重要原因。

当中国经济(包括外向型经济和国内经济)到达目前这种规模时,对于外部世界(包括资源和市场)的依赖也在增加,以至于世界经济一旦发生波动,中国经济就会受到冲击。2009年和2012年中国经济增长之所以出现放缓,从内需本身看,是投资和消费之间的均衡出了问题,而从总需求看,则是由于外需和内需的发展失衡,我们对国际市场过度依赖,世界经济的波动性影响了中国经济的稳定性。随着中国的经济发展,应该把外向型经济的发展重点,由量的扩张转向质的提高。在改革开放初期,我们发展外向型经济主要是为了出口创汇,通过出口筹集的外汇从国外购买先进技术和装备;后来,外汇紧缺的现象缓解了,但出口仍然是我们增加积累的一个重要手段,为了尽快地占领世界市场和实现扩张,我们必须在资源和其他生产要素方面付出一定的代价,用我们有限的资源来获得竞争优势,所以,在相当长的一段时间里,把规模做大,是我国外向型经济发展的主要目标。但随着出口和对外贸易的规模到达现在这样的水平,无论在市场容量上,资源(包括能源、自然资源以及土地等生产要素)的供给上,还是在出口对经济增长的实际贡献上,我们都有一个把规模做大了之后,如何转变发展方式的问题。而在另一方面,我们也已经看到,无论是从经济增长目标、经济发展目标还是从全面建成小康社会的目标来看,中国的经济发展水平仍然需要有一个很大的提高,这就存在着一个把有限的资源转化为更多的生产力,更好地为国内经济服务的问题。外向型经济仍然应该积极发展,尤其应该注重开发新兴经济体和发展中国家的市场,同时发挥我们的优势,在经贸合作中注重加强对外投资、基础设施建设、工程承包、劳务出口等,使我国的对外经贸合作更加多元化。在全球经济一体化的今天,放弃了国际经济合作,实际上就是在放弃发展的空间。但是外向型经济的发展,也要实现经济发展方式的转变,应该把发展的重点从规模扩张转移到提高质量上来。在处理外向型经济和国内经济的关系上,外需应该服从于内需,要把有限的资源更加合理和有效地用于国内的经济建设和民生改善上,这也有助于减少世界经济的波动对中国经济增长所产生的冲击和负面影响。

四、投资和消费的失衡

一个国家的国民收入在国内的最终使用主要是两个部分,即资本形成和消费,这种分类主要是从货物和服务使用的期限上划分的,资本形成指的是购买能够长期发挥作用的商品(包括固定资本形成和储备的增加),而消费则是购买当前或短期使用的商品。

先看投资。投资将会形成国民经济的存量(stock),和往年留下来的存量累积在一起,形成这个经济的国民财富,从而在这个经济的生产活动和人民生活中长期地发挥作用,尤其是固定资本形成将会形成对社会的长期服务,如长期生产能力(如机器设备)、居民的长期消费(如居民购买的住宅)以及长期的基础设施服务(地铁、港口、机场、公路等)。一个国家的经济发展水平,是和历史形成的存量相关的,如按生产法计算的GDP中的折旧,就是由固定资本的历史存量所决定的,它不是一个经济当年创造的净收入,但却增加了当年的生产总量。当然,还有很多在历史上形成的财富,虽然在会计意义上的折旧早已经提取完毕,但仍然对一个经济持续地发挥着作用。而消费从统计上看则表现为一种流量,在当年或者短时期就消耗掉了。这样,在一个国家每年形成的全部国内的最终产品流量(flow)中,从使用方向上看分为两个方面,一个是转化成为存量的部分,形成投资,将在经济活动中长远地发挥作用,另一部分则作为流量当年消费掉了。通常意义上各个国家经济发展水平的国际比较,用的是反映当年经济规模的流量(GDP),但是在事实上,发达国家与发展中国家在经济发展水平上的差距,不仅体现在流量上,也体现在存量上,流量是一个国家当年所新创造的财富,而存量则是历史发展的成果。一个国家的固定资产存量规模,对它的生产方式、生产规模都具有重大影响,精细的分工和专业化生产,就是建立在不断发展的基础设施建设和技术装备的基础上的。所以对发展中国家或新兴工业化国家来说,要在流量(GDP)上赶超先进水平,没有足够的存量扩张尤其是固定资产存量扩张是不行的,而增加固定资产存量的方法就是要不断地进行投资,这也是加速增长的发展中国家或新兴工业化国家需要有较高的积累率的基本原因。因此,对加速增长的发展中国家或新兴工业化国家来说,高于先进国家的积累率和高于经济增长率的固定资产投资增长率是实现赶超目标的必备条件。在国民经济核算或投入产出表中,资本形成尤其是固定资本形成对国内经济的作用主要反映在两个方面,一是在每年形成的最终产品中,资本形成的增加将形成对GDP的拉动,二是由于形成了新的生产能力,促使了未来年份的生产规模的扩张。虽然就长期而言,随着科学技术水平的提高,投资品(尤其是引进的新技术和新设备)的科技含量和技术水平也在提高,所以不断增加的固定资产投资也包含了技术进步因素,但从短期看,由增加投资所获得的经济增长主要是属于通过增加投入形成的而不是技术进步促进的经济增长,它主要是通过将收入转化为投资扩大经济规模,而不是通过鼓励创新而实现增长。提高积累和扩大投资,是人口和国土规模较大的经济体实现经济起飞和继续保持高增长的主要手段。也可以说,长期的高速经济增长必须以长期的和更高的投资增长率为条件。这已经被日本、韩国等大多数规模较大的新兴经济体的经验所证实,中国的经济增长中的现实进一步证明了这一点。就中国本身各个地区的经济增长来看，这个观点也是成立的，发达地区的经济之所以发达，是因为较早地进行了更大规模的投资从而率先实现了高增长，只不过这种投资，可能不像完全独立的经济体那样来自它们自身的积累，而可能是来自其他地区的收入向它们的转移或集中。对于欠发达地区而言，要在新时期加快增长，缩小与发达地区之间在发展水平上的差距，也需要更多的投资和来自发达地区的资金转移。

再看消费。在国民经济核算中，国内最终消费分成居民消费和政府消费两个部分，居民消费占绝大比重（我国2011年居民消费所占比重为72.2%，政府消费占27.8%）。居民消费是居民由可支配收入中的支出所形成的消费，而政府消费则是政府为居民提供的公共服务。居民用于消费的货物和服务是当期或短期使用的，消费水平的高低直接反映了人民的生活水平。经济增长的终极目标是改善消费（包括居民消费和政府消费），投资是为消费服务的。随着现代科技、工业化进程、专业化分工，以及现代服务业（金融、信息、交通运输等）的发展，这种服务对消费发展的促进意义表现得更为明显，甚至可以说如果没有迅速增长的投资，就不可能有迅速增长的消费。正是在这个意义上，我们要鼓励投资、促进经济增长，以实现全社会消费水平的迅速提高。反过来说，投资的增长应该反映消费增长的需要，以消费带动投资，并在不断的投资过程中实行精细分工，形成和延长产业链，提高经济增长的效率。改革开放以前，我国的工业体系是以国防工业为主导的，为了促进国防工业的发展并带动其他工业的发展，我国实施了高积累政策（1978年消费和投资在国内最终需求中所占的比率分别为62%和38%），在人民的消费水平低下并且长期停滞不前的情况下，仍然实行着高积累和高投资，结果人民生活长期贫困，工业也没有搞上去。改革开放后，这种情况开始发生变化，国家开始更加注重人民生活的改善，1978—1982年，投资比重下降了6个百分点，相应地，居民消费开始增加，并且开始出现消费结构的升级，并带动了新的投资。这使中国出现了新的经济增长点。从改革开放初期至20世纪末，耐用消费品的发展和升级对我国经济增长形成了巨大的拉动，电视机、洗衣机、冰箱、空调、摩托车、空调、电话、电脑等的发展，不仅满足着群众的需求，带动了投资，还为我国在未来利用这些产品占领国际市场创造了条件。虽然在这一过程中也出现过盲目投资的现象，尤其是很多老的国有企业缺乏风险控制意识，脱离市场盲目扩张，造成过不少的浪费，但总体上而言，投资还是适应了消费水平提高和消费结构升级的需求。世纪之交，我国的消费水平又上了一个新的台阶，汽车和住宅成为居民家庭新的消费热点，形成新的拉动投资的经济增长点，并带动了钢铁、水泥、建材等一大批相关产业的发展，这当然是一件好事，标志着中国的经济发展进入了一个新的发展阶段。如果说，在此之前，中国的消费升级一直都是在追赶发达国家，如20世纪80年代中国人追求的新大三件(电视、冰箱、洗衣机)发达国家在几十年前就已经普及,那么到了现在,中国拉动消费的主要动力已经和发达国家一致,只不过在普及水平上还和它们存在差距,这种差距也正是中国经济增长的潜力。因此,进入21世纪后,中国经济取得跨越式的增长并不是偶然的,而是中国经济长期发展、人民收入不断改善、消费需求稳步提高的必然结果。

消费和投资的互动关系,是在整个国民经济的角度上反映的。但是如果从地区经济发展的角度看,情况正好相反,要想尽快地富起来,不能靠当地的消费来拉动投资,而是要先进行投资,把所生产的产品销往国内外市场供更加广大的人群消费,再回过头来改善当地人民的收入和消费。我国发达地区的经济发展,走的都是这条道路。所谓深圳奇迹,固然离不开当地人民的艰苦奋斗,但如果没有在特殊政策下国内外大量资金的注入而导致的固定资产投资的迅速增长,这种奇迹是不可能发生的。因此对于地方政府来说,实现高增长的主要途径是投资而不是消费。在这一点上,中央政府和地方政府考虑问题的角度是不同的,中央政府要实现平稳较快的经济增长,要处理好内需和外需、投资和消费的关系,而地方政府要推进或加快经济增长,首先需要的是招商引资,通过扩大投资来发展当地经济,然后才谈得上改善当地群众的收入和消费。如果当地没有投资,经济发展不起来,改善群众的收入和消费就只是一种良好的愿望。

中国的经济增长属于政府主导下的经济增长,如果没有中央政府和各级政府对于经济增长的重视和推动,中国过去三十多年的高速经济增长是不可想象的。但也应该看到,政府如果直接参加配置经济资源,它们的效率可能是较低的,所以改革开放以来,中央要不断地推动市场化改革,以改善资源配置的有效性,提升经济增长的效率。但对于地方政府而言,推动经济增长的手段是受到限制的,如地方不可能有货币政策,财政手段也是有限的,体制创新也不能突破整体的框架,因此要推动经济增长,基本的手段就是招商引资,鼓励各种类型的投资。当这种现象向全局发展时,就会在客观上助长投资导向的经济增长,导致投资和消费的失衡。因此,虽然中央和地方政府都希望实现和保持平稳较快的经济增长,但是实现目标的路径是不一样的。在国民经济的层面,经济增长需要全面和协调的最终需求的拉动,包括消费、出口和投资的拉动,而在地方,首先要靠投资把经济带动起来,然后才能考虑其他问题。而能否吸引到投资,除了地方官员的努力外,还要看中央的政策往哪个地区倾斜。在20世纪八九十年代,当人们的收入有所改善、消费需求有所提升的时候,满足这些消费的生产能力是在一些经济优先获得发展的地方形成的,如经济特区、沿海开放城市等。也就是说,少数优先发展起来的地区的加速投资为整体的消费增长提供了支持,并使自身得到了优先发展。进入21世纪后,情况发生了变化,欠发达地区发展经济的条件有了改善,吸引投资的能力增强了,中央的优惠政策(或者说普惠政策)也争取下来了,投资的增长在加快。在这种背景下,对各个地区的增长和投资本来应该实行差别对待的政策,尤其是要使欠发达地区的经济和投资有更快的发展,以增加这些地区居民的收入和消费,并由此整体地提高全部居民的收入和消费能力,再反过来拉动各地的投资。但是对各个地方政府而言,无论是发达地区还是欠发达地方,都把注意的焦点集中在见效更快的投资上。这必然导致在收入分配上,资本获得回报的条件优于劳动。在生产领域,劳动报酬体现为企业的生产成本,但是在消费领域,则体现为大多数居民有支付能力的需求。投资增加了,提供消费品的能力增加了,但是有支付能力的需求增长得慢,这势必造成生产能力过剩的现象。而要缓解生产能力的过剩,一方面要扩大出口,另一方面就是用更多的投资去消化它。

用支出法 GDP 中的最终消费支出和资本形成来衡量,我国改革开放以后长期年均经济增长率约在 10% 左右,年均投资增长率约高于经济增长 1—2 个百分点,在 11%—12% 之间,而年均最终消费增长率约低于经济增长 1—2 个百分点,在 8%—9% 之间,这使每年的最终消费总量与资本形成总量之间的差距不断扩大。1982 年,在我国的国内最终需求中,消费和投资所占的比重分别为 67.6% 和 32.4%,也就是消费率约为 2/3,投资率约为 1/3。在此之后,投资率开始在波动中逐渐提高,到了 1997—2002 年间,投资的比重稳定了下来,连续 5 年保持在 37% 左右,已经超过了日本和韩国高增长时期 35% 左右的最高纪录。而 2003—2009 年,我国的固定资本投资明显加速,投资率也开始迅速提高,从 37% 上升到了 49% 以上,一直保持到现在。按照世界各国的一般经验,当资本形成占国内最终需求的比重达到 30% 以上就属于很高的积累率,事实上,日本和韩国在高速经济增长时期,30% 以上的积累率也只维持了很短一段时间,大多数时间都是在 30% 以下。由于中国的起点低,高速经济增长的时间长,因此较高的积累率和投资率还是需要的,但是如果太高,投资后不能形成生产能力,那么即使当年形成了 GDP,转化成资本存量不久后又闲置或浪费掉了,这样的 GDP 也是虚的,没有意义的。高投资拉动的经济增长事实上在降低中国经济增长的效率,由此形成的经济增长所带给社会的消费增长是递减的。虽然随着我国的经济发展,改善基础投资建设、加快工业化进程、发展面向全球的经济、满足人民消费需求以及改善地区之间的发展不均衡,都需要大量的投资,但是长期地在国民收入中将如此大的比重转化为投资是有问题的。用更多的投资来消化已经过剩的产能,只可能是推延矛盾爆发的时点而不可能真正解决矛盾,而积累的矛盾越多,将来一旦爆发对经济增长的损害也就越大。从我们自身的发展经验上看,如果能够把这一比重控制在 40% 左右(2003 年以前的水平),同时提高固定资产投资的质量,应该足以支持我国较高的经济增长要求。如果高于这个水平,不但消费的增长可能受到限制,所进行的投资出现闲置和浪费的风险也会增加。这一风险也可以说是经济增长的结构性矛盾,现在已经被人们广泛认识。

还要谈一种特殊的消费和投资,那就是居民的住房消费和投资。近些年来,它是拉动中国经济的重要增长点。从投资上看,在世界各国的经济统计中,居民购买住宅属于投资行为,它的资金来源可能是自有资金,也可能是贷款或其他方面的收入,或者是几种资金来源相结合(如分期付款中既有作为"首付"的自有资金,也有银行贷款),它对我国近年来的固定资产投资贡献很大(在每年的固定资产形成中的比例在20%左右)并产生了一系列的乘数效应;而从消费上看,世界各国的经济统计中,居民的居住消费是按照所居住的房子的房租(或自有住房的估算房租)所估算的。住房消费拉动了住房投资,而住房消费应该是和住房投资相适应的。但由于地区经济发展的失衡,我国的城市化进程中,不仅表现为农村人口向城市的移动,还反映为由欠发达地区向发达地区的移动,这就导致了发达地区(所谓一线、二线城市)的房价急剧上升。在这种上升中,地方政府获得了大量的土地收入,用于改善基础设施和政府其他支出,进一步吸引投资。我们进行过的研究表明,住房商品化改革后,我国各个地区的房价的上涨程度是和这个地区的经济发展水平相关的,一个城市的经济越发达,吸收外来人口的相对能力也就越强,房价上升的幅度也就越大,改善居住条件的边际成本也就越大。在一线城市一个平方米的建筑面积的支出,在三线城市可能购买五到十个平方米,但由于一线城市可能有更好的教育、医疗、信息、交通以及个人发展的条件,因此仍然在不断扩张。但这种扩张其实是不可持续的,政府运营不能长期靠出让土地支持,城市的承载能力也是有限的。从国民收入使用的角度看,这样的资金利用也是低效率的,本来可以用来改善五至十个家庭居住条件的资金,到了高房价地区就只能改善一户。从表面上看,由于价格因素的作用,按现价计算的 GDP 好像增加了,但在实际上,同样的资金所形成的居民投资和消费的实际增量却是递减的。

由投资过多而导致的生产能力过剩,导致很多企业难以为继,因而有可能影响我们当前和未来的经济增长。这并不是说我国的整体生产能力已经到达了多高的水平,而是经济活动的循环出现了问题,一端是很多企业生产的投资品和消费品卖不出去,价值无法实现,另一端是社会上还有大量的低收入人群,消费和生活水平都需要大大提高。本来外部世界能够消化我们的一部分产能,但全球金融危机以来的世界性经济衰退又使得我们的出口增长受到严重影响,必须依靠增加内需尤其是增加消费来解决自身的问题。我国现阶段消费和投资的结构性失衡,与我们在经济发展中的价值取向和决策有关。这就是各级政府在经济增长中,过于重视投资对经济增长的促进作用而对消费拉动重视不够。一般地说,投资具有较大的弹性,而消费具有较大的刚性。因此要促进投资,短期就能够组织资金推上去,而消费是千家万户的行为,高收入者的消费弹性是比较小的,增加的收入大多会被转化为储蓄和投资,而中低收入的人群如果收入增长缓慢,而对未来的预期又不好,也很难迅速地增加消费。所以在世界各国,政府所采取的短期刺激消费的政策,可能会为企业消化一些库存,但一般不会导致中长消费增长率的提高。

因此,鼓励消费不能只依赖于居民家庭的支出行为的改变,而要与改善国民收入分配和居民家庭收入联系起来。首先要看到,对中国而言,真正潜在的消费市场是在经济发展水平偏低的地区,这些地区的经济发展了,人民收入增加了,教育、医疗、养老、住房等后顾之忧缓解了,人们的消费方式自然会发生变化,就有可能出现加速的消费增长。如果说,在改革开放的中前期,是全国支持了今天的发达地区的经济增长,那么到了现在,国家就应该为欠发达地区创造更好的条件,包括对它们输血和建立造血功能,为它们实现"共同富裕"创造更好的条件。而发达地区的继续发展主要是要靠自身的努力。近几年来,为了举办国际国内大型活动,国家在北京、上海和广州等城市进行了大量投资,进一步改善这些大都市的基础设施,从短期看似乎改善了市容、交通等城市条件,但由于这种改善加大了这些城市和其他城市之间的发展差距,吸引了更多的企业和人口,城市的投资和生活环境反而受到了影响。因此,从全国而言,应该建立和发展更多的经济中心,改变目前经济资源和人口向少数地区过度集中而导致的资源利用效率不断恶化的局面。其次是对地方政府而言,要有正确的业绩观,一个地方的政府是不是有所作为,不能仅看它有多少投资、多少GDP,关键是要看这些投资和GDP能否对改善大多数人民的收入和消费做出贡献,而不能只是为少数人服务。从考核顺序上看,首先要看人民群众的收入和生活能不能持续地改善,然后再看经济增长,这样,经济增长和投资才能真正地服务于全面建设小康的目标,因为小康这个概念本身就是和人民群众的生活密切联系的。如果要实现人民群众的收入和生活的持续改善,必然要有好的经济增长来支持。但是反过来则不一定,为了经济增长而损害群众利益的现象,在基层并不少见。最后是国家的收入分配政策的调整要敏锐及时。党的十八大中,提出了居民收入的增长应该和经济增长保持同步。从发展趋势看,如果中国能逐渐地让以往的投资充分发挥作用,那么使居民收入的增长超过经济增长也不是不可能的(事实上最近两年的情况就是如此),那么在国内总需求中,消费的比例就会重新上升,居民消费和公共消费就有可能获得更大的增长,人民群众也会在经济增长中获得更多的实惠和福利。但是这些实惠和福利不应该建立在具体的决策上,而应该有制度的保证。比如说,2007年以后我国发生了两次通货膨胀,虽然就总体而言,我国居民家庭可支配收入的平均增长幅度远远超过了一般物价水平(即CPI)的上涨,但是也有相当一部分人的工资或保障水平没有发生变化,这意味着他们的收入水平是相对降低的。而在20世纪80年代时,虽然由于价格体制改革导致物价上涨的幅度较大,但伴随着每一次物价上涨,国家都会采取相对的补偿措施,但近些年来,这方面的举措已经越来越少。进入21世纪后,在我们的国民收入分配中,政府和企业部门所占的份额在不断增加,而住户部门(居民)所占的份额在减少;在居民部门内部,收入分配差异也在扩大化,这就导致了中低收入居民家庭的收入在国民收入中所占的比重进一步降低。其实,就整个居民部门而言,无论是收入还是储蓄,所潜在的购买力都是巨大的,否则就不能解释为什么在住房价格已经如此高的情况下,从价格信号上给出的信息仍然是供不应求。满足人们最基本生活需求的农产品也是供不应求的。供过于求的是大量的处于最基本生活需求和高端需求之间的普通消费品,而对这些商品的消费程度,其实是一个国家或地区居民生活水平高低的标志。由于发达市场经济国家的恩格尔系数(食品在总消费中的比重)很低(10%左右),价格的波动程度又比较大,它们经常在计算 CPI 的同时,往往还计算一种扣除了食品和燃料之后的CPI,如果在中国也计算这种核心 CPI,即使在通货膨胀比较严重的时期,以核心 CPI 反映出来的价格很可能就是通货紧缩。如果说当前食品价格上涨在一定程度上反映了较低收入的劳动力群体要求提高收入水平的诉求,在住宅价格上反映的则是较高收入水平的群体对市场的拉动,而这种核心 CPI 反映的则是中端消费的不足。要改善中端的消费,主要靠的是中低收入群体,但他们对收入增长以及社会保障的预期改善得很慢,甚至是降低的,这又在鼓励他们把收入不断地转化为储蓄而不是消费。这就从收入分配上解释了为什么我国的消费增长会趋缓。这种现象的出现源于我们对经济增长效率的追求,通过加大收入分配差距激励社会效率,但由于对结果公平重视得不够,反而可能是既影响了公平,也降低了效率。因此,要使消费在经济增长中更加积极地发挥作用,不但要改善我们的投资行为和投资效率,还应该以人为本,在科学发展观的指导下改善和发展与我国经济增长相适应的收入分配制度。

五、产业结构的失衡

一个国家的经济发展,是伴随着产业结构的不断升级而发生的。从广义上看,产业结构包含两方面的内容:一是价值结构的变化,现在世界各国普遍用 GDP 的行业或产业的增加值构成来反映;二是劳动力结构的变化,以各个行业或产业的劳动力人数占全部劳动力的比重来反映。这两个结构的提升反映了两个过程,一是工业化进程,也就是工业化发展到了什么样的阶段;二是城市化进程,即农业劳动力要向非农产业转化,农村人口会向城镇人口转化。从两种结构的相互关系看,增加值结构的提升要快于劳动力结构的提升,当增加值结构提高到一定阶段,劳动力结构的提升会加快,到完成工业化进程时,劳动力结构将可能向增加值结构收敛。在已经完成了工业化的大国中,目前第一产业增加值占 GDP 的比重一般都在5%以下,第二产业的比重一般在30%以下,而第三产业所占的比重则通常达到60%以上。劳动力结构也是类似的。①

根据我们的研究,中国的工业化进程已经进入了中后期,2011年三次产业增加值占GDP的比重分别为10%、46.6%和43.3%,第一产业的比重比改革开放初期的28.2%下降了18%,第三产业则比当时的23.9%提高了将近20%,而第二产业的比重仅比当时的47.9%下降了不到5%,变化不显著。第二产业变化幅度较小主要有三个方面的原因,一是在改革开放以前,我国的第二产业(主要是工业)的发展是由计划体制而不是市场推进的,国家通过集中各方面的资源来扶持工业发展(如通过工农业产品价格剪刀让农业支持工业),国民经济的比例关系是扭曲的,反映的产业结构高度是"虚高度"。因此在改革开放后,我们首先经历了一个挤掉工业中的水分(体现为第二产业增加值比重下降),然后再在市场的基础上发展工业的过程。二是我们的经济增长是伴随着中国成为全世界新的制造业中心而推进的,在这一过程中,中国通过承接全球性的产业转移发展壮大了自己的制造业,也使第二产业成为在三大产业中增长最快的支柱产业。三是在很多新兴工业化国家(如日本和韩国),第二产业的较快增长在产业结构上的表现会因为制造业产品价格的下降或相对下降而抵消(产业结构是按照现价计算的,而增长率是按可比价格计算的),从而反映为第二产业的比重下降,第三产业比重上升,但进入21世纪以后,由于中国加速的工业化进程,第二产业(主要是制造业)的产品价格的下降或相对下降并不能抵消其规模的扩张,因此第二产业和第三产业的比重是同时上升的,只有第一产业的比重出现了明显的下降(下降了5%)。这是中国现阶段经济增长的特殊性。

从发展方向上看,中国未来10年的经济增长应该更加依赖于第三产业的发展。一个国家如果要完成工业化成为高收入国家,那么第三产业比重的提升是必不可少的,这是世界各国经济发展的共同规律。就产业结构的变化看,到2020年,中国第三产业的比重至少应该提高10个百分点,达到55%以上,平均一年大约提高1.5个百分点。我们实现这一产业结构提升目标是有可能的。第一是从国民经济核算上看,我国的GDP核算长期存在着对第三产业低估的问题,由于第三产业中存在着大量的中小型企业,变化又非常大,我们对于这些企业的工商监管和税收监管又存在着不到位的地方,如何改进对这些企业以及它们的增加值的统计,一直是国家统计部门的重要工作。2005年,国家统计局根据第一次经济普查的数据对我国2004年的生产法GDP进行了修订,按现价计算的GDP由原来的13.69万亿元调整为15.99万亿元,修订的幅度达16.8%,而在多出来的2.3万亿

---

① 参见本报告第四章内容。

元中,有2.13万亿元来自第三产业,占全部调整额的92.6%[①];2009年年底,国家统计局根据第二次经济普查的结果对2008年的生产法GDP的初步核算数据进行了调整,第三产业所占的比重又从40.1%提高到41.8%。这说明由于中国的实际情况,客观上存在着对第三产业增加值低估的现象,但低估的程度到底有多大,必须有客观的依据,我国进行的大规模的经济普查就为我们改进这方面数据提供了依据,随着我们统计基础、统计方法和统计制度的改进,这方面的数据质量将会有显著提高。第二是从我国的经济增长特征上看,我国的工业化和现代化进程是在政府主导的赶超战略下实现的,而在欧美发达市场经济国家,工业化则是资本主义市场经济发展的结果,也就是说,先有市场化,然后再在市场化的基础上发展起来了工业化,这也是威廉·配第早在英国的工业革命发生之前的17世纪,已经部分地发现了后来的配第—克拉克定理的重要原因。但是在中国,工业化是先于市场化发生的。在计划体制下,在第二产业虚高的同时,第三产业的发展实际上是被压制的,即使到了改革开放初期,我们在强调发展第三产业的时候,往往也是把它作为工业的补充或增加城市就业的手段,而没有把它的发展视为第二产业发展的必备条件和产业结构提升的必然趋势。直到20世纪末,社会主义市场经济真正成为经济体制改革的目标,为市场服务的第三产业才有了比较大的发展,但是相比较而言,在经济发展的各个阶段,和经济发展水平相近的国家相比,我们的第三产业的比重是相对偏低的,尤其是现代化服务业发展落后于经济发展的要求,与工业制造业的发展间存在严重的结构矛盾。我国的工业化率按当代国际标准,已到达工业化中后期,而服务业的比重仍在45%以下,显著低于当代世界中等收入发展中国家平均水平。这其实又会反过来影响我们提高经济增长的效率和改善人民生活的水平。因为如果没有充分发展的第三产业(金融业、交通运输业、通信业、信息业、仓储业、批发零售业、餐饮业、旅游业等)为经济发展和人民生活提供支持和服务,经济发展本身也会受到影响。因此,对中国而言,随着工业化的推进,市场化也要跟上,而市场化的深化和市场秩序的完善,实际上就是第三产业发展的过程。从这个意义上看,在未来的10年里,随着进一步的工业化和市场化进程,中国的第三产业有可能会有一个比较大的发展。第三是从城市化的进程看,我国的第三产业的发展也有着巨大的潜力。进入21世纪以后,我国城市化的进程在加快,这种趋势还将继续延续。城市化进程标志着我国城乡之间的"二元化"格局将被打破,更多的农村人口将向城市人口转移,而在农村,农业的生产和经营经济也会向现代规模经营的方向转变,传统的自给自足的自然经济也将被现代商品经济所取代。在这种情况下,无论是扩大了的城镇还是农村,都对服务业有着

---

① 参见刘铮:"1979至2004年GDP修订结果发布",新华网,2006年1月9日。

巨大的需求,为第三产业的发展创造了条件。第四是从政府和公共消费的发展上,我们也有相当大的发展潜力。政府和公共消费相当大的一部分是以服务活动的方式存在并以相关人员的薪酬反映的,在经济发展水平提高后,这一部分的服务增加得是很快的。我国目前的情况是:一方面,有关人员的规模仍然很大,政府职能仍然需要改善,机构也需要精简;另一方面,公职人员(包括在政府和教育、科学、医疗、教育等部门工作并由政府支付薪酬的人员)的正式薪酬的调整和国家或地方的经济增长不相适应,如在通货膨胀发生的情况下,公职人员的薪酬并不会进行相应的调整,公职人员会通过各种其他的途径获得报酬,有的是合规的,有的是灰色的,而这些在 GDP 或第三产业增加值中并没有得到全面的反映。这就要改善我们的公共财政,使公职人员的报酬和他们的贡献相适应,同时还要对其进行有效的监督。

　　如果说我国的增加值结构的提升慢于同等经济发展水平的国家,那么从劳动力结构上看,我国的产业结构提升就更是滞后的。虽然在进入 21 世纪后,我国农业劳动力向非农产业的转移、农村人口向城市的转移在加快,但是农业劳动力和农村人口所占的比重仍然非常大。2011 年,我国三次产业劳动力占全部劳动力的比重分别为 34.8%、29.5% 和 35.7%,第一产业劳动力的比重高于其增加值比重 24 个百分点。乡村人口的比重占总人口的比重为 48.73%,虽然已经比 2000 年的 63.78% 下降了 10% 以上,但在上中等收入国家中仍然属于较高的。这种现象表明我国工业化和城市化发展之间的失衡。这种失衡有它的客观基础。要在人口众多的中国实现赶超目标,如果不是在某些局部率先取得突破,使有限的资源取得最大的效率,那将要经过一个漫长的过程。因此,在经济发展的一定时期保持"二元化"的格局,在稳定农村的基础上集中地在一部分城市优先推动工业化,然后再在一部分城市发展起来的基础上,带动其他城市和广大农村的发展,能够加快经济发展。这一点已经被中国经济增长的成功实践所证明。同时,我们还要看到,中国的工业化和现代化进程是在发达国家的科技水平和装备水平已经达到相当高的水平的背景下开始的,走的是引进、消化、吸收和再创新的道路,因此,我们不是在重复发达国家渐进的发展过程,而是从一开始就从高技术起点上推动我们的工业化,虽然也有劳动密集型产业,但是相比较而言,资本密集和技术密集程度都远远高于历史上相近经济发展水平的国家。这就产生了一个矛盾,一方面,我们希望工业化推动我国的经济增长,另一方面,这种工业化从一开始就是排斥劳动或者说对劳动的吸纳程度较低。这就使得我们的劳动力结构的提升较为缓慢。直到现在,在我国 7.6 亿劳动力中仍然有 2.6 亿的第一产业劳动力,而无论从我国的经济发展水平看还是从第一产业本身发展的要求看,都远远不需要这么多的农业劳动力,而在劳动力供过于求的情况下,这一产业的劳动力价格或者说劳动者的收入必然是低的,这不但影响他们生活水平的提高,也使我国消费需求缺乏有效的拉动。因此,在未来的发展中,如何解决农村剩余劳动力的就业问题,将会成为我国经济发展中越来越重要的课题。解决就业的主要途径就是保持足够的经济增长,经济增长能为劳动力提供新的工作岗位,反过来,人们的劳动收入又将形成购买力,拉动经济增长。

六、地区经济发展的失衡

改革开放以后,我国各个地区的经济增长和经济发展是不均衡的。在改革开放的中前期,尤其是在进入21世纪以前,一个地区的发展变化程度,关键不取决于该地区原先的经济基础,而主要是由中央根据自己的判断决定发展的优先顺序,从政策方面对它们进行扶持。20世纪80年代,国家主要是在经济特区进行改革开放的试点,虽然财政方面的投入是有限的,但给予了大量的优惠政策,使得经济特区可以通过外引内联获得大量资金和其他发展便利,推动当地的经济增长。深圳就是这种发展的典型,邓小平南方讲话时,中国的其他地方还在努力解决温饱问题,深圳就已经率先进入小康社会了。90年代初,又把经济特区的政策给了上海,放慢脚步的上海又重新赶了上去。在此之后,中央又对部分沿海开放城市给了特殊政策,这些地区的经济发展水平随后就有了迅速的提高。这一方面说明我们改革开放的方针是正确的,另一方面也反映了在整体经济发展水平较低的时候,哪些地方取得了特殊政策,哪些地方就有可能集中来自全国各地甚至国外的资源,取得超常规的发展。进入21世纪后,中央开始把这些政策推广到更加广大的地区,有振兴东北战略、开发西部战略等,许多地区的经济发展都经过中央政府的批复,上升为国家级地方发展区域战略,这些批复涉及珠江三角洲、长江三角洲、北京中关村高科技园区、天津滨海新区、福建海西经济区、陕甘关中—天水经济区、成渝统筹城乡综合改革试验区、黄河三角洲、图们江区域、福建横琴新区、安徽皖江城市带、鄱阳湖生态经济区、曹妃甸循环经济示范区、海南旅游岛、广西北部湾经济区、江苏沿海城市带、辽宁沿海城市群、长株潭城市群、武汉城市圈、中原城市群,等等。这些得到特殊政策的地方,经济增长的条件当然会得到改善,但也要看到,由于这些政策已经由"点"发展到"片"又扩展到"面",欠发达地区即使得到了这些优惠政策,其发展条件的改善程度也是无法与当年的经济特区、沿海开放城市相比的。换句话说,中央的地方经济政策的效应开始减弱。从个案来看,一些地区的经济确实有了发展,如一些能源大省,近几年经济增长很快,但从总体上看地区经济差异缩小的趋势表现得仍然不明显,从统计分析上看,各地区的人均GDP水平与它们的增长率之间的关系仍然比较复杂,并没有反映出明显的负相关关系。也就是说,发达地区和欠发达地区之间的发展差距,还没有进入一个明显改善的时期。

（一）整体经济发展水平与区域发展均衡的关系

从不同经济发展水平的国家的比较来看，较高经济发展水平的国家，其区域之间的经济发展也较为均衡。尤其是早期发展起来的欧美国家，区域经济发展的均衡程度明显好于世界其他地区。如在美国，不同的产业中心（如金融中心、汽车中心、钢铁中心、信息产业中心、文化产业中心等）分布在全国的不同地区，吸引的是不同类型的人才，很多大学和研究机构，都建在专门的大学城，不但学术和教育水平很高，还带动了一个地区的经济。欧洲（尤其是西欧和北欧的高收入国家）的经济发展也存在着这个特点，不但一个国家内不同地区的发展差异相对较小，就是国家和国家之间的发展差异也比较小。其中的一个重要原因，在于这些国家都经历了漫长的经济增长和经济发展过程，而在这种过程中，市场不但调节着资源的配置，也调节着生产力的区域布局。在长期的经济发展过程中，通过产业的梯级转移和专业化分工，形成了相对均衡的生产力布局。而在后来发展起来的高收入国家，包括日本、韩国在内，由于在发展或"赶超"进程中，要把大量的资源集中于少数地区首先取得局部的突破，因而形成了诸如东京、首尔这样的超大型城市，而在国家经济有所发展后，又没有及时地对这种格局加以调整，于是形成了在高地价、高生活成本和低生活质量基础上的高收入。从人均GDP或人均GNI的角度来看，东京、首尔等都是全世界最高的，但从实际生活质量（如人均住房面积、每天花费在交通上的时间、享受的休闲时间等）上看，和欧美相近水平的城市相比就相差得很多，能够改善的余地也很小。而要把政府机构、产业及相关的居民家庭搬迁出去再重新布局，成本将相当地高。从目前世界各国的实践看，成功的案例也很少。

大多数发展中国家，包括中国在内，在追赶先进国家的过程中，从区域经济发展上看，都在重复着日本和韩国的老路。现在世界上人口最多的城市，大多在发展中国家。这个现象不是今天才出现的，而是从工业文明进入不发达国家初期就开始了。如在旧中国，随着帝国主义及现代工业文明的入侵，上海、天津和青岛等现代意义上的城市很早就发展了起来，这些城市是帝国主义掠夺中国经济的阵地，通过全国财富向它们的集中，为帝国主义的经济掠夺创造了条件，当然，也多多少少促进了这些地方的经济发展，中国的现代资本主义民族工业大多数就是从这些地方发展起来的，但就整个中国而言，这种民族工业的力量太弱小了，带不动整个经济的发展，于是就形成了一种鲜明的对照，一方面，是少数大城市的畸形发展，另一方面，则是生产力水平极为低下的农业社会。虽然在计划经济时期，我们进行了大量的"三线"建设，但是旧中国留下的地区经济发展格局，一直到改革开放初期都没有什么大的改变。在南亚、非洲甚至南美的广大发展中国家，也普遍存在着这种现象。因为对经济停滞的发展中国家而言，一方面受到现代世界文明和现代生产方式的影响,经济有缓慢的发展,另一方面,又由于观念、体制、传统和资源等多方面因素的制约,经济一时还不可能得到全面的发展,有限的资源必然会向少数地方集中,导致部分地区的畸形发展,世界上的超大型城市,绝大多数形成于欠发达国家,而在加速经济增长或"经济起飞"期间,往往又是这些城市的经济首先得到发展,使区域经济发展更不平衡,并带来一系列问题。本来到了这一时期,国家应该通过适度的干预,引导产业向欠发达地区实现梯级转移,通过欠发达地区的发展,改善整个国民经济的投入产出效率,同时通过欠发达地区的工业化带动那里的城市化,从而推动整个国家的工业化、城市化和现代化进程。但在事实上,能够完成这种转折的后起国家并不多,于是就出现了两种后果,一种是超大型城市继续发展,吸引和容纳了全国的大多数人口(如韩国和日本)及其生产能力,建立了在高地价、高生产成本、高物价和低生活质量基础上的高价经济;另一种现象更为普遍,那就是少数大城市的发展无法容纳更多的人口及生产能力,于是就造成了在这些城市本身中富裕和贫穷形成鲜明对照,这些城市的发展和欠发达地区的发展形成鲜明对照。遭遇"中等收入陷阱"的国家,大多数存在着这种现象,一方面是资源在大城市的低效率使用,另一方面是欠发达地区的发展缺乏起码的资源。当然,一个国家的经济增长缓慢或者停滞,有复杂的体制和发展方面的原因(我们在本报告第二章第二节的"对'中等收入'的进一步讨论"中已经做了论述),而区域经济发展失衡导致的经济资源配置的效率降低,则对它有重要影响。

(二) 工业化、城市化和区域经济发展

中国正处在迅速的工业化、城市化进程中,我们的区域经济增长失衡不仅有发展中国家区域经济增长失衡的一般性,还有我们的特殊性,即中国众多的人口和长期存在的城乡"二元化"经济结构,这就决定了中国到了经济发展的这一阶段(加速工业化和城市化阶段以及上中等收入阶段),应该更加重视在政府的干预和引导下,推进欠发达地区的经济发展。解决这一矛盾的重点应该放在推进制造业不断地实现向欠发达地区的梯级转移以及在这些地区根据自己的特点以及地区性、全国性的分工体系,重点发展第二产业,同时第一产业本身也要推进工业化进程,即在农业领域中实现规模经营和现代经营,通过对农产品的加工(制造业)和流转(服务业),延长农业生产的产业链以及增加农产品从生产到最终消费过程中的增加值。我国的地区经济发展的失衡,是和城乡发展的结构失衡密切联系的。我们曾经研究过中国各个地区的经济发展水平和它们的城市化水平之间的关系,发现二者之间存在着高度的统计相关性。① 一个地方的人均 GDP 水平越高,其城

---

① 参见《中国经济增长报告 2010》。

市化的水平也就越高。而地方的经济发展水平,又和工业化进程及产业结构高度是密切相联系的。从总体上看,我国的城乡发展结构是失衡的,一方面,我国现阶段城市化率虽然已进入加速期(30%—70%间为城市化加速期),但总体水平不高,2011年刚超过50%,略慢于世界的平均发展速度(2009年世界总人口中城市人口首次超过乡村人口)①,而且其中把离开户籍所在地半年以上进城务工的1亿多农民工也计入城市化人口,但其真正的生活方式和福利保障水平与市民仍存在显著差距。另一方面,我国在城市化率低的同时,城乡差距大。据统计,现阶段我国农村人口年均纯收入大体相当于城市人口年均可支配收入的30%,或者说3个多农村人口的收入才抵得上1个城市人口的收入,考虑到农村农户的生产性质和农业生产投资性支出,就消费力而言,至少4个以上的农村人口的消费力才抵得上1个城市人口。而我国13亿多的总人口中,仍有50%左右的居民是作为农村人口存在,但是在按支出法计算的GDP中,在居民最终消费中,城市居民的消费占75%,而农村居民的消费仅占25%,这就导致了长期以来,我国经济增长的消费需求动力主要依靠不足50%的城市居民支持,这是消费需求动力不足的重要原因。同时也反映出我国的城市化进程是落后于工业化进程的,和我国的经济发展水平不相适应。

一个地区的经济发展,要有工业化来带动,并进而提高城市化的水平。而不是反过来,在现有的农业经济的基础上首先推动城市化,再发展工业化。从中国目前的产业结构来看,第一产业占GDP的比重已经很低(10%左右),到2020年前后,有可能下降至5%左右,要靠这么少的增加值支持那么大比重的乡村人口(现在仍在50%左右,接近7亿人口)的城市化进程,显然是远远不够的,因此,没有中国广大欠发达地区(主要是农村地区)的工业化,就不可能推进各个地区的城镇化(这里定义为中小城镇人口规模的扩张和收入水平的提高)和整个国家的城市化(这里定义为城镇人口占全部人口的比重)。在城镇化和城市化都发展到比较高的阶段,大城市和超大城市的劳动力和资源(资金、技术、信息、货物)等就会更多地向中小城市移动,我国的人口和经济资源的分布就会更趋合理。近些年来,一方面,我们在改善各地的发展条件方面做了很多工作,尤其是在改善金融服务、交通运输、信息服务和其他基础设施方面已经做了大量的工作,极大地改善了欠发达地区的经济发展条件,但在另一方面,大城市或超大城市的扩张带来的生产和生活环境恶化的现象也很严重,我们要接受日本、韩国以及我们自己在大城市发展中的教训,同时吸收和借鉴世界各国尤其是发达国家在这一方面的经验,在发

---

① 应该看到的是,中国的总人口在世界人口中占有相当大的比重,如果在全部人口中不包括中国的人口,那么世界其他国家城市人口所占的比重就更高。

展过程中改善区域经济发展的失衡。

(三)提高我国城市化①的质量

城市化是城镇人口增加、城镇规模扩大、乡村人口向城镇迁徙以及城市文明向农村扩散而引起的人们生产生活方式转变和价值观念变迁的过程。城市化是现代化的必由之路,是经济社会发展的强大动力,推进城市化是促进经济增长、提高人民生活水平的基本途径。没有城市化也就没有中国的现代化。2011年我国的城市化率超过了50%,标志着我国城镇常住人口超农村常住人口,也表明社会结构发生了历史性的变化,我们这个具有几千年农业文明历史的农业大国,从此进入了一个以城市社会为主的崭新阶段。这不是一个简单的城镇人口百分比的变化,它意味着人民的生产方式、职业结构、消费行为、生活方式、价值观念都会发生深刻的改变。当高速公路和铁路设施延展到乡村,当低矮的平房被鳞次栉比的高楼大厦所取代,当城市文明悄然浸润到边陲小镇,农村在发生脱胎换骨的变化。

然而,在面对骄人成绩的同时也必须看到,我们的城市化走的还是传统城市化的路子。这种模式是以经济发展为目标,以工业化为主线,以地方政府为主导,以土地为主要内容,以外延扩展为特点,以外部需求为牵引,以物质资本大量消耗为代价,还是一种高成本的城市化。这种城市化的质量不高,而且带来了一系列的次生问题,例如,土地的城市化快于人口的城市化,环境污染,交通拥堵,"城中村",就业困难,水资源紧张,等等。

其实,我们城市化质量不高主要的问题在于有"水分",不是实实在在的城市化,名义城市化和实际城市化的差距很大。例如,2011年中国城市化率是51.3%,而城镇户籍人口占全国人口的比例只有约34%。这意味着有17%的生活在城镇里的人没有城镇户口,不享有市民待遇,被边缘化了。他们建设同一城市,生活在同一个城市,却没有同样地分享这个城市发展带来的成果。

我们城市化进程中最为特别、也特别壮观的现象是大规模的人口流动。根据定义,流动人口是离开户籍所在地半年以上,在异乡工作或者生活的人口。历次人口普查资料表明,1982年我国流动人口的数量还不多,仅有657万人。后来,以1984年国务院《关于农民进入集镇落户问题的通知》和1985年《公安部关于城镇暂住人口管理的暂行规定》为转折点,流动人口一浪高过一浪地流向城市:1987年流动人口猛增到1810万人;1993年达到7000万人;2000年1.2亿人;2003年1.4

---

① 对于城市化,还有一种普遍的提法是城镇化。这两个概念是相通的,在本报告中,我们把城市化定义为城镇人口占全部人口的比重以及相关的变化,而城镇化则包含更广泛的内涵,包括人口的城市化以及中小城镇的发展。

亿人；2009年2.11亿人；2011年，全国流动人口达到2.3亿人，占总人口的17%，每6名中国人中就有1人是流动人口。中国进入了流动时代。这2.3亿人（相当于整个美国的城市人口）在中国的土地上流来流去，比英国、德国和法国三个国家的全部人口加在一起还要多。大量的人口流入城镇，流动人口与户籍人口之比迅速提高。根据第六次人口普查资料，2010年，全国流动人口（不含市区内人户分离）2.2亿，流动人口已占城镇户籍人口的1/3，换句话说，流动人口对户籍人口的比率是1∶2。例如，北京市外来人口与本地人口之比为1∶1.8；广州市为1∶1.7；上海市为1∶1.6。部分城市甚至出现流动人口喧宾夺主的现象，例如，东莞市流动人口与本地人口之比为3.3∶1。2012年，深圳实有人口1400万人，流动人口和户籍人口的结构比高达5∶1。所以，从这种意义上，中国的城市化是一种流动的城市化。

造成流动城市化的原因在于我国独特的户籍制度所导致的城乡二元结构。这种户籍在城市捆绑着养老、医保、教育、就业、住房等利益，在农村捆绑着宅基地、承包地、林权、林业用地等利益，而且这种福利是不能随身携带的。西方发达国家没有户籍制度，农民住进城市就自然成为市民；东方一些国家（例如，日本、韩国）有户籍，但一般都是户籍报告制度，人们乔迁新喜以后到警察局报告一下，户口就迁入新地了。外国的户籍没有福利绑定，人们所享受的社会福利是随身携带的。在国外没有我国意义上的流动人口，他们把进城的农村劳动力叫做移民（migrant），也就是在这个意义上，美国人口普查局的官员古德肯特和威斯特认为，"流动人口这个词是中国独有的"[①]。

在中国，流动人口是一个存量的概念。由于没有人口沉淀和消化，流动人口规模不断扩大的趋势非常明显，日积月累，年复一年，流动人口越来越多。我国国情决定了今后流动人口还会继续增长，未来20年，将有3亿农村人口进入城镇。如果还保持目前的户籍制度格局不做改进的话，20年以后，城镇人口中将有一多半是流动人口。这将是一幅什么样的情景。

2亿多的流动人口在漂泊着，总体上具有"就业在城市、户籍在农村，收入低于城市、生活方式社会福利更接近农村"的特点，这对流动人口个人、家庭和政府都带来巨大的挑战。成千上万的进城农民工及其家属很大程度上还处在城镇的边缘状态，人口作为生产要素时可以自由流动，但人流动了，权利和福利却不能同步流动，面临着户籍、医疗、养老、子女入学等一系列问题。这些流动人口在城镇缺乏归属感，具有明显的过客心理；城乡两头都有住处，但城乡两头

---

① 丹尼尔·古德肯特、劳伦·威斯特："中国流动人口：定义、评估以及对中国城市化的含义"，载陈甬军、陈爱民主编：《中国城市化：实证分析与对策研究》，厦门大学出版社，2002年。

都没有家的感觉,缺乏长远打算。人力资源和社会保障部的统计公报显示,截至 2011 年,中国农民工数量达 2.5 亿人,其中外出农民工约 1.6 亿人,其中参加养老保险的人数为 4 140 万,参加医疗保险的人数为 4 641 万,参保率不足 1/5。

流动人口,特别是农民工具有群居性,他们往往以地缘、血缘为纽带工作和生活在一起。有的以工厂为落脚点,有的以城乡结合部为栖息地,形成"河南村"、"湖北村"、"安徽村"等。在有的大城市,万人以上的流动人口聚集区多达数十个甚至上百个。流动人口聚集区内,生活习惯、社会结构、人员交往、社会活动甚至语言都与当地社区存在很大差异,他们工作和生活在同当地人相对隔离的世界中。国家人口和计划生育委员会流动人口服务管理司(2011)利用公共服务、社会保障、经济地位、行为参与和身份认同 5 个维度构建了中国流动人口社会融合指标体系,计算得出 2011 年乡—城流动人口融合绝对综合指数为 31 分,低于城—城流动人口融合绝对综合指数(42 分),远低于本地市民的 68 分。

流动人口人户分离,对传统人口管理模式造成明显冲击,政府治理能力受到挑战。

城市化的"水分"引起了一些研究机构的注意。例如,中国发展研究基金会的《中国发展报告 2010》、中国社会科学院的《中国财政政策报告 2010/2011》和中国人民大学经济研究所的研究报告均认为,中国的城市化是一种"伪城市化"或者"虚假城市化"。近年来,一些比较敏感的学者注意到了城市化质量不高这一问题。例如,韩俊(2012)认为,今后一个时期,我国面临着提高城市化水平和质量的双重任务;邹军(2012)认为城市化不能简单地"一化了之",提高城市化质量已经成为一项严峻而紧迫的任务。

其实,城市化成功与否,不能仅仅以城市数量和城镇人口的增长来判断。相比"数量"的变化,应该更加注重城市化的"质量",即社会公平和协调发展问题。流动人口的"流动"这个词有积极的一面;但还有消极的一面,"流动"也意味着一种不确定、不稳定的状态。国民的流动性过大,社会的稳定性就差;2 亿多人口潮起潮落,流来流去,社会就很难和谐。

今天,我国城市化已经赶上世界的平均水平,在城市化从加速发展步入正常发展阶段的时候,可以腾出手来提升城市化的质量,加快农民工市民化,使流动的农民工沉淀下来,优化人口分布,从而促进城市化的健康、可持续发展。针对城市化快速发展带来的一些次生问题,"十二五"期间,国家把城市化速度确定为每年 0.8%,低于过去 10 年每年 1.5% 的速度,就是要总结城市化过程中存在的困难、问题和偏差,以科学发展观为指导,统筹解决城市化进程中质量不高的问题,推进城市化健康发展。

实际上,传统的城市化道路已经难以为继,形势要求我们必须走"以人为本"、城乡融合发展的新型城市化道路。这种模式是以现代化为发展目标,以人的城市化为核心,以市场运作为主导,以内外需为牵引,以创新要素为驱动,以内涵增长为重点,以适度聚集为原则,城市化、工业化和现代化互动。新型城市化应该是城乡关系良性互动的城市化,是速度、规模适度而且有质量的城市化,是因地制宜的城市化,是资源节约、环境友好的城市化。

加快城市化转型,提升城市化的质量,重点和难点在于解决流动人口的主力军——2亿多农民工的市民化,即人的城市化问题。这是城市化最重要的环节,是未来一个时期推进城市化进程的主要任务。坚持"以人为本"的理念,就是要合理引导人口流向,让更多农村富余劳动力就近转移就业,将解决转移人口就业和居住的问题放到突出的位置。要以有稳定就业岗位的农民工和因城市建设征地而失地的农民转变为市民为重点,通过推进农村土地流转,改革户籍制度,放宽中小城市落户条件,把在城镇稳定就业和居住的农民工有序转变为城镇居民,加强对农民工的人文关怀和服务,着力解决农民工在就业服务、社会保障、子女入学、住房租购等方面的实际问题,逐步将城镇基本公共服务覆盖到农民工。只有这样才能实现低成本、高效益的城市化,促进城乡经济、社会、环境全面协调可持续发展。

七、经济增长与能源、环境、可持续发展之间的失衡

随着经济规模的迅速扩张,转变经济增长和发展方式已经成为新时期中国保持持续的经济增长的必然选择。这一方面的讨论,我们很早就开始了。20世纪90年代和21世纪初人们讨论的焦点主要集中在"粗放型"与"集约型"的增长方式,认为中国经济增长主要是依靠劳动和资本等生产要素的投入,是"要素积累型"、"粗放型"的增长方式。因此,转变经济增长方式就是要更多地依靠技术进步和要素生产效率的提高,走"TFP(全要素生产率)增进型"、"集约型"的增长道路。近年来,有两个方面的增长质量问题引起了人们的广泛关注。一方面,在经济高速增长的同时,劳动收入占比和居民收入占比却双双下降,居民收入水平的增幅远远低于GDP的增幅。从这一层面看,转变经济增长方式在于实现"包容性增长"(inclusive growth),公平合理地分享经济增长的成果。另一方面,长期以来中国经济增长呈现出"高投入、高耗能、高污染和低效率"的粗放型特征,特别是21世纪以来,重化工业加速发展,消耗了大量的能源资源并导致严重的环境污染与生态破坏,资源的支撑力和环境的承载力受到极大的威胁与挑战。从这一层面看,转变经济增长方式在于构建资源节约与环境友好的生产方式,实现经济的"绿色增长"。

面临日趋严峻的资源与环境约束,在政策层面上已经把建设资源节约型、环境友好型社会作为加快转变经济发展方式的重要着力点。围绕"绿色增长"这一主题,学界也展开了广泛的讨论,并产生了丰富的成果。张卓元(2005,2007)指出中国经济增长的硬约束在于能源环境,应通过节能减排促进经济增长方式转变,提高经济增长的质量和效益。而经济增长方式面临的资源瓶颈根源在于中国现行的财政、价格等体制刺激外延式经济扩张,鼓励资源的低效利用和浪费;解决方式在于财税改革和价格改革,并推进其他方面改革,形成促进经济增长方式转变的合力。王小鲁(2000)、吴敬琏(2005)、贾彧(2006)和王一鸣(2007)等也都认为传统的经济增长方式的根源在于现行经济体制,转变经济增长方式的根本在于企业产权制度、生产要素产权制度以及环境资源产权制度的创新和变革。刘国光和李京文(2001)指出产业结构升级能够推动经济增长方式从粗放型向集约型转变。林毅夫和苏剑(2007)从企业微观行为选择的角度提出要进行要素价格体系和其他方面的改革,使资源配置最优化。

总体上看,已有的研究已经就如下几个方面取得了共识:(1)现有的经济增长方式是一种高耗能、高污染的粗放型增长方式,是不可为继的,要求加快转变经济增长方式,实现"绿色增长";(2)现有的增长方式与中国特殊的发展阶段、产业结构、技术水平和制度效率等密切相关,而根本原因在于体制,特别是要素定价机制和价格体系;(3)实现绿色增长要求从根本上进行体制改革与创新,调整产业结构,提高技术水平和制度效率,最终建立资源节约与环境友好的生产方式。当然,对于"绿色增长",现有文献更多地停留在定性分析,我们将在此基础上进行深入分析,以期在两个方面推进这一领域的研究进展:(1)从能源环境视角定量地描述中国现有的增长方式;(2)具体考察中国现有的能源环境定价机制与价格体系,分析其如何阻碍绿色增长的实现。

(一)当前经济增长与能源、环境发展上的失衡

2002年以来,中国经济进入新一轮的增长周期。区别于此前的经济增长,此轮经济增长的一个主要特征是重化工业快速发展带动整个国民经济高速增长。由此,在经济高速增长的同时,消耗了大量的能源资源,并导致了严重的环境污染。进入21世纪以来,中国能源消费一直呈上升趋势,尤其是自2002年以来增长加快。自2002年到2008年间能源消费增长率一直保持在8%以上,最高达到了16%,一度超过GDP增长率。直至2008年以后受全球金融危机的影响,能源消费速度才有所下降。此外,伴随巨量的能源消费,相应而生的排放物和废弃物也对环境造成了巨大的压力,对生态环境造成严重威胁,进而影响人民生活质量和社会的可持续发展。2000年到2006年短短六年间二氧化碳排放量已经翻了一番,从30亿吨左右上升到60亿吨多(参见图2.1)。在过去10年

中二氧化碳排放量的增幅甚至超过了能源消费量的增幅。中国已经成为世界第一的碳排放大国,不仅直接影响气候环境,还导致在国际上受到指责和种种限制。

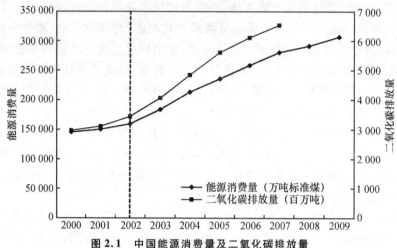

图 2.1　中国能源消费量及二氧化碳排放量

大量的能源消耗和环境污染物排放反映了生产领域能源环境效率的低下。2009 年中国能耗强度仍停留在高位,是德国的 5 倍多,接近日本的 5 倍左右,是美国的 3 倍。另外,中国的碳排放强度在世界一直处于前列,不仅远高于发达国家,也高于世界平均水平和印度等发展中国家。2009 年中国的碳排放强度是美国的 5 倍左右,德国的 8 倍多,日本的 9 倍左右(如图 2.2 所示)。

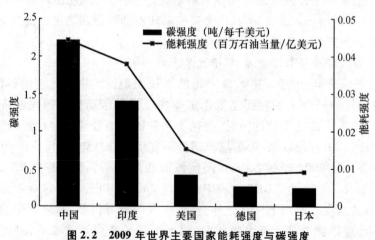

图 2.2　2009 年世界主要国家能耗强度与碳强度

较高的能耗强度与碳排放强度说明了中国在创造 GDP 的过程中对能源的依

赖程度和对环境的污染程度较高,是一种"非绿色"的增长方式。为了量化衡量中国经济增长的绿色程度,我们可以把能源消费量和污染物的排放量作为投入,把 GDP 作为产出,运用数据包络方法(DEA)构建一个"GDP 绿色指数"①。综合衡量一个地区的能源、环境效率或者能耗强度与环境污染物的排放强度。我们用 x_1 和 x_2 代表能源的消耗量和环境污染物的排放量,y 代表地区生产总值,用 SS' 曲线代表生产单位地区生产总值所需能源和污染物排放的最少量的组合。如图 2.3 所示,SS' 曲线代表了最优的能源、环境效率,即最低的能耗强度与排放强度。类似于技术效率前沿,我们可以将其定义为"绿色前沿"(green frontier)。如果一个地区生产单位 GDP 所消耗的能源和所产生的环境污染物排放量组合在绿色前沿 SS' 曲线右侧,比如说 B 点,则说明该地区经济增长的绿色程度较低,因为与绿色前沿相比,该地区生产单位 GDP 所需要消耗的能源和所产生的环境污染物从 A 点增加到 B 点。这样,OA/OB 的值就可以衡量一个地区经济增长的绿色程度,我们将其定义为"绿色指数"(green index,GI)。GI 的取值范围在 0 和 1 之间,如果一个地区的生产处于绿色前沿,则该地区经济增长的绿色指数为 1;而一个地区的生产离绿色前沿越远,则该地区经济增长的绿色指数就越低。由此所构建的"GDP 绿色指数"综合衡量了一个地区的能源、环境效率或者能耗强度与环境污染物的排放强度。

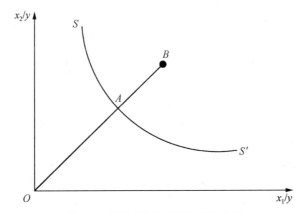

图 2.3　绿色前沿与 GDP 绿色指数

具体地,我们采用国际能源署(IEA)提供的 2007 年的世界发展指数中 GDP、能源消费量和二氧化碳排放量的数据,去除一些数据不全的国家和地区,选择 130 个国家和地区作为决策单元来估计绿色前沿并测算经济增长的绿色指数(参见表 2.10)。

---

①　参见北京大学中国国民经济核算与经济增长研究中心:《中国经济增长报告 2012——宏观调控与体制创新》,北京大学出版社,2012 年。

表 2.10　2007 年世界各国(或地区)GDP 绿色指数

国家/地区	绿色指数	国家/地区	绿色指数	国家/地区	绿色指数	国家/地区	绿色指数
爱尔兰	1	土耳其	0.374	立陶宛	0.25	沙特阿拉伯	0.151
瑞士	1	赞比亚	0.371	危地马拉	0.244	马其顿	0.15
丹麦	0.919	克罗地亚	0.369	坦桑尼亚	0.244	约旦	0.142
中国香港	0.836	拉脱维亚	0.364	塞内加尔	0.236	泰国	0.138
挪威	0.835	黎巴嫩	0.362	厄瓜多尔	0.234	玻利维亚	0.134
瑞典	0.822	民主刚果	0.359	突尼斯	0.234	印度尼西亚	0.133
英国	0.775	博茨瓦纳	0.358	利比亚	0.233	贝宁	0.125
冰岛	0.764	苏丹	0.353	阿拉伯联合酋长国	0.233	巴林	0.123
卢森堡	0.706	美国	0.35	斯里兰卡	0.23	南非	0.123
意大利	0.687	古巴	0.347	捷克共和国	0.221	保加利亚	0.122
奥地利	0.657	巴西	0.343	爱沙尼亚	0.22	印度	0.121
法国	0.611	墨西哥	0.338	加纳	0.22	叙利亚	0.119
希腊	0.592	纳米比亚	0.336	海地	0.218	俄罗斯联邦	0.113
德国	0.583	安哥拉	0.322	阿尔及利亚	0.213	埃及	0.112
西班牙	0.583	智利	0.313	肯尼亚	0.212	尼加拉瓜	0.107
荷兰	0.568	哥斯达黎加	0.312	菲律宾	0.212	中国内地	0.103
葡萄牙	0.538	加拿大	0.307	厄立特里亚	0.208	伊拉克	0.101
新加坡	0.523	匈牙利	0.304	委内瑞拉	0.207	巴基斯坦	0.1
塞浦路斯	0.517	摩洛哥	0.303	阿根廷	0.206	白俄罗斯	0.094
马耳他	0.502	多米尼加	0.3	卡塔尔	0.198	哈萨克斯坦	0.091
加蓬	0.498	阿尔巴尼亚	0.294	亚美尼亚	0.191	伊朗	0.086
日本	0.495	喀麦隆	0.294	格鲁吉亚	0.18	塔吉克斯坦	0.083
新西兰	0.487	斯洛伐克	0.277	也门共和国	0.173	摩尔多瓦	0.082
比利时	0.474	韩国	0.276	柬埔寨	0.17	越南	0.074
刚果	0.46	科特迪瓦	0.271	阿曼	0.166	吉尔吉斯	0.073
以色列	0.445	莫桑比克	0.27	多哥	0.166	蒙古	0.073
乌拉圭	0.444	萨尔瓦多	0.266	阿塞拜疆	0.159	特立尼达和多巴哥	0.065
秘鲁	0.441	科威特	0.263	波黑共和国	0.157	乌克兰	0.061
哥伦比亚	0.412	尼泊尔	0.263	马来西亚	0.156	津巴布韦	0.046
巴拿马	0.407	巴拉圭	0.259	洪都拉斯	0.154	土库曼斯坦	0.04
澳大利亚	0.398	埃塞俄比亚	0.258	孟加拉国	0.153	乌兹别克斯坦	0.027
芬兰	0.396	波兰	0.253	尼日利亚	0.152		
斯洛文尼亚	0.379	罗马尼亚	0.251	牙买加	0.151	平均	0.306

从表 2.10 中可以看到,2007 年经济增长绿色指数最高的是爱尔兰和瑞士,处于绿色前沿。中国内地 GDP 绿色指数为 0.103,在 130 个国家和地区中排在第 115 位,是世界平均水平的 1/3。

大量的资源消耗与环境污染使得中国经济社会发展过程中的资源支撑力与环境承载力受到日趋严峻的挑战。在资源方面,仍以能源为例。根据 BP 2010 年的统计数据,中国经济可开采的煤炭储量为 1 145 亿吨,石油 21 亿吨,天然气 24 600 亿立方米。而 2010 年国内能源生产快速发展,能源产量创下新高:原煤产量 32.4 亿吨,同比增长 9%;原油产量 2.03 亿吨,首次突破 2 亿吨大关,增幅 7.1% 为近年来最高增速;天然气产量达 967.6 亿立方米,同比增长 13.5%。据此测算,中国煤炭、石油和天然气的储采比分别只有 35、10 和 25,分别只有世界平均水平的 29%、24% 和 42%(如表 2.11、图 2.4 所示)。资源约束给中国经济社会的可持续发展提出了巨大的挑战。特别是石油,如果储量不变,即使保持现有开采规模,也只够再开采 10 年,能源瓶颈已近在眼前。

表 2.11 2010 年中国与世界能源储采比

能源种类	储量	产量	储采比	世界储采比
原煤	1 145 亿吨	32.4 亿吨	35	122
原油	21 亿吨	2.03 亿吨	10	42
天然气	24 600 亿立方米	967.6 亿立方米	25	60

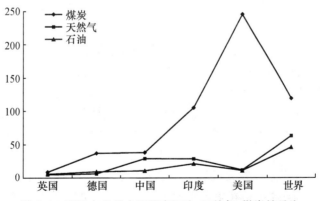

图 2.4 2009 年世界主要国家石油、天然气、煤炭储采比

在环境方面,过去三十多年里快速的经济社会发展也给环境造成了巨大的压力,大量有害气体、废水、废弃物的排放导致中国空气、水质、土壤的严重污染,生态问题突出,人民的生存环境颇为恶劣。从环保部公布的数据可知,中国空气质量不甚理想,尤其是重化工业集中及人口密集的城市,如北京、唐山等。水质下降

直接影响了人民群众的安全用水,全国达到一类标准的流域仅占全部河长的4.6%,而劣 V 类水质占到总河长的近 20%。中国 1/4 的居民没有清洁的饮用水,1/3 的城市居民不得不呼吸污浊的空气,大量人口暴露在低质量的大气、水体和土壤环境中。近几年中国愈发严重的环境污染及生态破坏已经给人民生命财产和经济社会发展造成重大损失,不仅影响到经济进一步增长,而且威胁到人民生存。

(二) 能源环境定价机制与经济增长方式转变

中国高速的经济增长在很大程度上是以大量消耗能源资源和严重污染环境为代价的。那么,是什么原因导致这种"不绿色"的增长方式?如何才能从根本上转变经济增长方式,实现经济的"绿色增长"?

一个国家或者地区采用什么样的生产方式直接取决于该经济体的要素价格体系。一个劳动力价格相对便宜而资本价格昂贵的地区通常会采用劳动密集型、资本节约型的生产方式;一个资本价格相对便宜而劳动力价格昂贵的地区通常会采用资本密集型、劳动节约型的生产方式。同样地,如果一个国家或地区资源使用和环境污染的成本较低,则其经济增长方式通常都会体现出高耗能、高污染的特征,即能源环境的综合效率较低。中国为快速推进工业化、现代化,长期实行廉价能源环境政策。在计划经济时代,实行多年不变的单一价格形式,价格不受供求关系影响。改革开放以来,能源、环境定价方式改革严重滞后,使得能源环境价格严重偏离真实价值,无法有效反映能源稀缺性和环境污染的社会成本,直接导致对能源、环境的过度消费和低效利用,造成了严重的资源环境问题。

先看能源定价机制与价格体系(参见表 2.12)。改革开放以来,国家对传统计划经济体制下的单一价格进行了多次调整与改革,但总体上能源价格改革仍相对滞后,能源价格主要仍由政府制定,存在不同程度的扭曲,无法如实地反映资源的稀缺程度和市场供求关系的变化。煤炭方面,1993 年国家在煤炭领域进行市场化改革,放开煤炭价格,但与此同时保留了电煤的计划价格,形成"市场煤"与电煤的价格双轨制。近年来,政府曾试图放开电煤价格,但由于煤炭价格在强劲需求的带动下不断上涨,为了维持电价的稳定,电煤的合同价格实际上仍由政府主管部门最终确定。当前,电煤价格比市场价格平均低 200 元/吨左右,不仅引发了一系列市场秩序混乱,还容易导致煤炭资源的过度消耗。石油方面,由于中国的石油对外依存度较高,原油价格在很大程度上取决于国际市场价格。在成品油的定价方面,以布伦特、迪拜和米纳斯三地原油价格为基准平均值,再加上炼油成本和适当的利润空间以及国内关税、成品油流通费等,共同形成国内成品油零售基准价。国际市场原油连续 22 个工作日移动平均价格变化超过 4% 时,可相应调整国内成品油价格。这一成品油定价机制有助于根据市场供求关系的变化调整价格,不过,在实际的执行过程中,这一机制并没有得到完全的执行。另外,国际上通常都是根据原油价格的变化及时地调整成品油的市场价格,而中国22个工作日的滞后期导致周期性的价格扭曲和供需缺口,"油荒"时有发生。天然气方面,国产气的出厂价格、管道运输价格和终端销售价格都由政府部门制定,从当前的价格水平看,中国陆上天然气出厂价在1.17元/立方米左右,仅为同热值燃料油价格的30%—40%。而中国进口天然气价格较高,即使在2010年6月1日国产气出厂价调整后,现在不论进口管道气还是进口LNG,气价仍然比国产气价格高1—2倍。天然气价格受政府控制,使得价格既无法及时反映出国际天然气市场供需变化,又没有与可替代能源的市场价格挂钩,更不能体现出天然气的热值、环保、便利等社会经济优势。电力方面的价格扭曲是最为严重的。近年来煤炭价格不断上涨,但电价调整却严重滞后,政府试图通过控制电煤价格来稳定电价,但在实际操作上存在较大的困难,电厂的燃料成本大幅度上涨,而煤电价格联动机制并没有得到很好的实施。低电价政策加快了电力消费的增长速度,电力供需缺口长期存在,甚至演化为2011年的"淡季电荒"。

表2.12　主要能源品种的定价机制

能源品种	定价机制
煤炭	1. 重点电厂的电煤执行年度合同价格,主要由政府确定; 2. 重点合同电煤之外的煤炭价格由市场决定。
石油	1. 原油价格由企业参照国际市场价格自主确定; 2. 成品油批发价格由政府参照国际原油价格变化和炼油成本设定价格上限; 3. 成品油零售价格由政府参照批发价格和流通费等设定价格上限。
天然气	1. 国产气出厂价及管道运输价格均由政府根据成本加成原则制定; 2. 天然气配售价格由省级价格主管部门制定; 3. 进口天然气价格由市场决定,政府补贴。
电力	1. 上网电价由政府主管部门根据成本加成的原则制定; 2. 销售价格由政府制定,销售价格与上网电价的差额构成输配价格。

再看环境定价机制与价格体系(参见表2.13)。环境问题主要涉及外部性,环境污染的成本由全社会一起承担,构成社会成本,而收益则由污染者独享,这会导致过度污染,即污染的边际收益小于边际成本。解决环境过度污染问题要求把外部成本内部化,使人们拥有保护环境、减少污染的内在激励,实现最优的环境污染水平。理论上,解决社会成本问题主要包括两种方式:一是对排污者征收"庇古税",用税收来弥补排污者生产的私人成本和社会成本之间的差距,使两者相等;二是由新制度经济学家科斯所提出的排污权交易,即以污染物总量控制为前提,界定并分配排污权,排污权在交易市场可以自由买卖,企业自主决定污染治理程度。从具体实践看,西方发达国家利用税收政策来加强环境保护始于20世纪70

年代,直接环境税税种主要根据环境污染物的排放种类来确定。实践表明利用税收手段治理环境已经取得了明显的效果,环境污染得到有效控制。在排污权交易制度方面,美国国家环保局(EPA)首先运用排污权交易来控制二氧化硫和氮氧化物的排放总量,以治理酸雨和烟雾问题,取得良好效果。德国、英国、澳大利亚等国家相继实行了排污权交易的实践。

表 2.13 直接环境税体系

税种	具体征收情况
废气和大气污染税	1. 美国、德国、日本、挪威、荷兰、瑞典、法国等国征收二氧化硫税; 2. 芬兰于 1990 年率先开征碳税。
废水和水污染税	1. 德国 1981 年开征水污染税; 2. 荷兰按每人每年排入水域的污染物数量征收水污染排放费。
固定废物税	1. 固定废物税包括一次性餐具税、饮料容器税、旧轮胎税、润滑油税等; 2. 意大利 1984 年对全民开征废物垃圾处置税作为地方政府处置废物垃圾的资金来源。
噪音污染和噪音税	1. 对服务的终端用户征收,如美国规定对使用洛杉矶等机场的每位旅客和每吨货物征收 1 美元的治理噪音税; 2. 根据噪音排放量对排放单位征收,如日本、荷兰的机场噪音税就是按飞机着陆次数对航空公司征收。

在中国,控制污染物排放的主要经济手段是"排污费制度"[①],根据"污染者付费"的原则,直接向排放污染物的单位和个体工商户征收排污费。种类有污水排污费、废气排污费、固体废物及危险废物排污费、噪声超标排污费、放射性污染费五大类 113 种;其征收依据是排污者排放的污染物种类和数量见表 2.14。排污费的征收在本质上就是一种庇古税,对于减少各种污染物排放量具有积极的作用。但是由于征收标准低且征收基数存在测量上的困难,当前的排污费制度无法有效治理中国的环境问题,不利于环境友好型社会的构建。以二氧化硫减排为例,"十一五"期间中国二氧化硫排放总量减少 14%,主要是因为 80% 的燃煤电厂安装了烟气脱硫设备和关停 7 000 多万小火电机组等措施。但是,这些都不是企业为了节约排污费而自主选择的,而是通过行政手段强制实施的,结果导致脱硫设施无法稳定运行,燃煤电厂对烟气在线监测数据造假、时开时停甚至"上面"来检查才运行的现象并不鲜见,最终影响减排效果。

---

① 2003 年 1 月,国务院颁布了《排污费征收使用管理条例》(国务院令第 369 号),并于当年在全国实施。这是中国排污收费制度逐步完善的标志,是排污收费的政策体系、收费标准、使用、管理方式的一次重大改革和完善。

表 2.14 中国排污费体系

种类	征收办法
污水排污费	1. 按照污染物排放种类和数量计征污水排污费,每一污染当量征收 0.7 元; 2. 超过水污染物排放标准的加倍征费。
废气排污费	1. 每一污染当量征收标准为 0.6 元; 2. 对机动车、飞机、船舶等流动污染源暂不征收废气排污费。
固体废物及危险废物排污费	一次性征收固体废物排污费,每吨固体废物的征收标准为:冶炼渣 25 元、粉煤灰 30 元、炉渣 25 元、煤矸石 5 元、尾矿 15 元、其他渣(含半固态、液态废物)25 元。
噪声超标排污费	1. 按照超标的分贝数征收噪声超标排污费; 2. 对机动车、飞机、船舶等流动污染源暂不征收噪声超标排污费。

中国经济在高速增长的同时消耗了大量的能源资源并对生态环境造成了严重的破坏,这种"不绿色"的经济增长方式引起社会各界日益广泛的关注和担忧。面临日益严峻的能源环境约束,转变现有的经济增长方式,提高能源环境利用效率,实现经济的绿色增长已是迫在眉睫。

现有的高耗能、高污染的增长方式从根本上是由当前的能源定价机制和能源价格体系决定的。能源市场化改革滞后,政府在成本加成定价原则下确定的能源价格体系不能如实地反映能源资源的稀缺程度和市场供求关系,企业在现有的能源价格体系下缺乏构建能源节约型生产方式、提高能源利用效率的激励。此外,环境排污收费制度不够完善,无法有效地将环境污染的外部成本内部化;而主要通过行政手段和工程手段而不是通过税收或者排污权交易等经济手段促使企业自主减排的做法,也不利于形成保护环境的长效机制。因此,从能源环境视角看,转变经济增长方式从根本上要求改革现有的能源环境定价机制,改变现有的扭曲的能源环境价格体系。

(1) 取消重点电煤合同,破除煤炭价格双轨制。重点电煤实行由政府指导的年度合同价格的目的是维持电力价格的稳定性。但是重点电煤与市场煤的价格双轨制造成了煤炭价格的扭曲,是煤炭市场秩序混乱、煤电矛盾的根源所在。人为压低电煤价格会导致电煤和电力过度消费,不利于节能减排。煤炭在中国一次能源消费中占 70% 以上,改变能源定价机制应该首先突破煤炭价格双轨制,实现煤炭价格市场化。

(2) 加快推进电力市场化改革,控制电力消费过快增长。在实现电力市场有效竞争前,建立电价自动调整机制,根据燃料成本、电厂运营成本和资本成本等变化及时地调整电价,使电价能真正反映资源的使用成本。

(3) 进一步改革成品油定价机制。在原油对外依存度持续走高、价格与国际接轨的条件下,应该进一步放开成本油价格,在确保有效竞争的条件下,让企业根据成本和市场需求的变化自主调整成品油的价格水平。

(4) 取消天然气价格控制,逐步提高天然气价格,真实反映天然气的使用成本。天然气的加快发展是中国应对能源环境约束的必然选择,考虑到中国天然气贫乏的资源特征,应该尽快放开天然气价格控制,以更好地利用国外天然气资源。

(5) 积极推进环境税费改革,提高排污费征收率,选择防治任务繁重、技术标准成熟的税目开征环境保护税。另外,在排放总量测量和排污权界定成本较低的情况下,探索排污权交易制度,尽量内部化环境污染的外部成本。

第五节 提高经济增长质量与转变经济发展方式

中国经济正面临着最伟大的历史跨越,这就是经过三十多年的改革开放和经济增长,我们将有可能提前实现改革开放初期的宏观目标,基本上实现现代化,全面建成小康社会,成为一个中等发达国家。党的十八大进一步明确了2020年要力争全面建成小康社会,如果说我们真正实现了这一蓝图,那么从发展趋势看,中国就有可能超越美国,成为世界上经济总量最大的国家;从人均 GNI(或人均GDP)水平看,我们仍然会和欧美高收入水平国家之间有比较大的差距,但是有可能达到世界银行高收入经济体的最低标准(现在是12 000美元左右);人民生活、综合国力和国际地位都会比现在再有一个显著的提高。

如果要通过未来八年的努力来实现这一目标,从经济增长的角度看,无非是要解决两大问题,一是必须持续地保持较高的经济增长率,没有这一点,就谈不上实现"赶超";二是要解决好各种结构矛盾,使经济增长和其他各项发展之间相互促进。几乎没有多少人怀疑我国正处于一个持续高速增长期,但却有相当多的人在质疑我国的这一经济增长能否长期持续;中国是以怎样的发展方式实现中国的现代化,为此将付出怎样的代价;中国是否能够不断地支付起这种发展成本。克鲁格曼等人的研究发现20世纪90年代之前,中国的经济增长之所以高速,主要源于两方面因素,一是要素投入量的不断扩大,而不是要素和全要素效率的提高;二是要素成本低带来的竞争优势,而不是竞争性收益率提高促成的优势。这种低效率、低成本下的量的投入扩张带来的高速增长,不仅难以持续,而且必将导致泡沫经济。[①] 亚洲90年代末的金融危机和此次全球金融危机的形成,说明这一观点是有根据的。中国能否实现可持续增长的关键在于,增长是否真正建立在效率提高的基础上,而效率提高的根本在于创新,包括经济增长和经济发展的制度方式和技术方式等方面的转变。

---

① Paul Krugman, "The Myth of Asia's Miracle", *Foreign Affairs*, 1994, 73(6), pp. 62—78.

近些年来,经济增长质量在我国甚至世界上成为一个重要的研究课题。经济增长本身就是以 GDP(或类似的经济总量)反映的经济规模的数量扩张程度,之所以会讨论它的质量,首先,从实现这种扩张的途径看,也就是要以尽可能低的劳动和资本投入,获得尽可能多的产出,主要依靠技术进步而不是增加投入来实现较快的经济增长。从生产的投入上看,应该使有限的国内外资源和环境不造成未来的发展瓶颈,使我们的经济增长和经济发展具有可持续性;从最终产品的使用看,无论是消费品还是投资品,产品的质量都应该不断提高,消费品要符合国家标准并满足消费者的需求,投资品则应该形成长久的使用功能,而不是在产出不久后就被闲置或浪费(这实际上是虚的 GDP 或经济增长)。这属于狭义的经济增长的概念。其次,经济增长质量还可以从它为社会和经济发展所提供的支持上看,这就是经济增长必须和经济社会的发展相适应,等量的经济增长应该为改善人民生活、增强综合国力、提高社会文明等提供更多的支持,不能仅仅是为增长而增长,这是广义的经济增长概念。① 对于狭义的经济增长质量的研究已经有了很长的历史,关键是要强调技术进步和全要素生产率的提高对经济增长的贡献,只不过在当时没有使用经济增长质量这个概念。而广义的经济增长质量的研究,近年来才活跃起来。② 如果说在改革开放中前期,我们更加重视的是经济增长的数量,那么到了现在,经济增长的质量和效率的提高已经成为新时期我国经济发展中最重要的课题。在改进效率和提高质量的基础上推动中国的经济增长,关键是要实现经济增长和经济发展方式的转变。

第一,要从体制改革中寻求增长的动力和效率,尤其是通过进一步推进市场化进程、优化资源配置提高中国经济的微观效率。我国经济正处在发展模式和体制模式双重转轨过程中,就发展模式的转轨而言,我们正从传统经济向新兴工业化和现代化经济转型。就体制模式的转轨而言,我们也还在从传统体制向市场经济体制转轨。伴随市场化的深入和完善,资本在越来越大的程度上由行政计划体制转入市场竞争体制,竞争效率在不断提高。从要素效率来看,依我国的经验,在改革开放以来的经济增长生产函数中,若引入市场化(非国有化)率指标为变量,实证分析表明,市场化越深入对中国经济增长中的要素效率,特别是资本要素效率的提高作用越显著。正因如此,才使得我国的经济高速增长不仅是增大要素投

---

① 2000 年,作为世界银行千年项目的一个组成部分,温诺·托马斯出版了《增长的质量》一书,对经济增长(尤其是新兴经济体和发展中国家的经济增长)质量问题进行了专门的研究。参见 Vinod Thomas, *The Quality of Growth*, World Bank Publications, 2000。

② 参见国家统计局"中国经济增长质量监测指标体系研究"课题组研究报告:《中国经济增长质量监测指标体系研究》,2012 年。

入量的结果,同时也是要素效率提高的结果。① 在现阶段,进一步推进国有经济的改革,在垄断领域更多地引进民营资本,对改善中国的经济增长质量有积极的意义;从结构效率来看,市场化的深入使资源配置的结构发生了深刻变化,在市场机制的作用下,资源日益从低效率部门转向相对高效率的部门,这种产业结构的演变,对经济增长的效率提升起到了重要作用。在我国20世纪90年代中期之前,这种体制性推动的结构演变产生的效率,甚至超过技术进步对增长效率的贡献。只是进入21世纪以后,在全要素效率内部,市场化进程带来的体制性效应和净技术进步效应的比例关系才发生新的变化,体制性效率的提升趋于稳定,而净技术进步对增长效率的贡献上升速度逐渐加快。这一方面说明随着市场化体制改革速度的平稳,经济增长全要素效率提升越来越依靠技术创新,另一方面也说明,在未来的发展中,大力推进市场化进程,完善竞争秩序,对我国经济增长的要素效率提升有着巨大空间,因为我国毕竟还是一个朝着社会主义市场经济体制目标转轨的经济体,距离完善的市场经济目标尚有很长的路。②

新时期深化市场化的进程,本身也面临一系列新的历史特点。一是改革的重点从商品市场化逐渐转为要素市场化。改革开放到目前,我国商品市场化(包括投资品和消费品)基本实现,绝大部分的商品价格已由市场定价,但我国要素市场化的进程可以说尚处于发育初期,包括劳动、资本、土地等要素市场的发育极其不足,无论是各类要素市场的竞争主体机制(产权制度)还是要素市场的竞争交易机制(价格制度)都还处在构建中,且不同的要素市场发育在总体水平不高的基础上存在着极不均衡的状况。二是改革的难点从构建市场体系逐渐转移至构建市场秩序,或者说从扩张市场作用空间(市场化的数量方面)逐渐转向完善市场秩序(市场化的质量方面),既包括市场竞争的内在秩序(竞争的主体秩序和竞争的交易程序),也包括市场竞争的外在秩序(市场竞争的法制秩序和市场竞争的道德秩序)。如果说市场经济在规模和数量建设方面存在极限,毕竟不可能存在百分之百的市场经济社会,那么市场经济在质量和效率建设上将是一个持续的历史进程。如果我们的市场建设发生了停滞,马上就会出现由于体制改革滞后而带来的各种问题。我国目前存在的资源浪费型产业不能得到有效遏制的问题,部分城市房价上涨过快的问题,事实上都是与市场化不足、市场秩序不完善所密切关联的。所以对我国现阶段的经济发展来说,继续推进市场经济的质量和效率建设具有极为重要的意义,是转变经济增长和经济发展方式的基础。

第二,从产业组织和市场结构的改进中寻求技术创新的能力提升。经济发展

---

① 参见刘伟、李绍荣:"所有制变化与经济增长和要素效率提升",《经济研究》,2001年第1期。
② 参见刘伟、张辉:"中国经济增长中的产业结构变迁和技术进步",《经济研究》,2008年第11期。

史表明,技术创新的主体应当是企业,而不应当是政府,尽管政府在技术创新中有着重要的作用。以企业为行为主体实现创新,运用的经济机制应当主要是市场体制而不是行政计划体制,尽管政府的政策支持不可或缺。这就要努力改进产业组织状况和市场结构,以提高市场竞争推动企业技术创新的能力和效率。产业组织和市场结构处理的根本问题是规模经济和有效竞争的命题,对于技术创新来说,重要的一点便在于合理构建企业规模,同时努力提高竞争的充分性。一般来说,重大的战略性和持续性的技术创新,主要依靠大企业。因为对于大企业,尤其是市场占有率和集中度较高的大企业,不仅有可能投入更多的资源进行创新,而且能将高研发、高投入的风险尽可能广泛地分散,其单位产出均摊的创新风险成本越低,企业承受风险的能力便越强,而技术创新最为关键的恰在于如何化解其中的高风险。中小企业在技术创新中固然不可缺少,但中小企业的技术创新更多地是个别产品创新,工艺创新或局部技术创新,尤其是中小企业在技术创新中虽具有更加灵活的学习和借鉴能力,但总的来说其创新力往往与单一产品的市场生命周期相联系,难以持续。如何构建一个合理的大中小企业的产业组织结构,使企业具有普遍的规模经济,同时又在市场结构上支持企业创新力的提高,是我国经济面临的重要问题。对于我国来说,培育具有创新力的大企业,关键在于如何使国有企业真正具备现代企业制度和行为特征。我国现阶段的国情在于大型和特大型企业,多为国有或国有控股企业,尤以央企为主,因此,如果说重大战略性技术创新的主体应当是大企业,那么在我国便主要是国有企业。而企业作为创新主体所需运用的机制又首先是市场竞争机制,而不是政府行政机制,因此,在我国依靠大企业作为重要的创新主体,便遇到一个特殊的问题,即如何使国有大型和特大型企业真正接受市场规则的硬约束。如此,国有大型和特大型企业的产权制度改革问题、政企分离问题、公司治理问题等,便成为约束企业技术创新力的重要内在制度因素。从外部竞争环境来讲,关键在于如何构建合理有效的市场结构,使国有大企业面临充分有效的市场竞争压力,而不是在垄断条件下,特别是在借助于市场力量和行政双重作用形成的垄断条件下进入。显然,这些问题的处理不仅十分艰难,而且独具中国特殊性,但正是这种独具中国特性的问题的处理,才能为中国经济的技术创新力提升创造条件。

第三,要提高我国的经济增长质量,必须努力改变宏观调控方式,而宏观调控方式的改变,必须与我国市场化进程阶段性特征相适应,通过深化经济体制改革及政府职能的转变来实现。我国市场化进程的重点发生了转移,从市场规模构建转为市场秩序完善;市场化进程的焦点发生了转移,从国有企业改革转为政府职能转变和改革。党的十八大以后,中央政府在改善政府职能方面,首先抓的是简政放权,使新时期的政府职能转变有了一个良好的开端。但从根本上说,推动政府职能的转变尤其是在改善政府为中国特色的社会主义市场经济服务方面，还是要更加深入地进行制度创新。现阶段我国制度创新的关键集中在三大制度创新上，一是财税制度改革，包括公共财政制度的改革和中央与地方、政府与企业的财税结构改革；二是金融制度改革，包括金融市场化和央行独立性的提高；三是土地制度改革，包括土地资源配置方式的改变和农村土地制度的调整等。没有这三方面关键制度的创新，我国现阶段宏观调控方式改变和调控效率的提升，都面临严重的障碍。就实现宏观调控具体的方法而言，依我国现阶段的国情，应当注重强调需求管理与供给管理的统一。总需求管理无论是运用财政政策还是货币政策抑或是汇率政策，其需求效应均具有短期显著性，而供给管理的核心在于降低成本提高效率。在更注重经济增长数量的情况下，货币、财政、汇率政策的供给效应往往容易被忽略。比如，扩张性的财政收入政策（减税）在刺激需求的同时也可以带来降低成本的供给效应；紧缩型货币政策（加息）在紧缩需求的同时，也可能促使企业和项目提高盈利能力和竞争性效率的供给效果；人民币升值，在紧缩出口需求的同时，也会带来进口价格下降进而降低相应成本的供给效应。事实上，宏观政策的供给效应显然长期才能显现，但其作用往往具有根本性。对于我国来说，由于特殊的体制转轨特征和后发优势的存在，在实施供给管理上更具可能和必要。其一，制定和实施较为系统的产业政策，包括产业结构和产业组织政策；其二，制定和实施较为明确的区域结构政策，包括发挥地方政府的积极性和明确区域性增长极；其三，制定和实施持续的技术创新政策，包括技术、产品、制度、市场等多方面的创新；其四，制定和实施人才战略，提高人力资本的比重以提高劳动生产率；其五，制定和实施节能减排、保护环境等降低社会成本和发展成本的长期发展政策；等等。[①] 当然，在实现宏观经济目标的调控方法上协调需求管理与供给管理，必须有相应的体制条件作保障，即必须在深化市场化进程并且不断完善市场机制的基础上，系统地引入政府的需求管理和供给管理，如果没有这一制度前提，总需求管理便成为不可能。同时，总供给管理也极可能演变为计划经济下的政府直接控制经济，因为总供给管理的政策效应相对于总需求管理而言毕竟更直接地作用于企业和劳动者。[②]

第四，要进一步强调在改善民生，扩大内需，使人民生活获得改善的同时，拉动经济增长并改善经济活动中的各种结构失衡。中国所处的经济发展阶段和发达国家存在着相当大的差异，就发展水平看，我们的市场化、工业化和城市化程度远低于发达市场经济国家；就发展活力来看，我国正处于新兴工业化阶段和高速

---

① 参见刘伟、苏剑："供给管理与我国现阶段的宏观调控"，《经济研究》，2007年第2期。
② 参见刘伟、苏剑："供给管理与我国的市场化改革进程"，《北京大学学报》，2007年第5期。

经济增长时期,而大多数发达国家现在已经进入后工业化时期和低增长时期;而就长期发展来看,发达国家普遍存在的是需求不足,而对于中国来说则是供给不足,无论是人民生活水平还是生产能力都需要通过大规模的经济建设来进一步改善。这就在客观上为我们通过改善民生保持中国的强劲经济增长创造了社会基础。在外需的增加受到外部环境的干扰时,我国作为一个有着十三亿人口、幅员辽阔而且已经达到了中等收入水平的大国,能够通过发展内需继续推动强劲经济增长的优越性就体现了出来。这是我们"大国经济"的优势,即可以把发展经济的主动权更多地掌握在自己手里。只要我们能够通过不断的体制创新和科学的宏观调控,改善和解决发展过程中的总量失衡和各种结构失衡,就有可能保持持续的发展。从总体上看,影响到各种失衡的因素可以概括成两大方面:发展的因素和体制的因素。从发展因素看,中国正处于一个迅速的工业化、城市化和现代化进程,在这一进程中,各方面的发展不可能是均衡的,在经济启动初期,我们甚至还采取过各种措施,鼓励这种非均衡发展,但是到了现在这个经济发展阶段(工业化中后期或者说是上中等收入时期),我们要解决的矛盾已经发生了变化,以前是要通过打破均衡实现突破取得高速增长,而现在则要缓解和克服失衡,来保持平稳较快增长;从体制因素看,中国的高速经济增长是在渐进的由计划经济体制向市场经济体制的转轨进程中取得的,经济体制改革以及相应的政治体制改革、社会体制改革等通过对经济和社会活动中各种利益关系的调整,成功地保护和激发了劳动者、生产者和管理者在经济活动中的主动性和创造性,获得了大量的改革红利,从而促使中国经济保持了持续和高速的发展。但在这一过程中,各个方面的利益改善程度是不一样的,在很多情况下,利益甚至是冲突的,如20世纪90年代末的政府机构改革和国有企业改革,就使一些人的利益在短期内受到了较大的影响,但从全局看,这种改革却有利于更大多数人的利益,而从长远看,所有的人都可能因为改革所带来的经济发展受益。从中国现在的情况看,仍然需要通过不断的体制改革和体制创新来推动经济发展,但由于现在的经济发展水平更高,利益关系更加复杂,改革就会受到更大的阻力,这种阻力并不亚于改革开放初期由于一部分人观念陈旧而造成的阻力,在这种情况下,很多改革因为要触动一部分人或利益集团的利益而受到阻力,但是如果不改革,就无法改善各种结构性失衡。因此,在结构调整中,就存在着一个在调整利益关系时的优先顺序以及通过什么样的方式来调整利益关系的问题。在过去三十多年的改革和发展中,我们更加重视经济增长对于增强综合国力以及服务于人民群众的长远利益的作用,从现在的情况看,更应该重视将已经形成的综合国力更好地为人民生活服务,尤其是为提高中低收入居民的生活水平服务,通过全体人民生活的全面小康,带动经济社会发展的全面小康,最终实现全面建成小康社会的目标。

第三章　准确理解中国的收入、消费和投资

目前,我国住户调查中的居民收入和居民消费数据存在一定程度的低估,主要原因是:随着市场经济的发展,住户保护隐私和怕露富的意识日益增强,部分高收入住户配合程度不高、拒绝接受调查,而接受调查的部分住户也存在少报和漏报的现象。事实上,这种现象不仅是我国政府统计面临的一大难题,也是政府统计的世界性难题。同时,我国目前投资统计中的全社会固定资产投资数据存在一定程度的高估,主要原因是:一些地区制定不切实际的投资计划目标,并作为考核指标层层分解;财务资料难以满足按进度计算固定资产投资的需要;建设项目发展迅速、变动频繁,固定资产投资调查和数据核查工作量大而艰巨。

那么,在住户调查中对居民收入和居民消费数据的低估,和在投资统计中对全社会固定资产投资数据的高估,是不是必然会影响到对中国国民可支配收入在居民、企业、政府三者之间的分配结构和最终需求结构等重大经济结构的准确判断呢?

要回答上述问题,我们必须弄清楚以下两个方面的问题:第一,应当用什么指标反映宏观收入分配中的居民可支配收入?应当用什么指标反映居民消费需求和固定资本投资需求?第二,资金流量表中的居民可支配收入与住户调查中的居民可支配收入之间存在什么样的区别?支出法GDP中的居民消费和固定资本形成总额分别与住户调查中的居民消费和投资统计中的全社会固定资产投资之间存在什么样的区别?本章就上述两个方面问题进行详细探讨。

第一节　宏观收入分配中的居民可支配收入、居民消费需求和固定资本投资需求

一、应当用什么指标反映宏观收入分配格局中的居民可支配收入

在中国,宏观收入分配是通过资金流量表来核算的。资金流量表是中国国民经济核算体系的重要组成部分,它是依据国民经济核算国际标准[①]制定出来的,主要用于核算我国的收入分配、储蓄投资、金融资产和负债变动情况。其中,收入分

[①] 国民经济核算国际标准指的是联合国、欧盟委员会、经济合作与发展组织、国际货币基金组织和世界银行共同制定的《国民账户核算体系》,简称SNA,包括1993年版本和2008年版本。

配是资金流量表最重要的核算内容。资金流量表把收入分配区分为初次分配和再分配。初次分配指的是对投入生产活动的生产要素的支付和因从事生产活动向政府交纳的税金及从政府得到的补贴,对生产要素的支付包括劳动者报酬、财产收入和营业盈余,向政府交纳的税金和从政府得到的补贴分别是生产税和生产补贴,初次分配之后形成居民、企业和政府的初次分配收入;再分配指的是经常转移支付,包括所得税、社会保险缴款、社会保险福利、社会补助等,再分配之后形成居民、企业和政府的可支配收入。居民、企业和政府的可支配收入之和就是国民可支配收入①,用公式表示就是:

$$国民可支配收入 = 居民可支配收入 + 企业可支配收入 + 政府可支配收入 \qquad (3.1)$$

所以,资金流量表反映了国民可支配收入是如何在居民、企业和政府之间进行分配,以及通过这种分配所形成的三者之间的分配关系,因而它反映了宏观收入分配的基本格局。因此,资金流量表中的居民可支配收入才是反映宏观收入分配中居民可支配收入的正确指标。

二、应当用什么指标反映居民消费需求和固定资本投资需求

国际上通用的全面反映最终需求的指标是支出法 GDP:

$$\begin{aligned}支出法\ GDP &= 最终消费 + 资本形成总额 + 货物和服务净出口\\ &= (居民消费 + 政府消费) + (固定资本形成总额 + 存货增加)\\ &\quad + (货物和服务出口 - 货物和服务进口)\end{aligned} \qquad (3.2)$$

因此,反映消费需求的指标就是支出法 GDP 中的最终消费,包括居民消费和政府消费;反映投资需求的指标就是支出法 GDP 中的资本形成总额,包括固定资本形成总额和存货增加;反映净出口需求的指标就是支出法 GDP 中的货物和服务净出口,等于货物和服务出口减去货物和服务进口。进而,反映居民消费需求的指标就是支出法 GDP 中的居民消费,反映固定资本投资需求的指标就是支出法 GDP 中的固定资本形成总额。

第二节 资金流量表中的居民可支配收入与住户调查中的居民可支配收入之间的区别

一、资金流量表中的居民可支配收入

公式(3.1)中的居民可支配收入、企业可支配收入和政府可支配收入的具体

---

① 在资金流量表中,居民、企业、政府的可支配收入和国民可支配收入都包括可支配总收入和可支配净收入,两者之间的差别在于前者包括固定资产折旧,后者不包括固定资产折旧。本文中涉及的所有可支配收入均指的是可支配净收入。

收入来源项目有所不同,其中居民可支配收入的具体收入来源项目可用公式表示如下:

居民可支配收入 = 劳动者报酬 + 营业盈余 + (应收财产收入 - 应付财产收入)
　　　　　　　 + (经常转移收入 - 经常转移支出)
　　　　　　　= 劳动者报酬 + 营业盈余 + 财产净收入 + 经常转移净收入

(3.3)

公式(3.3)中的前三项,即劳动者报酬、营业盈余和财产净收入之和是居民初次分配收入。其中,劳动者报酬指的是居民在生产活动中投入劳动所获得的全部报酬,既包括货币形式的,也包括实物形式的,其中包括单位交纳的社会保险缴款、住房公积金,还包括行政事业单位职工的离退休金及其所享受的公费医疗和医药费。单位交纳的社会保险缴款即单位按照国家法律规定为其职工能够得到未来的社会保险福利而向社会保险机构交纳的社会保险金,包括基本养老保险、医疗保险、失业保险、工伤保险、生育保险等。劳动者报酬还包括个体经营户的业主及其家庭成员投入劳动应得的报酬和农户户主及其家庭成员投入劳动应得的报酬与农户创造的利润。营业盈余指的是个体经营户(不包括农户,下同)[①]所创造的利润。实际上,个体经营户的业主及其家庭成员投入劳动应得的报酬与个体经营户创造的利润是难以分开的,国内生产总值核算依据经济普查资料计算的每一行业相近规模企业的收入法增加值有关构成项目的比重,对两者进行了划分[②],把个体经营户的业主及其家庭成员投入劳动应得的报酬部分计入劳动者报酬,把个体经营户创造的利润部分计入营业盈余。资金流量表采用了国内生产总值核算的相应处理方法和数据。农户户主及其家庭成员投入劳动应得的报酬与农户创造的利润同样难以分开,考虑到农户经营规模比较小,劳动生产率比较低,利润率比较低,将农户的这两部分收入全部作为劳动报酬处理。[③] 营业盈余还包括农户得到的农业生产补贴[④],包括粮食直接补贴、良种补贴、农机具购置补贴、生产资料购买补贴、养殖业补贴等。居民的应收财产收入主要指的是居民拥有存款应获得的存款利息,居民拥有债券应获得的债券利息,居民拥有公司股票应获得的红利等;居民的应付财产收入主要指的是居民使用贷款支付的利息。居民的经常转移收入指的是社会保险福利、社会补助、非寿险索赔等;居民的经常转移支出指的是所

[①] 第二次全国经济普查规定,个体经营户不包括农户。参见国家统计局、国务院第二次全国经济普查领导小组办公室:《第二次全国经济普查方案》,2008 年,第 238 页。
[②] 国家统计局国民经济核算司:《中国第二次经济普查年度国内生产总值核算方法》,2011 年,第 5 页。
[③] 同上书,第 13 页。
[④] 这是因为在国内生产总值核算和资金流量表中,农业生产补贴是作为负的农业生产税处理的,从而冲减农业生产税,增加营业盈余。

得税、社会保险缴款、非寿险净保费支出[①]等。其中的社会保险缴款包括单位代职工交纳的社会保险缴款和居民个人交纳的社会保险缴款,单位代职工交纳的社会保险缴款在初次分配中首先表现为劳动者报酬的一部分,在再分配中表现为经常转移支出的一部分;社会保险福利是社会保险机构按照国家的法律规定向交纳社会保险缴款的个人支付的社会保险金;社会补助是国家财政用于抚恤、生活补助、社会救济等方面的支出。

二、住户调查中的农村居民人均纯收入和城镇居民人均可支配收入

长期以来,受城乡二元结构的制约,我国的城乡住户调查是分开进行的。反映农村居民收入的指标是农村居民人均纯收入,反映城镇居民收入的指标是城镇居民人均可支配收入。那么,农村居民人均纯收入和城镇居民人均可支配收入是怎么确定的呢?两者之间存在什么样的区别呢?这是我们讨论资金流量表中的居民可支配收入与住户调查中的居民可支配收入之间区别的基础。

农村居民人均纯收入和城镇居民人均可支配收入是分别利用农村住户收支调查和城镇住户现金收支调查资料计算出来的。我国的农村住户收支调查是在全国31个省区市采取分层随机抽样方法抽取896个县的7.4万户农户,通过记账方式收集家庭现金收支、实物收支及家庭经营情况等资料。城镇住户现金收支调查是在31个省区市采取分层随机抽样方法抽取476个市、县的6.6万户城镇住户,通过记账方式,收集家庭现金收支、购房建房支出情况等资料。调查的原始数据由市县级国家调查队审核录入后直接上报,由国家统计局直接汇总推算出全国和分省区市的收支数据。

农村居民人均纯收入的计算方法是:先计算农村调查户的家庭总收入,然后计算农村调查户的家庭纯收入,再计算农村居民人均纯收入。

$$农村调查户家庭总收入 = 工资性收入 + 经营性收入 \\ + 财产性收入 + 转移性收入[②] \quad (3.4)$$

$$农村调查户家庭纯收入 = 农村调查户家庭总收入 - 家庭经营费用支出 \\ - 税费支出 - 生产性固定资产折旧 \\ - 赠送农村内部亲友支出[③] \quad (3.5)$$

根据上述两个公式,可以整理出以下公式:

农村调查户家庭纯收入 = 工资性收入 + (经营性收入 - 家庭经营费用支出

---

① 按照2008年SNA的定义,非寿险保费净支出等于投保人为在核算期内获得保险而应支付的实际保费,加上属于投保人的财产收入中应付的追加保费,减去应付给保险公司的服务费,见联合国、欧盟委员会、经济合作与发展组织、国际货币基金组织和世界银行,"System of National Accounts",2008,第8章第117段。
② 国家统计局:《农村住户调查方案(2011年统计年报和2012年定期报表)》,2011年,第30页。
③ 同上注,第31页。

$$-税费支出-生产性固定资产折旧)+财产性收入$$
$$+(转移性收入-赠送农村内部亲友支出)$$
$$=工资性收入+经营性净收入+财产性收入$$
$$+(转移性收入-赠送农村内部亲友支出) \quad (3.6)$$

农村居民人均纯收入=农村调查户家庭纯收入/农村调查户常住人口[①]
$$(3.7)$$

城镇居民人均可支配收入的计算方法是:先计算城镇调查户的家庭总收入,然后计算城镇调查户的家庭可支配收入,再计算城镇居民人均可支配收入。

$$城镇调查户家庭总收入=工资性收入+经营性净收入$$
$$+财产性收入+转移性收入[②] \quad (3.8)$$

$$城镇调查户家庭可支配收入=城镇调查户家庭总收入-交纳个人所得税$$
$$-个人交纳的社会保障支出[③] \quad (3.9)$$

其中,个人交纳的社会保障支出包括个人交纳的养老保险、医疗保险、失业保险、住房公积金等。

根据公式(3.8)、(3.9),可以整理出以下公式:

$$城镇调查户家庭可支配收入=工资性收入+经营性净收入$$
$$+财产性收入+(转移性收入-交纳个人所得税$$
$$-个人交纳的社会保障支出) \quad (3.10)$$

城镇居民人均可支配收入

$$=\frac{\sum(城镇调查户家庭可支配收入\times调查户权数)}{\sum(城镇调查户家庭人口数\times调查户权数)}[④] \quad (3.11)$$

可见,农村调查户家庭纯收入和城镇调查户家庭可支配收入都由四个项目组成,其中前三个项目,即工资性收入、经营性净收入和财产性收入是一样的,最后一个项目有所不同,前者是转移性收入扣除赠送农村内部亲友支出,后者是转移性收入扣除交纳个人所得税和个人交纳的社会保障支出。赠送农村内部亲友支出和交纳个人所得税、个人交纳的社会保障支出,除了个人交纳的社会保障支出中包括的住房公积金外都是转移性支出,但都没有包括转移性支出的全部。因此,农村调查户家庭纯收入与城镇调查户家庭可支配收入关于转移性支出的扣除是不一致的,也都是不完整的。同时,城镇调查户家庭可支配收入中扣除的个人

---

① 国家统计局:《中国主要统计指标解释》,中国统计出版社,2010年,第373页。
② 国家统计局:《城镇住户调查方案(2011年统计年报和2012年定期报表)》,2011年,第29页。
③ 同上注,公式中的记账补贴因对非记账户没有意义,此处忽略。
④ 国家统计局:《中国主要统计指标解释》,中国统计出版社,2010年,第386页。

交纳的住房公积金不属于转移性支出。

需要特别指出的是,农村居民人均纯收入是利用农村住户收支调查资料计算出来的,其中的收入项目既包括现金收入,也包括实物收入,例如农村居民自己生产自己消费的农林牧渔业产品收入;城镇居民人均可支配收入是利用城镇住户现金收支调查资料计算出来的,其中的收入项目只包括现金收入,不包括实物收入,例如城镇居民以实物报酬和实物转移的形式获得的收入及城镇居民自己生产、自己消费的农副产品收入。因此,实际上,农村调查户家庭纯收入的四个构成项目与城镇调查户家庭可支配收入的四个对应项目在口径范围上都存在不一致性。这种不一致性直接影响到农村居民人均纯收入和城镇居民人均可支配收入,造成两个指标口径范围上的差异。

三、资金流量表中的居民可支配收入与住户调查中的居民可支配收入之间的区别

既然农村居民人均纯收入和城镇居民人均可支配收入这两项指标在口径范围上存在差异,两者是不能相加的,因而不能由此直接推算全国居民可支配收入。但是,部分研究人员通过农村居民人均纯收入乘以农村常住人口,加上城镇居民人均可支配收入乘以城镇常住人口,得出全国居民可支配收入。我们认为,这种计算方法是不可取的,国家统计局从来没有利用这种方法计算全国居民的可支配收入。究其原因,除了上面讨论的农村居民人均纯收入与城镇居民人均可支配收入在口径范围上存在差异,从而两者之间存在不可加性外,住户调查中的农村居民人均纯收入和城镇居民人均可支配收入与反映宏观收入分配局中居民可支配收入的正确指标,即资金流量表中的居民可支配收入还存在多方面的区别。

为了简便起见,除在必要的地方外,下面忽略住户调查中的农村居民人均纯收入与城镇居民人均可支配收入之间的区别,并且暂且忽略"人均"概念,以此来讨论资金流量表中的居民可支配收入与住户调查中的居民可支配收入之间的区别。

1. 基本用途的区别

资金流量表中的居民可支配收入与住户调查中的居民可支配收入的基本用途是不同的。住户调查中的居民可支配收入的基本用途:一是反映居民可支配收入的详细收入来源,包括工资性收入、经营性净收入、财产性收入、转移性收入及其详细构成项目;二是反映不同类型居民群体之间的收入分配差距;三是为资金流量表中的居民可支配收入核算提供重要的基础资料。资金流量表中的居民可支配收入的基本用途:一是反映全体居民的可支配收入总量;二是用于计算居民可支配收入在国民可支配收入中的占比。

可见,如果想了解居民可支配收入的详细来源构成、城乡之间和不同群体之间的居民收入差距,应着重观察住户调查中的居民可支配收入;而如果想了解居民可支配收入总量和宏观收入分配结构中的居民可支配收入占比,应着重观察资金流量表中的居民可支配收入。

2. 口径范围的区别

从公式(3.3)可以看出,资金流量表中的居民可支配收入由劳动者报酬、营业盈余、财产净收入和经常转移净收入四个项目组成。从公式(3.6)和(3.10)可以看出,住户调查中的居民可支配收入由工资性收入、经营性净收入、财产性收入和转移性收入四个项目组成。前面四个项目与后面四个项目存在一一对应的关系,但彼此在口径范围上均存在区别。

(1) 劳动者报酬与工资性收入的区别

资金流量表中的劳动者报酬与住户调查中的工资性收入在口径范围上主要存在以下区别:一是资金流量表采取的是权责发生制原则,所以它的劳动者报酬包括单位交纳的社会保险缴款、单位交纳的住房公积金和行政事业单位职工的离退休金及其所享受的公费医疗和医药费[①],而住户调查采取的是收付实现制原则,它的工资性收入不包括上述项目;二是资金流量表中的劳动者报酬包括个体经营户的业主及其家庭成员的劳动报酬以及农户户主及其家庭成员的劳动报酬和农户创造的利润,而住户调查中的工资性收入不包括这些收入。

(2) 营业盈余与经营性净收入的区别

资金流量表中的营业盈余与住户调查中的经营性净收入在口径范围上主要存在以下区别:一是住户调查中的经营性净收入包括个体经营户的业主及其家庭成员投入劳动应得的报酬和个体经营户创造的利润,也包括农户户主及其家庭成员投入劳动应得的报酬和农户创造的利润,而资金流量表中的营业盈余只包括个体经营户创造的利润[②];二是资金流量表中的营业盈余包括农户得到的农业生产补贴,而住户调查没有把这种补贴作为经营性净收入,而是作为农民的转移性收入处理了。[③]

[①] 大部分行政事业单位没有为其职工交纳社会保险缴款,其职工基本上是直接从单位领取离退休金、享受公费医疗和医药费,这被视为社会保险缴款中的基本养老保险和医疗保险缴款的替代。

[②] 这是因为资金流量表把个体经营户的业主及其家庭成员投入劳动应得的报酬与个体经营户创造的利润进行了划分,把其中劳动应得的报酬划入了劳动者报酬,同时,把农户户主及其家庭成员投入劳动应得的报酬与农户创造的利润全部作为劳动报酬处理了,见本章"资金流量表中的居民可支配收入"部分所述,而住户调查则没有采取这种处理方法。

[③] 国家统计局:《农村住户调查方案(2011年统计年报和2012年定期报表)》,2011年,第38页;国家统计局住户办:《农村住户调查培训手册》(试用),2011年,第110页。

(3) 财产净收入与财产性收入的区别

资金流量表中的财产净收入与住户调查中的财产性收入在口径范围上主要存在以下区别。一是关于"支出"处理的区别。在资金流量表中,体现在居民可支配收入中的是财产净收入,即应收财产收入与应付财产收入的差额;在住户调查中,体现在居民可支配收入中的是财产性收入,没有扣除财产性支出,例如居民贷款利息支出。二是关于"应收"和"实收"的区别。资金流量表采取的是权责发生制原则,所以它的财产收入是当期应收财产收入,而住户调查采取的是收付实现制原则,所以它的财产性收入是当期实际得到的财产性收入。例如,就居民在银行和非银行金融机构存款获得的利息收入来说,资金流量表中的居民财产收入记录的是居民的相应存款在当期应得的利息收入,而住户调查中的居民财产性收入记录的是居民的相应存款在当期实际领取的利息收入。三是关于出租房屋的租金净收入处理的区别。在资金流量表中,出租房屋与出租其他固定资产一样,属于生产活动,从而出租房屋的租金净收入,即出租房屋的租金收入扣除有关税费和维修费用等各种成本支出属于增加值的构成部分;而在住户调查中,出租房屋的租金净收入是作为财产性收入处理的。作为增加值处理与作为财产性收入处理是完全不同的,因为增加值是新的生产成果的创造,而财产性收入是对已有生产成果的分配。如果把 GDP 比作蛋糕的话,增加值是增大蛋糕,而财产性收入是分蛋糕。四是出售艺术品、邮票等收藏品超过原购买价部分的收入和财产转让溢价部分的收入处理的区别。在住户调查中,出售艺术品、邮票等收藏品超过原购买价部分的收入,财产转让溢价部分的收入,包括出售住房增值部分的收入是作为财产性收入处理的;在国民经济核算中,上述收入应当作为持有收益处理。① 在国民经济核算中,持有收益属于重估价核算的范围,不属于收入分配核算的范围,所以资金流量表中的居民可支配收入不包括上述收入。

(4) 经常转移净收入与转移性收入的区别

资金流量表中的经常转移净收入与住户调查中的转移性收入②在口径范围上主要存在以下区别。一是关于"支出"处理的区别。在资金流量表中,体现在居民可支配收入中的是经常转移净收入,即经常转移收入与经常转移支出的差额;在

---

① 许宪春:"当前我国收入分配研究中的若干问题",《比较》,2011 年第 6 期。
② 转移性收入应当包括经常性转移收入和资本性转移收入两种类型,但从住户调查的定义看,其中的转移性收入基本上是经常性转移收入,所以本文在讨论资金流量表中的经常转移净收入与住户调查中的转移性收入之间的区别时没有讨论这方面的区别。参见国家统计局:《农村住户调查方案(2011 年统计年报和 2012 年定期报表)》,2011 年,第 30 页;国家统计局:《城镇住户调查方案(2011 年统计年报和 2012 年定期报表)》,2011 年,第 30 页。

住户调查中,体现在居民可支配收入中的主要是转移性收入,没有完全扣除转移性支出。例如,农村部分只扣除了赠送农村内部亲友支出,城镇部分只扣除了交纳个人所得税和个人交纳的社会保障支出,没有扣除其他转移性支出。二是关于单位交纳的社会保险缴款处理的区别。在资金流量表中,单位交纳的社会保险缴款在作为劳动者报酬处理的同时,又以居民的经常转移支出的形式支付出去了;在住户调查中没有相应的转移性支出。三是关于行政事业单位职工离退休金处理的区别。在住户调查中,行政事业单位职工的离退休金是作为转移性收入处理的,在资金流量表中,行政事业单位职工的离退休金是作为劳动报酬处理的。四是关于个人提取的住房公积金处理的区别。在住户调查中,个人提取的住房公积金是作为转移性收入处理的[1],而在资金流量表中,个人提取的住房公积金是作为居民金融债权的减少处理的。

从上述四个方面口径范围的主要区别的阐述中可以看出,有些区别只是导致资金流量表中的居民可支配收入与住户调查中的居民可支配收入构成项目的差异和两者居民初次分配收入的差异,并没有导致两者本身总量上的差异。例如,资金流量表与住户调查对于单位交纳的社会保险缴款的处理方法是不同的,资金流量表首先把单位交纳的社会保险缴款作为居民的劳动者报酬处理,然后又作为居民的经常转移支出处理,而住户调查中的居民可支配收入没有记录这个项目,但是两者处理方法的不同,只影响两者的居民初次分配收入,不影响两者的居民可支配收入。又如,资金流量表与住户调查对于行政事业单位职工的离退休金的处理方法不同,前者作为劳动者报酬处理,后者作为转移性收入处理,两种处理方法的差异也只影响两者的居民初次分配收入,并不影响两者的居民可支配收入。但是,多数口径范围的区别,既影响到资金流量表中的居民可支配收入和住户调查中的居民可支配收入的构成项目,也影响到两者本身。例如,资金流量表与住户调查对于单位交纳的住房公积金、行政事业单位职工享受的公费医疗和医药费的处理方法不同,前者作为劳动者报酬处理,后者没有相应的记录,处理方法的不同直接影响到两者的居民可支配收入。

资金流量表中的居民可支配收入与住户调查中的居民可支配收入在上述口径范围上的区别,有的是源于国民经济核算国际标准与住户调查国际标准的区别,例如,资金流量表与住户调查对于出租房屋的租金净收入处理方法的不同就是如此[2];有的是源于中国资金流量表或者住户调查的特殊处理方法,例如,资金

---

[1] 国家统计局:《城镇住户调查方案(2011年统计年报和2012年定期报表)》,2011年,第6、31页;国家统计局:《国家统计调查制度2012》,中国统计出版社2012年,第799、1382页。

[2] United Nations, *Canberra Group Handbook on Household Income Statistics*, Second Edition,2.3.2 Property Income, 2011.

流量表对个体经营户的业主及其家庭成员投入劳动应得的报酬与个体经营户创造的利润进行划分,把前一部分计入劳动者报酬,后一部分计入营业盈余,以及将农户户主及其家庭成员投入劳动应得的报酬与农户创造的利润全部作为劳动报酬处理,就是如此。

3. 资料来源和计算方法的区别

住户调查中的居民可支配收入是利用调查户的收支资料计算出来的。因此调查户的代表性、调查户收支填报的准确性等因素对居民可支配收入具有重要的影响。随着市场经济的发展,住户保护隐私和怕露富的意识日益增强,部分高收入住户拒绝接受调查,所以调查户对高收入住户的代表性不够;同时,接受调查的一些住户也存在少报和漏报的现象。因此,住户调查中的居民可支配收入不可避免地存在一定程度的被低估。

资金流量表按照国民经济核算国际标准的要求利用多种资料来源计算居民可支配收入[①],在很大程度上避免了住户调查对居民可支配收入的低估。例如,资金流量表利用经济普查资料计算普查年度的劳动者报酬,避免了利用住户调查中的工资性收入计算劳动者报酬对普查年度居民可支配收入的低估;资金流量表利用银行业及相关金融业损益表中的应付存款利息计算居民的存款利息收入,避免了利用住户调查中的居民存款利息收入对居民可支配收入的低估;资金流量表利用财政决算中的农业生产补贴资料计算农民享受的生产补贴,避免了利用住户调查资料计算生产补贴对居民可支配收入的低估;资金流量表利用人力资源和社会保障部、卫生部等有关管理部门的社会保险基金支出、城镇居民养老保险基金支出、新型农村合作医疗保险基金支出、新型农村养老保险基金支出等资料计算居民享受的社会保险福利,避免了利用住户调查中的有关转移性收入对居民可支配收入的低估。

4. 数据表现上的区别

资金流量表中的居民可支配收入与住户调查中的居民可支配收入在口径范围、资料来源和计算方法等方面的区别,必然导致两者之间数据表现上的区别。从表 3.1 可以看出,2008—2009 年,资金流量表中的居民可支配收入是利用住户调查资料直接推算的居民可支配收入的 1.4 倍以上。

---

① 国家统计局国民经济核算司:《中国经济普查年度资金流量表编制方法》,中国统计出版社,2007年;国家统计局国民经济核算司:《中国经济普查年度资金流量表编制方法》,2012 年。

表 3.1 资金流量表中的居民可支配收入与利用住户调查资料推算的居民可支配收入的比较

年度	资金流量表中的居民可支配收入（元）	利用住户调查资料推算的居民可支配收入（元）	资金流量表中的居民可支配收入与利用住户调查资料推算的居民可支配收入比较
	（1）	（2）	（1）/（2）
2008	185 926	130 856	1.42
2009	207 302	144 888	1.43

注：1. 利用住户调查资料推算的居民可支配收入的计算公式如下：
　　利用住户调查资料推算的居民可支配收入 = 农村居民人均纯收入 × 农村常住人口
　　　　　　　　　　　　　　　　　　　　 + 城镇居民人均可支配收入
　　　　　　　　　　　　　　　　　　　　　× 城镇常住人口
　　2. 2008 年、2009 年资金流量表中的居民可支配收入数据取自《中国统计年鉴 2012》第 89 页；2008 年、2009 年住户调查中的农村居民人均纯收入数据分别取自《中国统计年鉴 2010》第 363 页和《中国统计年鉴 2011》第 351 页；2008 年、2009 年住户调查中的城镇居民人均可支配收入数据分别取自《中国统计年鉴 2010》第 344 页和《中国统计年鉴 2011》第 332 页；2008 年、2009 年农村常住人口数和城镇常住人口数据取自《中国统计年鉴 2012》第 101 页。

从上述对中国资金流量表中的居民可支配收入和住户调查中的居民可支配收入及两者之间区别的详细阐述可以看出，住户调查中的居民可支配收入存在一定程度的低估现象并没有直接影响到对中国国民可支配收入在居民、企业、政府三者之间分配结构的准确判断。

第三节　支出法 GDP 中的居民消费与住户调查中的居民消费之间的区别

一、住户调查中的居民消费

住户调查中的居民消费包括农村住户调查中的居民消费和城镇住户调查中的居民消费。与农村居民人均纯收入和城镇居民人均可支配收入一样，农村住户调查中的居民消费和城镇住户调查中的居民消费也是分别利用全国 7.4 万个农村住户和 6.6 万个城镇住户调查资料计算出来的。前者利用农村住户调查中的生活消费支出资料计算，后者利用城镇住户调查中的消费性支出资料计算。但是，农村住户调查中的生活消费支出与城镇住户调查中的消费性支出有所不同，前者既包括现金消费支出，也包括实物消费支出，例如农村居民自己生产、自己消费的农林牧渔产品支出；后者则只包括现金消费支出，不包括实物消费支出，例如城镇居民以实物报酬和实物转移的形式得到的货物和服务的消费支出以及城镇居民自己生产自己消费的农副产品的消费支出。农村住户调查中的生活消费支出和城镇住户调查中的消费性支出都包括以下8个大类①:(1)食品;(2)衣着;(3)居住;(4)家庭设备用品及服务;(5)医疗保健;(6)交通和通信;(7)教育文化娱乐用品及服务;(8)其他商品和服务。② 其中每一个大类,都有非常具体的分类③,例如农村住户调查中的食品消费的详细类别达到86个,为详细观察农村居民和城镇居民消费的具体构成情况提供了大量丰富的信息。

除了前面阐述的关于实物消费支出的区别外,上述8个大类中的大部分类别在农村住户调查中与在城镇住户调查中的口径范围是一致的,个别类别在两种调查中的口径范围有所不同,主要表现在居住消费上。农村住户调查中的居住消费包括购买生活用房支出、建筑生活用房材料支出、建筑生活用房雇工工资,城镇住户调查中的居住消费不包括上述支出。

二、支出法GDP中的居民消费

支出法GDP中的居民消费指的是常住住户在一定时期内对货物和服务的全部最终消费。居民消费除了直接以货币形式购买的货物和服务的消费外,还包括以其他方式获得的货物和服务的消费,即所谓虚拟消费。居民虚拟消费包括以下几种类型:一是住户以实物报酬和实物转移的形式得到的货物和服务,其中的实物报酬包括行政事业单位职工享受的公费医疗和医药费;二是住户自己生产自己消费的货物和服务,例如农户自己生产自己消费的农林牧渔业产品,其中的服务指的是住户的自有住房服务和付酬家庭雇员提供的家庭和个人服务,例如保姆提供的照顾小孩和伺候老人的服务;三是金融机构提供的金融中介服务和保险机构提供的保险服务。居民消费不包括住户购买住房或自己建造住房的支出,这种支出包括在固定资本形成总额中。

支出法GDP中的居民消费也划分为农村居民消费和城镇居民消费,在具体计算时,两者按以下12个消费类别分别进行计算④:(1)食品;(2)衣着;(3)居住;

---

① 国家统计局:《农村住户调查方案(2011年统计年报和2012年定期报表)》,2011年,第15页《农村居民家庭收入与支出》;国家统计局:《城镇住户调查方案(2011年统计年报和2012年定期报表)》,2011年,第7—10页《城镇居民家庭消费支出调查甲表》和《城镇居民家庭消费支出调查乙表》。

② 上述8个类别中有个别类别的名称在农村住户调查与城镇住户调查中有所不同,例如,在农村住户调查中,第7类称为"文教娱乐用品及服务",在城镇住户调查中称为"教育文化娱乐用品及服务"。

③ 国家统计局:《农村住户调查方案(2011年统计年报和2012年定期报表)》,2011年,第38—40页中的"生活消费现金支出分类"和44—45页中的"生活消费实物支出分类";国家统计局:《城镇住户调查方案(2011年统计年报和2012年定期报表)》,2011年,第7—10页《城镇居民家庭消费支出调查甲表》和《城镇居民家庭消费支出调查乙表》中的家庭消费支出分类。

④ 国家统计局国民经济核算司:《中国经济普查年度国内生产总值核算方法》,中国统计出版社,2007年,第93—99页;国家统计局国民经济核算司:《中国非经济普查年度国内生产总值核算方法》,中国统计出版社,2008年,第115—122页;国家统计局国民经济核算司:《中国第二次经济普查年度国内生产总值核算方法》,2011年,第151—161页。

(4)家庭设备用品及服务;(5)医疗保健;(6)交通和通信;(7)教育文化娱乐用品及服务;(8)金融中介服务;(9)保险服务;(10)自有住房服务;(11)实物消费;(12)其他商品和服务。其中的实物消费类别仅适用于城镇居民消费。

上述12个居民消费类别中的食品、衣着、家庭设备用品及服务、教育文化娱乐用品及服务、其他商品和服务基本上是利用住户调查中的相应类别资料推算出来的;实物消费利用城镇居民家庭非现金收入调查资料推算,它包括了城镇居民以实物报酬和实物转移的形式得到的货物和服务的消费以及城镇居民自己生产自己消费的农副产品的消费;居住消费与住户调查中的相应类别在口径范围上存在出入,需要对后者进行调整;交通和通信消费,由于住户调查对高收入户的代表性不够,存在低估的情况,需要利用其他方面的资料进行校正;医疗保健消费由于住户调查的相应类别口径范围不完整,需要进行补充;金融中介服务、保险服务和自有住房服务在住户调查中没有相应的类别,需要利用其他方面的资料进行计算。

居住消费包括租赁住房租金支出,住房维护修理费,物业管理费,水、电、燃料等方面的支出。农村居民居住消费利用农村住户调查中的居住消费资料推算,但要剔除其中的购买生活用房支出、建筑生活用房材料支出、建筑生活用房雇工工资,因为这三类支出包括在固定资本形成总额中。城镇居民居住消费利用城镇住户调查中的居住消费资料推算,但要剔除其中的大型维修和大型装潢材料支出,因为这两类支出也应当包括在固定资本形成总额中。

交通和通信消费指的是居民在交通和通信的工具、服务、维修等方面的消费。这部分消费也主要是利用住户调查的相应类别资料推算的。但是,由于住户调查中的高收入户样本比例偏小,代表性不够,特别是其中不经常发生的家用汽车购买支出,代表性较弱,存在低估的情况。支出法GDP中的居民消费核算利用汽车工业协会、公安部和国家统计局工业统计中的家用汽车生产、进口、销售、库存和管理等方面的资料校正住户调查资料。

医疗保健消费指的是居民在医疗和保健药品、用品和医疗保健服务方面的消费。农村居民医疗保健消费包括个人在医疗保健方面的支出以及国家财政支付的新农合医疗和医药费两部分,前一部分利用农村住户调查中的医疗保健消费资料推算,后一部分利用卫生部新农合支出资料计算。城镇居民医疗保健消费包括个人在医疗保健方面的支出、社保基金为城镇居民支付的医疗和医药费以及行政事业单位职工享受的公费医疗和医药费。第一部分利用城镇住户调查中的医疗保健消费资料推算;第二部分利用人力资源和社会保障部的社会保险基金收支资料计算;第三部分利用财政部《行政事业单位决算资料》中的公费医疗支出资料计算。①

金融中介服务包括间接计算的金融中介服务和直接付费的金融服务。间接计算的金融中介服务指的是金融机构对居民提供的存贷款服务,对于这类服务来说,金融机构并没有直接收取服务费用,而是通过贷款利率高于存款利率这种间接的方式收取服务费用。居民消费中间接计算的金融中介服务的计算方法如下:首先按照国民经济核算国际标准的建议,采用参考利率法计算出金融机构从事存款和贷款业务的间接服务产出②,然后利用城乡居民储蓄存款年平均余额、住房公积金存款年平均余额和城乡居民消费性贷款年平均余额之和占金融机构存款和贷款年平均余额的比重分摊上述间接服务产出。③ 直接付费的金融服务利用银行业及相关金融业资产负债表和损益表中的相关资料计算。

保险服务的计算方法与间接计算的金融中介服务相类似,先利用保险机构资产负债表和利润表等资料计算出保险业总产出,然后利用人寿险、家财险和私人机动车辆险赔款及给付占保险业赔款及给付合计的比重分摊保险业总产出,得出居民消费中的保险服务消费。④

自有住房服务指的是居民自己拥有自己居住的住房提供的服务。这部分住房没有发生市场租赁活动,没有直接的市场租金来计算相应的服务价值。在存在规范和成熟的住房租赁市场的情况下,自有住房服务价值应当利用市场上同等条件住房的租金来估算,考虑到我国住房租赁市场尚不完善,目前自有住房服务价值采用成本法计算。其中,农村居民自有住房服务价值包括自有住房修理维护费和虚拟折旧两部分,前一部分利用农村住户调查中维修用生活住房材料推算,后一部分利用农村住户调查有关资料推算的农村居民自有住房存量价值和折旧率计算⑤;城镇居民自有住房服务价值包括自有住房的修理维护费、物业管理费和虚拟折旧三部分,修理维护费和物业管理费利用城镇住户调查中的相应资料推算,虚拟折旧利用城镇住户调查等有关资料推算的城镇居民自有住房存量价值和折旧率计算。⑥

---

① 国家统计局国民经济核算司:《中国第二次经济普查年度国内生产总值核算方法》,2011年,第157页。
② 同上注,第112页。
③ 同上注,第158页。
④ 同上注,第58、159页。
⑤ 同上注,第155页。
⑥ 同上注,第160页。

三、支出法 GDP 中的居民消费与住户调查中的居民消费之间的区别

1. 基本用途的区别

支出法 GDP 中的居民消费与住户调查中的居民消费的基本用途是不同的。住户调查中的居民消费的基本用途：一是反映居民消费的详细构成项目；二是反映不同类型居民群体之间的消费差距；三是为支出法 GDP 中的居民消费核算提供重要的基础资料。支出法 GDP 中的居民消费的基本用途：一是反映居民消费总量；二是用于计算居民消费在支出法 GDP 中所占的比重。

可见，如果想了解居民消费的详细来源构成和不同类型居民群体之间的消费差距，应当着重考察住户调查中的居民消费；如果想了解居民消费总量和最终需求结构中的居民消费需求占比，应当着重考察支出法 GDP 中的居民消费。

2. 口径范围的区别

从前两部分阐述中可以看出，支出法 GDP 中的居民消费与住户调查中的居民消费在口径范围上的区别主要包括以下几个方面：一是居住消费口径范围的区别。住户调查中的居住消费包括农村居民购买生活用房支出、建筑生活用房材料支出、建筑生活用房雇工工资和城镇居民住房大型维修、大型装潢材料支出，支出法 GDP 中的居住消费不包括这些支出。二是医疗保健消费口径范围的区别。支出法 GDP 中的医疗保健消费包括国家财政为农村居民支付的新农合医疗和医药费、社保基金为城镇居民支付的医疗和医药费以及行政事业单位职工享受的公费医疗和医药费，住户调查中的医疗保健消费不包括这些费用。三是关于金融中介服务、保险服务和自有住房服务的区别。支出法 GDP 中的居民消费包括居民对金融中介服务、保险服务和自有住房服务的消费，住户调查中的居民消费不包括这些类型消费。四是关于实物消费的区别。支出法 GDP 中的居民消费包括城镇居民的实物消费，住户调查中的居民消费不包括这种类型的消费。

3. 资料来源和计算方法的区别

从前两部分阐述中也可以看出，支出法 GDP 中的居民消费部分类别的计算采用了与住户调查中的居民消费不同的资料来源，主要表现在：一是交通和通信消费中的家用汽车购买支出采用了汽车工业协会、公安部和国家统计局工业统计中的有关资料；二是农村居民医疗保健消费中的新农合医疗和医药费、城镇居民医疗保健消费中的社保基金支付的医疗和医药费以及行政事业单位职工享受的公费医疗和医药费分别采用了卫生部、人力资源和社会保障部和财政部的相应资料[①]；三是金融中介服务和保险服务采用了金融机构、保险机构的有关资料。

---

① 见本章"支出法 GDP 中的居民消费"部分。

4. 数据表现上的区别

支出法 GDP 中的居民消费与住户调查中的居民消费在口径范围、资料来源和计算方法等方面的不同,必然导致两者数据表现上的不同。从表 3.2 可以看出,2009—2011 年,支出法 GDP 中的居民消费比住户调查中的居民消费多出接近 20%。

表 3.2 支出法 GDP 中的居民消费与利用住户调查资料推算的居民消费之间的比较

年度	支出法 GDP 中的居民消费 (元) (1)	利用住户调查资料推算的居民消费 (元) (2)	支出法 GDP 中的居民消费与利用住户调查资料推算的居民消费比较 (1)/(2)
2009	123 585	105 650	1.17
2010	140 759	118 376	1.19
2011	164 945	137 797	1.20

注:1. 利用住户调查资料推算的居民消费的计算公式如下:

利用住户调查资料推算的居民消费 = 农村居民人均消费支出 × 农村常住人口
　　　　　　　　　　　　　　　 + 城镇居民人均消费支出 × 城镇常住人口

2. 支出法 GDP 中的居民消费数据取自《中国统计年鉴 2012》第 62 页;农村居民人均消费支出数据取自《中国统计年鉴 2012》第 364 页;城镇居民人均消费支出数据取自《中国统计年鉴 2012》第 342 页;农村常住人口和城镇常住人口数据取自《中国统计年鉴 2012》第 101 页。

从上述对中国支出法 GDP 中的居民消费和住户调查中的居民消费及两者之间区别的详细阐述可以看出,住户调查中的居民消费存在一定程度的低估现象并没有直接影响到对最终需求结构的准确判断。

第四节　投资统计中的全社会固定资产投资之间的区别与支出法 GDP 中的固定资本形成总额

一、投资统计中的全社会固定资产投资

投资统计中的全社会固定资产投资也称全社会固定资产投资完成额,是以货币形式表现的在一定时期内全社会建造和购买的固定资产的工作量和与此有关的费用的总称。[①]

全社会固定资产投资包括 500 万元及以上建设项目投资、房地产开发投资和农村住户固定资产投资三部分。500 万元及以上建设项目投资指的是一定时期内,国民经济各行业完成的 500 万元及以上建设项目的固定资产投资,其中不包

---

① 国家统计局:《中国主要统计指标解释》,中国统计出版社,2010 年,第 188 页。

括500万元以下建设项目投资。① 房地产开发投资指的是一定时期内,各种登记注册类型的房地产开发企业、单位和附属其他法人单位实际从事房地产开发和经营活动的单位所完成的投资,包括商品住宅投资和办公楼、写字楼、厂房等非住宅类房屋及土地开发投资,不包括单纯的土地交易活动。农村住户固定资产投资指的是一定时期内,在农村区域由农村居民住户完成的固定资产投资,包括购置农业生产用机械设备、农田水利基本建设和农村住房建设等方面的投资。500万元及以上建设项目的固定资产投资采取全面调查,即对500万元及以上的所有建设项目逐一进行调查。房地产开发投资也采取全面调查,即对所有从事房地产开发和经营活动的企业和单位所完成的房地产开发投资都进行调查。农村住户的固定资产投资采取抽样调查,即对全国7.4万户农户固定资产投资进行调查。②

全社会固定资产投资分为建筑工程、安装工程、设备工器具购置和其他费用。建筑工程指的是各种房屋、其他建筑物的建造工程,其中包括房地产开发企业、单位进行的房屋开发建设工程、土地开发工程;安装工程指的是各种设备、装置的安装工程,其中不包括被安装设备本身的价值;设备工器具购置指的是购买或自制的达到固定资产标准的设备、工具、器具的价值,其中包括购置的旧设备价值;其他费用指的是固定资产建造和购买过程中发生的除上述构成部分以外的应分摊计入全社会固定资产投资的费用,其中包括土地购置费和旧建筑物购置费。③

全社会固定资产投资主要是从建设项目管理需求角度设置的统计指标。

二、支出法GDP中的固定资本形成总额

支出法GDP中的固定资本形成总额指的是常住单位在一定时期内获得的固定资产减去处置的固定资产的价值总额。固定资产是生产活动生产出来的资产,不包括土地等自然资源。固定资本形成总额包括有形固定资本形成总额和无形固定资本形成总额。有形固定资本形成总额指一定时期内建造的住宅和非住宅建筑物价值,购置减处置的机器设备价值,土地改良价值,新增役、种、奶、毛、娱乐用牲畜价值和新增经济林木价值;无形固定资本形成总额包括矿藏勘探、计算机

---

① 这是由固定资产投资统计的建设项目起点标准决定的。2011年以前,固定资产投资统计的建设项目起点标准是50万元,随着建设项目规模的不断扩大,为了减轻基层统计部门的工作负担和提高数据质量,从2011年起建设项目起点标准确定在500万元及以上。

② 国家统计局:《农村住户固定资产投资调查方案(2011年统计年报和2012年定期报表)》,2011年,第2—3页。农户固定资产投资调查是对全国7.4万户农户使用年限在两年以上,单位价值在50元以上的农户房屋建筑物、机器设备、器具等固定资产的建造、购买等活动进行调查。从住户调查资料中取得原始调查数据后,先扣除其中的建房投资后进行推算,得出农户非建房投资推算数,再加上农户建房投资推算数,得出农户固定资产投资。其中,农户建房投资推算数是利用农户建房投资调查资料推算出来的,农户建房投资调查是对农村住户调查村的所有建房户都进行调查。

③ 国家统计局:《国家统计调查制度2012》,中国统计出版社,2012年,第1337页。

软件获得减处置价值。①

固定资本形成总额是对全社会固定资产投资进行调整计算出来的,包括口径范围的调整和数据高估方面的调整。口径范围的调整包括以下几个方面:一是扣除土地购置费、旧建筑物和旧设备购置费。如前所述,全社会固定资产投资是从建设项目管理需求角度设置的统计指标。从建设项目管理需求角度看,凡是建设项目需要支付的费用,包括土地购置费、旧建筑物和旧设备购置费,都需要计入到全社会固定资产投资中去。而固定资本形成总额作为支出法 GDP 的构成项目,一定是生产活动创造出来的产品,不是生产活动创造出来的产品是不能计入固定资本形成总额的,这是 GDP 核算必须遵循的基本准则。土地购置费是指通过划拨方式或出让方式取得土地使用权而支付的各项费用,这种土地使用权不是生产活动的成果,所以在利用全社会固定资产投资计算固定资本形成总额时,应当扣除土地购置费。旧建筑物和旧设备虽然是生产活动成果,但是它们已经包括在前期或者当期的固定资本形成总额中,不能重复计算,所以在利用全社会固定资产投资计算固定资本形成总额时,应当扣除旧建筑物和旧设备购置费。二是补充 500 万元以下建设项目的固定资产投资。全社会固定资产投资不包括 500 万元以下建设项目投资,为了保持固定资本形成总额的完整性,在利用全社会固定资产投资计算固定资本形成总额时,需要补充 500 万元以下建设项目的固定资产投资,但也要扣除其中所包含的土地购置费、旧建筑物和旧设备购置费。三是增加商品房销售增值。就商品房来说,全社会固定资产投资中的房地产开发投资是从开发商开发商品房的投资成本角度计算的,而固定资本形成总额是从最终用户购买商品房的支出(开发商的商品房销售额)角度计算的,两者之间的差额是商品房销售额与相应商品房投资成本之差,即所谓商品房销售增值。所以在利用全社会固定资产投资计算固定资本形成总额时,要增加商品房销售增值。四是增加矿藏勘探、计算机软件等无形固定资产支出。这些无形固定资产与有形固定资产一样,能够在生产活动中长期发挥作用(例如,计算机软件与计算机硬件一样能够在生产活动中长期发挥作用)。根据国民经济核算国际标准的要求,在利用全社会固定资产投资计算固定资本形成总额时,需要增加矿藏勘探、计算机软件等无形固定资产支出。

数据高估方面的调整主要是针对某些地方因制定不切实际的计划目标并进行政绩考核,从而导致全社会固定资产投资数据存在一定程度的高估而采取的数据调整措施。这方面的调整首先是利用相关资料,包括建筑业总产值、建筑业营

---

① 国家统计局:《中国国民经济核算体系》,中国统计出版社,2003 年,第 12 页;国家统计局核算司:《中国第二次经济普查年度国内生产总值核算方法》,2011 年,第 165 页。

业税、钢材水泥等建筑材料的生产和销售、建筑工程机械的生产销售和利用等资料,对全社会固定资产投资数据质量进行评估,然后根据评估情况对数据进行必要的调整。

三、固定资本形成总额与全社会固定资产投资之间的区别

1. 基本用途的区别

支出法GDP中的固定资本形成总额与投资统计中的全社会固定资产投资的基本用途是不同的。全社会固定资产投资的基本用途:一是服务于建设项目管理的需要;二是反映全社会固定资产投资规模及其详细结构;三是为固定资本形成总额核算提供基础资料。固定资本形成总额的基本用途:一是反映最终需求中的固定资本投资需求总量;二是用于计算最终需求结构中的固定资本投资需求比重。

可见,投资统计中的全社会固定资产投资重点是服务于建设项目管理的需求,反映建设项目的进展及其详细结构,而支出法GDP中的固定资本形成总额是用于计算最终需求结构的重要统计指标。

2. 口径范围的区别

固定资本形成总额与全社会固定资产投资在口径范围上的区别主要包括以下几个方面:一是全社会固定资产投资包括土地购置费,旧建筑物和旧设备购置费,而固定资本形成总额不包括这些费用;二是全社会固定资产投资不包括500万元以下建设项目的固定资产投资,而固定资本形成总额包括这部分投资;三是全社会固定资产投资不包括商品房销售增值,而固定资本形成总额包括这部分价值;四是全社会固定资产投资不包括矿藏勘探、计算机软件等无形固定资产支出,而固定资本形成总额包括这方面的支出。

3. 资料来源和计算方法的区别

固定资本形成总额与全社会固定资产投资的资料来源有所不同。全社会固定资产投资的资料来源主要包括以下几个方面:一是500万元及以上建设项目的固定资产投资的全面调查;二是房地产开发企业和单位的房地产开发投资的全面调查;三是农村住户固定资产投资的抽样调查。固定资本形成总额的资料来源主要包括以下几个方面:一是全社会固定资产投资统计;二是房地产开发企业和单位的商品房销售统计;三是工业和信息化部的计算机软件统计;四是国土资源部的矿藏勘探支出统计。

由于口径范围、资料来源存在区别,固定资本形成总额与全社会固定资产投资的计算方法也是不同的,在利用全社会固定资产投资计算固定资本形成总额时,要进行一系列的剔除和补充计算。

4. 数据表现上的区别

固定资本形成总额与全社会固定资产投资在口径范围、资料来源和计算方法等方面的不同,必然导致两者数据表现上的不同。从表3.3可以看出,2009—2011年,固定资本形成总额不到全社会固定资产投资的70%。

表3.3　固定资本形成总额与全社会固定资产投资之间的比较

年度	固定资本形成总额 (元) (1)	全社会固定资产投资 (元) (2)	固定资本形成总额与 全社会固定资产投资比较 (1)/(2)
2009	156 680	224 599	69.8
2010	183 615	278 122	66.0
2011	213 043	311 485	68.4

注:固定资本形成总额数据取自《中国统计年鉴2012》第62页;全社会固定资产投资数据取自《中国统计年鉴2012》第158页。

从上述对中国支出法GDP中的固定资本形成总额和投资统计中的全社会固定资产投资及两者之间区别的详细阐述可以看出,投资统计中的全社会固定资产投资存在一定程度的高估现象并没有直接影响到对最终需求结构的准确判断。

第五节　基本结论

本章论述了资金流量表中的居民可支配收入是反映宏观收入分配中的居民可支配收入的准确指标,支出法GDP中的居民消费和固定资本形成总额是反映最终需求中的居民消费需求和固定资本投资需求的准确指标,并从基本概念、基本用途、口径范围、资料来源和计算方法、数据表现等方面比较详细地阐述了资金流量表中的居民可支配收入与住户调查中的居民可支配收入之间的区别,支出法GDP中的居民消费与住户调查中的居民消费之间的区别,以及支出法GDP中的固定资本形成总额与投资统计中的全社会固定资产投资之间的区别,从而揭示出,住户调查中的居民收入和居民消费数据存在一定程度的低估,投资统计中的全社会固定资产投资数据存在一定程度的高估,并没有直接影响到对中国国民可支配收入在居民、企业、政府三者之间的分配结构和最终需求结构等重大经济结构的准确判断。

目前,国家统计局正在进行城乡住户调查一体化改革。根据《住户收支与生活状况调查方案》(试行)[①],城乡住户调查一体化改革完成之后,农村住户调查与城镇住户调查中的居民收入和居民消费的口径范围将实现统一;同时,住户调查

---

① 国家统计局:《住户收支与生活状况调查方案》(试行),2012年。

中的居民可支配收入与资金流量表中的居民可支配收入、住户调查中的居民消费与支出法 GDP 中的居民消费在口径范围上也将基本上实现一致。同时，国家统计局还在进行固定资产投资统计制度方法改革，并且进一步加强对固定资产投资统计数据质量的检查、评估、审核和控制，目的在于进一步提高固定资产投资统计制度方法的科学性和数据的可核查性，抑制部分地区对数据的干预，提高全社会固定资产投资统计数据的质量。

第四章 改革开放后产业结构变化的特征及趋势

一个国家或经济的产业结构(industrial structure)可以被定义为所占用的资源和所产出的产品在各个不同产业间的分布。① 产业结构是从产业(industry)的角度去研究的,即从生产领域来考察各个产业(或称为行业、部门)的活动及其分布对于整个国民经济活动的影响。改革开放以来,长达三十多年的高速增长使中国从一个贫穷落后的低收入国家成长为一个经济总量居世界前列、人均国民收入水平达到世界中等收入水平的国家。用具体的指标来测度,经济增长反映为国内生产总值(GDP)的持续扩张。但在增长过程中,各个产业的扩张是非均衡的,并因此形成了产业结构的变化。配第—克拉克定理指出:随着经济的发展,第一产业的规模和劳动力所占的比重会逐渐下降;第二产业的规模和劳动力所占的比重会逐渐上升;而随着经济的进一步发展,第三产业的规模和劳动力所占的比重将上升,最后形成以第三产业占最大比例、第二产业次之、第一产业的比重为最小的产业结构。这一定理已经由世界及各国的经济发展史所证明,发达国家的产业结构变化几乎都是沿着这一路径,最后形成以第三产业为主的产业结构格局。

配第—克拉克定理只是对产业结构进行了高度概括的分类,揭示的是它们变化的长期趋势,如果具体到不同的国家、不同的经济和不同的经济发展阶段,各自的产业结构变化还会有具体的特点;如果再将产业做进一步的细分、对不同定义的各个产业的生产活动以及它们的相互联系再做进一步的考察,还会得出更多的分析结论。中国改革开放尤其是进入21世纪以来产业结构的变化即是如此。改革开放以后,作为一个贫穷的发展中家,中国首先发展的是第一产业,以解决10亿人口大国的温饱问题。在此之后,中国用了十多年的时间,进行了由计划经济向市场经济的转轨,并在这一转轨中实现经济增长并改善在计划经济下扭曲的产业结构。这种改善至少包括两个主要方面:一是各个产业的增长要在不断提高生产效率的条件下满足社会的最终需求,而不是计划经济下的长官意志,在资源配置上效率高、发展潜力大的产业将优先得到发展;二是市场逐渐成为配置资源的

---

① 参见 Simon Kuznets, "National Income and Industrial Structure", *Econometrica*, Vol. 17, Supplement: Report of the Washington Meeting (Jul., 1949), pp. 205—241。

主要力量,这也意味着各种商品、服务和生产要素的价格变化或者说是供求关系,将成为配置资源的基本和重要的信号。在实现了这样的转变后,各个产业的增加值及它们占国内生产总值的比重,才能客观地、较为真实地反映各个产业部门在国民经济中的地位及它们的相互联系。通常而言,在国民经济核算中,经济增长及各个部门的增长是以可比价格度量的,而产业结构的变化则是以现行价格度量的,这说明对产业结构的变化,不仅受反映各个产业部门效率的提高所造成的实际增长的影响,也要受由于供求关系变化所导致的各个产业一般价格水平变化的影响,而在实现了市场化改革后,用现价反映的各个产业增加值以及它们在国民经济中所占的比重,才能够科学地反映这两种因素对产业结构的影响。20世纪90年代中期,我国明确地提出要把建立社会主义市场经济体系作为经济体制改革的目标,在进入21世纪前后,社会主义市场经济体系的框架基本建立,因此从2003年进入以加速工业化为特征的新一轮经济增长周期后,我国产业结构的变化已经不再是原先的计划价格下对各部门经济活动以及它们的相互关系的扭曲反映,而是比较客观地反映出产业结构的现状及其发展变化。我们将对应中国经济改革和发展的不同历史阶段,结合各产业部门的实际增长和价格变动,对改革开放后,尤其是进入21世纪后中国产业结构变化及其特点进行分析。

从配第—克拉克定理还可以看出,各个产业产出的价值量以及它们相互关系的变化,只是产业结构的一个方面,我们可以把它定义为狭义的产业结构变化,广义的产业结构变化还要包括就业结构的变化,我们将会看到,由于经济活动不断均衡的结果,这两个结构的变化最终将会是收敛的,即就业结构最终会接近价值结构。但是对于发展中国家尤其是加速经济增长中的新兴工业化国家,价值结构的变化会领先于并带动就业结构的变化,并在这一变化过程中实现高劳动生产率的产业部门优先增长。我们将分析这两种结构变化的特点,它们对中国经济增长、就业和收入分配改善的贡献,以及发展中存在的问题。

在此基础上,我们将对中国经济增长中的产业结构变化与世界各国进行动态和静态的比较。改革开放以来,我国之所以在经济增长上取得如此大的成就,其重要原因就是产业结构的升级适应了我国经济发展和国际市场的要求,并由此推动了中国的经济增长。通过国际比较我们可以看出,一方面,中国产业结构的变化和升级是符合经济增长和经济发展的一般规律的,我们应该研究和借鉴各国的经验,使我们的结构调整更好地为现代化目标服务;另一方面,中国的经济增长也有其特殊性,应该利用我们的比较优势,如自然资源优势、人力资源优势、生产要素优势等,抓住当前的有利时机发展优势产业,使中国的产业发展和结构变化适应我们实现平稳较快的经济增长和经济发展的要求。

第一节 高速经济增长下的产业结构变化:实际增长和价格影响

一、总量增长与价格平减指数

按可比价格计算,中国 2012 年的国内生产总值(GDP)为 1978 年的 24.23 倍,年均经济增长率为 9.83%,这是同一时期全世界最快的经济增长。而按照现行价格计算,2011 年的 GDP 为 51.93 万亿元,为 1978 年 3 645 亿元的 142.46 倍,这说明按现价计算的指数中,除了实际增长的影响外,还包含价格变动的影响。通过按现行价格和不变价格的计算结果相互比较,在这一期间,按现价 GDP 计算的 GDP 变动中,包含的价格变动的影响为 5.88 倍,年均上涨 5.35%。在高速经济增长的背景下,各种商品、服务和生产要素的比价关系是不断变化的,同时经济活动中需要的货币供应量也是不断增加的,这就在客观上要求价格总水平有所上涨,以满足经济增长的需要。但是,在国民经济的各个产业部门中,增长率和价格变化的程度是不同的,而这两者综合变动的结果,形成了以现行价格反映的各产业部门增加值以及它们在国民经济中所占的比重的变化,即产业结构的变化。

经济增长是生产效率不断提高的结果,从技术进步的角度看,这种效率的提高可以反映在两个层面上:一是在不发生技术进步的条件下,通过增加投入获得更多的产出,从而提高生产活动的时间效率;二是通过技术进步,提高单位生产要素(包括资本、劳动、土地、能源及原材料等)的产出数量,从而提高生产活动的技术效率。这两种效率的提升并不是截然分开的,而是交织在一起共同贡献于经济增长。改革开放后,经济增长成为中国经济和社会发展的最重要目标,我们不断推出的种种改革举措,包括农村经济体制改革、国有企业及产权市场的改革、金融体系改革、建立社会主义市场经济、改善政府职能等,实际上就是在不断地改善中国的生产效率,推动着中国的经济增长。而从体制创新的角度看,在经济增长上主要是要实现两个目标:一是在各个不同的经济发展阶段,最大限度地调动管理者、生产者和劳动者的生产积极性,因为提高效率首先是依靠人来实现的;二是要建立一种机制,实现各种资源的合理配置,经过长期探索,我们最终选择了全面地借鉴世界各国的先进经验,并结合中国的具体情况,建立社会主义市场经济。在此基础上,我们再通过不断完善市场秩序的方法,进一步推进市场化进程。现在,价格和市场成为我国引导资源配置的主要力量,建立在市场基础上的政府的宏观调控和行政手段,则进一步改善了资源配置。无论是从技术进步的观点,还是从体制创新的观点上看,改革开放后的中国经济增长,都是建立在生产效率不断提高的基础上的,如果说在改革开放初期,我们更加重视的是时间效率的提高,那么到了现阶段,则更加重视如何提高生产要素的效率,我们的转变经济增长和经济发展方式,就是在这个基础上提出来的。生产效率的提高不仅是一个总量问题,同时也是一个结构问题。提高整个国民经济的生产效率,一方面要提高各产业部门本身的生产效率(增长率、劳动生产率、要素生产率等),另一方面要加大生产效率高的产业部门在国民经济中的比重。对发展中国家尤其是处于工业化进程中的新兴国家而言,更应该重视通过资源在不同产业部门之间的合理配置,促进生产率较高、改善潜力较大的部门优先和较快增长,并带动其他产业部门的发展。但在经济发展的不同阶段,生产率高、改善潜力大的产业或部门可能有所不同,因此各个时期经济增长的热点也不同,而由于供求关系上的差别及变化,各个产业及产品之间的价格关系也会不断变化,产业结构的变化实际上反映了在效率原则下各产业部门增长率和供需关系对国民经济的综合影响。因此,如果单纯研究国民经济的总量扩张程度,往往在国民经济及各产业部门的增长中扣除价格因素,但如果还要研究各产业部门的结构变化,就必须综合考虑和分析物量和价格两方面变化的综合影响。

在国民经济核算中,直接反映 GDP 价格变动的指数称为隐含的 GDP 价格平减指数(implicit price deflator for GDP),之所以称为隐含是一些国家在公布 GDP 核算结果时,并不直接公布这一指数(中国也未公布),但是可以通过对现价 GDP 的动态比较结果(这里称为 GDP 价值指数)和 GDP 指数(扣除了价格因素的动态比较结果)之间的再比较,反映国民经济及各个产业的价格变化。

我们可以看到,从整个国民经济的角度考察价格总水平的变动,和消费价格指数(CPI)所衡量的结果是有所不同的,因为 CPI 中不反映生产者价格的波动,而 GDP 平减指数中包含了这两种变动,所以当生产者价格的变化大于消费者价格时,GDP 平减指数会大于 CPI,我国近几年的价格水平变动就验证了这一点。而在改革开放初期,我们首先对消费品的价格体制进行了改革,消费价格的波动更大,出现的就是 CPI 大于 GDP 平减指数的情况。而当经济运行中价格传导机制比较完善时,生产者价格波动和消费者价格波动之间差异可能减少,CPI、PPI(生产者价格指数)和 GDP 平减指数之间的差异也有可能减少。从表 4.1 中可以看到,改革开放后,中国的长期年均经济增长率是 9.8%,而整个国民经济的长期年均价格变动是 5.4%。但是从图 4.1 中可以看到,这两种变化的表现有所不同,经济增长率长期在 10% 上下波动,但价格总水平的上涨却比较明显地分成两个阶段,从 1985 年以后到 1994 年,呈波浪式上涨状态,即使在经济增长率较低的 1990 年和 1991 年,上涨幅度都在 5% 以上,但从 1997 年以后,它的上涨程度明显下了一个台阶,2007 年、2008 年和 2011 年人们普遍认为通货膨胀率已经非常高的时候,上涨率也还不到 8%,比起改革开放前期和中期,人们对待通货膨胀的容忍度已经越来越低,在宏观调控中,对于通货膨胀也越来越重视。这说明我国的市场化程度已经有了明显的提升。当然,和发达的市场经济国家相比,我国目前的价格总水平的波动仍然是偏大的,这一方面说明在较高的增长速度下,需要有一定的价格上涨来配合,另一方面也说明,在现阶段我国的宏观调控中仅仅使用 CPI 作为观察指标来调控价格总水平的变化是不够的。由于中国当前经济增长带有明显的投资拉动的特征,CPI 反映的价格总水平的变化可能是滞后的,所以在观察价格总水平的变化时,不但要使用 CPI,也应该把 GDP 平减指数作为重要的参考工具。

表 4.1 1978—2011 年中国 GDP 价值指数和平减指数

	年份	国内生产总值 亿元	价值指数 上年=100	GDP 指数 上年=100	GDP 平减指数 上年=100
0	1978	3 645.2	—	—	—
1	1979	4 062.6	111.4	107.6	103.6
2	1980	4 545.6	111.9	107.8	103.8
3	1981	4 891.6	107.6	105.2	102.3
4	1982	5 323.4	108.8	109.1	99.7
5	1983	5 962.7	112.0	110.9	101.0
6	1984	7 208.1	120.9	115.2	104.9
7	1985	9 016.0	125.1	113.5	110.2
8	1986	10 275.2	114.0	108.8	104.7
9	1987	12 058.6	117.4	111.6	105.2
10	1988	15 042.8	124.7	111.3	112.1
11	1989	16 992.3	113.0	104.1	108.5
12	1990	18 667.8	109.9	103.8	105.8
13	1991	21 781.5	116.7	109.2	106.8
14	1992	26 923.5	123.6	114.2	108.2
15	1993	35 333.9	131.2	114.0	115.1
16	1994	48 197.9	136.4	113.1	120.6
17	1995	60 793.7	126.1	110.9	113.7
18	1996	71 176.6	117.1	110.0	106.4
19	1997	78 973.0	111.0	109.3	101.5
20	1998	84 402.3	106.9	107.8	99.1
21	1999	89 677.1	106.2	107.6	98.7
22	2000	99 214.6	110.6	108.4	102.1
23	2001	109 655.2	110.5	108.3	102.1
24	2002	120 332.7	109.7	109.1	100.6
25	2003	135 822.8	112.9	110.0	102.6

（续表）

	年份	国内生产总值 亿元	价值指数 上年=100	GDP指数 上年=100	GDP平减指数 上年=100
26	2004	159 878.3	117.7	110.1	106.9
27	2005	184 937.4	115.7	111.3	103.9
28	2006	216 314.4	117.0	112.7	103.8
29	2007	265 810.3	122.9	114.2	107.6
30	2008	314 045.4	118.1	109.6	107.8
31	2009	340 902.8	108.6	109.2	99.4
32	2010	401 202.0	117.7	110.4	106.6
33	2011	472 882.0	117.9	109.3	107.8
34	2012	519 322.0	109.8	107.8	101.8
2012年为1978年的倍数			142.5	24.2	5.9
年均指数			115.7	109.8	105.4

注：2012年GDP数据为国家统计局年度报告数，其余基本数据参见《中国统计年鉴2012》。

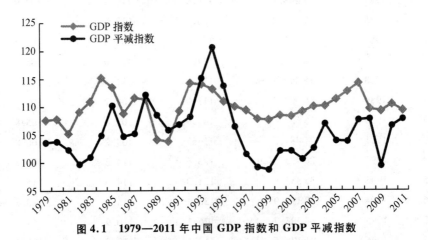

图4.1 1979—2011年中国GDP指数和GDP平减指数

从改革开放后的长期发展看，我国的价格总水平和经济增长之间，存在着滞后的正相关关系，当经济增长率较高时，以GDP平减指数反映的通货膨胀率随后也会提升，反之，在经济增长率回落时，通货膨胀率也会跟着下降。从经济增长和价格总水平的波动性上看，可以把改革开放后的经济增长分为两个大的阶段：一是20世纪最后20年市场化改革阶段，这一时期无论是经济增长率还是价格总水平的波动幅度都是相当大的；二是进入21世纪后的相对稳定增长阶段，无论是经济增长率还是通货膨胀率的波动幅度都在明显收窄。中国经济体制改革的核心与目标是要建立社会主义市场经济，虽然在20世纪80年代，我们还没有明确提出这一目标,但在实际上已经朝着这一方向努力,而价格体制改革则是这一改革的突破口,并由此牵动了后来的产权制度改革和其他生产要素的市场化改革。价格体制改革以及相应的经济改革(如扩大企业自主权的改革、收入分配制度的调整等)调整了当时已经严重扭曲的各种商品和要素的比价关系,刺激了当时的经济增长,这是它的积极方面,但这种改革也是有代价的,这就是它在短期内大幅度推高了价格总水平。由于我国的商品价格改革是由消费资料的改革开始的,所以在这一时期,CPI 的涨幅高于 GDP 平减指数。90 年代后,中国迎来新一轮经济增长周期,在这一期间,价格体制改革的主要对象是生产资料,所以在这一时期,CPI 的涨幅低于 GDP 平减指数。进入 21 世纪后,在 2003 年前后,我国迎来了改革开放后的第三轮加速增长周期。由于在世纪之交,我国已经基本上实现了商品价格的市场化,社会主义市场经济的框架和宏观调控体系也建立了起来,价格总水平的波动趋于稳定,10% 以上的大波动再也没有出现。而从 CPI、PPI 和 GDP 平减指数的关系看,由于这一时期的经济增长明显带有投资拉动的特征,生产者价格的上涨快于消费者价格,而 GDP 平减指数则处于两者之间。从这一点上看,把 CPI 当作宏观调控的基本观察指标是不够全面的,尤其是在投资品紧缺而消费品产能过剩时,有可能对经济形势出现误判。这一点,中国和西方发达国家的情况有所不同,在它们那里,由于市场经济已经有了很长的历史,各种商品、服务和生产要素之间的价格传导机制已经很完善,对消费者的补偿机制也有各种制度保证,但是在中国这些机制仍然在发展和完善之中,用消费价格指数来反映整个国民经济价格总水平的变化有一定的局限性。

从图 4.1 中可以看出改革开放后中国经济增长和价格总水平之间的关系,从中可以看到,1982 年中国的 GDP 平减指数下降到 100 以下,随着中国经济增长的加速及回落,开始波浪式上升,分别经历了三个高点,即 1985 年的 110.2,1988 年的 112.1,以及 1994 年的 120.6。在这一时期,我国的经济增长率波动的程度也是很大的,处于高点的 1984 年、1992 年都达到了 14% 以上,1987 年和 1988 年也达到了 11% 以上,但在低点的 1989 年和 1990 年,只有 4.1% 和 3.8%。从图中还可以看到,从 1994 年以后,我国的经济增长率和 GDP 平减指数出现了双降的情况,1999 年分别降至最低,GDP 指数回落到 107.6,GDP 平减指数下降到 98.7。当时,中国外部受到了亚洲金融危机的冲击,内部有国有企业经营困难和自然灾害等因素的影响,这对当年的经济增长和通货紧缩当然会产生一定的影响,但是从中长期发展上看,这种回落则不是短期冲击的结果,而是自 1994 年以后中国经济长期调整的结果。从 2000 年开始,中国经济开始好转,反映为经济增长率的提升和逐步走出通货紧缩的阴影。这一过程一直延续到 2007 年,这一年的经济增长率达到了 14.2%,GDP 平减指数也从上一年的 103.8 大幅度上升为 107.6,明显地表现出经济过热。即使不出现全球金融危机,中国经济本身也有调整的要求,全球金融危机的到来加速了这一过程。在这一区间,中国经济的年均增长率,稳定性都在提高,而长期 GDP 平减指数则比改革开放后的平均水平下降了 1 个百分点。

二、改革开放后不同阶段产业结构的变化特征

对于经济发展水平较低的大国,要实现"赶超"先进国家的目标,首先需要加快经济增长,在经济增长率上赶上或超过先进国家,然后通过不断的发展,逐渐在总量上实现赶超,最后是在人均水平上实现赶超。当年的苏联和后来的日本,都经历过这样的努力过程。对落后国家来说,"赶超"过程或者说现代化过程,实际上就是工业化过程,在这一过程中,首先是第二产业尤其是制造业得到较快的发展并带动为之服务的第三产业的发展,第一产业的比重会相应下降,而发展到一定阶段之后,服务部门增加值和就业所占的比重会超过第一和第二产业,成为最大的产业部门。到现在为止,除了较小的、国民经济门类比较单一的经济体,世界各国的经济发展以及同时发生的产业结构提升,基本都遵循了这一规律,中国的经济发展也证明了这一点。

(一)三次产业分类和国民经济部门分类

产业结构的研究是从生产领域对国民经济的比例关系进行研究,因此,对于产业的划分也是根据生产活动的性质而进行的。在威廉·配第时代,经济统计还没有发展起来,对于经济活动的划分只是简单地分为农业、工业和商业,而三次产业的概念是 20 世纪中叶才提出来的。第一产业主要指的是面向自然界的生产活动,第二产业指的是对经过人的生产活动所得到的制成品进行加工和再加工,而第三产业则是对已经制造完成的产品的最终使用提供服务或者是通过劳动直接对消费提供服务。这里的三次产业,实际上是对以往的农业、工业和商业概念的扩展。目前世界各国广泛使用的国民经济部门产业分类,则是根据所使用原料的相似性、生产过程的相似性和服务对象的相似性划分的。两种分类中,存在着分类边界模糊的问题,如矿业活动,属于以自然界为对象的生产活动,从性质上应该属于第一产业,但是从生产过程上看,它和制造业活动更为类似,因此不同的学者在从事研究时,往往根据自己的理解将矿业归入不同的产业。从实际应用上看,三次产业分类更多地属于经济学的理论分类而不是统计分类,世界各国在政府统计实践中,很少使用这一分类。通常使用的是国民经济产业部门分类。如在北美国家(美国、加拿大和墨西哥),按生产法公布的 GDP 使用的北美行业分类体系(North American Industry Classification System,NAICS)就属于一种国民经济产业部门分类(参见表 4.2)。

表 4.2　2010 年美国按行业分增加值　　　　　　　　（单位：百万美元）

分类	行业名称	增加值
	国内生产总值 Gross domestic product	145 265
一	私人部门 Private industries	125 580
1	农林渔猎业 Agriculture, forestry, fishing, and hunting	1 570
2	矿业 Mining	2 395
3	公用事业 Utilities	2 649
4	建筑业 Construction	5 116
5	制造业 Manufacturing	17 019
6	批发业 Wholesale trade	7 973
7	零售业 Retail trade	8 849
8	运输和仓储 Transportation and warehousing	4 025
9	信息业 Information	6 235
10	金融、保险、房地产和租赁业 Finance, insurance, real estate, rental, and leasing	30 072
11	专业和商业服务 Professional and business services	17 828
12	教育服务、健康关怀和社会协助 Educational services, health care, and social assistance	12 723
13	艺术、娱乐、休闲、住宿和食品服务 Arts, entertainment, recreation, accommodation, and food services	5 558
14	政府以外的其他服务 Other services, except government	3 568
二	政府 Government	19 685
15	联邦 Federal	6 496
16	州和地方 State and local	13 190

资料来源：美国商务部经济分析局(BEA)网站。

20 世纪 80 年代中期,我国提出了国民生产总值翻两番和"三步走"的发展战略。在这种背景下,我国的经济总量统计由计划经济国家传统的物质产品平衡表体系(MPS)下的工农业总产值和物质产品国民收入统计,过渡到市场经济国家普遍使用的国民经济核算体系(SNA)下的生产法国内生产总值统计,但有别于大多数市场经济国家的是,我们使用的主要分类为三次产业分类。这样做的好处是可以比较顺利地实现由旧的工农业总产值统计向国内生产总值的过渡,而且各级地方政府都可以按生产法核算国内生产总值,在当时的计划体制下,这为上级政府考核下级政府的业绩提供了一个很好的综合指标。另一方面,对三次产业的分析也是经济学研究中最常使用的分类,虽然简单直观,但综合概括,能够反映生产活动中最基本的结构关系。这种既和世界标准接轨又具有中国特色的 GDP 或国民经济核算,对中国经济增长的测度与分析做出了积极的贡献。在此之后的二十多年里,中国的国民经济核算有很大的发展,但是以三次产业分类核算的生产法GDP,始终是我国国民经济核算的基本流量。这为我们进行以三次产业为基本分类的产业结构研究,提供了很好的时间序列数据基础。

2002 年,中国发布了修订后的《国民经济行业分类》的国家标准(GB/T4754-2002)。这个标准把所有经济活动划分为 20 个门类、95 个大类、396 个中类、913 个小类(参见表 4.3)。

表 4.3 《国民经济行业分类》(GB/T4754-2002)基本结构

	门类	大类	中类	小类
A	农、林、牧、渔业	5	18	38
B	采矿业	6	15	33
C	制造业	30	169	482
D	电力、燃气及水的生产和供应业	3	7	10
E	建筑业	4	7	11
F	交通运输、仓储和邮政业	9	24	37
G	信息传输、计算机服务和软件业	3	10	14
H	批发和零售业	2	18	93
I	住宿和餐饮业	2	7	7
J	金融业	4	16	16
K	房地产业	1	4	4
L	租赁和商务服务业	2	11	27
M	科学研究、技术服务和地质勘查业	4	19	23
N	水利、环境和公共设施管理业	3	8	18
O	居民服务和其他服务业	2	12	16
P	教育	1	5	13
Q	卫生、社会保障和社会福利业	3	11	17
R	文化、体育和娱乐业	5	22	29
S	公共管理和社会组织	5	12	24
T	国际组织	1	1	1
(合计)	20	95	396	913

可以看到,在我国的《国民经济行业分类》中,是没有三次产业分类的。但是在 GDP 核算与国民经济核算中,考虑到中国统计工作的现状和宏观经济分析的需要,仍然保留了这一分类,而且是最主要的国民经济部门(行业)分类。2003 年,国家统计局制定了新的《三次产业划分规定》,采用三级分类的方法对国民经济行

业进行分类,对三次产业做出了严格的界定,为后来进行的经济普查以及 GDP 核算建立了分类框架。第一级分类是三次产业分类,第二级分类和第三级分类分别以《国民经济行业分类》中的门类和大类为基础(参见表4.4)。

表4.4 2009年中国分行业增加值

行业	增加值(亿元)	占比(%)
总计	340 902.8	100
第一产业	35 226.0	10.3
农林牧渔业	35 226.0	10.3
第二产业	157 638.8	46.2
工业	135 239.9	39.7
采矿业	16 726.0	4.9
制造业	110 118.5	32.3
电力、燃气及水的生产和供应业	8 395.4	2.5
建筑业	22 398.8	6.6
第三产业	148 038.0	43.4
交通运输、仓储和邮政业	16 727.1	4.9
信息传输、计算机服务和软件业	8 163.8	2.4
批发和零售业	28 984.5	8.5
住宿和餐饮业	7 118.2	2.1
金融业	17 767.5	5.2
房地产业	18 654.9	5.5
租赁和商务服务业	6 191.4	1.8
科学研究、技术服务和地质勘查业	4 721.7	1.4
水利、环境和公共设施管理业	1 480.4	0.4
居民服务和其他服务业	5 271.5	1.5
教育	10 481.8	3.1
卫生、社会保障和社会福利业	5 082.6	1.5
文化、体育和娱乐业	2 231.0	0.7
公共管理和社会组织	15 161.7	4.4

资料来源:《中国统计年鉴2011》。

工业增加值统计是中国 GDP 核算中的重要内容。在中国的《国民经济行业分类》标准中,1994年就取消了"工业"这一门类,直接将采矿业,制造业,电力、燃气及水的生产和供应业作为门类。不过,目前在中国,工业增加值仍被广泛使用,所以在 GDP 核算的二级分类中仍需要保留这一类别。因此需要将采矿业,制造业,电力、燃气及水的生产和供应业作为三级分类来处理。从而需要把新国民经济行业分类中的这三个门类中的大类作为第四级分类来处理。这样的话,在世界各国国民经济行业分类中普遍被列入门类的制造业部门,在中国的国民经济核算分类中就成为了三级分类,这样做的好处是和我国的政府管理相对应,同时也照顾到了统计工作的现状和统计数据的历史可比性,不足之处是在 GDP 进度统计中,往往不能看到制造业、建筑业及公用事业的分类进展情况。而在经济普查年度中,由于能够得到更详细的资料来源,GDP 核算的产业部门分类划分得更加详细。《国民经济行业分类》中的门类被直接采用,大类也被保留,比如在制造业增加值中细分出各种类型制造业增加值,在交通运输、仓储和邮政业增加值中细分出铁路运输业、道路运输业、水上运输业、航空运输业、管道运输业、仓储业、邮政业等行业增加值。这就为我们利用这些数据进行更加深入的产业结构分析提供了基础。从表 4.4 可以看到,按照我国的国民经济行业分类,制造业是最大的生产部门,2009 年的增加值占 GDP 的比重接近 1/3。一般地说,如果一个国家的经济发展达到中等收入国家水平时,制造业所占的比重将会低于这一水平,但这却反映了中国作为一个高速增长中的全球新的制造业中心和第一大出口国在工业化进程中的特点,说明中国还可能通过产业结构的提升进一步为经济增长提供动力。显然,这是非常有用的分类数据。但是到现在为止,这一类数据的公布还是滞后的,如 2009 年的数据,要到 2011 年的统计年鉴中才能看到,而且缺乏按可比价格计算的指数,时间序列也不长。但尽管如此,这仍然表现了中国政府统计工作的进步。随着政府统计工作的进一步发展,我国作为基本流量的生产法 GDP 的进度数据,必然会在保留三次产业分类这一中国特色的基础上,再扩展到更细的国民经济行业分类,这就会为我们进行不同层次的产业结构分析,提供更好的数据基础。

(二) 改革开放后的四个经济增长阶段

和一般市场经济国家不同的是,中国的经济起飞和高速经济增长是在制度转轨的背景下发生的,因为传统的计划经济体制束缚了生产者和劳动者的生产积极性和改善效率,所以中国经济改革从一开始,就是以强调提高整个国民经济的效率为特征的,其中包括增长的时间效率(明确提出经济增长目标来实现高增长)、制度效率(激励生产者和劳动者的生产积极性)、技术效率(装备能力和技术进步)、管理效率(提高经营管理水平)和市场效率(优化资源配置等)。在很长一段时间里甚至直到现在,经济增长即 GDP 的增长都是中国经济和社会发展的基本目标。这虽然也带来了很多问题,但是它确实推进了中国的长期经济增长。因此在中国经济增长中,制度因素发挥了相当重要的作用。

我们把改革开放至现在的中国经济增长,根据体制改革的阶段性特征和经济增长的周期性特征,分成四个阶段(参见表4.5)。

表 4.5 1978—2011 年国内生产总值及三次产业增加值指数(上年 = 100)

年份	GDP	第一产业	第二产业	第三产业
1978—1984 平均指数	109.2	107.3	108.9	111.9
1985—1991 平均指数	109.6	104.7	111.4	111.6
1992—2002 平均指数	110.2	103.8	112.7	110.3
2003—2011 平均指数	110.8	104.7	112.1	110.9
1978—2011 定基指数	2 250.3	437.0	3 532.8	3 022.1
1978—2011 平均指数	109.9	104.6	111.4	110.9

资料来源:根据《中国统计年鉴 2011》和国家统计局发布的相关 GDP 数据推算。

第一阶段为1978—1984年,是经济改革和高速增长的启动阶段。党的十一届三中全会的召开,使经济建设成为中国发展的重点,而农村经济体制改革的开展和深入,为中国后来的改革和经济建设奠定了基础。在这一阶段,由于农村的经济体制改革,农业生产首先得到了启动,并且带动了相关产业的发展。虽然第一产业的生产效率,尤其是劳动生产率一直是各个产业中较低的,但是在当时的背景下,由于人民公社的体制极大地束缚了农民的生产积极性,而体制创新能够把农业劳动生产率迅速提高,这也是这一阶段农村经济成为中国生产力中最活跃部分的基本原因。1981年到1984年,第一产业连续4年保持了7%以上的增长率(参见表4.6),虽然仍然低于第二、第三产业的增长率,但在第一产业中,这种增长率是少见的。这种增长对未来的中国经济增长具有重大的意义。第一,它说明了体制创新对于增长的重要意义,一旦调动了生产者和劳动者的生产积极性,就有可能激发中国经济活动中所蕴含的潜力,后来城市和非农业领域的经济体制改革,又进一步证明了这一点。第二,从供给上看,使困扰中国几千年的温饱问题开始得到解决,此后不久,我们就废除了计划体制下实施了三十多年的粮票、布票等,使人民生活的最基本需求有了保障。如果做不到这一点,那就谈不上真正的工业化进程。改革开放初期的农村经济体制改革和农业发展,不仅为解决温饱进入小康社会建立了物质基础,也为在广大农村容纳大量的劳动力建立了基地,通过农民和土地的天然联系,保证了他们的基本生活,维护了社会稳定,这也为后来城市的经济体制改革和经济发展提供了社会基础。一方面,缓解了世界各国普遍遇到的在工业化初期农村人口大量向城市转移而造成的就业压力和社会矛盾,另一方面,也使我们在长期的经济增长过程中,没有因为粮食和食品短缺而发生大的动乱。第二产业和第三产业在这一阶段的增长率也不低,由于关注了人民生活,第三产业的年均增长甚至达到了10%以上,但从对改革开放和经济增长的长期贡献来看,第一产业这一时期的增长具有更加深刻和长远的意义。

表4.6 1979—2011 国内生产总值指数(上年=100)

年份	国内生产指数	第一产业	第二产业	第三产业
1979	107.6	106.1	108.2	107.9
1980	107.8	98.5	113.6	106.0
1981	105.2	107.0	101.9	110.4
1982	109.1	111.5	105.6	113.0
1983	110.9	108.3	110.4	115.2
1984	115.2	112.9	114.5	119.3
1985	113.5	101.8	118.6	118.2
1986	108.8	103.3	110.2	112.0
1987	111.6	104.7	113.7	114.4
1988	111.3	102.5	114.5	113.2
1989	104.1	103.1	103.8	105.4
1990	103.8	107.3	103.2	102.3
1991	109.2	102.4	113.9	108.9
1992	114.2	104.7	121.2	112.4
1993	114.0	104.7	119.9	112.2
1994	113.1	104.0	118.4	111.1
1995	110.9	105.0	113.9	109.8
1996	110.0	105.1	112.1	109.4
1997	109.3	103.5	110.5	110.7
1998	107.8	103.5	108.9	108.4
1999	107.6	102.8	108.1	109.3
2000	108.4	102.4	109.4	109.7
2001	108.3	102.8	108.4	110.3
2002	109.1	102.9	109.8	110.4
2003	110.0	102.5	112.7	109.5
2004	110.1	106.3	111.1	110.1
2005	111.3	105.2	112.1	112.2
2006	112.7	105.0	113.4	114.1
2007	114.2	103.7	115.1	116.0
2008	109.6	105.4	109.9	110.4
2009	109.2	104.2	109.9	109.6
2010	110.4	104.3	112.4	109.6
2011	109.3	104.3	110.3	109.4

资料来源:《中国统计年鉴2012》。

第二阶段为1984—1991年,为经济体制改革的探索阶段和产业结构的调整阶段。党的十二届三中全会后,中国经济体制改革的重点从农村转到城市,这带动了中国经济增长进入改革开放后的第二个发展周期。虽然早在十一届三中全会上,我们已经提出要把党和国家工作的重心转到经济建设上来,在十二大上提出了工农业总产值翻两番。但是在此之前,我们都是在传统的计划体制下试图推动中国的经济增长。我们很快就发现,在传统的体制下,中国经济是不可能实现高增长的。而当时的中国在经过"文革"之后,推动现代化进程、赶超世界先进水平的愿望,超过了以往任何时期。因此,从这一时期起,我们开始通过经济体制改革,推动中国的经济增长(尤其是第二和第三产业的增长)。在1985年前后,我国把原先的工农业总产值统计,改为世界各国通用的国内生产总值统计,按照三次产业分类定期公布。在党的十三大上,邓小平提出的以GDP体现的"三步走"的发展战略则被完整地写进大会的报告中,作为党和国家进行现代化建设的重要指导思想。[①] 我们对财税体制、价格体制、企业管理体制、收入分配体制、外贸体制甚至计划体制,进行了一系列探索性的改革,核心是要调动各方面的生产积极性,促进经济增长。虽然这一时期改革的目标还不明确,经济发展也出现过很多波折,如出现过两次较高的通货膨胀,经济增长波动的幅度也很大,但是经济增长率确实开始提高。虽然第一产业的增长率有所回落,至4%左右,以后长期保持在这一水平,但第二产业、第三产业的增长率有所提升。我国的经济体制仍然属于计划体制,但产业路线和技术路线有了明显的调整,在产业路线上,和人民生活密切相关的轻工业、纺织工业等得到迅速发展,以电视机、洗衣机、电冰箱为代表的新型家电工业的发展,使中国居民的消费结构发生了明显的升级,而以往更受重视的国防工业和重工业的发展则有所调整。而从技术路线上,开始强调引进国外先进技术(引进、吸收、消化和再创新),而不是闭门造车,在低水平上进行研发。如果从加速工业化时期产业升级的角度来看,在改革开放后经济增长的第二阶段,中国开始了改革开放以后的第一次产业结构升级,即从农业为主导的经济增长转为以轻纺工业为主导的经济增长。

第三阶段为1992—2002年,为深化市场化改革和加速工业化启动阶段。邓小平南方讲话后,中国进入了新一轮的加速经济增长阶段,同时也加快了经济改革的步伐。在这一时期,党和国家明确提出我国经济体制改革的目标是建立社会主义市场经济,要吸收全世界一切能够促进中国生产力的人类文明,尤其是市场经

---

① 1987年4月30日,邓小平在会见西班牙外宾时说:"第一步在80年代翻一番。以1980年为基数,当时国民生产总值人均只有250美元,翻一番,达到500美元,解决人民的温饱问题;第二步是到20世纪末,再翻一番,人均达到1000美元,进入小康社会。第三步,在下世纪再用30到50年的时间,再翻两番,大体上达到人均4000美元,基本实现现代化,达到中等发达国家的水平。"《邓小平文选》第3卷第226页。

济体制,用三十年的时间建立和完善中国的社会主义市场经济体制,其中前二十年是建立市场经济的基本框架,后十年用来完善社会主义市场秩序。在这一发展目标下,中国开始了一系列深刻的市场化改革,包括商品市场化、产权、资本、劳动、技术等生产要素的市场化,虽然这些方面的市场化改革仍需要进一步完善,但是社会主义市场经济体系的基本框架已经建立起来,为后来的经济增长和宏观调控建立了良好的体制基础。在这一阶段初期,轻工业仍然是工业化的主流,但具体的主导行业有所变化,消费产品的升级带动了工业产品的升级,科技含量较高的工业产品如电脑、通信产品、电子产品、空调等发展了起来。第三产业的发展也有了新的特点,在传统第三产业发展的同时,现代第三产业(金融、通信、房地产、航空与高速公路运输等)也发展了起来。到这一阶段的后期,也就是在世纪之交前后,由于宏观调控、亚洲金融危机和产业调整等因素,中国的经济增长开始减缓,由10%以上(1996年以前)下降到8%左右,从1992年开始的通货膨胀也在1998年亚洲金融危机前后转为通货紧缩。在这种情况下,国家通过加大基础设施投资的力度和加强国有企业的股份制改造,对经济结构加以调整,推动了新一轮的产业升级或者说是第二次大的产业升级,即主导行业由轻纺工业开始向重化工业转型。新一轮的转型仍然是在新的消费升级的背景下发生的,汽车、住房等更高级的需求,以及国际市场上对中国制造业产品扩大的需求,对中国的重化工业的发展起到了重大的拉动作用,而改革开放后中国长达二十年的经济增长带来的综合国力的提高也为这一次产业升级提供了坚实的物质基础。从这一时期开始,第二产业的增长率开始超过第三产业,中国事实上已经开始了加速工业化的过程。

  第四阶段由2003年到现在,是市场经济下的加速工业化阶段。这一时期,在体制上,我们基本上建成了社会主义市场经济的框架,国有、民营和外资企业有了更好的经营环境,建立在新的微观基础上的宏观调控发展了起来。再加上改革开放以后多年高速经济增长所形成的综合实力和有利于我们的外向型经济发展的国际环境,中国的经济增长取得了改革开放后的最大进展。从2002年下半年起,中国经济开始进入了第四个增长周期。不仅增长率在加速,其主导产业也和上一周期开始时完全不同,钢铁、水泥、建材等原材料和技术装备的产量迅速上升,许多产品的产量都跃居世界前列,重化工业获得了前所未有的大发展,中国作为新的国际制造业中心的地位开始确立。如果说在上一个周期的后期,我们已经开始了第二次产业结构的升级,那么到了这一时期,我们则实现了这一升级。这种升级的原因,从需求方面看,在于国内外投资和消费的持续拉动,而从供给方面看,是由于长期增长积累的生产能力和不断提高的技术水平,已经使中国能够在较高的水平上发展自己的工业。在这一时期,我国第二产业增长率虽然和上一个时期相仿,但由于基数高、规模大,对中国的经济和社会的发展产生了重大影响,综合国力、人民生活和国际地位都有重大提升。

在表4.5中可以看到,在这四个时期中,我国的经济增长率是不断提高的,分别为9.2%、9.6%、10.2%和10.8%,呈现为加速的经济增长。但是在不同的时期,各个产业部门的增长率存在着较大的差别:

就第一产业看,加速的增长主要出现在改革开放初期即第一个时期,年均增长率达到了7.3%,此后的年均经济增长率回落到4%左右,从第一产业部门本身的性质看,能够长期地保持这一增长率已经是非常难得。第二产业是改革开放以来我国增长得最快的产业部门,长期年均增长率达到了11.4%,分时期看,它的增长是加速的,第三和第四个时期的增长率都达到了12%以上,高于第一和第二个时期。第三产业的长期年均增长率为10.9%,低于第二产业0.5%,没有明显的差异,但分时期看,表现正好和第二产业相反,第一和第二个时期年均增长率高于第三和第四个时期。这表明了中国的经济增长仍然处于加速工业化阶段,由制造业和建筑业为主体的第二产业仍然引领着我国的经济增长。如果仅仅考虑实际增长对产业结构的影响,将1978年GDP及各产业部门的增加值与后续年份的以1978年为基期的定基指数相乘,就可以得到各个年份以1978年价格计算的GDP及增加值(参见表4.7),并可以以这些数据为基础计算各年的GDP构成。如果按可比价格计算,第一产业部门由于增长较慢,至2010年,在整个经济中所占的比重已经下降到5.1%,下降了约23.1%;第二产业部门的比重提高到66.3%,提高了18.4%;而第三产业上升到28.6%,提高了4.7%。从这一分析结果可以看出,改革开放以后,就实际增长对GDP的贡献而言,第二产业部门是最大的,第三产业的实际增长相对缓慢。第一产业也在增长,但由于它的增长率显著地低于其他两个产业,导致了它在国民经济中的比重大幅度降低。这说明了迅速的工业化过程对我国的经济增长做出了积极的贡献。

表4.7 按可比价格计算的1978—2011年三次产业结构变化

年份	按1978年价格计算的增加值(亿元)				国内生产总值构成(%)			
	国内生产总值	第一产业	第二产业	第三产业	国内生产总值	第一产业	第二产业	第三产业
1978	3 645	1 028	1 745	872	100	28.2	47.9	23.9
1979	3 920	1 090	1 888	941	100	27.8	48.2	24.0
1980	4 216	1 074	2 144	997	100	25.5	50.9	23.7
1981	4 435	1 149	2 185	1 101	100	25.9	49.3	24.8
1982	4 832	1 282	2 306	1 244	100	26.5	47.7	25.8
1983	5 367	1 389	2 545	1 433	100	25.9	47.4	26.7
1984	6 192	1 568	2 914	1 710	100	25.3	47.1	27.6

（续表）

年份	按1978年价格计算的增加值（亿元）				国内生产总值构成（%）			
	国内生产总值	第一产业	第二产业	第三产业	国内生产总值	第一产业	第二产业	第三产业
1985	7 072	1 596	3 455	2 021	100	22.6	48.8	28.6
1986	7 722	1 649	3 808	2 265	100	21.4	49.3	29.3
1987	8 646	1 727	4 329	2 590	100	20.0	50.1	30.0
1988	9 659	1 771	4 958	2 930	100	18.3	51.3	30.3
1989	10 057	1 825	5 144	3 088	100	18.1	51.2	30.7
1990	10 426	1 959	5 307	3 160	100	18.8	50.9	30.3
1991	11 489	2 006	6 043	3 440	100	17.5	52.6	29.9
1992	13 290	2 100	7 321	3 868	100	15.8	55.1	29.1
1993	15 314	2 199	8 775	4 339	100	14.4	57.3	28.3
1994	17 494	2 287	10 387	4 821	100	13.1	59.4	27.6
1995	19 524	2 402	11 828	5 295	100	12.3	60.6	27.1
1996	21 578	2 524	13 260	5 794	100	11.7	61.5	26.9
1997	23 677	2 612	14 649	6 415	100	11.0	61.5	27.1
1998	25 610	2 704	15 955	6 952	100	10.6	62.3	27.1
1999	27 633	2 780	17 253	7 601	100	10.1	62.4	27.5
2000	30 067	2 846	18 879	8 342	100	9.5	62.8	27.7
2001	32 596	2 926	20 473	9 197	100	9.0	62.8	28.2
2002	35 654	3 011	22 485	10 158	100	8.4	63.1	28.5
2003	39 544	3 086	25 335	11 123	100	7.8	64.1	28.1
2004	43 672	3 281	28 150	12 242	100	7.5	64.5	28.0
2005	48 742	3 452	31 551	13 739	100	7.1	64.7	28.2
2006	55 082	3 625	35 776	15 681	100	6.6	65.0	28.5
2007	63 113	3 760	41 165	18 188	100	6.0	65.2	28.8
2008	69 274	3 963	45 231	20 080	100	5.7	65.3	29.0
2009	75 856	4 128	49 727	22 000	100	5.4	65.6	29.0
2010	84 304	4 305	55 897	24 102	100	5.1	66.3	28.6
2011	92 512	4 490	61 654	26 368	100	4.9	66.6	28.5

资料来源：根据1978年现价GDP及相应年份的GDP指数推算。

从图4.2中可以直观地看到，如果不考虑价格因素，在三次产业中，第二产业的扩张程度是最大的（反映为第二产业曲线和第一产业曲线之间的宽度），除了在改革初期那一段时间(1978—1984)保持了相对稳定外（其中1980年前后有过一段起伏），此后一直保持着不断扩张的趋势，按不变价格计算的占比是稳步提高的,从 1985 年的 48% 左右,上升到 2011 年的 66% 左右,与之相对应,第一产业的占比是稳定下降的,即使在改革开放初期农村经济体制改革期间我国农村经济有比较好的发展,由于增长率仍然慢于第二、第三产业,它的比重也是下降的,现在已经从 28% 下降到 5% 左右,从图形上近似地表现为一条向下的斜线。第三产业的较快增长,主要表现在 20 世纪 90 年代以前,在这一时期它的增长率超过了第一产业和第二产业,因此到了 1990 年前后,它的按不变价格计算的增加值占比达到了 30%,为历史最高水平。在此之后,由于第三产业的年均增长率相对地低于第二产业,按照不变价格计算的占比从发展上看,经过小幅回落又重新回升的过程,但是从长期看,直到现在也没有达到 1990 年的水平,这也意味着在这一期间,第三产业的实际年均增长率是低于第二产业的。

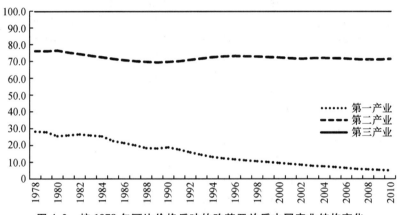

图 4.2 按 1978 年可比价格反映的改革开放后中国产业结构变化

（三）价格变化对产业结构的影响

在通常的产业结构分析中,结构变化并不是按照可比价格计算的,而是按照现行价格计算的。因为结构关系,不仅要反映各个产业部门的增长,也要反映它们之间的相互联系,而在现代经济的条件下,各个产业部门之间的联系是通过市场上商品交易建立起来的,而商品（包括货物、服务和生产要素）的价格则是这种交易或者部门联系的基础,而产业结构不但要反映各个产业部门增长的结果,也要反映社会供求关系的变化,因此更需要从现行价格的基础上进行研究。如果按现行价格计算时,2011 年三次产业增加值在 GDP 中的比重就不是表 4.7 中的 4.9∶66.6∶28.5,而是 10.0∶46.6∶43.3（参见表 4.8）。

表4.8 1978—2011年三次产业占国内生产总值的比重

年份	总额(亿元)				国内生产总值构成(%)		
	国内生产总值	第一产业	第二产业	第三产业	第一产业	第二产业	第三产业
1978	3 645	1 028	1 745	872	28.2	47.9	23.9
1979	4 063	1 270	1 914	879	31.3	47.1	21.6
1980	4 546	1 372	2 192	982	30.2	48.2	21.6
1981	4 892	1 559	2 256	1 077	31.9	46.1	22.0
1982	5 323	1 777	2 383	1 163	33.4	44.8	21.8
1983	5 963	1 978	2 646	1 338	33.2	44.4	22.4
1984	7 208	2 316	3 106	1 786	32.1	43.1	24.8
1985	9 016	2 564	3 867	2 585	28.4	42.9	28.7
1986	10 275	2 789	4 493	2 994	27.2	43.7	29.1
1987	12 059	3 233	5 252	3 574	26.8	43.6	29.6
1988	15 043	3 865	6 587	4 590	25.7	43.8	30.5
1989	16 992	4 266	7 278	5 448	25.1	42.8	32.1
1990	18 668	5 062	7 717	5 888	27.1	41.3	31.6
1991	21 781	5 342	9 102	7 337	24.5	41.8	33.7
1992	26 923	5 867	11 700	9 357	21.8	43.4	34.8
1993	35 334	6 964	16 454	11 916	19.7	46.6	33.7
1994	48 198	9 573	22 445	16 180	19.8	46.6	33.6
1995	60 794	12 136	28 679	19 978	19.9	47.2	32.9
1996	71 177	14 015	33 835	23 326	19.7	47.5	32.8
1997	78 973	14 442	37 543	26 988	18.3	47.5	34.2
1998	84 402	14 818	39 004	30 580	17.6	46.2	36.2
1999	89 677	14 770	41 034	33 873	16.5	45.8	37.7
2000	99 215	14 945	45 556	38 714	15.1	45.9	39.0
2001	109 655	15 781	49 512	44 362	14.4	45.1	40.5
2002	120 333	16 537	53 897	49 899	13.7	44.8	41.5
2003	135 823	17 382	62 436	56 005	12.8	46.0	41.2
2004	159 878	21 413	73 904	64 561	13.4	46.2	40.4
2005	184 937	22 420	87 598	74 919	12.1	47.4	40.5
2006	216 314	24 040	103 720	88 555	11.1	48.0	40.9
2007	265 810	28 627	125 831	111 352	10.8	47.3	41.9
2008	314 045	33 702	149 003	131 340	10.7	47.5	41.8
2009	340 903	35 226	157 639	148 038	10.3	46.3	43.4
2010	401 202	40 534	187 581	173 087	10.1	46.8	43.1
2011	472 882	47 486	220 413	204 983	10.0	46.6	43.3

资料来源:《中国统计年鉴2012》。

长期增长率最高的第二产业的比重和1978年相比不仅没有提高,反而是下降的,第一产业的占比也是下降的,但是下降的程度低于按可比价格计算的结果,而第三产业所占的比重是上升的,高于按照可比价格计算的结果近15个百分点。这种与可比价格的计算结果之间的差异,是由于不同产业部门的价格变化所造成的。直观地看,1978—2010年间,价格因素对各个产业部门所形成的影响分别是5.1%、-20%和14.8%,对第二产业构成的影响最大,第三产业次之,第一产业最低。对比表4.7和表4.8的结构可以发现,虽然在高速经济增长过程中,各个产业部门的价格一般水平都是上涨的,年均增长率高的产业部门,其价格水平的上升幅度往往低于增长率低的部门,而各个产业所占的比重是否提高,还要看产业增长和价格两种因素的综合作用,从表4.7和表4.8中的数据看,虽然第二产业是改革开放后增长最快的产业部门,但是它的按现行价格计算的增加值在GDP所占的比重,不但没有提高,反而略有下降。

在计算GDP及各部门增加值指数时,是假定所计算时期的货物和服务的价格没有发生变化,换句话说,期末的货物和服务的总量是以期初(或者是上一期末)的价格计算的,这种指数计算所使用的公式在统计学上称为拉氏公式,即

$$\text{GDP Index} = \frac{\sum_i p_0 q_1}{\sum_i p_0 q_0}$$

其中,p表示货物和服务的价格,q表示货物和服务的数量,下标1表示本期末,下标0表示上期末或本期初。

相应地,GDP平减指数所使用的公式就是派氏公式,即按照期末的货物和服务的数量来反映价格总水平的变动,用公式表示,有

$$\text{GDP Deflator} = \frac{\sum_i p_1 q_1}{\sum_i p_0 q_1}$$

将拉氏公式计算的GDP指数和派氏公式计算的GDP平减指数相乘,所得到的结果就是本期和上一期相比GDP总价值的变化,或者说,GDP价值指数可以分解为GDP指数和GDP价格平减指数,用公式表示为

$$\frac{\sum_i p_1 q_1}{\sum_i p_0 q_0} = \frac{\sum_i p_0 q_1}{\sum_i p_0 q_0} \times \frac{\sum_i p_1 q_1}{\sum_i p_0 q_1}$$

以上公式等号右边的第一项为GDP指数,第二项为GDP价格平减指数。在具体计算时,由于GDP只反映了社会总产品的增量部分,所以GDP和增加值物量指数还需要经过一些专门的技术处理,但原理没有变化。我们通过由GDP和三次

产业的价值指数,除以相应年份的物量指数(参见表4.7),就可以得出相应年份的GDP及各产业增加值的平减指数(表4.9)。

表4.9 1978—2011年中国GDP和三次产业价格平减指数及CPI(上年=100)

	GDP平减指数	第一产业	第二产业	第三产业	CPI
1979	103.6	116.5	101.3	93.4	102.0
1980	103.8	109.6	100.9	105.4	106.0
1981	102.2	106.3	101.0	99.3	102.4
1982	99.8	102.2	100.1	95.7	101.9
1983	101.0	102.7	100.7	99.9	101.5
1984	105.0	103.7	102.5	111.8	102.8
1985	110.2	108.7	105.0	122.5	109.3
1986	104.8	105.3	105.5	103.4	106.4
1987	105.1	110.7	102.8	104.4	107.3
1988	112.1	116.6	109.6	113.5	118.8
1989	108.5	107.1	106.5	112.7	118.0
1990	105.8	110.6	102.8	105.6	103.1
1991	106.9	103.1	103.6	114.4	103.4
1992	108.2	104.9	106.1	113.4	106.4
1993	115.2	113.4	117.3	113.5	114.7
1994	120.6	132.2	115.3	122.2	124.1
1995	113.7	120.7	112.2	112.4	117.1
1996	106.4	109.9	105.2	106.7	108.3
1997	101.5	99.5	100.4	104.5	102.8
1998	99.1	99.1	95.4	104.6	99.2
1999	98.7	97.0	97.3	101.3	98.6
2000	102.1	98.8	101.5	104.1	100.4
2001	102.0	102.7	100.2	103.9	100.7
2002	100.6	101.8	99.1	101.8	99.2
2003	102.6	102.5	102.8	102.5	101.2
2004	106.9	115.9	106.5	104.7	103.9
2005	103.9	99.5	105.8	103.4	101.8
2006	103.8	102.1	104.4	103.6	101.5
2007	107.7	114.8	105.5	108.4	104.8
2008	107.7	111.8	107.8	106.8	105.9
2009	99.4	100.3	96.2	102.9	99.3
2010	106.6	110.4	105.9	106.7	103.3
2011	107.8	112.3	106.5	108.2	105.4

同样地,我们也把它们分成四个时期,观察各个时期三次产业及整个国民经济的价格总水平变化(参见表4.10)。

表4.10 1978—2011年分阶段GDP价格平减指数(上年=100)

年份	GDP平减指数	第一产业	第二产业	第三产业
1978—1984 平均指数	102.6	106.7	101.1	100.7
1985—1991 平均指数	107.6	108.8	105.1	110.7
1992—2002 平均指数	106.0	106.8	104.3	107.9
2003—2011 平均指数	105.1	107.6	104.5	105.2
1978—2011 定基指数	576.5	1 057.6	357.5	777.4
1978—2011 平均指数	105.5	107.4	103.9	106.4

首先看改革开放以来我国价格总水平的长期变化。从1978—2011年,用GDP平减指数反映的我国价格总水平的年均上涨幅度为5.5%,其中第一产业的价格上涨幅度最大,2011年的价格为1978年的10倍以上(年均上涨7.4%);第三产业次之,达到7.77倍(年均上涨6.4%);涨幅最小的是第二产业,为3.57倍(年均上涨3.9%)。如果以第二产业部门为基准,第三产业一般价格水平的上涨幅度是第二产业的两倍,而第一产业则是第二产业的三倍。如果将三次产业部门的价格上涨幅度和它们的增长率相比,这和前面从两种结构差异对比得出的分析结论是一致的:这就是在中国的高速增长过程中,长期年均增长率越高的部门,其价格上涨的相对幅度也就越小,反之,增长率越低的部门,其价格上涨的幅度也就越大。图4.3直观地反映了改革开放后GDP和三次产业的平减指数及CPI的长期趋势(数据参见表4.11)。从图中可以看到,从长期发展看,GDP平减指数和CPI最为接

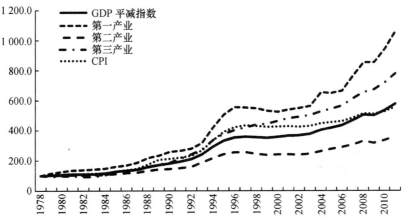

图4.3 1978—2011年中国GDP和三次产业价格平减指数及CPI(1978=100)

近,但在20世纪90年代以前,CPI指数曲线的斜率大于GDP平减指数,而在进入21世纪后,GDP平减指数曲线的斜率则大于CPI,而在这两个时期之间则是接近的。这说明在改革开放初期,消费者价格的上涨高于整个国民经济价格总水平的上涨,而到了21世纪尤其是2003年以后,由于投资拉动,整个国民经济价格总水平的上涨高于CPI。分产业看,第一产业的整体价格水平不但上涨的幅度大,而且波动较大,第二产业的整体价格水平上涨的幅度小而且平稳,第三产业上涨的幅度大而且平稳。

表4.11 1978—2011年中国GDP及三次产业价格平减指数及CPI(1978=100)

	GDP平减指数	第一产业	第二产业	第三产业	CPI
1978	100.0	100.0	100.0	100.0	100.0
1979	103.6	116.5	101.3	93.4	102.0
1980	107.5	127.7	102.2	98.4	108.1
1981	109.9	135.7	103.2	97.7	110.7
1982	109.7	138.7	103.3	93.5	112.8
1983	110.8	142.5	104.0	93.4	114.5
1984	116.3	147.8	106.6	104.4	117.7
1985	128.2	160.6	111.9	127.9	128.7
1986	134.3	169.1	118.0	132.2	137.0
1987	141.2	187.2	121.3	138.0	147.0
1988	158.3	218.3	132.9	156.6	174.7
1989	171.8	233.7	141.5	176.5	206.1
1990	181.8	258.4	145.4	186.4	212.5
1991	194.3	266.3	150.6	213.3	219.7
1992	210.2	279.3	159.8	241.9	233.8
1993	242.1	316.6	187.5	274.6	268.2
1994	292.0	418.5	216.1	335.6	332.8
1995	332.0	505.3	242.5	377.3	389.7
1996	353.4	555.3	255.2	402.6	422.0
1997	358.7	552.8	256.3	420.7	433.9
1998	355.5	548.0	244.5	439.9	430.4
1999	351.0	531.4	237.8	445.7	424.4
2000	358.2	525.1	241.3	464.1	426.1
2001	365.5	539.4	241.8	482.3	429.0

（续表）

	GDP 平减指数	第一产业	第二产业	第三产业	CPI
2002	367.7	549.3	239.7	491.2	425.6
2003	377.2	563.2	246.4	503.5	430.7
2004	403.3	652.7	262.5	527.4	447.5
2005	419.2	649.5	277.6	545.3	455.6
2006	435.1	663.2	289.9	564.7	462.4
2007	468.4	761.3	305.7	612.2	484.6
2008	504.7	850.5	329.4	654.1	513.2
2009	501.7	853.2	317.0	672.9	509.6
2010	534.6	941.6	335.6	718.2	526.4
2011	576.5	1 057.6	357.5	777.4	554.8

资料来源:根据表4.9数据推算。

其次看四个不同历史时期价格变化的不同特点。

第一个发展阶段(1978—1984),以GDP平减指数反映的价格总水平的年均上涨幅度很小,仅有2.6%。这一时期的价格上涨主要表现为第一产业,主要是农产品的价格上涨。由于农村经济体制改革,放松了对农产品的价格管制,农产品的价格有比较大的上涨,年均上涨幅度达到6.7%。虽然和后来几个时期相比,这一时期农产品价格的年均上涨幅度是最小的,但是和其他产业的价格上涨幅度之间的差异却是最大的,这种改革改变了传统的计划体制下的工农业产品"剪刀差",商品的价格尤其是农产品价格对市场的供求关系已经有所反映,这对调动农民的生产积极性、刺激农业生产的发展,具有积极意义。在这一时期,我国的第二产业、第三产业仍然处于计划体制下,为了使农产品的上涨不影响城镇劳动者的实际收入,政府通过补贴的方式调整了国家干部、企业职工和城镇居民的收入,由于这种补贴增加了企业的劳动成本,政府也相应地调整了一些工业产品和服务的价格,使第二、第三产业的价格有小幅度的上升,年均上涨幅度分别为1.1%和0.7%。虽然幅度很小,但却有很大的意义,它标志着我国商品价格几十年不变的格局已经开始变化。

第二个发展阶段(1985—1991),我国开始加快经济体制改革的步伐,这一时期国家推出了很多改革举措,如扩大企业自主权的试点、企业流动资金无偿使用改为银行贷款、企业上缴利润改为向国家纳税,等等。但是最大的改革是价格体制的改革,放开了大多数居民消费品的价格,对生产资料的价格也进行了"双轨制"的试点,希望商品价格能够较好地反映它们的价值,用今天的话来说,就是通过市场供求来实现价格均衡。这种改革对我国的经济增长起到了积极的推动作用,虽然第一产业的增长率出现了回落,但第二产业和第三产业的增长率明显提升。如果按照"三步走"的发展战略,我们希望年均增长率能够达到 7.2% 以上,但同时也觉得实现和保持这样的高增长有一定的难度,需要经过艰苦的努力。但在事实上,通过经济体制改革,这一时期的经济增长远远超过了预定的目标,达到了 9.6%,第二产业和第三产业的增长率都在 10% 以上。但是这一时期的商品价格的上涨和波动幅度也是非常大的,整个国民经济价格总水平年均上涨幅度达到 7.6%,为改革开放以后平均上涨幅度最大的时期,其中第一产业的年均上涨幅度达到 8.8%,第三产业甚至达到了 10% 以上,第二产业也达到了 5%。这种改革所带来的各个产业部门价格水平的变化,一方面改善了计划体制下扭曲的价格体系,通过市场机制的作用带动第二产业(尤其是轻纺工业)和第三产业的迅速发展,但在另一方面,这种价格变化也对劳动者和居民家庭的生活造成了冲击。1985 年,以第二产业平减指数反映的价格上涨达到了 23%,而 1988 年则是第三产业的平减指数上涨了 13%,相应年份的 CPI 分别达到 9% 和 18%。现在看来,中国通过经济体制改革推动的现代化和赶超进程,起步是艰难的,我们既要通过价格体制的改革推动经济增长,又要避免价格的过度波动影响正常的经济秩序,要实现二者之间的均衡是有难度的。在这种情况下,经济增长的成果就显得更为重要,因为只有实现了较快的经济增长,我们才有解决发展和改革中的各种矛盾的基础,从这个意义上看,这一时期的改革和发展在总体上达到了预定的目标。

第三个发展阶段(1992—2002),我国以 GDP 平减指数反映的价格总水平上涨,比前一阶段有所回落,年均上涨 6%,其中第一产业的上涨为 6.8%,第二产业为 4.3%,第三产业为 7.9%,第三产业的年均上涨幅度仍然较大。从具体发展上看,这一阶段的价格总水平经历了首先是剧烈上涨,在 1994 年达到最高点,GDP 和三次产业增加值的平减指数分别达到 21%、32%、15% 和 22%。消费价格指数的上涨则达到了 24%,然后开始回落,到了 1998 年,由于国家采取了一系列调控措施,再加上经济周期本身的原因,通货膨胀已经开始转为通货紧缩,除了第三产业平减指数外,其他价格指数都已经转为负增长,这种通货紧缩的情况一直延续到 2002 年。这一时期我国价格总水平和三次产业的价格变化,是在我国明确地把建立社会主义市场经济作为经济体制改革目标的背景下发生的。在这一目标下,我们不仅推进了商品的市场化改革(全面放开了对消费资料和生产资料的价格管制,由市场定价的商品达到了 95% 以上),而且还进行了产权、劳动、技术、资本等生产要素的市场化改革,初步完成了由计划体制向市场体制的转轨,价格已经开始成为市场配置资源的基本信号,计划体制下价格扭曲的现象已经得到有效的改变。1998—2002 年间,我国推行了一系列更深层次的经济体制改革,如对国有经济的改革、金融体制的改革,但这些改革都没有引起我国价格体系的剧烈变动。应该说,经过从20世纪80年代初到21世纪初20年左右的改革,我国的各种商品价格已经基本上实现了市场定价,而由此反映的三次产业结构也就能够更加客观地反映三次产业的发展以及它们之间的相互关系。

第四个经济发展阶段(2003年至今),我国价格总水平的上涨程度比前两个时期进一步放缓,GDP平减指数反映的年均涨幅为5.1%,而且波动幅度明显收窄,无论是增加值平减指数还是CPI,在这一时期的任何年份中,都没有像前两个时期那样出现过超过10%的涨幅。如果说在前两个时期里,市场的价格水平变动在相当程度上还受体制因素的影响,那么到了这一时期,则更多地是受供求关系的影响。当然,不能说体制因素对市场价格完全没有影响,国家管制的一部分能源和服务价格,还是会从不同方面影响整个国民经济价格总水平的变动,但是大多数商品和服务的价格,已经反映了市场的供求关系,不同的商品和服务间的价格传导机制已经形成,这就使大规模的、长期的价格扭曲难以持续。从具体产业看,第一产业的年均上涨幅度为7.6%,第二产业为4.5%,第三产业为5.2%,这些涨幅和我国当前的供求失衡关系是相吻合的。在这一时期,由于20世纪末的市场化改革为国家的宏观调控建立了较好的微观基础,货币政策在国家的宏观调控中发挥了更大的作用,而宏观调控的重要目标就是要改善经济增长、通货膨胀和结构升级之间的均衡,为了保持平稳较快的经济增长,相对而言,国家的宏观调控政策是相对宽松的,这在促进经济增长的同时,也由于货币供应量的相对宽松,使得价格总水平年均上涨幅度比发达市场经济国家所控制的2%左右要高。

(四) 改革开放以来中国产业结构的变化

"产业结构高度"是对各产业的份额和比例关系的一种度量,对于一个大的发展中国家而言,同时也反映着它经济发展所到达的阶段。这种发展,应该是在资源配置不断优化、经济效率不断提高的基础上发生的,而不应该通过有悖于经济成长逻辑的方式超越经济发展的客观约束,以严重损害资源配置效率为代价,提升所谓产业结构高度。改革开放以前,我国在计划体制下,通过牺牲农业、农民和农村的利益为代价,推进"工业化"进程,至1978年第二产业的增加值在GDP中的占比已经达到了47.9%(参见表4.12),接近50%。如果我们按照计划经济的路子走下去,那么只要三五年,我们的第二产业的占比就能够突破50%,但是那种"工业化",是在经济发展缓慢、人民生活水平长期得不到提高、生产效率低下的基础上取得的,在当时已经走到了尽头。在那样的背景下由三次产业比例关系所表现的比例关系,反映的只能是虚高度。

表 4.12　改革开放后各个时期三次产业增加值占 GDP 比重的变化　（单位:%）

年份	第一产业	第二产业	第三产业	GDP
1978	28.2	47.9	23.9	100
1984	32.1	43.1	24.8	100
1991	24.5	41.8	33.7	100
2002	13.7	44.8	41.5	100
2011	10.0	46.6	43.3	100

资料来源:《中国统计年鉴 2011》。

十一届三中全会以后,我们首先在农村推进了经济体制改革,使第一产业有了前所未有的发展,尤其是农业劳动生产率有了显著的提高,再加上搞活了农村市场,使得农产品的价格在一定程度上向其价值回归,这使得第一产业增加值在 GDP 中所占的比重明显提高,城乡人民生活也得到明显的改善。虽然从那一时期的产业结构看,它是反向发展的,体现为农业占国民经济的比重上升、工业下降,在 1982 年,第一产业的比重提高到最高(33.4%),第二产业的比重则明显下降(44.8%,1990 年更下降至 41.3%),第三产业也有所下降。改革开放初期的这样一种逆工业化过程,实际上是对我国改革开放以前计划经济下"工业化"的一种否定。产业结构高度的度量本质上必须归结为生产率的衡量。只有一个国家或地区的生产率较高的产业所占的份额较大且增长较快,才能表明这个国家或地区的产业结构是有效率的。产业结构的转变方式可以分为市场导向和政府导向两种基本类型,对于落后的发展中国家而言,实现产业结构升级的体制关键在于:在思考如何推进市场化的同时,把产业结构变迁统一于市场导向和政府导向的有机结合中。对于由传统计划经济向社会主义市场经济体制转型的中国而言,产业结构高度的推进,关键在于如何在深入改革和完善竞争性市场机制的基础上,使政府导向或干预有效地通过市场机制来实现其产业结构发展目标。也就是说,只有市场机制和政府干预的有机结合,才能使得产业结构既产生量的变化,也产生质的变迁,实现真正意义上的经济发展。

改革开放后,中国的产业结构首先经历了一个调整的过程,然后再开始不断地提升,从直接影响因素看,这种结构的升级受产业增长和价格变化两方面的影响,反映了中国在转轨过程中效率的提升,经济体制改革和政府主导的宏观调控,促进了市场经济积极地发挥在配置资源方面的作用,从而促进了经济总量的迅速扩张和产业结构的不断提升。进入 21 世纪后也有类似的情况。这一时期,随着我国逐渐成为新的全球制造业中心,第二产业的增长重新出现加速,增长率重新超过了第三产业,虽然从表 4.11 中看,从 2002—2011 年,第二产业和第三产业占比提高的程度是相同的(均为 1.8%),但第三产业的份额的提高更多地借助了价格变化而不是增长率的提高,且第三产业占比的提高程度已经低于改革开放以来的前几个时期,但这并不意味着中国的产业结构高度的提升出现了减缓的趋势,而是由中国在这一时期特定的发展条件和影响因素所决定的,如加速工业化进程、城镇化、全球化战略下的外向型经济发展,都决定了在这一时期,第二产业的发展应该是经济增长的主导。从这个意义上看,发展中国家在现代化进程中,虽然都会经历第一产业占比下降,第二产业提升,然后是第三产业提升和第二产业回落的过程,但是由于起始点不同、具体时期的发展条件不同,有可能在发展过程中出现反复,这种反复如果适应了客观的需要,反而是有利于长期经济增长的。

分时期来看,在第一个经济增长周期中,由于中国的农村经济体制改革,第一产业在 GDP 中所占的比重提高的幅度很大,从28.2%提高到32.1%,提高了近4个百分点。进入第二个经济增长周期后,中国经济体制改革的重点由农村转向了城市,以农业为主的第一产业进入了平稳发展阶段。从第二个周期开始,由于第一产业的年均增长率和价格上涨幅度都出现回落,它在 GDP 中所占的比重有所下降。第二产业所占的比重经历了逐步下降又重新上升的过程,改革开放初为47.9%,到第二个周期结束时到达低点41.8%,下降了6%。这是对改革开放以前计划经济体制下片面追求工业发展而不考虑社会需求的一种修正。从第三个周期开始,中国的第二产业的增长率开始加快,虽然价格上涨低于其他产业,但较高的增长率使其比重仍然在不断提高。这一时期既是我国全面的市场化改革的时期,也是第二产业占比重新提高的时期。它说明经过市场化改革,我国的第二产业尤其是制造业已经进行了充分的调整,又重新进入上升时期。在这一时期后期开始的由重化工业的发展为代表的加速"工业化"进程中,由于商品市场化改革的结果,价格信号在资源配置中已经开始发挥主导作用,产业结构的变化和升级已经基本上克服了改革开放以前的"虚高度"。而在第四个经济增长周期中,第一产业的比重继续下降,但是下降的程度已经开始放慢,明显低于第二个和第三个周期,而第二产业和第三产业比重提高的程度是接近的。

从图4.4中我们可以观察改革开放后我国产业结构变动的长期趋势。改革开放后,第一产业经历了比重提高再重新下降的过程,而第二产业经历了比重下降再重新提高的过程,只有第三产业所占的比重是不断提高的。从现在的情况看,第二产业仍然是增长率最高、占比最高的产业部门,从这一点上判断,中国仍然处于工业化进程的中期向后期推进的阶段,或者说,属于工业化进程的中后期。但从长期发展趋势看,第二产业较高的增长率,在一定程度上会被其较慢的价格水平上涨所抵消,这使其占比的波动性是三次产业中最小的,从1990年低谷时的41.3%重新提升至2011年的46.6%,仅提高5.6%。而第一产业的比重从1982

年的 33.4%，下降到 2011 年的 10%，下降幅度高达 20% 以上。而第三产业比重从改革开放初期的 23.9% 上升到 2011 年的 43.3%，变化幅度也高达 20%。第一产业的占比还可能继续下降，但无论从我国劳动力的现状看，还是我国经济发展对第一产业产品尤其是农产品的依赖度看，这种下降的幅度是有限的。从图 4.4 中也可以看出，近年来第一产业比重下降的趋势已经有所减缓。从长期发展看，第二产业比重降低和第三产业比重的提升，很可能是中国经过了过去 10 年加速工业化进程之后，重新延伸的长期趋势。

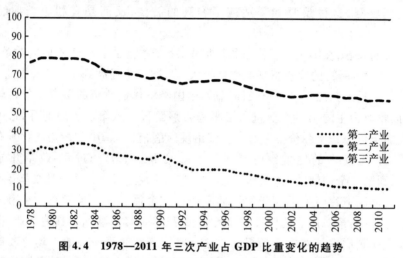

图 4.4　1978—2011 年三次产业占 GDP 比重变化的趋势

第二节　增加值结构与就业结构

在配第一克拉克定理中，对于产业结构的变化趋势是从价值和劳动力两个方面来论证的。在第一节中，我们从价值结构方面对改革开放后我国国内生产总值的增加值结构的发展变化进行了分析，这可以说是狭义的产业结构分析，而在这一节中，我们将把产业结构的分析推广到包含价值结构和劳动力结构的广义产业结构分析。改革开放以来，我国经济的增加值结构已经得到了很大的提升，2011 年第一产业的比重已经降到了 10%，三次产业的劳动力结构也发生了很大变化，第一产业的劳动力占比从改革开放初期的 70.5% 下降到 34.8%，显然，一方面，第一产业劳动力占比下降的趋势是和增加值占比相一致的，另一方面较之增加值占比上的变化存在着明显的滞后。

表 4.13 中列出的是改革开放后中国三次产业劳动力结构的变化。我们通过这种变化来看不同产业劳动力结构变化的特点。

表 4.13　1978—2011 年中国三次就业人数和结构变化

年份	就业人员（万人）				构成（合计＝100）		
	全部	第一产业	第二产业	第三产业	第一产业	第二产业	第三产业
1978	40 152	28 318	6 945	4 890	70.5	17.3	12.2
1979	41 024	28 634	7 214	5 177	69.8	17.6	12.6
1980	42 361	29 122	7 707	5 532	68.7	18.2	13.1
1981	43 725	29 777	8 003	5 945	68.1	18.3	13.6
1982	45 295	30 859	8 346	6 090	68.1	18.4	13.5
1983	46 436	31 151	8 679	6 606	67.1	18.7	14.2
1984	48 197	30 868	9 590	7 739	64.0	19.9	16.1
1985	49 873	31 130	10 384	8 359	62.4	20.8	16.8
1986	51 282	31 254	11 216	8 811	60.9	21.9	17.2
1987	52 783	31 663	11 726	9 395	60.0	22.2	17.8
1988	54 334	32 249	12 152	9 933	59.3	22.4	18.3
1989	55 329	33 225	11 976	10 129	60.1	21.6	18.3
1990	64 749	38 914	13 856	11 979	60.1	21.4	18.5
1991	65 491	39 098	14 015	12 378	59.7	21.4	18.9
1992	66 152	38 699	14 355	13 098	58.5	21.7	19.8
1993	66 808	37 680	14 965	14 163	56.4	22.4	21.2
1994	67 455	36 628	15 312	15 515	54.3	22.7	23.0
1995	68 065	35 530	15 655	16 880	52.2	23.0	24.8
1996	68 950	34 820	16 203	17 927	50.5	23.5	26.0
1997	69 820	34 840	16 547	18 432	49.9	23.7	26.4
1998	70 637	35 177	16 600	18 860	49.8	23.5	26.7
1999	71 394	35 768	16 421	19 205	50.1	23.0	26.9
2000	72 085	36 043	16 219	19 823	50.0	22.5	27.5
2001	72 797	36 399	16 234	20 165	50.0	22.3	27.7
2002	73 280	36 640	15 682	20 958	50.0	21.4	28.6
2003	73 736	36 204	15 927	21 605	49.1	21.6	29.3
2004	74 264	34 830	16 709	22 725	46.9	22.5	30.6
2005	74 647	33 442	17 766	23 439	44.8	23.8	31.4
2006	74 978	31 941	18 894	24 143	42.6	25.2	32.2
2007	75 321	30 731	20 186	24 404	40.8	26.8	32.4
2008	75 564	29 923	20 553	25 087	39.6	27.2	33.2
2009	75 828	28 890	21 080	25 857	38.1	27.8	34.1
2010	76 105	27 931	21 842	26 332	36.7	28.7	34.6
2011	76 420	26 594	22 544	27 282	34.8	29.5	35.7

资料来源：《中国统计年鉴 2012》。

首先看第一产业。改革开放初期,随着农村经济的发展,第一产业劳动力的比重是稳定下降的。这一期间城乡户籍管理制度其实是阻碍城乡劳动力的自由流动的,但由于乡镇企业在这一期间有比较大的发展,第一产业的劳动力是稳步下降的。进入20世纪90年代后,农村劳动力向城市的转移开始增加,但是到了1996年,当中国第一产业劳动力的比重下降到50%左右时,它的变动停顿了很长一段时间,一直到2003年新一轮经济增长周期来临,才开始重新下降。在这一期间,我国在全面建设社会主义市场经济体系的过程中,对传统的企业制度进行了改造,对大量企业实行了"关停并转",由此使"下岗职工"的再就业矛盾尖锐起来,城市登记失业率受高度关注。由于国有企业的规模在减少,非国有企业(民营、外资)新增的就业岗位就要在相当大的程度上用于吸纳国有企业的下岗职工,这就在一定程度上影响了农业劳动力向非农领域的转移。而从2003年起,第一产业劳动力的占比又重新开始下降,从表4.13中可以看出,即使是在全球金融危机后中国经济增长率出现回落的情况下,这一比重的下降仍然是稳健的,没有受到经济周期的严重冲击。2010年至2011年,第一产业增加值的比重从10.1%下降为10%,仅下降0.1个百分点,但第一产业劳动力的比重却从36.7%下降到34.8%,下降了1.9个百分点,在增加值占比基本保持不变的情况下,劳动力绝对数和相对量都在减少,劳动生产率是相对提高的。2003年以来的新一轮经济增长,对改善就业尤其是在改善就业结构方面,发挥的作用明显地超过了前一个周期。不但影响的力度大(表现为第一产业占比下降的程度大),同时还更加稳健(表现为占比的变动更加平稳)。但由于第一产业劳动力数量仍然很大,而增加值的比重却在不断下降,农业部门的劳动生产率仍然相对偏低。

其次看第二产业,这一产业虽然是改革开放后以增加值衡量的年均增长率最快的产业部门,但也是劳动力占比变化最小的产业部门。从1978年到城市经济体制改革之前的1984年,第二产业劳动力有小幅的提升(而其中相当一部分劳动力是由这一时期获得发展的乡镇企业吸纳的),而到1985年前后,第二产业的劳动力占比已经达到21%左右,以后虽然有过一些波动,但是到了2002年,又重新回落到21%左右,这也就是说,从1985年到2003年这18年间,中国第二产业的就业人数虽然伴随着经济活动人口和就业人口的增加而增加,但是在全部就业人员中的比例基本上没有提升。由此可知,在我国经济增长的第二个阶段和第三个阶段,经济增长和增加值结构的变化,对第二产业就业结构来说基本上没有什么影响。只有在2003年开始后的新一轮经济增长中,第二产业就业人员的占比才开始发生明显的变化(与2003年比较,2011年的占比提高了7.9%),从这个意义上看,2003年以后以重化工业加速增长为特征的新一轮经济增长,对第二产业就业的影响显著地区别于前面三个发展时期。

最后看第三产业。第三产业是改革开放后劳动力占比提高得最多的产业部门,2011年比1978年提高了20%以上,也是占比变动相对稳健的部门。从发展上看,改革开放的中前期,第三产业的劳动力的占比增加得比较快,1978—1996年的18年间,比重由12.2%上升到26%,而从1996年到2000年,停滞了4年左右时间,从2000年开始重新上升,2011年上升到35.7%,提升了8.2%。因此,如果从2000年为起点,第三产业劳动力占比的提高程度是高于第二产业的,但如果以2003年为起点,则第二产业劳动力的占比的改善程度要高于第三产业。相比较而言,第三产业劳动力占比的变化比第二产业更为稳健,受经济周期的影响较弱。

从整体上看,进入21世纪后,尤其是2002年下半年到2003年中国进入新一轮经济增长周期之后,加速的经济增长创造了大量的劳动力需求,在这一背景下,第一产业劳动力向第二和第三产业的转移开始加速。在此之后,从2002年至2011年,第一产业在就业中所占的比重由50%下降到34.8%,平均每年下降约两个百分点,大约是前20年变化程度的两倍,就业人数从3.66亿下降到2.65亿,减少了1亿人,每年减少1 000万人以上;第二产业的比重则从21.4%提高到29.5%,人数从1.57亿增加到2.25亿,增加了6 800多万人;第三产业的比重由28.6%提高到35.7%,人数从2.10亿增加到2.73亿,增加了6 300多万人。虽然第二产业仍然是就业占比最低的产业,但在这一时期,它所提供的就业岗位是最多的。2002—2011年,我国新增劳动力的数量仅为3 140万,而第二、第三产业新增的就业达到1.32亿,非农产业的发展不仅消化了新增的劳动力,还为第一产业转移而来的劳动力创造了大量的就业机会。

根据国家统计局的历史数据,1952年,我国三次产业劳动力的占比分别为83.5%、7.4%和9.1%,属于典型的自然经济,仍然停留在农业社会。新中国成立以后,尤其是从"第一个五年计划"学习苏联大力推进工业化进程之后,我国的工业和其他非农产业逐渐发展起来。但是从那时到改革开放初期,我们的工业发展是建立在农业支持工业的基础上的,从积累上看,一方面要通过农业税增加政府税收,另一方面要通过工农业产品剪刀差支持工业企业的利润。第一产业劳动力向第二、第三产业的转移是严格限制的,而户籍管理制度则为这种限制提供了保证。以工业为主的非农产业的发展虽然取得了一定的进展,但在改善非农就业方面进展很慢。1952—1976年这22年间,第一产业就业人数占比的下降幅度,平均每年不到0.6%。改革开放后,城乡之间、产业之间的劳动力相互流动有了明显的改善。但是以农业为主的第一产业部门仍然储存着大量的剩余劳动力,这主要表现在两个方面:一是相当一部分劳动力在城乡之间、产业之间相互流动,当他们在城市失去工作后,他们重新回到农村务农,有了工作又回到城市,在统计上不表现为城镇登记失业率,而计入农业就业;二是有相当一部分农业劳动力,仍然留在农村从事着收入较低的农业生产,虽然收入较低且增长缓慢,但能够维持温饱,生活也相对稳定。这种现象在发展中国家是普遍存在的,即城乡二元化结构和农村劳动力滞后地向城市转移。但在许多发展中国家,农村劳动力向城市的转移有可能导致城市就业压力急剧扩大,形成大量的城市贫困人口,但中国由于通过改革初期的农村经济体制改革,解决了大多数农村居民生活的基本需要,自给自足的农业经济和迅速推进的工业化进程并存的局面持续了很长时间,农业或农村劳动力向非农产业或城镇转移的过程是比较稳定的,没有对经济发展造成太大的压力。因此,在中国的产业结构的变化中,增加值结构的变化领先于劳动力结构的变化幅度较大,如果说增加值结构反映了中国工业化进程已经发展到了相当高的阶段(非农产业的比重已经达到了90%左右),那么从劳动力结构上看发展中国家的特征还相当明显。虽然无论是和新中国成立初期相比,还是和改革开放初期相比,第一产业的劳动力比重仍然有很大的下降,但现在仍然是劳动力占比最大的产业部门。从这个意义上看,中国的经济增长还需要继续保持相当长时期的发展,尽管我国的经济总量的规模已经很大,人均GDP水平已经达到世界银行的"上中等收入"的标准,但是从就业或劳动力结构来看产业结构,仍然还相当落后。最近10年的第一产业劳动力比重的下降程度的加速,反映了中国现阶段经济增长的特征,这就是高速的经济增长和第一产业生产率的提高,将使得更多的农业或农村劳动力向非农业和城镇转移,这可能对中国的经济增长提出更高的要求。

中国正处于产业结构迅速变化期间。改革开放三十多年来,无论增加值结构还是就业结构都有比较明显的变化,相比较而言,就业结构的变化滞后于增加值结构的变化,或者说,增加值结构带动了就业结构的变化。如果对图4.4和图4.5进行比较就会发现,虽然这两种结构变化的数值有很大差别,但是它们反映出来的发展趋势则是一致的。从增长率看,第二产业是最有活力的产业部门,但从就业结构上看,第三产业是扩张幅度最大的产业部门。改革开放以来,第二产业劳动力所占的比重大约提高了10%左右,而第三产业则提高了20%左右,这说明第三产业的发展对改善就业有更加积极的意义。在2003年开始的新一轮经济增长周期中,虽然第二产业的就业增长高于第三产业,但从长期发展的角度看,还是第三产业吸收劳动力的能力更强。随着一个国家的经济发展水平提高和非农就业比重的不断提高,就业在经济发展中的地位会不断提高。这也是在发达国家对就业的重视往往超过对经济增长率本身的重视,经济增长只是保证充分就业的重要手段。我国现阶段经济发展中的二元化结构在一定程度上缓解或掩盖了就业压力,但随着城市化进程的推进,越来越多的经济活动人员需要在城镇的非农产业中长期就业,这也会增加我们的就业压力。

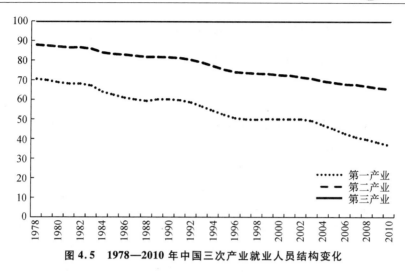

图 4.5　1978—2010 年中国三次产业就业人员结构变化

从图 4.5 中我们还可以观察到改革开放以来我国劳动力结构变化的长期趋势,可以看到,第一产业和第二产业的劳动力比重的变化有阶段性,而第三产业的比重则是稳步增加的。从发展趋势看,由于工业部门更加重视通过规模经营和改善装备能力改善生产率,在劳动成本不断提高的背景下更是如此,和第三产业相比,它更属于资本密集型和技术密集型行业。虽然在特定的发展时期和具体情况下,工业部门也可能发展一些劳动密集型企业,但从工业部门的本质上说,是属于机器大工业推动的部门,因此它对劳动力的容纳程度是有限的。但第二产业的发展,尤其是在不断实现技术进步条件下的发展,需要得到第三产业的支持(包括科学技术的进步、人力资源的培养、专业技术服务、金融服务、信息服务、交通运输通信服务、批发零售服务、政府服务等),因而第二产业的发展总是伴随着第三产业的发展,发展阶段越高,对第三产业的要求也就越高,而第三产业和其他产业相比,则更属于劳动密集型产业。无论从理论上看,还是从我国改革开放以来劳动力结构变迁的历史看,第三产业都是工业化进程发生后,吸纳劳动力最强的产业部门,在图 4.5 中,第三产业就业人数所占的比例,一直是稳健上升的,现在已经接近第一产业,从发展趋势看,在 2012 年前后将有可能超过第一产业成为劳动力占比最大的产业。尽管我国目前仍然属于第二产业增加值增长率最高的时期,但由于第二产业发展和整个经济增长带动的第三产业发展,将可能吸纳更多的新增和转移就业,这是中国经济发展的一个新的趋势。

第三节 三次产业的收入结构与劳动生产率分析

国内生产总值是从生产和支出角度反映的国民收入[①],即国民收入的生产构成和最终产品。因此国内生产总值也可以从生产和最终产品两个方面反映,生产方面通过生产法和收入法反映,最终产品方面用支出法反映。它们的计算结果及其构成说明了国民收入是如何创造出来的(生产法和收入法),又使用到了什么地方去(支出法)。通过国内生产总值所进行的产业结构分析是从生产方考察的,因此主要使用的是生产法和收入法的计算结果。生产法计算的增加值是在对相关企业所生产的产品扣除中间消耗后所汇总的结果,而收入法计算的增加值则是对相关企业在生产过程中所做的初次投入汇总所得到的结果。从理论上看,这两种方法所反映的对象是一致的,因为在企业的总产值或总产品中,扣除掉中间消耗,正好就是企业的生产活动所创造的增加值。增加值的具体内容一般包括四项,即劳动报酬、固定资本损耗、营业盈余和间接税净额,它反映的是广义生产要素(劳动者、企业和政府)在现期参加生产活动为国民经济所增加(add)的价值(value),所以称为增加值(value added),反映了各生产要素的初次分配所得或收入。因此,生产法和收入法的计算结果在理论上应该是一致的,但在实际统计中,由于搜集数据在时间、方法和途径上的差别,所得到的结果可能存在着统计误差。在发达市场经济国家,往往公布同时按现行价格和可比价格计算的生产法和收入法(以及支出法)的核算结果,对不同方法所得到的结果之间的反复平衡核算,本身也是提高数据准确性的重要手段。目前在中国,由于统计工作与发达国家之间仍然存在着差距,我们的 GDP 核算成果主要反映为按生产法核算的三次产业增加值数据,而按收入法核算的增加值细分类数据,在全国统计的层次,反映在五年一次的投入产出表编制后公布(中间还公布一次投入产出延长表),间隔时间偏长,目前得到的最新的投入产出表是 2007 年的;而在地方,则是每年上报一次(公布数据不包含三次产业分类),地方数据和全国汇总数据之间也存在着统计差异。我们根据投入产出表的历史数据,结合地方的公布数据,观察我国 GDP 成本结构(收入构成)和人均收入的发展变化。由于经济制度和统计制度的变化,1992 年以后的投入产出表和以前的表之间不具备统计可比性,我们只分析 1992 年以后的数据(参见表 4.14)。

---

① 一般地看,国民收入是一个经济学概念,而国内生产总值、国民总收入(国民生产总值)、国内支出总额等指标则是在统计领域对于经济学概念的具体计量,由于考察的角度不同,可以通过一系列指标考察国民收入的各个方面,由此构成国民收入的指标体系。

表 4.14 1992—2007 年中国收入法国内生产总值   （单位：亿元）

年份	项目	第一产业	第二产业	第三产业	国内生产总值
1992	增加值合计	5 852.6	12 164.4	8 627.3	26 644.3
	劳动报酬	4 930.4	3 760.9	3 361.1	12 052.4
	生产税净额	232.6	2 565.3	476.0	3 273.8
	固定资产折旧	203.7	1 966.0	1 367.7	3 537.4
	营业盈余	485.9	3 872.2	3 422.5	7 780.6
1997	增加值合计	14 741.6	39 610.2	21 352.3	75 704.1
	劳动者报酬	12 978.7	17 599.4	10 962.3	41 540.4
	生产税净额	433.0	6 941.2	2 870.7	10 244.9
	固定资产折旧	584.8	5 637.6	4 089.8	10 312.2
	营业盈余	745.1	9 431.9	3 429.6	13 606.6
2002	增加值合计	16 630.5	55 101.2	50 127.2	121 858.9
	劳动者报酬	13 316.0	22 518.8	23 115.7	58 950.5
	生产税净额	544.7	10 248.8	6 668.8	17 462.6
	固定资产折旧	764.9	8 372.6	9 603.0	18 740.6
	营业盈余	2 004.9	13 961.0	10 739.7	26 705.6
2007	增加值合计	28 659.2	134 495.3	102 889.4	266 043.8
	劳动者报酬	27 181.6	45 994.2	36 871.5	110 047.3
	生产税净额	47.8	27 010.3	11 460.6	38 518.7
	固定资产折旧	1 429.7	18 161.7	17 664.1	37 255.5
	营业盈余	0.0	43 329.1	36 893.2	80 222.3

资料来源：根据历年投入产出表整理。

一、三次产业成本结构

增加值的成本或收入构成，实际上反映的是广义生产要素从初次分配中所得到的收入，其中劳动报酬是劳动者获得的收入，生产税净额（也称间接税净额）是政府通过对货物和服务的销售上的间接征税而形成的收入；而企业的收入分成两个部分，一部分是当年生产活动创造价值所获得的营业盈余，另一部分是通过对往年所购置的固定资产等提取折旧所形成的收入。从发展上看，中国的各个产业成本构成显示出以下几大特征：

第一，各个产业的增加值成本结构之间有比较大的差异。如表 4.15 所示，以 2007 年为例，第一产业的劳动报酬的比例达到了 90% 以上，而第二和第三产业则在 30%—40% 之间。而在生产税净额上，第一产业几乎为零，而第二和第三产业则分别在 20% 和 10% 左右，这种对生产税的贡献上的差别一方面反映了各个产业生产率上的差别（第一产业和其他产业之间），同时也有总产品成本结构不同所带来的差别（第二产业和第三产业的中间投入在总产出中所占的比重有差别，如果实现了营业税向增值税的全面过渡，这样的差别可能减少）。

表 4.15 1997 年和 2007 年中国三次产业成本构成比较   （单位：名）

年份	内容	第一产业	第二产业	第三产业	国内生产总值
1997	增加值合计	100	100	100	100
	劳动者报酬	88.04	44.43	51.34	54.87
	生产税净额	2.94	17.52	13.44	13.53
	固定资产折旧	3.97	14.23	19.15	13.62
	营业盈余	5.05	23.81	16.06	17.97
2007	增加值合计	100	100	100	100
	劳动者报酬	94.84	34.20	35.84	41.36
	生产税净额	0.17	20.08	11.14	14.48
	固定资产折旧	4.99	13.5	17.17	14.00
	营业盈余	0	32.22	35.86	30.15

第二，在低劳动成本上实现扩张是现阶段经济增长的重要特点。虽然劳动报酬在 GDP 中所占的比重为最大，但是从具体数值来看不高，仍然以 2007 年为例，仅占 41.36%，而美国的这一比重为 55% 左右。[①] 具体地看，第一产业的劳动报酬很高，现在已经达到 90% 以上（但这一部分报酬包含了需要用于购买农业生产资料的收入），但这一产业的平均收入水平很低，从而对整个收入结构的影响较低。第二产业和第三产业在 GDP 中所占的比重较大，但这两个产业的劳动报酬占比却是比较低的，分别为 34.2% 和 35.84%，即用于支付劳动报酬的增加值只占整个产业增加值的 1/3 略强。而从营业盈余（作为生产要素的资本所带来的直接收入）上看，情况反了过来，第一产业所占的比重接近于零，第二产业和第三产业所占的比重则相当高，接近（在第二产业中）甚至超过（在第三产业中）劳动报酬所占的比重，这也从生产领域的初次分配方面对中国经济的高成长进行了说明，这就是在国民收入的初次分配收入中，相当大的部分成为资本的收入，再加上企业本身的固定资产折旧，企业的收入（44.15%）已经远远大于劳动者的收入。这就决定了企业在国民收入的使用中具有更大的支配权，更多的国民收入将转化为积累并形成投资促进经济增长。它的好处是可以通过调动企业的积极性，通过高积累和高投资带动经济增长，潜在的风险是如果资本和劳动之间的收入比例失衡，劳动者

---

① "Table 1.1.5. Gross Domestic Product", Last Revised on: October 26, 2012, Bureau of Economic Analysis, US Department of Commerce, http://www.bea.gov/index.htm。

的收入增长缓慢将导致消费乏力，投资形成的产能不能被充分消化，从而形成产能过剩，导致前期的投资闲置甚至浪费，形成经济资源配置的扭曲和恶化，影响经济增长的可持续性。

第三，从动态比较上看，在广义生产要素中，企业和政府的收入所占的比重在提升，而劳动报酬所占的比重在下降。通过表1.15的比较可以看出，从20世纪90年代末期以来，中国三次产业的成本结构发生了比较大的变化，在第一产业中，由于减免农业税等政策，税收所占的比重已经大大降低，而在营业盈余方面，农户的收益已经直接计入劳动报酬，农业企业的利润很低，而另一些企业由于主营业务的变化从统计上已经划入其他产业，所以营业盈余总量很小。在第二产业中，劳动报酬所占的比重下降了10%左右，相应地，企业营业盈余的比重提升了10%左右。这说明在中国市场化改革后的高速工业化进程中，在利益分享方面，企业获得的好处大于劳动者。在第三产业中，这种现象更为突出，劳动报酬下降的比例接近了20%，而相对应的，企业营业盈余的比重提高了20%。从上一节的分析中我们已经看到，第三产业近些年的实际增长低于第二产业，而价格涨幅大于第二产业，二者综合作用的结果是第三产业在整个国民经济中的比重上升。而从第三产业的具体部门来看，包括的内容非常广泛，既有餐饮批发零售等门槛很低的传统服务业，也有资本、技术含量相当高的金融、通信等现代服务业，还有近十多年来迅速扩张发展的交通、房地产业等。如果说，在改革开放的中前期，我们主要发展的是在改革开放之前发展不足的传统服务业，那么从20世纪90年代末期开始，随着大规模的基础设施建设、金融体制的改革等，第三产业发展的重点则是高度向资本倾斜的现代服务业。这也是第三产业中劳动报酬下降和营业盈余上升的幅度如此之大的重要原因。相比较而言，政府生产税净额比重提高的程度不高，提高的幅度不到一个百分点，但应该看到，生产税净额并不是政府税收收入的全部，在再分配过程中，劳动者报酬和营业盈余中还需要支付直接税（个人和企业所得税），因此，在最终收入中，政府收入的比重还会提高。

二、对三次产业人均增加值的分析

人均国民收入是对整个国民经济发展水平的一种衡量，而具体到产业部门中，人均国民收入水平可以通过产业部门就业人员平均拥有的增加值数额加以度量，这既是对初次分配人均水平的衡量，也是对各个部门劳动生产率水平的衡量。我们通过表4.16，结合表4.14和4.15的数据，分析改革开放以来三次产业人均初次分配以及相互之间关系的发展变化。

表 4.16　1978—2010 年三次产业就业人员平均增加值比较

年份	就业人员人均增加值(元/人)				占平均水平的百分比(%)		
	国内生产总值	第一产业	第二产业	第三产业	第一产业	第二产业	第三产业
1978	908	363	2 513	1 783	40.0	276.8	196.4
1979	990	444	2 653	1 698	44.8	267.9	171.4
1980	1 073	471	2 844	1 775	43.9	265.0	165.4
1981	1 119	524	2 819	1 812	46.8	252.0	161.9
1982	1 175	576	2 855	1 910	49.0	243.0	162.5
1983	1 284	635	3 049	2 025	49.4	237.4	157.7
1984	1 496	750	3 239	2 308	50.2	216.6	154.3
1985	1 808	824	3 724	3 092	45.6	206.0	171.1
1986	2 004	892	4 006	3 398	44.5	199.9	169.6
1987	2 285	1 021	4 479	3 804	44.7	196.0	166.5
1988	2 769	1 198	5 421	4 621	43.3	195.8	166.9
1989	3 071	1 284	6 077	5 379	41.8	197.9	175.1
1990	2 883	1 301	5 569	4 915	45.1	193.2	170.5
1991	3 326	1 366	6 494	5 927	41.1	195.3	178.2
1992	4 070	1 516	8 150	7 144	37.3	200.3	175.5
1993	5 289	1 848	10 995	8 413	34.9	207.9	159.1
1994	7 145	2 614	14 658	10 429	36.6	205.2	146.0
1995	8 932	3 416	18 319	11 835	38.2	205.1	132.5
1996	10 323	4 025	20 882	13 012	39.0	202.3	126.0
1997	11 311	4 145	22 689	14 642	36.6	200.6	129.4
1998	11 949	4 212	23 496	16 214	35.3	196.6	135.7
1999	12 561	4 129	24 989	17 638	32.9	198.9	140.4
2000	13 764	4 146	28 088	19 530	30.1	204.1	141.9
2001	15 063	4 336	30 499	22 000	28.8	202.5	146.1
2002	16 421	4 513	34 369	23 809	27.5	209.3	145.0
2003	18 420	4 801	39 201	25 923	26.1	212.8	140.7
2004	21 528	6 148	44 229	28 410	28.6	205.4	132.0
2005	24 775	6 704	49 307	31 963	27.1	199.0	129.0
2006	28 850	7 526	54 894	36 679	26.1	190.3	127.1
2007	35 290	9 315	62 336	45 629	26.4	176.6	129.3

(续表)

年份	就业人员人均增加值(元/人)				占平均水平的百分比(%)		
	国内生产总值	第一产业	第二产业	第三产业	第一产业	第二产业	第三产业
2008	41 560	11 263	72 496	52 353	27.1	174.4	126.0
2009	44 957	12 193	74 781	57 252	27.1	166.3	127.3
2010	52 717	14 512	85 880	65 732	27.5	162.9	124.7
2010年为1978年的倍数	58.07	39.98	34.18	36.86			
年均增长率(%)	13.53	12.22	11.67	11.93			

资料来源:根据表4.8和表4.14数据综合计算。

第一,就产业部门人均增加值水平来看,一直是第二产业最高,第三产业紧随其后,第一产业偏低,但相互之间的差异在缩小。这就是为什么改革开放以后第二产业的增长率始终保持最快的原因,同时,生产率较高的部门优先得到发展,又带动其他部门的发展,这就是优化资源配置的基本原则。而通过经济体制改革,逐渐使市场成为配置资源的主要力量,确实在提高部门效率的基础上,又通过市场导向的结构调整,提高了整个国民经济的效率。第三产业和第二产业在劳动生产率之间的差距虽然有减小的趋势,但差距仍然较大,这也说明第三产业要成为我国经济增长的主导力量还要经过一个较长的过程。

第二,在第一产业与其他产业之间收入差别在缩小。改革开放初期,第一产业的人均增加值水平只有363元,2010年上升为14 512元,2010年的收入为1978年的近40倍,年均增长率为12.22%,高于第二产业和第三产业的年均增长率。这使得第一产业与其他产业之间的收入差别在减少。影响第一产业人均增加值的数量因素主要包括三大方面,一是劳动力数量,2010年第一产业就业人员数量为2.65亿人,仅比1978年的2.83亿人减少了1 800万,换句话说,是1978年的0.98%,数量没有显著变化,但由于这一期间我国劳动力总量扩张较快(由1978年的4亿增加到2010年的7.6亿,2010年为1978年的1.9倍,年均增长2.02%),第一产业劳动力所占的比重大大下降。应该说明的是,虽然这一时期的期初第一产业劳动力数量和期末相比没有显著增加,但并不意味着这一产业新增劳动力没有增加。从时间序列上看,它首先经历了不断增加再逐渐回落的过程,这和20世纪八九十年代我国人口增长高峰的到来是相关联的。1991年,第一产业的就业人数曾经达到3.9亿,接近1978年全部就业人数的数量。所以,第一产业就业人数之所以没有显著增加,是因为第二和第三产业消化了大量从这一产业转移出去的劳动力。二是经济增长,从表4.5中可以看到,改革开放30多年来,第一产业的实际年均增长率达到了4.6%,虽然明显低于GDP和其他产业的年均增长率,但就第一产业本身而言,已经属于很高的经济增长率,甚至高出了世界大多数国家的经济增长率。三是价格总水平的变化,这一期间第一产业价格一般水平的年均提高程度达到7.4%,高于这一时期该产业的实际增长幅度,也高于其他行业的年均价格提高程度。即使如此,第一产业就业人员的人均增加值和其他产业相比,仍然明显偏低。这说明中国要继续提高第一产业劳动力的人均收入(增加值),劳动力的向外转移仍然是重要途径。

第三,非农产业的就业人员平均增加值,成为整个国民经济就业人员人均增加值的主要影响因素。我们可以看到,第一产业的人均增加值和平均水平(按就业人员计算的人均GDP)相比,比率是下降的,从1978年的40%左右,下降到2010年的27%左右。而从长期发展看,这一比率经历了一个首先上升(从1978年的40%上升到1984年的50%),再逐渐下降(由1984年的50%下降到2002的27%),再保持稳定的过程。从2002年到现在,这一比率基本上没有发生显著性变化,一直保持在27%左右。这是因为,整个国民经济的人均增加值的变化主要受两方面的影响,一是各个产业人均增加值的变化,二是各个产业人数或结构的变化。由于第一产业就业人员的比重(权重)在降低,它对总体平均水平的影响也在减少,原来第一产业的权重为70%,而现在第二、第三产业的权重达到了60%以上,这就使得整个国民经济的平均就业人员的增加值的主要影响因素,由第一产业转为第二和第三产业。

我们可以使用经济统计中的因素分析法,分解人均增加值以及就业结构对整个国民经济人均增加值的影响。以 V 表示整个国民经济人均增加值,v_i 代表各个产业的人均增加值,L_i 代表各产业就业人数,那么,2010年国民经济人均增加值可以表示为

$$V_{2010} = \frac{\sum_{i=1}^{3} v_{i,2010} L_{i,2010}}{\sum_{i=1}^{3} L_{i,2010}} = 52\,717$$

类似的,我们有

$$V_{1978} = \frac{\sum_{i=1}^{3} v_{i,1978} L_{i,1978}}{\sum_{i=1}^{3} L_{i,1978}} = 908$$

我们假设就业结构不变,计算各产业人均增加值变化对总的人均增加值的影响为

$$\text{人均增加值固定指数} = \frac{\left(\dfrac{\sum_{i=1}^{3} v_{i,2010} L_{i,1978}}{\sum_{i=1}^{3} L_{i,1978}}\right)}{\left(\dfrac{\sum_{i=1}^{3} v_{i,1978} L_{i,1978}}{\sum_{i=1}^{3} L_{i,1978}}\right)} = \frac{\sum_{i=1}^{3} v_{i,2010} L_{i,1978}}{\sum_{i=1}^{3} v_{i,1978} L_{i,1978}}$$

$$= (14\,512 \times 28\,318 + 85\,880 \times 6\,945 + 65\,732 \times 4\,890)$$
$$/(363 \times 28\,318 + 2\,513 \times 6\,945 + 1\,783 \times 4\,890)$$
$$= 36.45(\text{倍})$$

再假设在各产业人均增加值变化后,结构因素对总的人均增加值的影响为

$$\text{结构变动指数} = \frac{\left(\dfrac{\sum_{i=1}^{3} v_{i,2010} L_{i,2010}}{\sum_{i=1}^{3} L_{i,2010}}\right)}{\left(\dfrac{\sum_{i=1}^{3} v_{i,2010} L_{i,1978}}{\sum_{i=1}^{3} L_{i,1978}}\right)}$$

$$= 52\,717/[(14\,512 \times 28\,318 + 85\,880 \times 6\,945$$
$$+ 65\,732 \times 4\,890)/(28\,318 + 6\,945 + 4\,890)]$$
$$= 52\,717/33\,095$$
$$= 1.59(\text{倍})$$

这一分析是在假定劳动生产率变化的情况下,劳动力产业结构的变动对整个国民经济劳动生产率的影响,其结果表明,劳动力结构变动对于提升整个国民经济的劳动生产率的作用是显著的。因此,提高整个国民经济的效率,首先要靠提高各个产业部门内部的劳动生产率(表现为人均增加值的提高),同时还要加大生产率较高、发展较快的产业部门在整个国民经济中的比重。

人均增加值固定指数和结构变动指数二者共同作用的结果为人均增加值指数:

$$36.45 \times 1.59 = 58.07$$

这个结果和表 4.16 中倒数第 2 行的数值是一致的,说明 2010 年按就业人员计算的人均 GDP 为 1978 年的 58.07 倍,其中由于劳动生产率提高的影响为 36.45 倍,结构变动的影响为 1.59 倍。以年均增长率来反映,这一期间整个国民经济的

劳动生产率年均增长13.53%,由于各产业劳动生产率提高所形成的年均增长为11.9%,而由于劳动结构变化所形成的年均增长为1.5%。

按照这一结论,如果不考虑结构因素,2010年按就业人员计算的人均GDP将为33 155元,而第一产业的人均增加值为14 512元,为平均水平的43.77%,比1978年的40%有所提高。

三、对三次产业人均劳动报酬的分析

人均增加值反映的是相应的产业部门各个广义生产要素所创造收入的人均水平,它和劳动者收入之间是不对称的,因为它还包括了由劳动之外的生产要素所获得的收入。现在许多学者在讨论人均GDP的时候,常常把它和居民家庭的人均可支配收入混为一谈,其实它们是不同的概念。人均GDP或人均增加值属于人均收入指标(或者说属于人均国民收入指标),但不是居民家庭人均指标,因为无论在初次分配和再分配过程中,企业、政府等所获得的收入都是国民收入的一部分,但是这些收入不可能全部转成居民收入。和居民家庭可支配收入更为对应的指标是劳动报酬,当然,劳动报酬只属于初次分配的成果,居民获得的劳动报酬还要向政府交纳所得税、社会保障费用等,同时,还可能从政府或其他方面得到转移支付,另外,还有一部分资本和财产收入,也会构成居民家庭收入的内容,但劳动报酬往往是一个国家居民收入的主体。对于处于经济高速增长进程中的发展中国家来说,由于需要实现赶超目标,往往更加重视积累和投资,容易形成产业部门劳动报酬的增长低于增加值的增长,全社会劳动报酬的增长低于GDP的增长,其结果可能是使居民家庭收入以及消费低于经济增长,形成整个国民经济内需失衡的现象,反过来可能影响经济增长。

(一)劳动报酬和增加值

表4.17反映了各产业部门增加值和劳动报酬18年(1992—2010年)来的变化情况,从这个表中可以看到我国产业部门增加值和劳动报酬的变化有如下几个特点:

首先,按现行价格计算,第三产业是近18年来增加值和劳动报酬增长得最多的产业部门,尤其是在20世纪90年代的较快增长拉高了它的长期增长率;第二产业的增长次之,第一产业增长得最少。从各产业增加值和劳动报酬的增长关系看,二者之间是相互联系的,即增加值增长较快的产业部门,其劳动报酬也增长得较快,长期地看,各个产业劳动报酬的增长率高于增加值的增长率,但从整个国民经济看,由于低收入产业部门的影响(第一产业部门劳动报酬占增加值的比重很高),劳动报酬的增长反而略低于增加值的增长率。

但是以2002年到2010年的数据分析,情况有所不同,这就是除了第一产业以外,第二、第三产业和整个国民经济的劳动报酬都低于GDP的增长。这导致国民

收入的初次分配结构产生了变化,劳动报酬在 GDP 中的比重下降。

表 4.17 1992—2010 年三次产业增加值和劳动报酬比较

年份	项目	第一产业	第二产业	第三产业	合计
1992	增加值(亿元)	5 853	12 164	8 627	26 644
	劳动者报酬(亿元)	4 930	3 761	3 361	12 052
	劳动报酬占增加值的比重(%)	84.2	30.9	39.0	45.2
	劳动报酬占全部劳动报酬的比重(%)	22.0	45.7	32.4	100.0
1997	增加值(亿元)	14 742	39 610	21 352	75 704
	劳动者报酬(亿元)	12 979	17 599	10 962	41 540
	劳动报酬占增加值的比重(%)	88.0	44.4	51.3	54.9
	劳动报酬占全部劳动报酬的比重(%)	19.5	52.3	28.2	100.0
2002	增加值(亿元)	16 631	55 101	50 127	121 859
	劳动者报酬(亿元)	13 316	22 519	23 116	58 951
	劳动报酬占增加值的比重(%)	80.1	40.9	46.1	48.4
	劳动报酬占全部劳动报酬的比重(%)	13.6	45.2	41.1	100.0
2007	增加值(亿元)	28 659	134 495	102 889	266 044
	劳动者报酬(亿元)	27 182	45 994	36 872	110 047
	劳动报酬占增加值的比重(%)	94.8	34.2	35.8	41.4
	劳动报酬占全部劳动报酬的比重(%)	10.8	50.6	38.7	100.0
2010	增加值(亿元)	40 534	187 581	173 087	401 202
	劳动者报酬(亿元)	38 507	72 589	69 816	180 913
	劳动报酬占增加值的比重(%)	95.0	38.7	40.3	45.0
	劳动报酬占全部劳动报酬的比重(%)	10.1	46.8	43.1	100.0
2010 年为 1992 年的倍数	增加值	6.9	15.4	20.1	15.1
	劳动报酬	7.8	19.3	20.8	15.0
1992—2010 年年均增长率(%)	增加值	11.4	16.4	18.1	16.3
	劳动报酬	12.1	17.9	18.4	16.2
2010 年为 2002 年的倍数	增加值	2.4	3.4	3.5	3.3
	劳动报酬	2.9	3.2	3.0	3.1
2002—2010 年年均增长率(%)	增加值	11.8	16.5	16.8	16.1
	劳动报酬	14.2	15.8	14.8	15.0

资料来源:2010 年以前数据根据历年投入产出表整理,2010 年数据根据各地区生产总值收入构成推算。

其次,在整个国民经济中劳动报酬占 GDP 的比重,1992 年和 2010 年的差别不大,都在 45% 左右,但从具体时间段上看,却经历了首先上升(1992—1997 年,由 45.2% 上升到 54.9%),再逐渐下降(由 1997 年的 54.9% 下降到 2007 年的 41.4%),又重新上升(由 2007 年的 41.4% 上升到 2010 年的 45%)的过程。

而从具体的产业部门看,第一产业部门是稳步提升的,由 1992 年的 84% 左右提高到现在的 95% 左右;第二产业则是首先提升(由 1992 年的 30.9% 提升到 2002 年的 40.9%),再回落到 2007 年的 34.2%,后来虽然有所上升,但提高的幅度不大,现在仍然只有 38.7%;第三产业则从 1992 年的 39% 上升到 1997 年的 51.3%,再下降至 2007 年 35.8%,现在又重新到达 40% 左右。

最后,从总体上看,除了第一产业部门之外,1997 年是各产业部门及整个经济中劳动报酬占比最高的年份,而 2007 年则是占比最低的年份。从 1998 年亚洲金融危机至 2007 年中国经济增长率达到 14.3%,中国经济增长属于典型的投资拉动型增长,劳动报酬的增长低于部门增加值及 GDP 的增长。全球金融危机后,国家开始注重改善民生和拉动内需,国民收入的初次分配有所改善,这种情况有所改变。从 2007 年到 2010 年,中国 GDP 的增加值结构发生的变化很小(第三产业占比增加了不到 2%),但各产业的劳动报酬在总劳动报酬中的比重及各产业部门劳动报酬占增加值的比重都发生了比较明显的变化。劳动成本的提高是经济发展水平提高后的必然趋势,它体现了作为主要生产要素的劳动也要分享经济成长的成果。而企业如果要在劳动成本提高的前提下继续发展,就要依靠转变发展方式,通过制度创新、技术创新实现技术进步,而不能通过低水平的资本和劳动扩张来实现发展。

(二)人均劳动报酬的变化

表 4.18 列出了 1992—2010 年我国市场化改革后各个产业就业人员、劳动报酬和就业人员平均劳动报酬的发展变化。我们把这一时期分成两个时间区间来进行比较,可以看到,在 1992—2010 年间,我国的就业人数年均增长率为 0.8%,近 20 年来增长了 20%。分产业看,第一产业就业人数是下降了 1.8%,近 20 年来下降了 30%,这说明我国的高速经济增长和工业化进程,对农业劳动力向非农领域转移发挥了积极的作用。第三产业是这一时期就业增长率最高的部门,年均增长率为 4%,近 20 年来翻了一番。第二产业的就业增长了 50%,年均增长率达到 2.4%,低于第三产业。2002—2010 年期间,我国就业人数的年均增长率有所回落,为 0.5%,但第一产业劳动力向其他产业的转移反而加快了,年均增长率为 -3.3%,比 1992—2010 年的平均值多了又降低了 1.5%;第二产业就业人数的增长率也加快了,年均增长率为 4.2%,比 1992—2010 年平均值增加了 1.8%;而第三产业就业人数的增长率回落到 2.9%,比 1992—2010 年平均值低了 1.1%。这说明在 1992 年至 21 世纪初的中国市场化改革,对中国未来的经济增长产生了重要影响。

表 4.18　1992—2010 年就业人员平均劳动报酬变化情况

年份	产业部门	1992	2002	2010	2010年为1992年的倍数	1992—2010年年均增长率(%)	2010年为2002年的倍数	2002—2010年年均增长率(%)
就业人员数	第一产业	38 699	36 640	27 931	0.7	-1.8	0.8	-3.3
	第二产业	14 355	15 682	21 842	1.5	2.4	1.4	4.2
	第三产业	13 098	20 958	26 332	2.0	4.0	1.3	2.9
	合计	66 152	73 280	76 105	1.2	0.8	1.0	0.5
劳动者报酬(亿元)	第一产业	4 930	13 316	38 507	7.8	12.1	2.9	14.2
	第二产业	3 761	22 519	72 589	19.3	17.9	3.2	15.8
	第三产业	3 361	23 116	69 816	20.8	18.4	3.0	14.8
	合计	12 052	58 951	180 913	15.0	16.2	3.1	15.0
就业人员平均劳动报酬(元/人)	第一产业	1 274	3 634	13 786	10.8	14.1	3.8	18.1
	第二产业	2 620	14 360	33 234	12.7	15.2	2.3	11.1
	第三产业	2 566	11 030	26 514	10.3	13.9	2.4	11.6
	合计	1 822	8 045	23 771	13.0	15.3	3.0	14.5

资料来源:根据表 4.16 和表 4.17 中有关数据计算。

20 世纪 90 年代,我国的国有工业企业的改革和第三产业的发展,可以说是对改革开放以前在计划体制下形成的虚高的"产业结构"的修正,这种修正不仅体现在增加值结构上,也体现在就业结构上。对国有工业企业的市场化改革,从短期看可能影响第二产业对劳动力的吸纳能力,这也是 20 世纪 90 年代末我国就业结构的变化有一段相对停滞时期的重要原因。进入 21 世纪后,随着我国社会主义市场经济体系的初步建成,再加上国际国内环境的改善,我国迎来了现代化进程中的加速工业化阶段。在这种背景下,由于经济增长、市场配置资源和就业结构变化导致的人均劳动报酬也开始变化。

在 1992—2010 年期间,用现价计算的劳动报酬总额年均增长率为 16.2%(扣除价格因素后,年均增长率为 10.33%),就业人员平均劳动报酬年均增长率为 15.3%(扣除价格因素后,年均增长率为 9.47%)。[①] 而在 2002—2010 年期间,用现价计算的劳动报酬总额年均增长率为 15.0%(扣除价格因素后,年均增长率为 9.74%),就业人员平均劳动报酬年均增长率为 14.5%(扣除价格因素后,年均增长率为 9.26%)。[②] 也就是说,在 2002—2010 年期间,无论是从劳动报酬总量上

---

① 用 GDP 平减指数处理,这一期间的价格总水平的年均上涨幅度为 5.32%,参见表 4.10。
② 用 GDP 平减指数处理,这一期间的价格总水平的年均上涨幅度为 4.79%,参见表 4.10。

看,还是从人均水平上看,整个国民经济的年均增长率(包括名义增长和实际增长)都要略低于 1992—2010 年的长期平均增长速度。这种增长率的下降和这一时期国民收入中劳动报酬所占的比重有关,从表 4.17 中可以看到,这一比重从 2002 年的 48.4% 下降到 2007 年的 41.4%,再回升到 2010 年的 45%。这种重新回升一方面体现了国家对投资拉动的经济增长的修正,另一方面也体现了经济增长不可能脱离各种生产要素尤其是劳动成本的约束而单独成长。

分产业看,2002—2010 年这一时期由于农业劳动力的减少和农业收入的提高,第一产业的人均报酬水平得到了很大的提升,年均增长率达到 18.1%,提升幅度大大高于第二产业和第三产业。但是尽管如此,由于第二和第三产业劳动收入的绝对数明显高于第一产业,仍然能够吸引大量的农村劳动力进入,但又因为比较充裕的劳动力供给使得供需矛盾相对缓和,对这两个产业人均劳动报酬增加有一定的抑制作用。这使得在 2002—2010 年期间,第一产业和第二、第三产业的人均收入差距有所缩小。① 就各个产业比较来看,这一时期第二产业就业人员的平均报酬增长得最慢,按现行价格年均增长率为 11.1%;第三产业次之,按现行价格年均增长率为 11.6%,第一产业最高,年均增长率为 18.1%,三个产业共同作用的结果使整个国民经济就业人员的平均劳动报酬增长了 14.5%。应该看到,就业人员平均报酬的增加,从劳动者的角度看,体现为收入的增加,但从企业经营活动的角度看,则体现为成本的增加。进入 21 世纪以后,中国的制造业之所以取得重大的进展,除了其他方面的因素外,合理的劳动成本是中国外向型经济迅速发展的重要比较优势。如果一方面要增加劳动者的收入,另一方面还要保持劳动成本的优势,就必须提高管理、技术装备水平,改善第二产业的外部环境,降低单位产品的劳动力成本。因此,不断地提高生产效率,是中国改善就业和保持竞争优势的重要途径。

从总体发展上看,进入 21 世纪后,尤其是 2002 年以后,我国进入了新一轮经济增长周期。② 从生产领域看,这一轮经济增长体现出明显的加速工业化的特征,即第二产业的发展(包括第二产业的增长和吸纳劳动力能力的提高)领先于其他产业部门,同时带动了其他产业的发展。而从需求领域看,这一轮经济增长体现出明显的投资拉动的特征,基础设施建设和其他投资需求成为拉动经济增长的重要动力;体现在国民收入的分配和再分配上,则是与积累相关的政府和企业的收

---

① 这个分析结论和用城乡居民住户调查所得到的结果有所不同,城乡居民住户调查的结论是这一期间收入差距有所扩大,但住户调查对农村居民和城市居民使用的是不同的指标(分别是农村居民家庭人均纯收入和城镇居民家庭人均可支配收入),这里对就业人员的劳动收入进行比较时统一使用了劳动报酬,从这个意义上说,这里的指标有更强的可比性。但也应该看到,劳动报酬只是劳动者的初次分配收入,和他们的最终收入之间仍然是存在着差别的。

② 北京大学国民经济核算与经济增长研究中心:《中国经济增长报告 2004——进入新一轮经济增长周期的中国经济》,中国经济出版社,2004。

入份额在相应扩大,而劳动报酬的份额在相对减少,表现为政府和企业的收入具有较快的增长率,这说明初次收入分配的变化和国民经济最终需求是密切联系的。而在2008年以后,这种现象开始有所改善。从长期比较看,这一时期的经济增长既是在我国基本建立社会主义市场经济体系的框架下进行的,也是在我国加速工业化进程中发生的。这种加速的工业化使我国的增加值结构发生了显著的变化,也大大改善了就业和就业结构,以效率较高的第二产业部门带动其他产业部门的发展,并且使劳动者的初次分配收入有所改善。这一时期以工业化带动经济增长的这一投资拉动的特征,也在生产领域得到了表现,这就是整个经济增长和各部门的增长(除了第一产业外)高于相应的劳动报酬的增长,这导致国民收入中企业、政府和劳动者的收入结构发生变化,有可能由初次收入分配上的失衡导致加剧的国民收入的最终使用的失衡。这证明了产业结构调整的必要。

第四节 产业结构变化的国际比较

一个经济产业结构的分布和变化是和它的经济发展水平相联系的,而这种发展水平的一个重要标志,是第三产业在这个经济中所占的比重。一般而言,经济发展水平越高,第三产业占国民经济的比重也就越大。从目前的情况看,主要发达国家第三产业的比重都达到了70%以上。这首先是因为在分工、专业化和规模经营不断发展的情况下,对自然产品和制成品的加工(第二产业)将需要越来越多的服务部门来提供技术和服务方面的支持,以提高企业的效率,第一和第二产业的生产过程及产品交付使用过程,将由于获得这些服务而创造出第三产业的增加值。其次是在开放经济的条件下,发达国家可以更多地利用它在国际分工中的优势(包括资金优势、技术优势和管理优势等),将较为低级的产业(如劳动密集型产业)向发展中国家转移,同时通过发展现代服务业,向全球提供服务,并通过将高增加值的产品和服务与发展中国家的低增加值产品相交换而提高收入水平。最后是发达国家由海外获得的收益,在国内也需要通过各个部门之间相互服务进行再次分配,尤其体现为劳动成本和服务价格的不断上升,由此也会推动服务部门增加值比重的不断上升。

一、中美比较

表4.19列出的是美国2000—2010年增加值结构的变化情况,它体现了发达国家产业结构的两大特征:一是第三产业所占的比重相当高,2010年已经达到80%;二是第一产业所占的比重非常低,只在1%左右。而中国的产业结构特征是第二产业的比重最大,第一产业虽然已经成为产值占比最少的企业,但仍然远远高出美国;从动态上看,中国的第二产业的比重仍然在提高,第一产业的比重下降得很快,而第三产业的发展则相对较慢。这说明中国和美国的经济发展阶段和产

业结构高度存在着显著的差别,美国的产业结构和变化鲜明地体现了发达国家的后工业化时期的特征,而中国的产业结构及其变化则突出地反映出作为处于超越进程中的发展中国家的新兴工业化的特征。两国的产业结构及其变化的比较,一方面说明中国的经济发展水平仍然相对较低,但另一方面说明中国仍处于迅速的经济增长期,还有很大的发展潜力。从表4.19中可以看到,2000年,美国第一产业的占比已经到了1%左右,10年来基本保持了稳定。产业结构的变化主要体现为第二产业比重的下降和第三产业比重的上升,10年来,第二产业下降了3.1%(由21.7%下降至18.6%),而第三产业的比重则从77.2%上升到80.4%,提高了3.2%。这也在一定程度上说明了作为世界上最大的两个经济体,货物进出口的不平衡为什么会逐渐扩大,中国的制造业在迅速的扩张,而美国的制造业却在萎缩,这不仅是双方贸易之间存在着问题,而且是长期的产业结构变化的结果。对于美国来说,第二产业比重的下降和第三产业比重的上升,反而成了它改善就业的一个负面因素。对这些发达国家来说,如何增加制造业和整个第二产业的竞争力,提高其容纳就业的能力,反而是值得研究的问题。

表4.19　美国2000—2010年增加值结构变化　　　　　　　　（单位:%）

	2000	2002	2004	2006	2008	2010
国内生产总值	100.0	100.0	100.0	100.0	100.0	100.0
农林渔猎业	1.0	0.9	1.2	0.9	1.1	1.1
第一产业合计	1.0	0.9	1.2	0.9	1.1	1.1
矿业	1.1	1.0	1.3	1.7	2.2	1.6
公用事业	1.7	1.7	1.8	1.8	1.8	1.8
建筑业	4.7	4.6	4.7	4.9	4.3	3.5
制造业	14.2	12.7	12.5	12.3	11.4	11.7
第二产业合计	21.7	20.0	20.3	20.7	19.7	18.6
批发业	6.2	5.8	5.8	5.8	5.8	5.5
零售业	6.9	6.9	6.7	6.5	5.9	6.1
运输和仓储业	3.0	2.8	2.9	2.9	2.9	2.8
信息产业	4.2	4.7	4.7	4.4	4.5	4.3
金融、保险、房地产和租赁业	20.1	20.9	20.3	20.7	20.4	20.7
专业和商业服务业	11.2	11.3	11.4	11.7	12.5	12.3
教育、健康和社会服务	6.8	7.4	7.6	7.6	8.1	8.8
艺术、娱乐和餐饮业	3.8	3.9	3.9	3.8	3.8	3.8
政府以外的其他服务	2.8	2.7	2.5	2.5	2.4	2.5
政府部门服务	12.2	12.7	12.7	12.5	13.0	13.6
第三产业合计	77.2	79.1	78.5	78.4	79.3	80.4

资料来源:根据美国商务部经济分析局NIPA数据汇总整理。

教育部哲学社会科学系列发展报告
MOE Serial Reports on Developments in Humanities and Social Sciences

在欧美一些大的发达国家中,虽然各国的产业结构有一定的差别,如德国第二产业的比重比其他国家高一些,一些发达国家第一产业的比重甚至比美国还要低(参见表4.22),但总体来说,发展趋势是相近的,即第一产业比重大约在5%以下,第二产业的比重在20%—30%之间,而第三产业的比重在70%左右。

表4.20列出的是美国近年来就业结构的变化。2000年,美国第一产业就业人口已经下降到133万,所占比重下降到1%,和增加值占比相仿。近10年来,第一产业就业人数仍然在继续下降,至2010年减少了6万人,但在占比上没有显著变化。出现明显变化的仍然是第二和第三产业。第二产业的就业比重从2000年的18.4%下降到2010年的13.6%,下降了4.8%(高于增加值比重的下降程度),而第三产业的就业比重则相应地提高了4.8%。对美国来说,这种短期内第二产业比重的迅速下降,已经开始对美国的就业产生负面影响,从2000年至2010年,美国的第三产业增加了552万个工作岗位,但第二产业的工作岗位则减少了680万个(其中制造业减少了576万个),这导致了美国就业人数的减少。在经济活动人口基本保持不变的情况下,这种结构的变动实际上是美国失业率上升的重要原因。这也在一定程度上说明,美国的这次经济衰退,并不仅仅是金融领域出了问题,而是产业结构发展的失衡对经济增长产生了重要影响。这一方面说明一个国家的经济发展通常伴随着第三产业比重(包括增加值和就业)的提升,另一方面也说明如果制造业及整个第二产业向外转移过快,也可能产生不好的后果。

表4.20 2000—2010年美国按产业分类的就业人数及构成

		2000	2002	2004	2006	2008	2010
就业人数 (万人)	全部就业	13 769	13 658	13 781	14 224	14 328	13 634
	农林渔猎业	133	128	124	130	125	127
	第一产业合计	133	128	124	130	125	127
	矿业	52	51	52	62	72	65
	公用事业	60	59	56	55	56	55
	建筑业	688	699	728	795	744	577
	制造业	1 729	1 527	1 431	1 417	1 343	1 153
	第二产业合计	2 530	2 336	2 267	2 328	2 214	1 850
	批发业	578	567	569	594	602	552
	零售业	1 548	1 522	1 528	1 561	1 554	1 474
	运输和仓储业	446	429	432	451	456	423
	信息产业	362	336	311	305	300	272
	金融、保险、房地产和租赁业	786	796	814	843	822	774
	专业和商业服务业	1 673	1 611	1 649	1 762	1 796	1 697

(续表)

		2000	2002	2004	2006	2008	2010
就业人数（万人）	教育、健康和社会服务	1 547	1 637	1 718	1 802	1 905	1 975
	艺术、娱乐和餐饮业	1 183	1 217	1 267	1 322	1 358	1 321
	政府以外的其他服务	673	689	698	697	710	674
	政府服务	2 309	2 390	2 405	2 430	2 487	2 497
	第三产业合计	11 106	11 194	11 391	11 767	11 989	11 658
构成（%）	全部就业	100	100	100	100	100	100
	农林渔猎业	1.0	0.9	0.9	0.9	0.9	0.9
	第一产业合计	1.0	0.9	0.9	0.9	0.9	0.9
	矿业	0.4	0.4	0.4	0.4	0.5	0.5
	公用事业	0.4	0.4	0.4	0.4	0.4	0.4
	建筑业	5.0	5.1	5.3	5.6	5.2	4.2
	制造业	12.6	11.2	10.4	10.0	9.4	8.5
	第二产业合计	18.4	17.1	16.4	16.4	15.5	13.6
	批发业	4.2	4.1	4.1	4.2	4.2	4.0
	零售业	11.2	11.1	11.1	11.0	10.8	10.8
	运输和仓储业	3.2	3.1	3.1	3.2	3.2	3.1
	信息产业	2.6	2.5	2.3	2.1	2.1	2.0
	金融、保险、房地产和租赁业	5.7	5.8	5.9	5.9	5.7	5.7
	专业和商业服务业	12.1	11.8	12.0	12.4	12.5	12.4
	教育、健康和社会服务	11.2	12.0	12.5	12.7	13.3	14.5
	艺术、娱乐和餐饮业	8.6	8.9	9.2	9.3	9.5	9.7
	政府以外的其他服务	4.9	5.0	5.1	4.9	5.0	4.9
	政府服务	16.8	17.5	17.5	17.1	17.4	18.3
	第三产业合计	80.7	82.0	82.7	82.7	83.7	85.5

资料来源：根据美国商务部经济分析局 NIPA 数据汇总整理。

二、中日比较

日本是第二次世界大战之后最早实现高速经济增长的国家，从 20 世纪 50 年代中期至 70 年代中期，日本实现了长达二十多年的高速经济增长，跻身发达国家之列。尽管日本从 19 世纪明治维新时期就开始了追赶西方列强的进程，并通过对外侵略扩大了自己的国际影响力，但是直到 20 世纪 50 年代，从产业结构上说，日本仍然不能称为工业化国家。从表 4.21 中可以看到，1950 年，日本三次产业的就业结构为 48.5∶21.8∶29.6，而我国 1998 年三次产业的就业结构为 49.8∶23.5∶26.7，2003 年为 49.1∶21.6∶29.3，也就是说，日本战后经济起步初期的就业结构，与我国世纪之交时的就业结构非常接近。再看增加值结构,1955年,日本三次产业的增加值结构为19.2:33.7:47.0,而1993年中国三次产业的增加值结构为19.7:46.6:33.7,1997年的结构为18.3:47.5:34.2,也就是说,就第一产业增加值在GDP中的比重看,日本20世纪50年代中期的增加值结构,与我国20世纪90年代中期比较接近。不过,就第三产业增加值在GDP的比重看,我国的发展则是滞后的,2011年也只达到了43.3%,而日本早在1955年已经超越了这个水平。

表4.21 1950—2010年日本按三次产业划分的就业和增加值结构

	就业人数构成(%)			增加值构成(%)		
	第一产业	第二产业	第三产业	第一产业	第二产业	第三产业
1950	48.5	21.8	29.6	—	—	—
1955	41.1	23.4	35.5	19.2	33.7	47.0
1960	32.7	29.1	38.2	12.8	40.8	46.4
1965	24.7	31.5	43.7	9.5	40.1	50.3
1970	19.3	34.0	46.6	5.9	43.1	50.9
1975	13.8	34.1	51.8	5.3	38.8	55.9
1980	10.9	33.6	55.4	3.5	36.2	60.3
1985	9.3	33.1	57.3	3.0	34.9	62.0
1990	7.1	33.3	59.0	2.4	35.4	62.2
1995	6.0	31.3	62.7	1.8	30.4	67.8
2000	5.2	29.5	65.3	1.7	28.5	69.8
2005	4.9	26.3	68.6	1.2	25.8	73.0
2010	4.2	25.2	70.6	1.2	25.2	73.6

资料来源:日本内阁统计局(Statistics Bureau)(http://www.stat.go.jp/english/data/handbook/c03cont.htm)。

从结构上整体比较,尤其是以第一产业在就业结构和增加值结构中的地位进行比较,20世纪50年代中前期日本的产业结构和经济发展,大约和中国20世纪90年代末期市场化改革前后相仿,按照现在的标准仍属于发展中国家。因此,日本战后的经济发展历史,可以说是一个从经济发展水平较高的发展中国家向发达国家转变的一个经典实例。在它的发展过程中,产业结构的变化首先体现在增加值结构上,即第二、第三产业依次发展,第一产业的比重逐渐下降,然后带动劳动力结构也发生类似的变化,但劳动力结构的变化滞后于增加值结构的变化,当增加值结构的变化趋于稳定后,就业结构会因为平均利润规律继续变化,即人均收入低的产业部门的劳动力会向收入高的产业部门继续移动,最后在各个产业部门人均收入水平接近的状态下实现各个产业部门就业结构向产业结构的收敛。这是发达国家产业结构演变的共同规律。

日本的高速经济增长也是在市场化改革和外向型经济发展的背景下实现的,这一点中国和日本有类似之处,说明体制创新对实现经济起飞和保持高速经济增长具有重要的意义。从1950年到1980年是日本经济发展的最好时期,在实现高速经济增长的同时,增加值结构和就业结构都发生了巨大的变化,第一产业增加值在GDP中所占的比重,从20世纪50年代中期的接近20%,下降至5%以下,而就业比重则由1950年的48.5%下降为1980年的10.9%。这进一步说明经济增长并不仅仅是总量上的变化,它必然伴随着产业结构的升级,或者说,产业结构的升级是实现长期经济增长的必备条件。

经过20世纪70年代前期石油危机的冲击和80年代"广场协议"后日元升值的冲击,日本的经济增长走出了黄金时代,从1980年至今的30多年里,日本经济进入后工业时代,经济增长率明显回落,尤其是2000—2010年期间,日本的年均经济增长只有0.7%,进入缓慢增长期。但是从表4.21中可以看到,日本的产业结构还在继续发生着变化,第一产业的增加值比重下降到1.2%,接近美国的水平,第二产业的比重下降到25.5%,已经低于30%,第三产业的比重上升到73.6%。而就业结构的变化也是类似的,第一产业的就业比重下降到4.2%,第二产业的比重下降到25.2%,第三产业的比重高达70%以上,显示出典型发达国家的产业结构形态。但是,日本的经济增长是以制造业和出口带动的,与美国以金融、高科技、文化产业带动的经济增长存在着很大的差别,因此,日本产业结构的升级更多地体现为制造业产品在服务产业的增加值的提升,或者更简单地说,消费者需要以更高的成本或价格来购买各种服务,而不是通过现代服务业本身的发展和出口来改善结构,因此,日本的产业结构的提升同时也伴随着高劳动成本、高服务成本和高物价,这对日本制造业产品的竞争力产生了明显的影响,这也是近30年来日本经济增长缓慢的重要原因。

三、中国与世界各国的比较

尽管经过了30年的高速经济增长,中国现阶段的产业结构与发达国家之间还存在着很大的差距。

首先,从第一产业看,中国现阶段增加值所占的比重已经下降到10%左右,但就业比重还在30%以上,从这一点上比较,中国的产业结构高度大约相当于日本1963年前后的水平,这是一个工业化进程中的国家最有活力的阶段;其次,从第三产业的发展看,中国目前第三产业增加值所占的比重仍然还低于第二产业(但在就业比重上已经超过第二产业),但无论是从增加值上看还是从就业上看,都不是比重最大的产业部门,和发达国家70%以上的占比相比,还有很大的差距;最后,从第二产业的比较看,中国的增加值占比为46%,明显高出日本(高出日本20%)

和美国(高出美国接近30%),2011年世界银行数据显示中国第二产业的规模远远大于日本,甚至超过了美国。① 第二产业的较大规模是中国经济发展的优势,它可以通过商品的规模生产和出口,在包括国内市场在内的全球商品市场竞争中保持比较优势。但另一方面,由于中国第二产业的就业总数大大高于日本和美国,就业比重也较高(达到28%),这就使得中国就业人员的平均增加值或劳动生产率与发达国家之间仍存在很大差距。

从日本的经验看,一个国家的高速经济增长时期,也是其产业结构剧烈变化的时期。当然,中国的资源情况、所处的历史和世界环境及自身的经济发展和日本都有很大的不同。如日本在现代化进程中利用了世界市场的低价原油资源,但中国则主要是依靠自身的能源生产来支持高速的经济增长。这表现在产业结构中,中国可能因为发展矿业而提高了第二产业的占比。但是和其他国家相比,同样作为东方国家的中国和日本,经济增长的情况还是更为接近,只不过日本在现代化进程中先行了一步。因此从中国产业结构的演进看,包括增加值结构和就业结构在内的产业结构的变化与升级,也会经过一个和日本相类似的演变过程。这也是韩国等较大的新兴经济体所走过的道路。而对于较小的、产业结构比较单一的经济体而言,如中国香港和新加坡,它们的经济具有都市经济的特点,外向型经济发达,产业结构是和外部世界相衔接的,和大的经济体之间不具备直接的可比性。

(一) 增加值结构

2003年以来的加速工业化发展阶段,中国的第二产业经历了最好的发展时期,它仍然有可能保持较快的发展,但是从结构上看,它已经进入了扩张的中后期,就业比重还可能有所上升,但不会上升太多,因为劳动密集型的制造业企业在短期内可能有它的优势,但是从长期发展看,还是会让位于资本密集、技术密集型的规模经营的企业,而吸纳更多的第一产业劳动力的任务,主要应该由第三产业来承担。通过和表4.21中的数据比较,可以看到,我国第二产业的增加值占比已经高于日本战后任何一个发展时期,日本在高速经济增长过程中,也有过一个第二产业迅速发展的阶段,但同时也伴随着第三产业的扩张,相比较而言,中国第三产业的发展是相对滞后的,如果在新的经济发展时期,第三产业的发展没有一个明显的改善,并以此带动整体的技术进步和经济发展方式的转变,那么第二产业的发展也有可能放缓。

表4.22列出的是2010年世界部分国家和地区增加值结构的情况。从表中可以看到,由于世界经济的发展,全球产业结构的一般水平比起过去已经有了比较

---

① 2011年,按照世界银行提供的各国按美元计算的GDP数据,中国第二产业的增加值约为3.4万亿美元,而美国约为2.7万亿美元。

明显的提升。高收入国家第一产业的比重降至 2% 以下，中等收入国家和中低收入国家在 10% 左右，中国现在的人均国民总收入（4 940 美元）刚刚超过世界银行中等收入国家的标准（4 200 美元），第一产业的占比也在 10% 左右，这是合乎逻辑的。应该看到，中国除了大豆等个别产品之外，粮食和其他食品基本上是靠国内的生产来保障的，再加上农村依存着大量的第一产业劳动力，在这种背景下，中国的第一产业的占比可能还会在 10% 左右稳定一段时间。

表 4.22 2010 年世界部分国家和地区国内生产总值构成 （单位:%）

	第一产业	第二产业	第三产业
高收入国家	1.5	25.1	73.4
经合组织高收入国家	1.5	24.9	73.6
非经合组织高收入国家	1.4	31.1	67.5
中等收入国家	9.7	34.3	55.9
中等偏上收入国家	7.8	35.3	57.0
中等偏下收入国家	15.5	31.3	52.8
中低收入国家	10.0	34.1	55.8
东亚和太平洋	10.7	44.0	44.9
欧洲和中亚	7.4	30.2	62.4
拉丁美洲和加勒比	6.4	29.8	63.8
中东和北非国家	11.6	40.6	47.9
南亚	17.0	27.9	55.2
撒哈拉以南非洲	13.1	29.6	57.3
低收入国家	25.7	24.4	49.9
最不发达地区:按联合国分类	25.3	27.1	47.6
重债穷国	27.0	25.9	47.1
英国	0.7	21.1	78.2
德国	0.8	26.5	72.7
美国	1.2	21.4	77.4
日本	1.5	28.0	70.5
荷兰	1.7	23.9	74.4
法国	1.8	19.0	79.2
意大利	1.8	25.1	73.1
捷克	2.3	37.2	60.5
澳大利亚	2.5	29.1	68.4
韩国	2.6	36.4	61.0

(续表)

	第一产业	第二产业	第三产业
西班牙	2.6	26.1	71.3
南非	3.0	31.3	65.7
波兰	3.6	30.2	66.2
墨西哥	4.1	34.8	61.1
俄罗斯联邦	4.7	32.8	62.5
哈萨克斯坦	5.4	42.4	52.2
巴西	6.0	26.0	68.0
乌克兰	8.1	29.0	62.8
阿根廷	9.4	30.2	60.4
中国	9.5	44.6	45.9
马来西亚	9.5	44.3	46.2
土耳其	9.8	28.0	62.2
伊朗	10.1	44.9	45.0
埃及	10.1	29.0	60.9
菲律宾	12.3	32.6	55.1
泰国	12.4	44.7	42.9
斯里兰卡	13.6	26.9	59.5
印度尼西亚	15.9	48.8	35.3
印度	16.2	28.4	55.4
蒙古	18.1	36.8	45.1
孟加拉国	18.8	28.5	52.6
越南	19.8	39.6	38.9
巴基斯坦	21.8	23.6	54.6
老挝	31.3	31.8	36.9
柬埔寨	35.3	22.6	42.0

资料来源：世界银行 WDI 数据库，转引自国家统计局《国际统计年鉴 2011》；其中有部分国家的数据为 2009 年甚至是 2008 年的数据（参见《国际统计年鉴 2011》中的相关注解，但由于产业结构的相对稳定性，这不影响各国之间产业结构的横向比较）。

再看第二产业比重，高收入国家为 25.1%，中等收入国家为 34.3%，而中国则达到了 44.6%[①]，在表 4.22 中，只有属于中低收入水平的东亚和太平洋国家的比

---

① 这一数据和《中国统计年鉴 2011》中的 46% 略有差距，但在国际比较中，我们仍然使用国际组织公布的统一数据。

重达到这么高的水平(其中重要的原因在于中国是东亚和太平洋地区最主要的经济体)。这实际上也就是说,虽然中国的人均GNI已经超过了中等收入经济体的平均水平,但是从产业结构上看,仍然是和世界银行公布的中低收入国家的结构相类似的。表中列出的具体国家和地区属于世界上较大的经济体(新加坡和中国香港等较小的经济体未列入),我们可以看到,其中第二产业比重超过40%的国家有6个,伊朗、印度尼西亚、泰国、哈萨克斯坦、马来西亚和中国。这些国家的共同特点就是都属于发展中国家,而且经济增长富有活力。

表中列出的具体国家按照第一产业增加值占GDP的比重由低到高进行排序。可以看出,这一排序和具体国家经济发展水平的排序是相关的,也就是说,产业结构比较高级(第一产业占比较小)的国家,其发展水平一般也就越高。以俄罗斯为例,苏联解体后,它的经济增长陷入了停滞,经济总量现在已经被中国超过。但应该看到,苏联早在20世纪30年代就开始推动工业化进程,因此在苏联解体时,它的经济发展水平已经达到了一定高度,虽然目前它在经济发展中遇到了很多问题,但就人均收入水平和产业结构而言,它的发展是领先于中国的,2010年俄罗斯第一产业的比重已经下降到5%以下,第二产业的比重在35%以下,而第三产业的比重超过了60%,属于工业化后期或完成了工业化进程后的产业结构。墨西哥的情况也是类似的。而中国的产业结构高度处于这些国家的中间位置,落后于苏联国家、拉美中等收入国家,但领先于亚非拉发展中国家。而就中国经济内部而言,由于发展不均衡,不同地区之间的发展与结构存在着很大的差别,其中一些先进地区已经达到了世界上较高的水平,但还有很多地方仍处于和亚非拉发展中国家相近的阶段。改进经济发展的不平衡,是中国在下一阶段经济发展中的重要任务。

(二)就业结构

过去10年来,由于在加速工业化的进程中取得的巨大进展,我们在推进就业方面也取得了很大的成就。农业人口向非农业人口的转移、农村劳动力向城市的转移,都需要经济增长提供大量的就业岗位,否则,在旧的就业压力还没有缓解的同时,我们又会面临巨大的新的就业压力。中国是一个人口大国,农业的现代化又使大量的农业劳动力从土地上解放出来,这使得增加非农就业将越来越成为我国重要的经济发展目标。在这一方面,中国和各发达经济体有很大的不同,在那些国家和地区,产业结构与就业结构已经相对稳定,而要解决就业,是要在存量或相对静态的基础上解决劳动力的就业问题,或者说,关键是要解决失业问题;而中国的城镇登记失业率目前是相对稳定的,更重要的任务是从流量上或者是在动态上解决就业问题。所以就中国目前的情况而言,就业问题的重点是就业而不是失业,这也是中国经济必须保持一定的增长速度的重要原因。从世界各国的发展看,一个国家的经济发展水平越高,对就业的重视程度也就越高,而经济增长应该满足就业增长和就业结构变化的需求。在过去30多年中,我们对经济增长的重视程度远远高于就业。但在发达国家或工业化国家,人们对就业的关心往往高于经济增长,因为只有就业普遍改善了,居民家庭才能都得到收入,才能真正说明经济复苏,而单纯的经济增长率回升可能只对一部分就业人口产生影响。

表4.23按照第一产业就业比重由低到高排序列出了世界部分国家的就业结构,和表4.22相比较可以看出,大多数国家的第一产业就业比重是低于它的增加值比重的,如前面所列举的俄罗斯和墨西哥,第一产业增加值占比已经降到5%以下,但就业人数占比仍然为9%和13.5%,这说明二元经济结构在一些经济发展水平已经比较高的国家也是存在的。中国在表中的33个国家中排名第29位,属于产业结构高度较低的国家。从第三产业来观察结果也是类似的,如果按照第三产业的就业占比降序排列,中国在这些国家中排最后一位。也就是说,尽管中国已经实现了多年的高速增长,经济总量已经达到世界先进水平,但就其第三产业的就业占比来看,产业结构高度在世界上仍然属于较低水平。这是我们必须面对的一个事实。

表4.23 2008年世界部分国家或地区就业结构 (单位:%)

	第一产业	第二产业	第三产业
阿根廷	0.8	23.7	75.2
美国	1.4	20.6	78.0
英国	1.4	21.4	76.9
以色列	1.6	21.9	75.6
德国	2.2	29.7	68.0
加拿大	2.5	21.6	75.9
荷兰	2.7	18.2	73.1
法国	3.0	23.1	72.9
捷克	3.3	40.5	56.1
澳大利亚	3.4	21.2	75.1
意大利	3.8	29.7	66.3
日本	4.2	27.9	66.7
西班牙	4.3	27.8	67.9
新西兰	7.2	21.9	70.5
韩国	7.4	25.9	66.6
委内瑞拉	8.7	23.3	67.7
南非	8.8	26.0	64.9

(续表)

	第一产业	第二产业	第三产业
俄罗斯联邦	9.0	29.2	61.8
墨西哥	13.5	25.9	59.9
波兰	14.7	30.7	54.5
马来西亚	14.8	28.5	56.7
乌克兰	16.7	23.9	59.4
巴西	19.3	21.4	59.1
伊朗	22.8	32.0	45.1
土耳其	26.2	25.7	48.1
埃及	31.2	22.0	46.6
斯里兰卡	31.3	26.6	38.7
菲律宾	36.1	15.1	48.8
中国	38.1	27.8	34.1
蒙古	40.6	15.2	44.2
印度尼西亚	41.2	18.8	39.9
泰国	41.7	20.7	37.4
巴基斯坦	43.6	21.0	35.4

资料来源：世界银行数据库，部分国家为2006年和2007年数据，转引自《中国统计年鉴2011》。

钱纳里曾利用101个国家1950—1970年间的统计资料进行归纳分析，构造出一个著名的"世界发展模型"，由发展模型求出一个经济发展的"标准结构"，即经济发展不同阶段所具有的经济结构的标准数值（参见表4.24）。[①] 如果以我国的增加值结构和钱纳里标准结构相比，按第一产业所占比重衡量，我国已经超过了人均2000美元（1970年美元）的水平，但按照劳动力则比重衡量，在各产业中的处于400—600美元之间的水平。这种劳动力结构与GDP结构的差别，说明了中国经济增长中二元结构现象相当严重。这种二元结构是中国经济发展不均衡的表现，但同时也是中国经济增长的特点。改革开放后，邓小平首先提出来要一部分人先富起来、一部分地区先富起来，最后实现全体人民的共同富裕。这实际上是在打破计划体制下传统的均衡，使中国这一趋于停滞的庞大经济体首先由局部重新活动起来，再带动中国经济的全面发展。从发展路径上，我们首先是促进第一产业的发展，解决全体人民的温饱和生存问题，然后再通过城市的经济体制改

---

① Chenery H. B., Syrquin M., *Patterns of Development: 1955—1975*, Oxford University Press, 1977.

造,使生产率较高的工业部门先发展起来,再带动服务业的发展,当经济发展到一定阶段,再转过头来通过社会主义新农村建设和由城市吸纳农村劳动力,改善中国的就业结构和农村的收入水平。在过去的 10 年间,这两方面都取得了很大的进展。从发展上看,未来的 10—20 年间,很有可能是中国产业结构的加速提升时期,尤其表现为 GDP 结构中第三产业比重的提升和就业结构中第一产业劳动力比重的下降。和世界各国相比,中国的产业结构高度将会得到更快的提升。

表 4.24　钱纳里对不同发展水平 GDP 结构和就业结构的研究

	人均收入水平(1970 年美元)			
	400 美元	600 美元	1 000 美元	2 000 美元
第一产业占 GDP 比重(%)	26.7	21.8	18.6	16.3
第二产业占 GDP 比重(%)	25.5	29.0	31.4	33.2
第三产业占 GDP 比重(%)	47.8	49.2	50.0	50.5
劳动力在第一产业中所占比重(%)	43.6	34.8	28.6	23.7
劳动力在第二产业中所占比重(%)	23.4	27.6	30.7	33.2
劳动力在第三产业中所占比重(%)	23.0	37.6	40.7	43.1

第五节　结　论

本章对改革开放后中国经济增长中的产业结构变化及其特点进行了分析,并在此基础上对中国未来的发展前景做了展望。和对经济增长总量分析不同的是,对于经济增长的总量分析是通过可比价格进行的,即在考察和分析经济增长时通常要扣除价格因素的影响来衡量总量的变化,而在产业结构分析中,则需要研究各产业部门的增长率和一般价格水平的变化对产业结构的共同影响及对经济总量的作用。这就是我们在本章所进行的增加值结构分析。按照配第一克拉克定理,产业结构的提升,不仅反映在增加值结构的变化上,也体现在就业结构的变化上,因此,我们在增加值结构分析的基础上,对改革开放后中国就业结构的变化进行了分析,并且结合增加值结构和就业结构的变化对我国三次产业的劳动生产率进行了研究。结果表明,生产率较高的产业部门的优先增长不但带动了我国整体的经济增长,也促进了产业结构的优化,提高了经济增长效率,这是我国改革开放后实现和保持长期的高速经济增长的重要原因。此外,我们还通过国际比较,对中国产业结构的发展阶段和发展趋势进行了研究。本章通过对中国经济增长中的产业结构分析以及国际比较研究,得出以下结论:

第一,体制创新对中国经济增长和产业结构的提升发挥了重要作用。我们把改革开放后的中国经济增长和产业结构变化,根据体制改革的阶段性特征和经济增长的周期性特征,分成四个阶段:经济体制改革和高速增长的启动阶段(1978—

1984),经济体制改革的探索阶段和产业结构的调整阶段(1984—1991),深化市场化改革阶段和加速工业化启动阶段(1992—2002),市场经济下的加速工业化阶段(2003至今)。前三个阶段的经济增长和产业结构升级是在不断改革的经济环境下发生的,而第四个阶段则是在相对稳定的市场环境下进行的。在各个不同的历史发展阶段,加速增长的产业部门也是不同的,第一个阶段主要表现为第一产业的加速增长,第二个阶段则是第三产业加速增长的同时伴随着轻纺产业的加速发展,第三个阶段是以重化工业的启动和现代服务业的发展为特征的加速工业化启动阶段,而第四个阶段则是以第二产业的迅速发展而带动的加速工业化发展阶段。和一般市场经济国家不同,中国的高速经济增长是在计划经济向市场经济转轨过程中发生的。在计划体制下,由于工农业产品"剪刀差"以及脱离现实需要的"工业化",所形成的产业结构是扭曲的,是不能反映产业间客观联系的"虚高度"。而随着商品和生产要素的市场化改革,价格逐渐成为国民经济中配置资源的主要信号,由现行价格反映的各产业部门增加值结构的变化,就不仅仅是各产业部门增加值增长的结果,同时也反映了由于价格变化导致的各产业部门在国民经济中的地位变化,而产业结构的变化,则体现了这两种因素的共同作用。社会主义市场经济体制的建立改善了资源配置的效率,使得生产率较高、增长潜力大的产业得到了更好的增长,从而促进了整个经济的增长。

第二,市场化条件下,我国产业结构的提升是符合资源优化配置原则的。研究结果表明,改革开放以来,在三大产业部门中,一个产业部门的增长率越高,其一般价格水平(或称之为价格总水平)上涨的幅度也就越慢,我国产业结构的变化不仅反映了各个产业部门的增长对国民经济的影响,也反映了供需关系对结构的影响。改革开放以来,第二产业的年均增长率最高,年均价格上涨的幅度最小,第一产业的增长率最低,而价格上涨的幅度最大,而第三产业的变化居中。从改革开放到现在,从整体上看,中国的经济增长主要是由第二产业的发展拉动的,最近10年表现得更为明显,这说明中国仍然处在加速工业化进程中。

第三,增加值结构的变化与就业结构的变化是密切相关的,增加值结构的提升不但促进着经济增长,也改善着就业结构。在大多数时期,就业结构的提升要滞后于增加值结构,因此,通过增加值结构带动劳动力结构升级是经济增长中的长期任务。自2003年进入新一轮经济增长周期以来,由于我国制造业的迅速发展以及对第三产业的拉动,第二和第三产业就业人数占比在经历了世纪之交的数年徘徊后迅速提升,使这一时期成为改革开放以来我国的产业结构(包括增加值结构和就业结构)升级变化最大的时期,这意味着在未来的发展中,产业结构的变化将更多地影响着中国的经济增长,反过来,中国也需要进一步的经济增长为加速的产业结构升级提供物质基础。从改革开放以来的长期发展来看,第三产业是劳动力占比变化幅度最大的产业部门。而从产业部门的特点看,第二产业主要属于资本密集型产业,而第三产业主要属于劳动密集型产业。因此,从改善就业结构的观点看,在未来的经济增长中,应该使第三产业的增长与第二产业相适应,以吸纳更多的新增和由第一产业转移而来的劳动力。

第四,通过对各产业部门增加值与就业人数相互关系的比较分析,可以进行各产业部门劳动生产率的变化趋势的研究。整个国民经济劳动生产率的提高,可以分解为两大因素,即各个产业部门劳动生产率的提高和由增加值结构带动的劳动结构的变化。研究表明,改革开放以后,这两方面的因素都为我国整体生产率的提高做出了贡献。按就业人员计算的人均GDP,2010年我国的劳动生产率为1978年的58.07倍,年均增长13.5%,其中,由各部门劳动生产率(人均增加值)本身因素而形成的年均增长为11.9%,由劳动结构变动因素影响形成的年均增长为1.5%,这说明各产业部门劳动生产率的提高和劳动结构的变动,都对整个国民经济的劳动生产率的提高做出了贡献。而较高劳动生产率部门的生产率的继续提高和比重扩大,是提高整体经济效率的基本途径。

第五,从国际比较的角度看,一个国家在工业化和现代化进程中,产业结构的变化首先体现在增加值结构上,即第二、第三产业依次发展,第一产业的比重逐渐下降,然后会带动劳动力结构也发生类似的变化。随着经济发展水平的提高,增加值结构的变化会趋于稳定,就业结构会因为平均利润规律继续变化,即人均收入低的产业部门的劳动力会向收入高的产业部门继续移动,最后在各个产业部门人均收入水平接近的状态下实现各个产业部门就业结构向产业结构的收敛。这是各个产业结构演变的共同规律,尤其是在发达国家经济发展的历史经验上得到了验证。从与世界各国的比较看,中国目前的产业结构已经上升到中等收入国家的水平,即处于工业化进程的中后期,但从就业结构上看,仍然和低收入国家相似,第一产业就业占比偏高,而第三产业就业占比较低。就业结构和增加值结构之间的差距,明显高于发展水平与我们相近的国家,二元结构的现象尤其突出,这说明中国经济增长的高效率,在一定程度上是以发展失衡为代价的。这就使得改变失衡成为我们未来发展中的重要任务。

第五章　对中国"刘易斯转折"阶段进程的判断及对劳动力成本上升效应的研究

劳动力成本上升对价格的影响,主要取决于劳动力成本上涨速度和劳动生产率上涨速度的相对高低。一般来说,制造业劳动生产率提高较快,劳动力成本上升对价格的影响较小,而服务业和农业价格受劳动力成本的影响较大。本章通过构建相对劳动生产率指数,研究劳动力成本上升对不同农产品和服务价格的影响。相对劳动生产率指数是劳动生产率定基指数与劳动力成本定基指数的比值,比值越高,说明劳动力成本上升对价格的影响越小;反之,则越大。

进入21世纪以后,我国农业、制造业、服务业劳动力成本总体呈持续上涨态势,大部分行业在2005年以后增长加快,但相对劳动生产率指数变动情况差别较大。9种主要农产品的相对劳动生产率指数(2000年=100)在2009年均低于100,劳动力成本上升对价格的影响较大。在制造业30个主要行业中,有12个相对劳动生产率指数下降,包括塑料制品业、橡胶制品业、食品制造业等,这些行业劳动力成本上升对价格的影响相对较大。在服务业中,住宿和餐饮业、居民服务和其他服务业等低端服务业劳动力成本上升对价格的影响较大。定量分析表明,农产品雇工工资每上升1%,蔬菜、苹果、油料、稻谷、小麦、玉米、大豆、烤烟的生产价格将分别上涨0.76%、0.60%、0.99%、0.58%、0.41%、0.49%、0.72%、0.58%;服务业平均工资每上升1%,总服务价格将提高0.22%;而低端服务业平均工资每上升1%,相应的服务价格将提高0.8%以上。

相关性分析表明,农民工工资上涨是我国普通劳动力成本上升的主要原因。农民工工资的持续上涨,主要是由于我国已进入了刘易斯第一转折点,农村剩余劳动力持续下降。农村剩余劳动力下降的原因在于我国人口结构变动及教育发展。人口增长放缓和结构变化,导致作为低端劳动力最终源泉的新增劳动力数量下降,教育发展和大学扩招又导致直接进入劳动力市场的初高中毕业生数量下降,在剩余劳动力存量不断被吸收的情况下,农村剩余劳动力总量、尤其是年龄在40岁以下的有效剩余劳动力数量必然会出现下降。

从理论分析和国际比较来看,我国将在2025—2030年期间基本完成劳动力转移,到达刘易斯第二转折点。但我国特殊的城乡二元体制、农村基本经营制度和农村剩余劳动力结构,可能使我国刘易斯第二转折点提前到"十三五"中期到来。

这意味着,我国普通劳动力工资在未来10年左右时间将持续增长。面对这一趋势,我国政府应加大教育和培训投入,提高劳动者技能和素质,增强农民工在城镇的稳定性,鼓励技术进步和产业升级,通过提高劳动生产率抵消劳动力成本上升的负面影响,并完善价格调控政策,提高价格上涨的容忍度,正确处理好价格调控和农民增收的关系。

第一节 文献综述及理论分析

一、国内外研究文献综述

近年来,国内外学者对我国劳动力成本上升及其影响做了较多研究,产生了一批很有价值的成果,主要集中在以下三个方面:

(一)我国是否已进入刘易斯转折阶段

经济学家刘易斯指出,发展中国家从二元经济到一元经济的转折实际上是一个区间或时间段。其中有两个转折点,第一转折点是农业剩余劳动力从无限供给向有限供给转折,其核心标志是工业部门普通劳动力工资出现趋势性上涨;第二转折点是剩余劳动力从有限供给到被吸收殆尽转折,其核心指标是农业部门和工业部门的边际产出大体相当。

大部分研究都认为我国已经进入"刘易斯第一转折点",但对进入的时间则有分歧。自2004年我国珠三角等地区出现"民工荒"现象后,蔡昉(2005)较早提出我国劳动力将出现短缺,指出我国劳动年龄人口的相对数量和绝对数量都将相继出现下降,劳动力短缺不可避免。之后,蔡昉(2007)又指出我国劳动力增长速度大大趋缓,农村剩余劳动力不再能够无限供给,大约2009年能到"刘易斯第一转折点",大约在2015年左右实现城市和农村的边际生产率基本相等的均衡状态,到达"刘易斯第二转折点"。王诚(2005)认为我国出现的"刘易斯转折点"只是"准刘易斯转折点",即产生了工资可能持续上升的趋势,但并没有伴随着农村剩余劳动力向城市现代部门转移的结束,要到达"刘易斯第二转折点"还需要一个漫长的过程。吴要武(2007)通过调研数据及我国2000—2006年相关数据的整理建模分析认为,我国在2002—2004年间便已形成刘易斯拐点,劳动力市场开始感受到普通劳动者的短缺,并引起工资的快速增长。日本学者大塚啓二郎(2006)利用中国城镇制造业的实质工资变化情况,判断中国已经进入了"刘易斯第二转折点";田岛俊雄(2008)同意蔡昉关于我国已到达"刘易斯第一转折点"的判断,但认为2013年前后中国就会进入"刘易斯第二转折点"。王德文(2009)认为中国已经越过刘易斯第一拐点,但这并不意味着中国不存在剩余劳动力。荣世芳(2009)计算发现1997年我国就出现了"刘易斯第一转折点",但目前还没有足够的数据资料表明,我国已经达到"刘易斯第二转折点"。苏剑(2009)运用工资法、增长法两种间接方法,对我国农村剩余劳动力进行了分析,认为农村富余劳动力很可能已经被吸收完毕,我国经济发展阶段很可能已经超过了刘易斯拐点。张晓波等(2009)基于对甘肃省农忙和农闲时期工资的发展演化模式的长期调查发现,无论其他因素是否被控制,实际工资水平都是在不断攀升的。贫困地区的实际工资在加速上涨,甚至农闲时期也是如此,表明劳动力无限剩余时代已经结束。尤宏业等(2010)深入分析了中国农产品价格的时间序列数据和横断面数据,显示中国经济已经走过刘易斯拐点,低端劳动力工资水平呈现快速上升趋势。韩俊(2011)详细分析了我国农村剩余劳动力数量、农民工工资增长趋势、农村劳动力中长期转移趋势,认为我国劳动力特别是普通劳动力供给将由"全面过剩"转向"结构性短缺",并将进一步发展为"全面短缺",我国已经进入刘易斯第一转折点,并可能在"十三五"期间进入第二转折点。

但同时也有另外一些学者表达了不同的意见。日本学者南亮进(2008)认为即使中国的人口转变已经完成,但是中国经济发展并没有到达"刘易斯转折点",原因在于:第一,判断刘易斯转折点应该根据边际生产力,而不是工资水平,因为工资上涨可能是经济景气造成的,就像第一次世界大战时期日本城市产业工人工资高涨,并不能说明转折点的到来;第二,中国的收入分配状况正在恶化,基尼系数从1988年的0.382上升到2002年的0.445。收入不平等状况恶化反映了劳动剩余的状况持续存在。周祝平(2009)认为由人口转变和经济繁荣所引起的劳动力供求形势变化并不意味着中国经济发展进入了新阶段,如果完全按照刘易斯第一个拐点前的特点"边际生产力为零或可忽略",从我国农村粮食产量连年递增的情况也看不出拐点已经到来。刘洪银(2009)通过实证分析认为,中国农业收入变化与农业劳动的边际生产力脱节,我国农业仍然存在数量可观的边际生产力为零的剩余劳动力,中国现阶段尚未真正进入"刘易斯转折点"。姚洋和张珂(2010)运用1998—2007年之间的省级面板数据估计了剩余劳动力的供给和需求曲线,结果表明劳动力的需求在不断上升,劳动供给曲线也因为制度工资的上升而向右移动,供需的交点在不断右移,表明中国还存在着丰富的剩余劳动力,刘易斯转折点并没有到来。贾先文和黄正泉(2010)通过模型推算出"刘易斯转折点"的到来时间还要往后推迟二十多年,而近年来出现的"民工荒"并不是刘易斯拐点到来的标志,现在的局面是"民工荒"与大量农村劳动力的剩余并存。王金营和顾瑶(2011)通过对我国当前劳动力供求关系的理论和实践分析,认为目前刘易斯拐点还没有真正到来,并预测我国未来劳动力供求的第一个刘易斯拐点将在2015—2020年前后出现。汪进和钟笑寒(2011)通过跨国平行数据的回归,发现刘易斯转折点在人均GDP为3 000美元至4 000美元(购买力平价2000年国际美元)之间出现。中国的人均GDP已经超越了这一水平,但农业劳动力比重远高于该经济发展水平下的世界平均水平,这很可能意味着中国的农业劳动力转移仍有较大潜力。

从上面的分析可以看出,在"是否已经进入刘易斯转折阶段"的分歧方面,主要是由于对"刘易斯转折点"这一概念的理解上有差异。事实上,在拓展的刘易斯模型中,发展中国家经济发展过程分为三个阶段:第一个阶段农业劳动的边际生产率为零或很低,劳动力对现代部门具有无限供给的弹性;随着现代部门扩张和大量农村劳动力转入现代部门,经济发展进入第二阶段,农业劳动的边际生产率上升,导致食品价格和工资上涨;通过对农业部门引入现代要素进行改造,农业专业化和规模化生产,提高了劳动生产率,农业部门和现代部门之间的均衡发展把经济发展带入第三阶段,即经济一体化阶段。上述过程有两个关键性的转折点:第一个即刘易斯第一转折点,它是从第一个阶段向第二个阶段的转换,也就是劳动力供给从无限剩余转向有限剩余的阶段;第二个即刘易斯第二转折点,是从第二个阶段向第三个阶段的转换,也就是有限剩余的劳动力被完全吸收殆尽。从第一转折点到第二转折点的时间,就是刘易斯转折阶段。从相关文献来看,目前持认同观点的研究基本上同意我国已进入刘易斯第一转折点,持反对观点的研究基本上认为我国还没有进入刘易斯第二转折点,本质上并无太大矛盾。如果简单地把刘易斯转折点理解为第二转折点,就不可避免地会出现认识上的分歧和偏差。

综合来看,可以认为目前我国已跨过了刘易斯第一转折点,进入了刘易斯转折阶段。而且,由于计划生育政策的实施,我国趋近"刘易斯第二转折点"的速度可能加快。

(二) 劳动力成本上升对价格总水平及经济结构的影响

国内一些学者研究了劳动力成本上升对价格水平和产业竞争力的影响。何为(2001)认为,我国工业产品价格优势来自工资收入与劳动生产率的不成比例,劳动力成本上升是经济发展的必然趋势,我国劳动力成本仍具有较大的上升空间和可能性。刘世锦(2008)认为,劳动力工资等要素成本上升是一个长期趋势,要素成本上升是否会转化为大范围、持续的物价上涨,出现通货膨胀,将取决于生产企业消化成本上涨的能力,关键是生产企业劳动生产率提高的速度,因此,存在要素成本上升速度与劳动生产率提高速度之间的比较或者"赛跑"。不同行业劳动生产率提高速度和进一步提高的空间差别比较大,由于农业是比较典型的对土地、人力资源依赖性较高的行业,通过大规模生产提高劳动生产率的空间比较小,所以农产品的涨价会最先表现出来。治理成本推进型通货膨胀的根本出路,在于加快转变经济发展方式,通过创新来提高劳动生产率。刘峰(2010)认为,由于中国的人口基数较日、韩更为庞大,刘易斯转折阶段推升制造业工资上涨的幅度和速度都不会太高,但是上涨趋势已经形成,并很可能延续较长一段时期,通胀压力必然引发国内货币政策的紧缩行为,我国低利率时代行将谢幕,流动性可能长期趋紧。熊鹏(2010)认为,刘易斯转折阶段劳动力成本上升会带动核心 CPI 稳步上涨,未来劳动力成本每上升 10%,将推动 CPI 提高 0.4 至 0.5 个百分点,农产品价格也会持续上涨。但劳动力成本上升在短期内对整体物价影响有限,还不会引起恶性的工资—物价螺旋式上升。曾国华和王跃梅(2011)通过对中国工业部门省级面板数据的实证分析认为,劳动者报酬对工业企业的生产效率有正向强化作用,进一步改革需以效率工资理论为指导,提高劳动者收入,以政府引导鼓励为主,加快企业自主创新,提升技术水平。

还有一些学者研究了劳动力成本上升对我国经济结构变动的影响。墨尔本大学郜若素(1993)详细列举了"刘易斯转折阶段"可能会对中国经济造成的影响,包括:实际工资以及收入工资占比上升,储蓄率的下降可能会超过投资率,外部账户的不平衡下降;实际工资的上涨以及对非贸易品需求的上升,可能会引发通胀。蔡昉(2007)认为,如果劳动力成本的上升是生产要素禀赋变化的自然结果,则不仅不会削弱竞争力,反而能够通过推动增长方式的转变,提高长期竞争力和增长的可持续性。中国经济在短期内并不会丧失在劳动密集型产业上的国际竞争力。高善文(2010)认为,中国经济在走过刘易斯拐点后,经济在通货膨胀、总量增长和产业结构调整层面都在承受一系列的压力。在总量层面的压力主要来自食品价格上升导致的通货膨胀裂口和经济潜在增速的快速下降;在结构层面将会出现农产品价格的趋势性上升,大众消费和服务的兴起,机器对劳动力的广泛替代和熟练劳动力对非熟练劳动力的替代。农产品的价格,包括粮食、肉禽、蔬菜、水果等产品价格的上升趋势还远没有结束。王美艳(2011)发现,2004 年以来农业劳动力成本显著提高,农业越来越倾向于使用节约劳动的生产方式。

相比之下,国外多从定量角度进行分析。Van Hark(1995),Carlin and Reenen(2001),Carstensen and Toubal(2004)认为单位劳动成本(ULC)的提高,会带来国内外市场份额的下降和经济增长的放缓以及失业率的上升;然而,Kaldor(1978)、Kellman(1983)发现单位劳动成本和市场份额增长之间的关系并不明朗,出口和 GDP 增长最快的国家往往经历着相对单位劳动成本更快的增长;还有一些学者认为劳动力成本和竞争力之间的关系不是一成不变的,而是取决于进出口需求的价格弹性和行业等其他因素(Thirlwall,1979;Tica and Jurčic,2006)。

(三)刘易斯转折阶段价格总水平变动的国际经验

一些学者和机构以日本、韩国和我国台湾地区为重点,研究了经济体进入刘易斯转折阶段后价格总水平及经济结构方面出现的变化。张东刚(2003)发现,随着刘易斯转折点的到来,日本劳动者的实际工资收入不断上涨,在国民收入中所占份额不断增加;与此同时,人口的城乡结构和职业结构也都发生了很大变化。费景汉和拉尼斯(2004)认为政府在刘易斯转折时期调整劳动关系的政策至关重要,一国在刘易斯转折过程的初期,应该尽量避免资本深化的过早发生,应该通过劳动力使用倾向的创新,保证丰富的非技术劳动力得到最大限度的利用,只有当剩余劳动力不存在、实际工资开始大幅度上升时,在经历了资本浅化式增长之后,才能推动资本深化。高善文(2010)认为,在经济体进入刘易斯转折阶段以后,价格层面上非常重要的现象是食品价格快速上升,并推动 CPI 涨幅比 PPI 更高。20 世纪 60 年代,日本一般消费物价的平均涨速在 5%—6%,但是生产资料的平均涨速只略高于 1 个百分点,通货膨胀裂口的幅度有 4 个百分点以上,持续时间长达 10 年。韩国和我国台湾地区也存在 CPI 和 PPI 之间的通胀裂口,而且均持续 10 年左右。中金公司(2010)的研究也认为,进入刘易斯转折阶段后,日本和韩国均出现了成本推动的通货膨胀,即高通胀和高工资螺旋式上升的情况,并迫使政府采取偏紧的货币政策。同时,还伴随有居民消费增长加快、消费率实质性提高等特点。孙时联(2010)分析发现,日本产业总体工资在 1955—1965 年,几乎翻了一番。为了适应劳动力成本的上升,日本政府在 1963 年发布《关于产业结构的长期展望》,推出以重化工业为发展方向的产业调整政策,并于 1970 年开始推行职业训练基本计划。韩国制造业工资自 1982 年后也开始出现大幅增长,特别是在 1986—1990 年的 5 年间,其制造业工资平均年增长率高达 21%。针对新的形势,韩国政府提出了"稳定、效率、均衡"的发展方针,积极在结构调整中寻求发展。

尽管国内外相关研究对于我国是否已经进入刘易斯转折阶段还有分歧,但都认为我国劳动力成本上涨将是一个长期趋势,并会导致食品和消费价格持续上涨,进而影响价格总水平和整个经济结构。从国际经验来看,即使在进入刘易斯第一转折点以后,我国也将面临着劳动力成本趋势性上涨的重大挑战和机遇。

二、劳动力成本上升对产品价格的影响机制

劳动力成本上涨对企业有两种效应:一种是成本增加效应,在其他条件不变的情况下,劳动力成本上涨会增加产品的单位成本;另一种是技术进步效应,企业为应对成本上涨,往往会加大设备和技术投资,提高劳动生产率,这又会降低产品的单位成本。劳动力成本上涨对产品价格的影响,取决于这两种效应的大小。如果成本增加效应大,即劳动力成本上涨速度快于劳动生产率上涨速度,产品价格就会上涨;如果技术进步效应大,即劳动生产率上涨速度快于劳动力成本上涨速度,产品价格不会上涨,甚至可能下降。

根据厂商使用生产要素的利润最大化的原则,可以得到:

$$劳动力成本(W) = 劳动的边际产品价格(VMPL)$$
$$= 产品价格(P) \times 劳动边际产品(MPL)$$

其中,劳动边际产品(MPL) = dQ/dL

假定初始状态为图 5.1 中 VMPL 线所示位置，最优点为 A 点，此时劳动力成本为 W，对应的产品价格为 P。

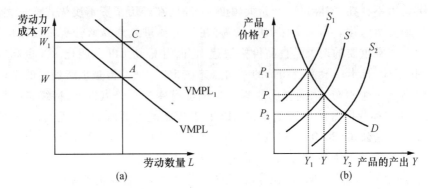

图 5.1 劳动力成本上升、劳动生产率提高对产品产出和价格的影响

（1）在劳动生产率不变的情况下，劳动力成本 W 提高，也就意味着在劳动边际产品 MPL 一定的情况下，劳动力成本从 W 提高至 W_1，VMPL 曲线上升至 $VMPL_1$（图 5.1(a)），产品价格将由 P 提高到 P_1，产出由 Y 下降到 Y_1（图 5.1(b)）。

（2）在劳动力成本不变的情况下，劳动生产率提高，会带来劳动的平均成本下降，则产品总成本下降，供给曲线从 S 下移至 S_2，导致产品价格由 P 降至 P_2，产出由 Y 提高到 Y_2（图 5.1(b)）。

综合考虑，当劳动力成本和劳动生产率同时提高的情况下，产品价格上升还是下降，取决于劳动生产率提高的幅度与劳动力成本提高的幅度的大小。如果劳动生产率提高幅度大于劳动力成本提高幅度，则 $P-P_2$ 大于 P_1-P，产品价格下降；Y_2-Y 大于 $Y-Y_1$，产出增加。反之，劳动生产率提高幅度小于劳动力成本提高幅度，则 $P-P_2$ 小于 P_1-P，产品价格上升；Y_2-Y 小于 $Y-Y_1$，产出降低。

三、主要研究方法及研究重点

从理论上分析，劳动力成本对价格的影响，主要取决于劳动力成本上涨速度和劳动生产率上涨速度谁更快。因此，本章主要通过比较劳动力成本增长率和劳动生产率增长率来进行分析。分析方法主要有两种：

一是直接分析，分别计算出某个行业（产品）劳动力成本和劳动生产率在同一时期的增长率和定基指数，并进行比较。

二是创新性地构建相对劳动生产率指数，更直观地比较分析劳动生产率和劳动力成本增长速度。相对劳动生产率指数的计算公式为：

相对劳动生产率指数 = 劳动生产率定基指数 ×100/ 劳动力成本定基指数

相对劳动生产率指数值高，说明行业劳动生产率上升速度快于劳动力成本上升速度,劳动力成本上升对产品价格的影响小;反之,则较大。

一般来说,制造业劳动生产率提高较快,劳动力成本对价格的影响较小,而服务业和农业、尤其是劳动密集型的服务项目和农产品,价格受劳动力成本的影响较大。因此,本章主要研究劳动力成本上升对主要农产品和服务项目价格的影响,并以劳动密集型的服务项目和农产品为重点。

第二节 劳动力成本上升对我国农产品及食品价格的影响

本节利用全国农产品成本收益①调查数据,考察农产品生产中的劳动力成本和劳动生产率的变化,并通过相对劳动生产率指数来分析农业劳动力成本上升对我国农产品生产价格的影响。具体选择了九种代表性的农产品,包括:蔬菜、苹果、两种油料、稻谷、小麦、玉米、大豆、棉花和烤烟。

一、21世纪以来我国劳动力成本整体变动情况

为了衡量我国劳动力的成本,我们对相关指标进行了系统考察,发现2001—2009年的《中国劳动统计年鉴》中关于劳动力成本有两个相关的指标,分别是:城镇单位就业人员②的平均劳动报酬③、城镇单位在岗职工④的平均工资⑤,2010年的《中国劳动统计年鉴》中只有城镇单位就业人员的平均工资这一个指标。虽然提法不同,但从指标解释中可以发现,城镇单位就业人员比城镇单位在岗职工的统计口径大,而平均劳动报酬和平均工资的范围是一致的,为此,我们采用最新的年鉴提法,使用城镇单位就业人员的平均工资这一指标。其中,2001—2008年采用城镇单位就业人员的平均劳动报酬数据,以保证近十年来劳动力统计口径的一致性。由于本章考察的是行业间的差异,该指标虽然针对的是城镇单位,但在很大

---

① 国家发展和改革委员会价格司(编):《全国农产品成本收益资料汇编》(历年),中国统计出版社。
② 单位就业人员,是指在各级国家机关、党政机关、社会团体及企业、事业单位中工作,取得工资或其他形式劳动报酬的全部人员,包括:在岗职工、再就业的离退休人员、民办教师以及在各单位中工作的外方人员和港澳台方人员、兼职人员、借用的外单位人员和第二职业者,不包括离开本单位仍保留劳动关系的职工。城镇单位就业人员不含城镇私营和个体就业人员。
③ 城镇单位就业人员劳动报酬,指各单位在一定时期内直接支付给本单位全部就业人员的劳动报酬总额,包括职工工资总额和其他就业人员劳动报酬总额。平均劳动报酬,指企业、事业、机关等单位的全部就业人员在一定时期内平均每人所得的货币工资额。
④ 在岗职工,是指在本单位工作并由单位支付工资的人员,以及有工作岗位,但由于学习、病伤产假等原因暂未工作仍由单位支付工资的人员。
⑤ 工资总额,指各单位在一定时期内直接支付给本单位全部职工的劳动报酬总额。工资总额的计算应以直接支付给职工的全部劳动报酬为根据。各单位支付给职工的劳动报酬以及其他根据有关规定支付的工资,不论是计入成本的还是不计入成本的,不论是以货币形式支付的还是以实物形式支付的,均应列入工资总额的计算范围。工资总额包括计时工资、计件工资、奖金、津贴和补贴、加班加点工资、特殊情况下支付的工资。平均工资,指企业、事业、机关等单位的职工在一定时期内平均每人所得的货币工资额。

程度上反映了行业劳动力成本的差异。

虽然一般的分析中,大都采取工资的实际增速,但对于企业来说,名义工资涨幅更能说明成本上升情况。所以,本章同时采用实际增速和名义增速。其中,

城镇单位就业人员平均工资实际增速 = 城镇单位就业人员平均工资名义增速 − CPI 增速

表 5.1 列出的是 2001—2010 年我国城镇单位就业人员平均工资及其名义、实际增速变动情况。

表 5.1　2001—2010 年城镇单位就业人员平均工资变动情况

（单位:元,当年价）

行业	2001	2003	2005	2006	2007	2008	2009	2010
全国	10 834	13 969	18 200	20 856	24 721	28 898	32 244	36 539
工业	10 333	13 243	16 989	19 488	22 665	26 924	29 115	33 412
#采矿业	9 541	13 627	20 449	24 125	28 185	34 233	38 038	44 196
#制造业	9 891	12 671	15 934	18 225	21 144	24 404	26 810	30 916
#电力、煤气及水的生产和供应业	14 471	18 574	24 750	28 424	33 470	38 515	41 869	47 309
第三产业	11 894	15 360	20 137	23 084	27 719	32 561	36 347	40 738

注:工业、第三产业的平均工资均根据所包含的各门类工资之和除以就业人员数之和计算得来。

资料来源:根据历年《中国劳动统计年鉴》和《中国统计年鉴》数据计算而来。

从表 5.2 可以看出,2001—2010 年全国城镇单位就业人员平均工资(以下简称平均工资)从 10 834 元提高到 36 539 元,年均名义增速为 14.6%,年均实际增速为 12.4%。这反映出,进入 21 世纪以后,我国劳动力成本整体呈现出较为明显的上涨趋势。

表 5.2　2001—2010 年城镇单位就业人员平均工资增长情况　　（单位:%）

行业	指标	2001	2003	2004	2005	2006	2007	2008	2009	2010	平均
全国	名义	16.1	12.9	14.0	14.3	14.6	18.5	16.9	11.6	13.3	14.6
	实际	15.4	11.7	10.1	12.5	13.1	13.7	11.0	12.3	10.0	12.4
工业	名义	12.5	14.5	13.6	12.9	14.7	16.3	18.8	8.1	14.8	13.8
	实际	11.8	13.3	9.7	11.1	13.2	11.5	12.9	8.8	11.5	11.7
#采矿业	名义	14.7	24.0	23.1	21.9	18.0	16.8	21.5	11.1	16.2	18.9
	实际	14.0	22.8	19.2	20.1	16.5	12.0	15.6	11.8	12.9	16.7
#制造业	名义	11.9	13.6	12.5	11.8	14.4	16.0	15.4	9.9	15.3	13.3
	实际	11.2	12.4	8.6	10.0	12.9	11.2	9.5	10.6	12.0	11.1
#电力、煤气及水的生产和供应业	名义	13.1	14.0	16.0	14.9	14.8	17.8	15.1	8.7	13.0	14.2

(续表)

行业	指标	2001	2003	2004	2005	2006	2007	2008	2009	2010	平均
第三产业	实际	12.4	12.8	12.1	13.1	13.3	13.0	9.2	9.4	9.7	12.0
	名义	18.7	12.2	13.9	15.1	14.6	20.1	17.5	11.6	12.1	15.0
	实际	18.0	11.0	10.0	13.3	13.1	15.3	11.6	12.3	8.8	12.8

资料来源:根据历年《中国劳动统计年鉴》和《中国统计年鉴》数据计算而来。

分产业来看,工业就业人员平均工资从2001年的10 333元提高到2010年的33 412元,名义增速和实际增速分别为13.8%和11.7%,均低于全国平均水平。其中,采矿业就业人员平均工资增速最高,年均实际增速为16.7%,平均工资从2001年的9 541元提高到2010年的44 196元;制造业就业人员平均工资从2001年的9 891元提高到2010年的30 916元,年均实际增速为11.1%,不仅低于全国平均增速水平,也低于工业平均增速水平;电力、煤气及水的生产和供应业就业人员平均工资一直维持在高位,但增速呈现波动下降趋势,年均实际增速12.0%,略低于全国平均水平。第三产业就业人员平均工资从2001年的11 894元提高到2010年的40 738元,年均实际增速为12.8%,高于全国平均水平。

相比之下,电力、煤气及水的生产和供应业就业人员平均工资水平最高,制造业最低;从平均工资增长速度来看,采矿业的年均增速最高,但下降趋势明显,制造业的年均增速最低,但2008年之后在其他行业工资增速下降的情况下,却表现出明显的增长趋势(参见图5.2)。

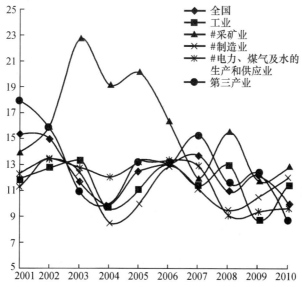

图5.2 2001—2010年城镇单位就业人员平均工资实际增长率(单位:%)

二、农业劳动力成本变动情况

农业生产中的主要劳动力来源是家庭劳动用工和雇工,衡量农业劳动力成本的指标有两个,分别是劳动日工价①和雇工工资②。相比较而言,劳动日工价只是农业生产劳动理论意义上的报酬,是根据收入进行推算的数据,而雇工工资是具体测算的数值,更能反映农村劳动力工资的市场价格,所以本部分将雇工工资作为衡量农业劳动力成本的指标,用以观察农业劳动力成本的变化。为了消除价格因素的影响,利用农村居民消费价格指数对雇工工资进行了调整,从而得到实际的雇工工资。

(一) 农业劳动力成本总体变动情况

根据九种主要农产品的雇工工资(按2000年不变价),可以计算得到每种农产品2000—2009年的劳动力成本增速,并对2000—2004年、2005—2009年的年均增速进行计算和比较(参见表5.3)。

表5.3 2000—2009年我国农业雇工工资增长情况(2000年不变价)

品种	指标	2000	2001	2004	2005	2006	2007	2008	2009	2000—2004	2005—2009
蔬菜	雇工工资(%)	17.1	18.6	24.8	26.4	27.8	29.1	32.1	35.8		
	增长率(%)		8.7	20.9	6.5	5.5	4.7	10.0	11.8	9.8	8.0
苹果	雇工工资(%)	15.7	16.4	16.6	13.4	21.3	26.3	32.2	41.1		
	增长率(%)		4.3	-8.0	-19.2	58.5	23.8	22.4	27.8	1.4	32.4
两种油料	雇工工资(%)	17.7	18.2	17.0	20.2	23.7	26.8	31.1	36.9		
	增长率(%)		2.6	-6.8	19.1	17.2	13.1	16.1	18.6	-1.0	16.2
稻谷	雇工工资(%)	20.8	20.7	22.5	26.2	30.2	34.3	41.2	46.1		
	增长率(%)		-0.3	8.2	16.6	15.0	13.8	20.0	12.1	2.0	15.2
小麦	雇工工资(%)	18.2	16.9	18.6	15.9	22.1	24.6	31.7	42.4		
	增长率(%)		-7.3	6.2	-14.6	38.9	11.0	29.3	33.6	0.6	27.7
玉米	雇工工资(%)	17.0	16.4	19.1	21.1	24.0	26.7	31.5	37.1		
	增长率(%)		-3.7	12.7	10.5	13.9	11.1	18.0	17.7	3.0	15.1
大豆	雇工工资(%)	18.0	17.0	20.3	23.0	26.6	28.2	33.8	40.1		
	增长率(%)		-5.8	17.5	13.5	15.7	5.8	19.8	18.8	3.0	14.9
棉花	雇工工资(%)	19.4	18.1	25.4	26.7	27.3	29.8	31.6	35.2		
	增长率(%)		-6.9	40.0	5.2	2.3	9.1	5.9	11.5	7.0	7.2
烤烟	雇工工资(%)	16.5	16.5	17.3	20.1	22.4	26.8	32.5	35.2		
	增长率(%)		-0.2	2.7	16.1	11.5	19.4	21.4	8.1	1.2	15.0

资料来源:根据历年《全国农产品成本收益资料汇编》计算。

---

① 劳动日工价是指每个劳动力从事一个标准劳动日的农业生产劳动的理论报酬,用于核算家庭劳动用工的机会成本。

② 雇工工资是指平均每个雇工劳动一个标准劳动日(8小时)所得到的全部报酬(包括工资和合理的饮食费、住宿费、保险费和招待费等)。

从表 5.3 可以看出,2004 年之前,九种农产品的农业劳动力雇工工资处于波动状态;在此之后,雇工工资迅速提高。其中,蔬菜、油料、稻谷、玉米、大豆、棉花、烤烟这七种农产品的雇工工资在 2004 年之后进入迅速上升阶段,小麦和苹果的雇工工资在 2005 年之后迅速提高。与 2000—2004 年年均增速相比,2005—2009 年除蔬菜以外的八种农产品的年均增速均有所提高。其中,苹果和小麦增速提高幅度最大,其次是油料、烤烟、稻谷、玉米、大豆,增幅最小的是棉花。

(二)不同农产品劳动力成本增速比较

为了对九种农产品劳动力成本的累计增长情况进行比较,以 2000 年为 100,绘制 2000—2009 年劳动力雇工工资的定基指数(参见表 5.4 和图 5.3)。

表 5.4　不同农产品雇工工资定基指数(2000 年 = 100)

品种	2001	2002	2003	2004	2005	2006	2007	2008	2009
蔬菜	108.7	111.7	120.0	145.2	154.6	163.0	170.7	187.7	209.9
苹果	104.3	112.9	114.9	105.7	85.4	135.4	167.6	205.1	262.1
两种油料	102.6	98.5	103.0	96.0	114.3	133.9	151.4	175.8	208.4
稻谷	99.7	97.2	99.9	108.1	126.0	144.9	164.9	197.8	221.7
小麦	92.7	96.9	96.4	102.4	87.5	121.5	134.9	174.4	233.0
玉米	96.3	96.1	99.8	112.4	124.2	141.4	157.1	185.3	218.1
大豆	94.2	94.6	95.9	112.7	127.9	148.5	156.6	187.7	222.9
棉花	93.1	89.8	93.5	130.9	137.7	140.8	153.7	162.8	181.6
烤烟	99.8	99.6	102.2	105.0	121.9	136.0	162.4	197.1	213.1

资料来源:根据历年《全国农产品成本收益资料汇编》计算。

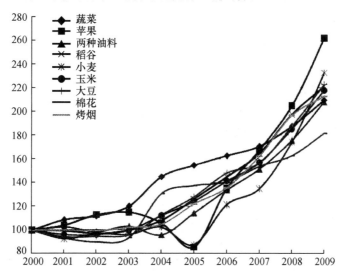

图 5.3　2000—2009 年我国农业雇工工资定基指数(2000 年 = 100)

从表 5.4 和图 5.3 可以看出,2000—2009 年,苹果的农业劳动力雇工工资增速最快,累计增长 162%,年均增速为 11.30%;其次是小麦、大豆、稻谷、玉米,年均增速分别为 9.85%、9.32%、9.25%、9.05%;再次是烤烟、蔬菜、油料,年均增速分别为 8.77%、8.59%、8.50%;最低的是棉花,仅为 6.85%。

综上,成本上升较快的农产品(增速较快、增速较高)为苹果、小麦,上升较慢的农产品(增速较慢、增速较低)是棉花、蔬菜,成本上升一般的农产品有大豆、稻谷、玉米、烤烟、油料。

三、主要农产品劳动生产率变动情况

根据数据的可得性,采用下列公式计算主要农产品的劳动生产率:劳动生产率=每亩主产品产量/每亩用工数量。其中,用工数量指生产过程中生产者(包括其家庭成员)和雇佣工人直接劳动的天数;用工数量使用"标准劳动日"为计量单位。一个中等劳动力正常劳动 8 小时为一个标准劳动日。

(一)农产品劳动生产率总体变动情况

表 5.5 列出了 2000—2009 年九种农产品的劳动生产率及其增长情况。由于九种主要农产品在 2003 年之前变化幅度很小,为了更清晰地反映每种农产品自身的增长情况,划分为 2000—2003 年、2004—2009 年两个时段进行分析。

在表 5.5 中看到,九种农产品的劳动生产率年均增速在后一阶段(2004—2009 年)均比前一阶段(2000—2003 年)高。与 2000—2003 年的年均增速相比,2004—2009 年除苹果以外的八种农产品的劳动生产率年均增速均有所提高。其中,小麦增速提高幅度最大,从 -8.23% 提高到 9.18%;其次是大豆和稻谷,分别从 -0.80% 和 3.15% 提高到 5.40% 和 7.80%;再次是棉花、油料和烤烟,分别从 0.90%、1.67%、2.50% 提高到 4.52%、5.17%、5.70%;增幅最小的是蔬菜和玉米。

(二)不同农产品劳动生产率增速比较

为了对九种不同农产品劳动生产率的增速进行比较,以 2000 年为 100,绘制 2000—2009 年劳动生产率的定基指数(参见表 5.6 和图 5.4)。

表 5.5　2000—2009 年我国主要农产品劳动生产率增长情况（公斤/标准劳动日；%）

品种	指标	2000	2001	2003	2004	2005	2006	2007	2008	2009	2000—2003	2004—2009
蔬菜	劳动生产率	66.46	72.67	76.02	69.72	73.95	79.05	83.90	91.36	93.89		
	增长率		9.35	2.48	-8.28	6.06	6.89	6.14	8.89	2.77	4.58	6.13
苹果	劳动生产率	37.60	37.32	42.10	45.72	45.87	46.64	47.60	49.89	46.37		
	增长率		-0.75	9.96	8.61	0.32	1.67	2.06	4.82	-7.05	3.84	0.28
两种油料	劳动生产率	10.55	10.88	11.09	15.29	15.00	16.77	17.62	18.34	19.67		
	增长率		3.14	-9.64	37.88	-1.84	11.76	5.08	4.07	7.25	1.67	5.17
稻谷	劳动生产率	28.43	30.30	31.21	38.05	37.84	42.07	46.65	51.24	55.39		
	增长率		6.56	-1.27	21.93	-0.55	11.19	10.88	9.82	8.10	3.15	7.80
小麦	劳动生产率	36.68	27.52	28.36	41.95	41.19	50.19	54.53	63.66	65.07		
	增长率		-24.99	0.69	47.94	-1.82	21.84	8.66	16.73	2.23	-8.23	9.18
玉米	劳动生产率	28.27	30.60	32.61	42.49	44.53	48.85	50.95	57.87	57.33		
	增长率		8.25	-2.82	30.29	4.81	9.69	4.31	13.58	-0.95	4.88	6.17
大豆	劳动生产率	16.38	16.03	15.99	25.14	25.87	27.61	24.30	35.91	32.69		
	增长率		-2.15	-13.8	57.23	2.93	6.73	-12.0	47.76	-8.98	-0.80	5.40
棉花	劳动生产率	2.45	2.60	2.52	3.10	3.01	3.40	3.31	3.61	3.86		
	增长率		5.98	-10.3	23.10	-2.87	12.95	-2.67	9.06	7.11	0.90	4.52
烤烟	劳动生产率	3.20	3.08	3.45	3.27	3.29	3.61	3.61	4.13	4.32		
	增长率		-3.93	0.20	-5.07	0.44	9.90	-0.13	14.40	4.61	2.50	5.70

数据来源：根据历年《全国农产品成本收益资料汇编》的数据计算。

表 5.6　不同农产品劳动生产率定基指数(2000年=100)

品种	2001	2002	2003	2004	2005	2006	2007	2008	2009
蔬菜	109.3	111.6	114.4	104.9	111.3	118.9	126.2	137.5	141.3
苹果	99.3	101.8	112.0	121.6	122.0	124.0	126.6	132.7	123.3
两种油料	103.1	116.3	105.1	144.9	142.2	159.0	167.0	173.8	186.4
稻谷	106.6	111.2	109.8	133.8	133.1	148.0	164.1	180.2	194.8
小麦	75.0	76.8	77.3	114.4	112.3	136.8	148.7	173.5	177.4
玉米	108.2	118.7	115.4	150.3	157.5	172.8	180.3	204.7	202.8
大豆	97.9	113.3	97.6	153.5	158.0	168.6	148.4	219.3	199.6
棉花	106.0	114.5	102.7	126.4	122.8	138.7	135.0	147.2	157.7
烤烟	96.1	107.5	107.7	102.2	102.7	112.8	112.7	128.9	134.9

资料来源:根据历年《全国农产品成本收益资料汇编》的数据计算。

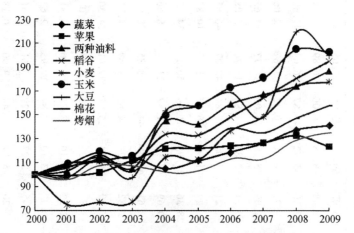

图 5.4　2000—2009年主要农产品劳动生产率定基指数(2000年=100)
资料来源:根据历年《全国农产品成本收益资料汇编》的数据计算。

从表 5.6 和图 5.4 可以看出,2000—2009年,玉米、大豆、稻谷的劳动生产率上升最快,累计增速分别达到 102%、100%、95%,年均增速分别为 8.17%、7.98%、7.69%;其次是油料、小麦和棉花,年均增速分别为 7.17%、6.58%、5.19%;然后蔬菜、烤烟和苹果,年均增速均不足 4%。

综上,劳动生产率上升较快的农产品(增速较快、增速较高)是大豆、稻谷和玉米,上升较慢的农产品(增速较慢、增速较低)是蔬菜、烤烟和苹果,劳动生产率上升一般的农产品为小麦、油料和棉花。

四、主要农产品相对劳动生产率指数变动情况

为了比较分析农产品劳动力成本与劳动生产率上升速度,我们构建相对劳动

生产率指数,计算公式为:相对劳动生产率指数 = 劳动生产率定基指数 × 100/雇工工资定基指数。计算结果值越大,说明农产品的相对劳动生产率越高,劳动生产率相对于劳动力成本上升更快。劳动生产率定基指数和雇工工资定基指数的基期均选择 2000 年。九种不同农产品相对劳动生产率指数的变动趋势见表 5.7 和图 5.5。

表 5.7　2001—2009 年不同农产品相对劳动生产率定基指数(2000 年 = 100)

品种	2001	2002	2003	2004	2005	2006	2007	2008	2009
蔬菜	100.6	99.9	95.3	72.3	72.0	73.0	73.9	73.2	67.3
苹果	95.2	90.2	97.4	115.0	142.8	91.6	75.5	64.7	47.1
两种油料	100.6	118.1	102.0	150.9	124.4	118.7	110.3	98.9	89.5
稻谷	106.9	114.4	109.8	123.8	105.6	102.1	99.5	91.1	87.9
小麦	80.9	79.2	80.2	111.6	128.3	112.6	110.2	99.5	76.1
玉米	112.4	123.5	115.6	133.7	126.5	122.2	114.8	110.5	93.0
大豆	103.8	119.7	101.8	136.2	123.5	113.9	94.7	116.8	89.5
棉花	113.9	127.4	109.9	96.6	89.2	98.5	87.8	90.4	86.9
烤烟	96.3	107.9	105.4	97.4	84.2	83.0	69.4	65.4	63.3

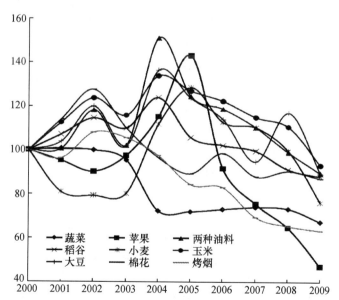

图 5.5　2000—2009 年我国主要农产品相对劳动生产率指数
资料来源:根据历年《全国农产品成本收益资料汇编》数据计算。

从表 5.7 和图 5.5 可以看出,九种农产品的相对劳动生产率指数整体呈现先上升后下降的变动趋势,且在 2009 年定基指数值均低于 100,即 2000—2009 年的相对劳动生产率呈下降趋势,也就是说,劳动生产率上升速度比不上劳动力成本上升速度。根据不同农产品相对劳动生产率指数低于 100 的年份情况以及 2009 年定基指数的大小,将其分为三类:

(1) 第一类是指数仅在近一两年低于 100 的,且 2009 年指数值介于 88—100 之间,有玉米、大豆和油料三种。其中,玉米仅在 2009 年指数值低于 100,大豆、油料则均有两年的指数值低于 100。这三种农产品相对劳动生产率指数最高是因为其劳动生产率增速最快,分别排第一、第二、第四名,而相应的雇工工资增速排名较低,分别排第五、第三、第八名。

(2) 第二类是指数有 3—6 年低于 100,且 2009 年指数值介于 70—88 之间,有稻谷、棉花和小麦三种。其中,稻谷有 3 年指数值低于 100,棉花和小麦则有五六年的指数值低于 100。

(3) 第三类是指数整体呈现下降趋势或下降幅度最大,2009 年指数值低于 70,有蔬菜、烤烟和苹果。其中,蔬菜仅在 2001 年、烤烟仅在 2002 年和 2003 年指数值超过 100,其后多年均低于 100,且呈现波动下降的趋势;苹果虽然在 2004 年之后略有提高,但 2006 年开始下降,2009 年指数值在九种农产品中排名最低。主要是因为这三种农产品的劳动生产率增速最慢,是排名最末的三种农产品,而苹果的雇工工资上涨最快,蔬菜和烤烟的雇工工资上涨幅度居中,最终导致这三种农产品的相对劳动生产率指数下跌幅度最大。

五、劳动力成本对我国主要农产品及食品价格的影响

劳动力成本对我国食品价格的影响,从其传导途径来看,劳动力成本先是对农产品的生产价格产生影响,其后农产品生产价格又对消费价格产生影响。下面从这两个方面进行分析。

(一) 劳动力成本对我国农产品生产价格的影响

先分析我国主要农产品生产价格的变动情况,然后分析农产品雇工工资对生产价格的影响。

1. 农产品生产价格变动情况

为了客观反映我国农产品生产价格水平和结构变动情况,下面对九种农产品的生产价格指数进行比较。农产品生产价格指数是反映一定时期内,农产品生产者出售农产品价格水平变动趋势及幅度的相对数。该指数可以客观反映全国农产品生产价格水平和结构变动情况,满足农业与国民经济核算需要。为了便于观察生产价格的变动趋势,我们采用农产品生产价格定基指数。由于我国农产品生产价格指数(上年 = 100)的数据从 2002 年开始统计,所以生产价格定基指数以 2001 年为基期计算,具体结果请参见表 5.8。

表 5.8 我国主要农产品生产价格定基指数(2001 年 = 100)

品种	2001	2002	2003	2004	2005	2006	2007	2008	2009
蔬菜	100	95.06	104.99	110.41	118.39	129.38	138.25	144.79	161.89
苹果	100	106.53	110.27	113.03	129.47	145.67	182.25	179.31	191.95
两种油料	100	104.82	125.16	145.91	133.26	139.70	186.41	238.61	224.64
稻谷	100	97.17	97.06	132.29	134.37	137.08	144.53	154.07	162.13
小麦	100	98.14	101.07	132.56	127.81	127.90	134.93	146.63	158.16
玉米	100	91.50	95.69	111.89	109.62	112.93	129.91	139.42	137.36
大豆	100	98.95	119.35	143.42	135.16	134.20	166.64	199.50	184.14
棉花	100	103.35	139.87	111.25	124.40	120.74	132.33	119.86	133.95
烤烟	100	153.69	145.91	155.28	160.17	159.26	169.07	203.10	212.49

资料来源:根据历年《中国统计年鉴》、《中国农产品价格调查年鉴》数据计算。

从表 5.8 中可以看出,我国农产品生产价格定基指数整体呈现波浪式上升趋势,其中,上升幅度最大的是油料和烤烟,2001—2009 年累计增速分别达到 124.64%、112.49%,年均增速分别为 10.65%、9.88%;其次是苹果和大豆,2001—2009 年累计增速分别达到 91.95%、84.14%,年均增速分别为 8.49%、7.93%;其次是稻谷、蔬菜和小麦,2001—2009 年累计增速分别达到 62.13%、61.89%、58.16%,年均增速分别为 6.23%、6.21%、5.90%;最低的是玉米和棉花,2001—2009 年累计增速不足 40%,年均增速仅 4% 左右(参见图 5.6)。

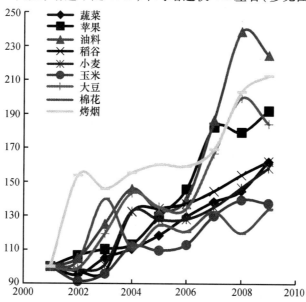

图 5.6 我国主要农产品生产价格定基指数(2001 年 = 100)

2. 劳动力成本对农产品生产价格影响的相关性分析

农产品生产价格除了受到劳动力成本的制约外,还受到劳动生产率的影响,农产品价格的变动取决于雇工工资提高带来的价格上涨与劳动生产率提高带来的价格下降的相对大小。2009 年,我国九种农产品的生产价格定基指数均高于 100(2001 年 = 100),可以说,2001—2009 年农产品生产价格呈上升趋势,可以推断出雇工工资对农产品生产价格的正向影响大于劳动生产率的负向作用,这一点从前文的相对劳动生产率定基指数在 2009 年小于 100 可以看出来。换言之,劳动力成本对农产品生产价格的作用更大。为了比较不同农产品的影响差异,下面对雇工工资定基指数与农产品生产价格定基指数的相关系数进行测算,结果见表 5.9。

表 5.9 雇工工资定基指数与农产品生产价格定基指数的相关系数

品种	蔬菜	玉米	两种油料	大豆	稻谷	苹果	烤烟	小麦	棉花
相关系数	0.981	0.938	0.910	0.901	0.897	0.875	0.869	0.810	0.471

(1) 从表 5.9 中可以看出,蔬菜、玉米、油料、大豆的相关系数超过 0.9,这四种农产品的劳动力成本对农产品生产价格的影响最大。其中,蔬菜的雇工工资在 2000—2009 年累计上升了 109.92%,虽然劳动生产率累计上升了 41.26%,但其相对劳动生产率定基指数仅为 67.3,生产价格 2001—2009 年累计增长了 61.89%。玉米的雇工工资在 2000—2009 年累计上升了 118.13%,虽然劳动生产率累计上升了 102.81%,但其相对劳动生产率定基指数也只达到 93.0,生产价格 2001—2009 年累计增长幅度仅为 37.36%。油料的雇工工资在 2000—2009 年累计上升了 108.41%,虽然劳动生产率累计上升了 86.45%,但其相对劳动生产率定基指数仅为 89.5,生产价格 2001—2009 年累计增长了 124.64%。大豆的雇工工资在 2000—2009 年累计上升了 122.94%,虽然劳动生产率累计上升了 99.58%,但其相对劳动生产率定基指数仅为 89.5,生产价格 2001—2009 年累计增长了 84.14%。

(2) 稻谷、苹果、烤烟、小麦的相关系数也超过 0.8,这四种农产品的劳动力成本对农产品生产价格的影响也较大。其中,稻谷的雇工工资在 2000—2009 年累计上升了 121.75%,虽然劳动生产率累计上升了 94.81%,但其相对劳动生产率定基指数仅为 87.9,生产价格 2001—2009 年累计增长了 62.13%。苹果的雇工工资在 2000—2009 年累计上升了 162.06%,虽然劳动生产率累计上升了 23.32%,但其相对劳动生产率定基指数仅为 47.1,生产价格 2001—2009 年累计增长了 91.95%。烤烟的雇工工资在 2000—2009 年累计上升了 113.07%,虽然劳动生产率累计上升了 34.86%,但其相对劳动生产率定基指数仅为 63.3,生产价格

2001—2009年累计增长了112.49%。小麦的雇工工资在2000—2009年累计上升了132.97%,虽然劳动生产率累计上升了77.39%,但其相对劳动生产率定基指数仅为76.1,生产价格2001—2009年累计增长了58.16%。

(3)相关系数最低的是棉花,仅为0.471,这说明棉花的劳动力成本对农产品生产价格的影响很小。这是因为棉花的雇工工资在2000—2009年累计上升了81.55%,增速最小,虽然劳动生产率累计上升了57.71%,但其相对劳动生产率定基指数仅为86.9,其生产价格2001—2009年累计增长了33.95%,增幅也是最小的。

我国九种农产品2009年的雇工工资定基指数、劳动生产率定基指数、相对劳动生产率定基指数、农产品生产价格定基指数请参见表5.10。

表5.10 2009年我国主要农产品相关定基指数

品种	雇工工资定基指数 (2000年=100)	劳动生产率定基指数 (2000年=100)	相对劳动生产率定基指数(2000年=100)	农产品生产价格定基指数(2001年=100)
苹果	262.06	123.32	47.06	191.95
小麦	232.97	177.39	76.14	158.16
大豆	222.94	199.58	89.52	184.14
稻谷	221.75	194.81	87.85	162.13
玉米	218.13	202.81	92.97	137.36
烤烟	213.07	134.86	63.29	212.49
蔬菜	209.92	141.26	67.29	161.89
两种油料	208.41	186.45	89.46	224.64
棉花	181.55	157.71	86.87	133.95

3. 劳动力成本对农产品生产价格影响的定量分析

为了定量分析劳动力成本对农产品生产价格的影响,下面分别构建不同农产品的雇工工资与农产品生产价格之间的回归模型,对于第 i 种农产品而言,其生产价格与雇工工资之间的模型如下:

$$\text{Ln}(P_t^i) = a + b \times \text{Ln}(W_t^i)$$

其中,$\text{Ln}(P_t^i)$ 表示第 i 种农产品在 t 时期的农产品生产价格定基指数的对数;$\text{Ln}(W_t^i)$ 表示第 i 种农产品在 t 时期的农产品雇工工资定基指数的对数;a 和 b 均为待估参数。

从表5.11可以看出,除棉花外,其余八种农产品的雇工工资定基指数与相应农产品生产价格定基指数的回归模型效果较好。蔬菜、苹果、两种油料、稻谷、小麦、玉米、大豆、烤烟的农产品生产价格对雇工工资的弹性系数分别为0.7634、0.5990、0.9889、0.5815、0.4149、0.4915、0.7186、0.5812,也就是说雇工工资每提高1%,相应的农产品价格提高0.76%、0.60%、0.99%、0.58%、0.41%、0.49%、

0.72%、0.58%。相比之下,油料的劳动力成本对农产品生产价格影响最大,其次是蔬菜、大豆,再次是苹果、稻谷、烤烟,最低的是玉米和小麦。

表5.11 劳动力成本对农产品生产价格影响模型估计结果

农产品	b 估计值	b 的 t 值	a 估计值	a 的 t 值	R^2	$\bar{R}^2$	F-stat	Prob(F-stat)
蔬菜	0.7634	11.6461	0.9745	2.9684	0.9509	0.9439	135.63	0.0000
苹果	0.5990	4.3272	1.9731	2.8988	0.7279	0.6890	18.72	0.0035
两种油料	0.9889	5.2435	0.2131	0.2330	0.7971	0.7681	27.49	0.0012
稻谷	0.5815	5.5026	1.9925	3.8429	0.8122	0.7854	30.28	0.0009
小麦	0.4149	3.3897	2.8304	4.8195	0.6214	0.5673	11.49	0.0116
玉米	0.4915	8.1144	2.3307	7.8766	0.9039	0.8902	65.84	0.0001
大豆	0.7186	5.8851	1.4238	2.3846	0.8319	0.8079	34.63	0.0006
棉花	0.2173	1.4980	3.7330	5.2991	0.2428	0.1346	2.24	0.1778
烤烟	0.5812	3.6026	2.2311	2.8280	0.6496	0.5996	12.98	0.0087

(二) 农产品生产价格对食品消费价格的影响

1. CPI 分类定基指数变动情况

考虑到蔬菜、苹果、稻谷、小麦、玉米、大豆、油料均能与食品下的分类(菜、干鲜瓜果、粮食、油脂)对应,而棉花主要用于服装,烤烟用于烟草,所以我们对 CPI、食品、菜、干鲜瓜果、粮食、油脂、服装、烟草的定基指数进行比较。根据《中国统计年鉴》中"上年=100"的数据,计算出了以 2001 年为基期的 2001—2010 年的各类消费价格定基指数(参见图 5.7)。

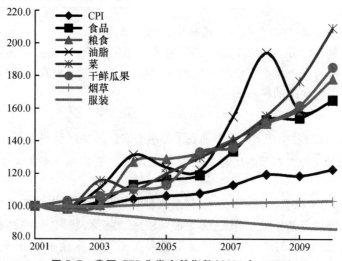

图 5.7 我国 CPI 分类定基指数(2001 年 =100)

资料来源:《中国统计年鉴 2010》。

从图 5.7 可以看出,2001—2010 年,除服装价格下跌外,其余各类消费价格均呈上升趋势,其中油脂是波浪式上升。与食品消费价格定基指数的变动情况(累计增速 65.1%)相比,菜、干鲜瓜果和粮食的累计增速都较高,分别达到 109.2%、85.1% 和 77.9%;油脂的累计增速略低于食品,为 64.5%;而烟草的累计增速则较低,仅为 3.2%。

2. 农产品生产价格对食品分类消费价格的影响

农产品生产价格对食品消费价格有重大影响。一方面,农产品生产价格的变动会直接影响食品价格;另一方面,农产品生产价格的变动会带动相关产业或领域价格的变动,进而间接影响到食品价格。表 5.12 列出了不同农产品的生产价格定基指数与食品等分类价格定基指数的相关系数。

表 5.12　农产品生产价格定基指数与消费价格定基指数的相关系数

农产品生产价格	稻谷	小麦	玉米	蔬菜	大豆	两种油料	苹果	烤烟	棉花
消费价格	粮食			菜	油脂		干鲜瓜果	烟草	服装
相关系数	0.997			0.984	0.978		0.963	0.840	-0.650

从表 5.12 可以看出,总体而言,农产品生产价格指数与食品等分类消费价格定基指数的相关性很强。粮食的相关系数最高(0.997),这也反映出稻谷、小麦和玉米的价格对粮食消费价格的影响最大、传导最为有效;其次是菜、油脂和干鲜瓜果,相关系数分别为 0.984、0.978、0.963;再次是烟草,相关系数为 0.84;最低的是服装,其相关系数为负,这说明棉花价格对服装价格的影响有限,或者说棉花价格变动向服装价格的传导存在一定的阻隔。

3. 食品分类消费价格对食品总消费价格及 CPI 的影响

由于 CPI 分类的权重目前没有对外公布,为了衡量食品等分类价格指数对食品等消费价格指数的影响,我们用相关系数进行衡量(参见表 5.13)。

表 5.13　农产品生产价格定基指数与食品价格及 CPI 定基指数的相关系数

	粮食	油脂	菜	干鲜瓜果	烟草	服装
与食品消费价格定基指数的相关系数	0.967	0.915	0.958	0.971		
与 CPI 定基指数的相关系数	0.968	0.926	0.944	0.965	0.988	-0.927

从表 5.13 可以看出,干鲜瓜果与食品消费价格指数的相关系数最大,其次是粮食、菜,最低的是油脂,但相关系数也达到 0.915。烟草和服装不归属于食品类,故将其价格指数与 CPI 定基指数进行相关分析。结果发现,烟草与 CPI 定基指数的相关系数高达 0.988,但服装的相关系数为负值,反映出服装对 CPI 的贡献小。

综上,考虑到农产品雇工工资影响生产价格,然后通过农产品生产价格影响消费价格,进而影响 CPI 的路径,可以看出,除棉花外,其余八种农产品对我国食品消费价格及 CPI 都有较大影响。

(三)农业劳动力成本整体水平对食品消费价格的影响

为了分析整个农业雇工工资与食品消费价格的影响,以 2001 年为基期(2001 年 =100),建立 2001—2009 年农业雇工工资与食品消费价格的定基指数(参见图 5.8)。

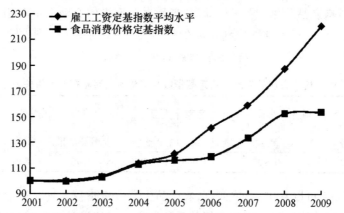

图 5.8 农产品平均雇工工资与食品价格定基指数比较(2001 年 =100)

从图 5.8 中可以看出,农业雇工工资与食品消费价格均出现持续上升趋势,2009 年农业雇工工资平均水平比 2001 年累计增长 121.12%,年均增长 10.43%;食品消费价格 2009 年比 2001 年累计增长了 53.96%,年均增长 5.54%,雇工工资的上涨幅度远高于食品价格。另外,2009 年,食品消费价格出现下滑,雇工工资仍出现上涨态势。

为了定量测度农业雇工工资对食品消费价格的影响程度,建立协整与误差修正模型对其长短期影响程度进行分析。

1. 平稳性检验

先对 2001—2009 年的农业实际雇工工资定基指数(Wage)与食品消费价格定基指数(Food)的对数进行 ADF 检验(参见表 5.14)。在 10% 的显著性水平下,$Ln(L_1)$ 不平稳,但其一阶差分平稳;$Ln(W)$ 不平稳,但其一阶差分平稳。因此,可建立 $Ln(L_1)$ 和 $Ln(W)$ 这两个变量之间的协整关系。

表 5.14　农业实际雇工工资定基指数(Wage)与食品消费价格
定基指数(Food)对数值的单位根检验表

变量	检验类型 (c,t,n)	ADF 检验值	临界值 (10%)	AIC	SC	结论
Ln(Wage)	$(c,t,1)$	-2.2269	-3.7015	-5.1782	-5.2092	不平稳
ΔLn(Wage)	$(c,t,1)$	-5.4819	-4.4504	-4.4883	-4.5115	平稳
Ln(Food)	$(c,t,0)$	-2.6664	-3.5150	-3.5325	-3.4667	不平稳
ΔLn(Food)	$(c,0,1)$	-3.4380	-3.4033	-3.0222	-3.0454	平稳

注：Δ 表示一阶差分；检验类型中的 c、t、n 分别表示含常数项、含线性趋势以及滞后阶数。

2. 协整方程

运用协整理论和误差修正模型对农业实际雇工工资定基指数(Wage)与食品消费价格定基指数(Food)对数值进行协整分析，建立如下回归方程：

$$\text{Ln}(\text{Food}) = \underset{(9.63)}{1.96} + \underset{(13.90)}{0.58} \times \text{Ln}(\text{Wage})$$

$$R^2 = 0.9650; \quad \bar{R}^2 = 0.9600, \quad F\text{-stat} = 193.17$$

上述模型效果较好，拟合优度达到 0.9650。对残差序列进行单位根检验，ADF 统计值为 -5.0849，10% 的临界值为 -1.5981。因此，在 10% 的显著性水平下拒绝原假设，即残差序列是平稳的，农业实际雇工工资定基指数(Wage)与食品消费价格定基指数(Food)之间的协整关系成立，食品消费价格对农业实际雇工工资的长期弹性系数为 0.58。也就是说从长期来看，农业实际雇工工资每增加 1%，食品消费价格上涨 0.58%。

3. 误差修正模型

建立误差修正模型如下：

$$D\text{Ln}(\text{Food}) = \underset{(0.059)}{0.002} + \underset{(1.06)}{0.33} \times D\text{Ln}(\text{Wage}) + \underset{(1.54)}{0.63}$$
$$\times D\text{Ln}(\text{Food}(-1)) - \underset{(-3.07)}{1.97} \times \text{ecm}(-1)$$

$$R^2 = 0.7740; \quad \bar{R}^2 = 0.5480, \quad F\text{-stat} = 3.42$$

从误差修正模型可以看出，当期的农业实际雇工工资和上期的食品消费价格对当期的食品消费价格都有影响，上期的食品消费价格对当期食品消费价格的影响大于当期农业实际雇工工资的影响。据估算，食品消费价格对农业实际雇工工资的短期弹性系数为 0.33。也就是说从短期来看，农业实际雇工工资每增加 1%，食品消费价格上涨 0.33%，低于长期内的增长率(0.58%)，这在一定程度上反映出农业实际雇工工资上涨对食品消费价格的提高存在累积、滞后效应，短期影响效果低于长期。

第三节 劳动力成本上升对我国服务价格的影响

2001年以后,我国的服务价格整体呈稳步上升态势,尤其是低端服务项目价格上涨更快,服务价格成为带动价格总水平上涨的主要因素之一。低端服务项目价格上涨,在加大价格总水平上涨压力的同时,也提高了普通劳动力的收入水平,对收入分配结构、产业结构调整有重要意义。

受统计因素的影响,目前对服务业的产出和劳动生产率的计算有较大争议,数据的时间序列也不稳定。因此,本部分直接分析服务行业劳动力成本对相应服务价格的影响,不比较劳动生产率,并以劳动密集度高的低端服务业为重点。

一、我国服务业劳动力成本总体变动情况

按照目前对三次产业的行业划分标准,表5.15反映了2004年以来[①]我国服务业(广义的服务业,即整个第三产业)劳动力成本的变动情况,其中,劳动力成本用城镇单位就业人员平均工资水平来反映。

表5.15 服务业城镇单位就业人员平均工资增长情况[②] (单位:%)

项目		2004	2005	2006	2007	2008	2009	2010	平均值
全国	名义	14.0	14.3	14.6	18.5	16.9	11.6	13.3	14.7
	实际	10.3	12.5	12.9	13.4	10.7	12.6	9.8	11.7
服务业	名义	13.9	15.1	14.6	20.1	17.5	11.6	12.1	15.0
	实际	10.0	13.3	13.1	15.3	11.6	12.3	8.8	12.0
金融业	名义	16.9	20.3	21.4	24.0	22.5	12.1	16.1	19.0
	实际	13.2	18.4	19.6	18.7	16.0	13.1	12.5	15.9
批发和零售业	名义	19.4	17.2	16.6	18.4	22.5	12.9	15.4	17.5
	实际	15.6	15.4	14.9	13.3	16.0	13.9	11.9	14.4
科学研究、技术服务和地质勘探业	名义	14.2	16.3	16.5	21.5	18.4	10.2	12.4	15.6
	实际	10.6	14.5	14.8	16.2	12.1	11.2	8.9	12.6
教育	名义	13.4	13.5	14.6	23.9	15.1	15.8	12.8	15.5
	实际	9.7	11.7	12.9	18.5	9.0	16.8	9.3	12.5
交通运输、仓储和邮政业	名义	14.7	15.7	15.3	15.7	14.8	10.2	14.6	14.4
	实际	11.1	13.9	13.6	10.7	8.7	11.2	11.0	11.5

---

① 2003年开始,国家统计局对第三产业的行业分类进行了调整,就业人员和劳动报酬的统计口径发生变化,故分析选用2004年及以后数据。

② 平均工资名义增长率是指报告期城镇单位就业人员平均工资比基期的增长百分比,按名义工资计算,平均工资实际增长率则是扣除物价变动因素后(用CPI缩减)的结果。

(续表)

项目		2004	2005	2006	2007	2008	2009	2010	平均值
公共管理和社会组织	名义	13.1	16.5	11.4	23.0	16.5	9.4	8.3	13.9
	实际	9.5	14.6	9.8	17.7	10.3	10.4	4.9	11.0
卫生、社会保障和社会福利业	名义	13.6	13.2	13.4	18.2	15.4	10.8	12.8	13.9
	实际	10.0	11.4	11.7	13.1	9.3	11.8	9.3	10.9
文化体育和娱乐业	名义	20.0	10.5	14.0	17.7	12.3	10.5	9.7	13.5
	实际	16.2	8.7	12.3	12.7	6.3	11.5	6.3	10.5
租赁和商务服务业	名义	10.0	13.4	15.4	13.5	18.4	7.8	11.5	12.8
	实际	6.5	11.6	13.7	8.6	12.1	8.8	8.0	9.9
居民服务和其他服务业	名义	8.0	15.1	14.5	13.0	12.2	10.1	12.1	12.1
	实际	4.6	13.3	12.8	8.1	6.3	11.1	8.6	9.2
水利、环境和公共设施管理业	名义	9.4	11.2	9.1	17.6	14.8	9.7	10.3	11.7
	实际	5.9	9.4	7.5	12.5	8.7	10.7	6.9	8.8
房地产业	名义	8.1	9.7	9.8	17.3	15.5	7.1	11.3	11.2
	实际	4.6	7.9	8.2	12.2	9.3	8.0	7.8	8.3
住宿和餐饮业	名义	12.7	10.0	9.8	11.9	13.3	8.0	12.1	11.1
	实际	9.1	8.2	8.2	7.1	7.3	8.9	8.6	8.2
信息传输、计算机服务和软件业	名义	8.3	16.0	11.9	9.8	15.1	5.9	10.8	11.1
	实际	4.8	4.2	0.3	5.1	9.0	6.9	7.4	8.2

资料来源:根据《中国统计年鉴2011》计算而得。

从表5.15可以看到,自2004年以来,服务业平均工资保持了15%的增速,剔除价格因素后,实际增速仍达到12%。服务业各行业平均工资增速介于11.1%—19.0%之间,而实际工资增速介于8.2%—15.9%之间。大部分服务行业的平均工资增速在2005年出现了一个小峰值,在2007年前后出现了较大峰值,而后增速减缓,至2010年又有所加快。

从工资的定基指数来看,服务业平均工资水平总体呈现波动性上升趋势,不同服务行业间的平均工资增速差距明显,个别行业增幅较大。从表5.16可以发现,以2007年为节点,2007年以后服务业平均工资定基指数增幅有所放缓。与前几年相比,只有教育,水利、环境和公共设施管理业,以及房地产业平均工资实际增速在2007—2010年提高,其他服务业工资实际增速均有不同程度的下降。其中,文化教育和娱乐业,信息传输、计算机服务和软件业在2007年以后工资实际增速下降最快,超过或接近3个百分点。

表 5.16 服务业城镇单位就业人员平均工资定基指数(2004 年 =100)①

项目	2005	2006	2007	2008	2009	2010
全国	112.5	127.0	144.1	159.5	179.6	197.2
服务业	113.3	128.2	147.8	164.9	185.3	201.5
金融业	118.4	141.7	168.1	194.9	220.4	248.0
批发和零售业	115.4	132.6	150.3	174.4	198.6	222.1
科学研究、技术服务和地质勘探业	114.5	131.4	152.7	171.3	190.4	207.4
教育	111.7	126.1	149.5	163.0	190.4	208.2
交通运输、仓储和邮政业	113.9	129.4	143.3	155.8	173.3	192.4
公共管理和社会组织	114.6	125.9	148.1	163.4	180.3	189.1
卫生、社会保障和社会福利业	111.4	124.4	140.8	153.8	172.0	188.0
文化体育和娱乐业	108.7	122.1	137.6	146.3	163.1	173.5
租赁和商务服务业	111.6	126.9	137.8	154.5	168.1	181.6
居民服务和其他服务业	113.3	127.8	138.2	146.8	163.2	177.2
水利、环境和公共设施管理业	109.4	117.6	132.4	143.9	159.4	170.4
房地产业	107.9	116.8	131.1	143.3	154.8	166.9
住宿和餐饮业	108.2	117.1	125.4	134.6	146.6	159.2
信息传输、计算机服务和软件业	114.2	125.9	132.3	144.2	154.2	165.5

资料来源:根据《中国统计年鉴 2011》计算而得。

按照 2004—2010 年工资平均增长速度的快慢,可将服务业的行业划分为劳动力成本快速增长、中速增长和低速增长三类。

1. 劳动力成本快速增长行业

包括金融业,批发和零售业,科学研究、技术服务和地质勘探业,以及教育业。这些行业的平均工资增速介于 15.5%—19.0% 之间,平均实际工资增速介于 12.5%—15.9% 之间,高于全国和服务业平均水平,属于劳动力成本上升速度较快行业。其中,金融业平均工资由 2004 年的 24 299 元快速上升到 2010 年的 70 146 元,工资上涨了 2.9 倍,年均实际增速达到 15.9%,是服务业中工资水平最高且上升速度最快的行业。批发和零售业的平均工资从 2004 年的 13 012 元上升到 2010 年的 33 635 元,年均实际增长 14.4%,涨幅是 2.2 倍,但名义工资水平仅高于住宿和餐饮业。科学研究、技术服务和地质勘探业以及教育业平均实际工资涨幅大致相当,约为 2.1 倍,这几个行业的平均工资实际增幅均超过全国平均工资实际增速。

2. 劳动力成本中速增长行业

包括交通运输、仓储和邮政业,公共管理和社会组织这两个行业。其平均工

---

① 由于 2003 年第三产业行业分类有所调整,故以 2004 年作为第三产业研究的基期。

资实际增速略高于服务业平均增速,劳动力成本上升速度居中。其中,交通运输、仓储和邮政业平均工资由 2004 年的 18 071 元上涨到 2010 年的 40 466 元,工资水平居服务业各行业的前列,年均增长 14.4%,实际增速为 11.5%。公共管理和社会组织行业平均工资由 2004 年的 17 372 元增加到 2010 年的 38 242 元,年均增长 13.9%,实际增速为 11.0%。

3. 劳动力成本低速增长行业

包括卫生、社会保障和社会福利业,文化体育和娱乐业,租赁和商务服务业,居民服务和其他服务业,水利、环境和公共设施管理业,房地产业,住宿和餐饮业,信息传输、计算机服务和软件业。这些服务行业的平均工资增速介于 11.1%—13.9% 之间,实际工资增速介于 8.2%—10.9% 之间,低于服务业平均增速,属于劳动力成本上升相对偏慢的行业。但值得注意的是,在这些行业中,除信息传输、计算机服务和软件业,文化体育和娱乐业的平均工资水平相对较高外,其他行业的工资水平普遍较低,在服务业工资水平中位次靠后,也就是说,这些行业的劳动力工资基数小,上升速度慢。

总的来看,虽然低端服务行业的平均工资水平有显著提高,但仍明显低于整个服务业的平均工资。若剔除价格因素,住宿和餐饮业的工资各年实际增长率保持在 8% 左右,较为稳定;居民服务和其他服务业的工资实际增速各年波动较大,年均实际增长达到 9% 以上,但与服务业平均工资实际增速相比,这两个行业的增速仍然偏慢。此外,对比 2004—2010 年的 GDP 平均增速可以发现,这两个行业的工资实际增长率仍然低于 GDP 和人均 GDP 年均增速近两个百分点。可见,低端服务业的劳动力工资虽不断提高,但与经济增长速度和服务业的工资增速相比,低端服务业劳动力工资的提升速度仍显缓慢。

二、我国服务价格变动情况

2001 年以前,我国的服务项目价格指数是由各种服务收费来计算的。随着市场经济的逐步深入,服务业市场日益完善和扩大,服务价格的内涵逐渐明晰。2001 年开始,统计上调整了对"服务项目价格指数"及其八大项①的统计,将服务价格指数各项分列到居民消费价格指数的八大类中。目前的居民消费价格指数包括食品,烟酒及用品,衣着,家庭设备用品及服务,医疗保健和个人用品,交通和通信,娱乐教育文化用品及服务和居住八大类。其中,除烟酒及用品外,其他均涉及服务产品价格。作为反映一定时期内城乡居民所购买的服务项目价格变动趋势和程度的重要指标,目前服务项目价格指数的调查范围包括家庭服务及加工维

---

① 2001 年以前,按调查统计的口径,服务项目主要包括电讯费、邮递费、交通费、洗理美容费、文娱费、学杂保育费、医疗保健服务费、修理及其他服务费等八大项。

修服务,医疗保健服务,个人服务,车辆使用及维修费,市区和城市间交通费,通信服务,学杂托幼费,文娱费,旅游,以及租房价格等。

(一) 服务项目价格变动的总体情况

表5.17反映了自2001年以来我国服务项目价格指数[①]及其分类指数的变动情况。以2000年为基期,我国的服务项目价格指数在2010年达到128.0,与居民消费价格指数相比,高出4.5个百分点,服务项目价格指数年均提高15.7%,增速高于CPI年均增幅近6个百分点。可见,服务业价格在2001年以后保持了快速增长。

表5.17 我国服务项目价格定基指数(2000年=100)

项目	2001	2003	2004	2005	2006	2007	2008	2009	2010
居民消费价格指数	100.7	101.1	105.0	106.9	108.5	113.7	120.4	119.5	123.5
服务项目价格指数	104.8	108.8	111.2	114.0	117.4	120.4	123.3	124.9	128.0
医疗保健服务	110.5	130.1	136.9	144.0	148.4	151.7	152.4	153.9	155.2
家庭服务及加工维修服务	101.5	103.9	105.8	110.4	116.8	125.2	136.5	143.6	153.3
租房	108.6	117.4	120.9	123.2	126.6	131.8	136.5	138.6	145.5
学杂托幼费	114.1	124.0	128.3	135.2	135.2	134.7	135.4	137.3	139.0
文娱费	104.4	113.8	117.5	120.9	124.0	127.3	130.2	132.5	135.8
城市间交通费	104.0	107.4	110.1	113.7	120.0	123.6	129.0	129.7	131.8
个人服务	101.7	103.7	105.6	107.6	110.3	113.7	119.4	124.0	127.4
市区公共交通费	105.8	108.5	109.6	112.0	117.4	118.9	119.5	120.3	121.1
车辆使用及维修费	100.4	99.2	100.3	102.2	104.7	107.2	108.1	109.3	111.1
旅游	100.3	91.8	92.4	92.0	94.9	97.1	98.1	95.6	100.3
通信服务	101.1	100.8	100.6	100.2	100.2	100.8	99.6	99.1	98.8

资料来源:根据历年《中国统计年鉴》计算而得。

(二) 服务项目分类价格变动情况

从服务项目的分类指数来看,各类服务价格增速差异较大。在2000—2010年,价格上升幅度最大的服务项目有医疗保健服务,家庭服务及加工维修服务,租房,学杂托幼费,文娱费和城市间交通费六类,价格上涨速度不仅高于CPI涨幅而且高于服务项目价格指数。其中,医疗保健服务,家庭服务及加工维修服务指数在2010年分别达到155.2和153.3,远高于其他服务项目价格指数。

各类服务价格中,上升幅度介于CPI和服务项目价格指数之间的是个人服务和市区公共交通费。2010年,个人服务和市区公共交通费的价格指数分别为

---

① 文中的服务项目价格指数是家庭服务及加工维修服务、医疗保健服务、个人服务、车辆使用及维修费、市区和城市间交通费、通信服务、学杂托幼费、文娱费、旅游和租房价格指数的算术平均数。

127.4 和 121.1,增速居中。

上升幅度较小或略有下降的有车辆使用及维修费、旅游以及通信服务价格。其中,2010 年,车辆使用及维修费指数为 111.1,上涨幅度很小;旅游价格指数为 100.3,与 2000 年相比几乎一样。值得一提的是,随着通信服务的逐渐普及和专业化程度的提高,通信服务的市场价格呈缓慢下降趋势,与 2000 年相比,通信服务价格在 2010 年下降了 1.2%。

(三)服务价格变动的阶段性特征

从服务业价格变动的总体趋势来看,服务项目价格指数的阶段性特征明显,根据表 5.18 的数据,基本上可以分为三类。

表 5.18　2001—2010 年我国服务项目价格增长情况　　　　(单位:%)

项目	2001	2003	2004	2005	2001—2005	2006	2007	2008	2009	2010	2006—2010
居民消费价格指数	0.7	1.2	3.9	1.8	1.4	1.5	4.8	5.9	-0.7	3.3	2.9
服务项目价格指数	4.8	1.7	2.1	2.6	2.7	3.0	2.6	2.4	1.3	2.5	2.3
家庭服务及加工维修服务	1.5	1.1	1.9	4.4	2.0	5.8	7.2	9.0	5.2	6.7	6.8
医疗保健服务	10.5	8.9	5.2	5.2	7.6	3.0	2.2	0.5	1.0	0.9	1.5
个人服务	1.7	0.8	1.8	1.9	1.5	2.5	3.1	5.0	3.8	2.8	3.4
车辆使用及维修费	0.4	-1.1	1.0	2.0	0.4	2.4	2.4	0.8	1.1	1.7	1.7
市区公共交通费	5.8	0.6	1.0	2.2	2.4	4.8	1.3	0.5	0.6	0.7	1.6
城市间交通费	4.0	1.4	2.5	3.3	2.6	5.6	3.0	4.3	0.5	1.7	3.0
通信服务	1.1	-0.6	-0.2	-0.4	0	0	0.6	-1.2	-0.5	-0.3	-0.3
学杂托幼费	14.1	4.5	3.4	5.4	6.2	0	-0.4	0.5	1.4	1.3	0.6
文娱费	4.4	4.6	3.2	2.9	3.9	2.6	2.7	2.1	2.1	2.3	2.3
旅游	0.3	-4.6	0.6	-0.4	-1.7	3.1	2.3	1.1	-2.5	4.9	1.8
租房	8.6	3.5	3.0	1.9	4.3	4.2	3.5	1.6	4.9	3.4	

资料来源:根据历年《中国统计年鉴》计算而得。

第一类是先快速上升而后增速放缓的服务项目,主要是医疗保健服务和学杂托幼费。医疗保健服务和学杂托幼费在 2001—2005 年呈现出快速上涨的态势,年均增速达到 7.6% 和 6.2%,是医疗服务费用和学前教育支出快速增长时期。2006 年以后,随着改革的不断深化和市场的进一步规范化,医疗保健服务和学杂托幼费增速明显放缓,2006—2010 年的年均增速仅为 1.5% 和 0.6%,前后相差 6.1 和 5.6 个百分点。

第二类是增速先缓慢上升而后迅速上升的服务项目,有家庭服务及加工维修服务,旅游以及个人服务。与2001—2005年相比,2006—2010年家庭服务及加工维修服务,旅游以及个人服务价格指数年均增速分别加快了4.8、3.4和2.0个百分点。一般而言,家庭服务及加工维修服务,个人服务价格指数大致可以描述居民服务和其他服务业的价格变动情况,而居民服务业和其他服务业技术要求不高,劳动力密集,主要靠体力来提供服务产品,属低端服务业行业。此外,在外用膳食品价格指数可以大致反映住宿和餐饮业的价格变动情况,2006年以前,在外用膳食品价格指数与居民消费价格指数变动趋势基本一致,呈平稳上升态势;2006年以后,受肉制品和粮食价格上涨、劳动力成本上升等因素的影响,在外用膳食品价格指数增幅明显高于居民消费价格指数增幅。

第三类是平均增速在2001—2005年和2006—2010年相差不大的服务项目,有车辆使用及维修费,市区公共交通费,城市间交通费,通信服务和租房,年均增速相差在1.0个百分点左右,价格波动较小。

（四）单个服务价格对总服务价格的贡献

不同服务项目在不同时期的增长速度差异较大,它们对总服务价格的贡献在不同时期也有较大差异。2005年以前,对服务项目价格指数贡献最大的是医疗保健服务价格,平均贡献率达到25.9%;其次是学杂托幼费,平均贡献率为21.3%;文娱费和租房价格平均贡献率为13.2%和14.6%。上述四项的总贡献率达到75%。对总服务价格指数呈负向拉动的是旅游(详见表5.19)。

表5.19 2001—2005年我国分项服务价格对服务项目价格总指数的贡献

(单位:%)

项目	2001	2002	2003	2004	2005	年均贡献
服务项目价格指数	100.0	100.0	100.0	100.0	100.0	100.0
家庭服务及加工维修服务	2.9	5.4	5.6	7.9	15.4	6.8
医疗保健服务	20.0	35.4	46.4	22.0	18.4	25.9
个人服务	3.2	5.2	4.1	7.6	6.7	5.0
车辆使用及维修费	0.8	-0.1	-5.9	4.4	6.9	1.5
市区公共交通费	11.1	8.3	3.2	4.3	7.7	7.8
城市间交通费	7.6	7.7	7.5	10.6	11.6	8.9
通信服务	2.1	1.2	-3.2	-0.8	-1.3	0.2
学杂托幼费	26.9	17.3	23.5	14.6	19.2	21.3
文娱费	8.4	18.1	24.2	13.7	10.2	13.2
旅游	0.6	-17.6	-23.9	2.7	-1.5	-5.7
租房	16.4	19.1	18.4	12.8	6.6	14.6

注:所有分项服务价格均权。下同。

资料来源:根据历年《中国统计年鉴》计算而得。

2006—2010年,对服务项目价格指数贡献最大的是家庭服务及加工维修服务,年均贡献率达到26.3%;其次是个人服务(13.3%)、租房(13.1%)和城市间交通费(11.7%),四者的贡献率累计达到64.4%。对总服务价格指数呈负向拉动的是通信服务(详见表5.20)。

表5.20 2006—2010年我国分项服务价格对服务项目价格总指数的贡献

(单位:%)

项目	2006	2007	2008	2009	2010	2006—2010 年均贡献	2001—2010 年均贡献
服务项目价格指数	100.0	100.0	100.0	100.0	100.0	100.0	100.0
家庭服务及加工维修服务	17.7	25.1	34.5	36.2	24.5	26.3	15.9
医疗保健服务	9.3	7.8	1.8	6.7	3.1	5.8	16.3
个人服务	7.8	10.8	19.1	26.5	10.1	13.3	8.9
车辆使用及维修费	7.3	8.8	3.0	7.9	6.1	6.5	3.8
市区公共交通费	14.8	4.6	2.1	4.2	2.4	6.0	7.0
城市间交通费	17.3	10.4	16.5	3.8	6.1	11.7	10.2
通信服务	-0.1	2.1	-4.5	-3.4	-1.2	-1.1	-0.4
学杂托幼费	0.0	-1.3	2.0	9.8	4.6	2.2	12.2
文娱费	8.0	9.3	8.0	14.6	8.3	9.1	11.3
旅游	9.5	8.1	4.0	-17.3	17.9	6.8	0.1
租房	8.4	14.6	13.4	11.0	18.0	13.1	13.9

资料来源:根据历年《中国统计年鉴》计算而得。

三、劳动力成本上升对服务价格的影响

服务业属于劳动密集型产业,劳动力成本是服务业成本的最主要构成因素。因此,劳动力成本的上升必然会加大服务价格上涨的压力。尤其是一些低端服务业,劳动密集度高,劳动生产率提高慢,劳动力成本上涨往往会直接反应到价格上来。

(一)低端服务行业劳动力成本上升对行业服务价格的影响

低端服务业占整个服务业相当大的比重,是吸收劳动力就业最多的行业,也是拉动消费需求增长的重要力量。由于就业于低端服务行业的劳动力多为体力劳动者,教育程度较低,技术水平较差,从就业人员的来源上看,绝大部分为农村外出务工人员。所以这些行业通常是工资水平最低的行业。图5.9列出了自2004年以来第三产业、住宿和餐饮业以及居民服务和其他服务业的平均工资及其变动情况。

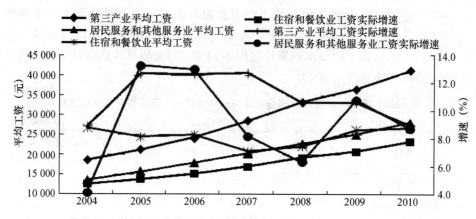

图 5.9 2004 年以来第三产业、低端服务业就业人员平均工资及增速

注：城镇单位就业人员平均工资不含城镇私营和个体就业人员的工资；第三产业平均工资为除国际组织外的所有第三产业行业工资的算术平均值；以上数据根据历年《中国劳动统计年鉴》计算整理。

从图 5.9 可以看出，2004 年以后，住宿和餐饮业就业人员平均工资由 2004 年的 12 618 元上升到 2010 年的 23 382 元，居民服务和其他服务业就业人员平均工资由 13 680 元提高到 28 206 元，提高了一倍多。

若以在外用膳食品价格指数来代表住宿和餐饮业的服务价格变动情况，以家庭服务及加工维修服务价格指数来代表居民服务和其他服务业的服务价格变动情况，对比这两个行业就业人员平均工资定基指数与其服务价格指数变动情况后发现，2004 年后，两种指数都出现了显著的上升趋势，且就业人员平均工资增长速度超过行业的服务价格提升速度。通过计算行业就业人员人均工资定基指数与行业服务价格指数的相关系数后发现，两者的相关度高达 90% 以上。可见，对于劳动力密集的低端服务业而言，劳动力成本的变动对服务价格有重要影响（参见图 5.10）。

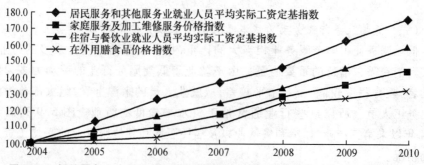

图 5.10 低端服务业人员平均工资定基指数与服务价格指数对比（2004 年 = 100）

为了定量分析劳动力成本对行业服务价格的影响,分别构建不同低端服务行业的实际工资与服务价格之间的回归模型,时间段为 2004—2010 年。对于第 i 种低端服务行业而言,其服务价格与实际工资之间的模型如下:

$$\text{Ln}(\text{PL}_t^i) = a + b \times \text{Ln}(\text{WL}_t^i)$$

其中,$\text{Ln}(\text{PL}_t^i)$ 表示第 i 种低端服务行业在 t 时期的服务项目价格定基指数的对数;$\text{Ln}(\text{WL}_t^i)$ 表示第 i 种低端服务行业在 t 时期的实际工资定基指数的对数;a 和 b 均为待估参数。

从表 5.21 可以看出,两个回归模型的效果都很好,可以说两种低端服务行业的劳动力成本上升对行业服务价格上涨有明显正向作用。其中,在外用膳价格对住宿和餐饮业实际工资的弹性系数约为 0.85,也就是说住宿和餐饮业实际工资每提高 1%,相应的在外用膳价格提高 0.85%;家庭服务及加工维修服务对居民服务和其他服务业实际工资的弹性系数约为 0.81,也就是说居民服务和其他服务业实际工资每提高 1%,相应的家庭服务及加工维修服务价格提高 0.81%。相比之下,住宿和餐饮业的劳动力成本对服务行业的价格影响更大一些。

表 5.21 劳动力成本对服务价格影响模型估计结果

服务行业	b 估计值	b 的 t 值	a 估计值	a 的 t 值	R^2	$\bar{R}^2$	F-stat
住宿和餐饮业	0.8471	9.7463	0.6886	1.6570	0.9500	0.9400	94.99
居民服务和其他服务业	0.8051	14.4951	0.8801	3.2674	0.9768	0.9721	210.11

(二)服务业劳动力成本对总服务价格的影响

1. 低端服务业平均工资定基指数与服务项目价格的相关性分析

若简单以住宿和餐饮业、居民服务和其他服务业这两个行业来代表低端服务业,则图 5.11 就反映了 2004 年以来低端服务业劳动力成本变动①和服务项目价格变动的基本趋势。

据图 5.11,2004 年以后,我国低端服务业劳动力成本上升趋势明显,增速较快,与服务项目价格指数相比,低端服务业就业人员平均工资指数上升幅度较大。计算低端服务业平均工资定基指数与服务项目价格指数的相关系数后发现,两者相关性高达 0.99。

2. 服务业平均工资定基指数与服务项目价格的相关性分析

图 5.12 反映了 2004 年以来服务业劳动力成本变动和服务项目价格变动的基本趋势。2004—2010 年,服务业平均实际工资呈快速上涨态势,年均增速 12.0%;

---

① 低端服务业劳动力成本变动用住宿和餐饮业、居民服务和其他服务业两个行业就业人员平均劳动报酬定基指数的平均数表示。

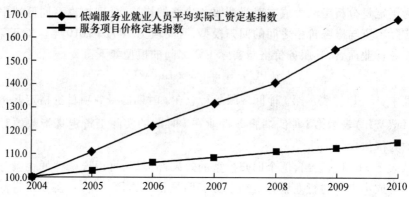

图 5.11 低端服务业平均工资定基指数与服务价格指数对比（2004 年 = 100）

而服务项目价格年均上涨 2.3%。服务业平均工资增速远远高于服务项目价格指数的上涨速度。

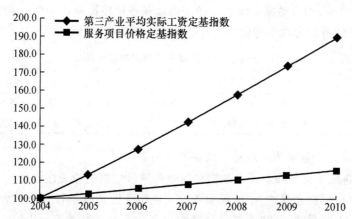

图 5.12 服务业平均工资指数与服务价格指数对比（2004 年 = 100）

计算表明,服务业平均工资定基指数与服务项目价格变动的相关系数达到 0.99,说明整个服务业劳动力成本对服务价格有重要影响。

3. 服务业平均工资定基指数与服务项目价格的回归分析

为定量分析服务业实际工资对服务价格的影响程度,构建了服务项目价格定基指数（TP）与服务业平均实际工资定基指数（TW）的回归模型。时间段为 2004—2010 年。模型回归结果如下:

$$\text{Ln(TP)} = \underset{(121.45)}{3.60} + \underset{(36.33)}{0.22} \times \text{Ln(TW)}$$

$$R^2 = 0.9962; \quad \bar{R}^2 = 0.9954, \quad F\text{-stat} = 1\,319.76$$

模型的拟合效果很好,服务项目价格对服务业平均实际工资的弹性系数为

0.22，也就是说服务业平均工资每提高1%，相应的服务项目价格提高0.22%。相比之下，可以看出，低端服务行业的劳动力成本对相应服务价格的影响程度更大，超过服务业平均水平4倍左右。

第四节 制造业各行业劳动力成本和劳动生产率比较分析

一、制造业各行业劳动力成本变动情况

根据数据的可获得性，着重分析2001年以来制造业30个主要行业劳动力成本变动情况。2001—2009年30个主要行业城镇单位就业人员平均工资增长情况如表5.22所示。

从表5.22可以看出，制造业城镇单位就业人员平均工资的年均增长率在2005—2009年比2001—2004年提高的有16种行业，降低的有14种行业。在增速明显加快的16个行业中，有9个行业尤为明显，分别是：饮料制造业、农副食品加工业、废弃资源和废旧材料回收加工业、纺织业、非金属矿物制品业、木材加工及木竹藤棕草制品业、食品制造业、医药制造业、有色金属冶炼及压延加工业。

综合考虑2005年以后的平均增速水平，以及2005年前后两个阶段增速变化情况，将30个行业劳动力成本上升情况划分为三类：

第一类是劳动力成本快速上涨的行业，即2005—2009年平均工资年均实际增速大于11%，且2005年后工资上涨有加快趋势的行业，共有7个，分别是：饮料制造业、农副食品加工业、废弃资源和废旧材料回收加工业、纺织业、非金属矿物制品业、木材加工及木竹藤棕草制品业、食品制造业。

第二类是劳动力成本中速上涨的行业，即2005—2009年平均工资年均实际增速小于11%大于10%，或者年均实际增速小于10%但2005年后工资上涨有加速趋势的行业，共有18个，分别是：有色金属冶炼及压延加工业，通信设备计算机及其他电子设备制造业，化学纤维制造业，纺织服装鞋帽制造业，印刷业和记录媒介的复制，电气机械及器材制造业，文教体育用品制造业，造纸及纸制品业，化工原料及化学制品制造业，专用设备制造业，交通运输设备制造业，通用设备制造业，医药制造业，橡胶制品业，塑料制品业，家具制造业，仪器仪表及文化、办公用机械制造业，工艺品及其他制造业。

第三类是劳动力成本低速上涨的行业，即2005—2009年平均工资年均实际增速小于10%，且2005年后工资上涨有减速趋势的行业，共有5个，分别是：皮革毛皮羽毛（绒）及其制品业、黑色金属冶炼及压延加工业、石油加工炼焦及核燃料加工业、烟草制品业、金属制品业。

表 5.22　2001—2009 年制造业城镇单位就业人员平均工资实际增长率

(单位:%)

行业	2001	2003	2004	2005	2007	2008	2009	2001—2004年年均增长率	2005—2009年年均增长率
废弃资源和废旧材料回收加工业	12.10	10.52	12.77	3.08	7.57	18.19	36.62		15.65
饮料制造业	15.93	14.50	9.39	9.14	13.10	12.97	16.61	9.52	13.75
专用设备制造业	6.31	11.73	12.25	14.24	11.58	12.82	12.51	14.36	13.27
非金属矿物制品业	4.55	6.16	9.41	9.23	12.45	11.97	12.86	10.77	12.98
木材加工及木、竹、藤、棕、草制品业	10.37	8.37	7.80	12.20	12.22	12.92	13.21	10.21	12.34
农副食品加工业	10.69	15.89	6.18	14.93	9.97	11.31	13.97	8.78	12.31
化工原料及化学制品制造业	3.72	9.96	9.29	13.07	13.39	9.74	9.94	12.47	12.15
纺织业	8.47	14.94	7.97	14.72	11.26	10.68	12.72	9.17	11.86
造纸及纸制品业	13.10	12.01	7.67	10.20	9.80	9.81	13.05	11.81	11.78
交通运输设备制造业	12.82	18.57	9.41	7.50	12.30	11.69	10.40	13.56	11.67
通用设备制造业	8.74	9.66	9.97	12.49	13.42	9.11	9.21	14.45	11.60
食品制造业	12.62	9.01	6.88	6.68	9.85	11.51	11.03	9.20	11.23
医药制造业	11.93	8.44	3.63	7.90	8.24	9.07	16.93	8.93	10.95
橡胶制品业	15.14	6.57	9.22	12.34	12.08	9.10	9.85	9.69	10.92
印刷业和记录媒介的复制	1.66	13.24	10.64	9.95	10.24	10.91	11.43	10.29	10.83
工艺品及其他制造业	6.75	10.09	8.89	11.04	9.70	9.50	11.22	13.66	10.36
纺织服装、鞋、帽制造业	6.75	10.09	8.89	8.14	13.15	4.66	10.68	9.38	10.36

（续表）

行业	2001	2003	2004	2005	2007	2008	2009	2001—2004年年均增长率	2005—2009年年均增长率
电气机械及器材制造业	11.37	7.10	6.24	9.29	9.27	11.26	9.07	9.79	10.21
塑料制品业	8.53	10.51	7.30	6.76	12.17	9.63	7.34	10.40	10.18
仪器仪表及文化、办公用机械制造业	14.90	17.07	6.06	4.86	3.12	8.94	6.78	12.77	10.17
家具制造业	11.46	5.78	9.86	15.14	10.09	13.92	2.32	10.41	10.14
金属制品业	11.31	8.71	8.54	19.16	11.21	9.25	10.52	10.47	9.39
烟草制品业	21.47	13.12	23.90	20.30	8.93	8.95	12.25	18.24	9.35
石油加工、炼焦及核燃料加工业	2.68	18.25	6.80	9.28	6.77	5.90	15.15	11.67	9.31
有色金属冶炼及压延加工业	6.34	8.17	7.99	12.09	12.32	3.65	4.70	7.15	9.17
化学纤维制造业	2.93	8.95	5.99	10.37	11.77	3.92	11.27	7.02	8.71
黑色金属冶炼及压延加工业	14.17	18.47	13.25	12.23	9.23	6.11	7.09	15.26	8.30
皮革、毛皮、羽毛（绒）及其制品业	1.95	7.31	7.04	12.18	8.02	6.18	4.78	8.64	8.15
通信设备、计算机及其他电子设备制造业	14.95	6.09	4.06	2.04	6.87	5.17	8.46	6.26	8.14
文教体育用品制造业	6.69	8.83	2.67	5.52	5.78	4.13	7.36	7.20	7.59

资料来源：根据历年《中国劳动统计年鉴》和《中国统计年鉴》数据计算而来。

二、制造业各行业劳动生产率变动情况

由于 2004 年进行了第一次经济普查,此后数据与其他年份的口径存在差异,因此采用 2005 年及其后的劳动生产率数据,增长率则是从 2006 年开始计算。全国和工业的劳动生产率计算分别采用公式:全国劳动生产率 = GDP/年均就业人口;工业劳动生产率 = 规模以上工业增加值/规模以上工业企业从业人员平均人数。计算结果如表 5.23 所示。

表 5.23　2006—2009 年各行业劳动生产率实际增长率变动情况　　（单位:%）

行业	2006	2007	2008	2009	均值
全国	12.14	13.65	9.21	8.75	10.94
工业	12.88	13.99	0.61	11.08	9.64
非金属矿物制品业	25.81	24.5	5.11	12.41	16.96
化学纤维制造业	20.84	24.25	2.74	19.8	16.91
交通运输设备制造业	21.77	29.48	-0.52	12.42	15.79
木材加工及木、竹、藤、棕、草制品业	19.32	25.17	-1.75	18.27	15.25
专用设备制造业	26.45	20.39	0.22	12.7	14.94
纺织业	15.03	20.88	6.13	14.66	14.18
烟草制品业	19.06	24.66	5.99	6.8	14.13
皮革、毛皮、羽毛(绒)及其制品业	14.33	17.82	5.69	15.98	13.46
通用设备制造业	19.83	19.47	-0.28	12.53	12.89
文教体育用品制造业	15.92	12.65	6.27	16.6	12.86
工艺品及其他制造业	11.31	23.82	5.18	10.95	12.82
黑色金属冶炼及压延加工业	22.62	15.93	5.07	6.66	12.57
造纸及纸制品业	15.97	21.3	2.32	10.18	12.44
饮料制造业	18.6	18.13	3.75	8.84	12.33
有色金属冶炼及压延加工业	29.28	7.63	-5.23	17.59	12.32
化工原料及化学制品制造业	16.35	23.24	-2.64	11.78	12.18
废弃资源和废旧材料回收加工业	17.65	35.98	-40.99	34.3	11.74
医药制造业	13.57	17.5	6.68	7.84	11.40
金属制品业	17.03	19.66	-3.87	12.71	11.38
食品制造业	17.33	17.34	1.69	8.4	11.19
橡胶制品业	11.2	21.88	0.02	11.02	11.03
纺织服装、鞋、帽制造业	17.31	11.82	1.58	12.2	10.73
印刷业和记录媒介的复制	17.07	17.62	-0.82	8.67	10.64
家具制造业	10.4	16.72	-0.75	15.26	10.41

(续表)

行业	2006	2007	2008	2009	均值
塑料制品业	18.21	12.86	-0.18	10.4	10.32
仪器仪表及文化、办公用机械制造业	19.45	12.23	3.5	5.51	10.17
电气机械及器材制造业	9.35	13.7	0.5	10.49	8.51
农副食品加工业	18.5	5.73	-3.35	8.15	7.26
石油加工、炼焦及核燃料加工业	-4.11	21.37	-2.22	6.53	5.39
通信设备、计算机及其他电子设备制造业	11.56	-1.44	-2.78	7.47	3.70

资料来源：根据历年《中国工业经济统计年鉴》、《中国统计年鉴》和国家统计局网站月度数据计算而来。

从表5.23可以看出，30个行业2008—2009年的年均劳动生产率增长率均比2006—2007年的年均增长率有所下降，这与2008年的国际金融危机有关。其中，黑色金属冶炼及压延加工业、印刷业和记录媒介的复制、通用设备制造业、金属制品业、木材加工及木竹藤棕草制品业、化工原料及化学制品制造业、烟草制品业、非金属矿物制品业、专用设备制造业、交通运输设备制造业、废弃资源和废旧材料回收加工业等11个行业受国际金融危机的影响较大，在2008年之后年均劳动生产率增速下降幅度较大。

根据2005—2009年劳动生产率增长情况，可以将30个行业划分为三类：

第一类是劳动生产率快速上升行业。共有11个，分别是：非金属矿物制品业、化学纤维制造业、交通运输设备制造业、木材加工及木竹藤棕草制品业、专用设备制造业、纺织业、烟草制品业、皮革毛皮羽毛（绒）及其制品业、文教体育用品制造业、工艺品及其他制造业、通用设备制造业。

第二类是劳动生产率中速上升行业。共有9个，分别是：黑色金属冶炼及压延加工业、造纸及纸制品业、饮料制造业、化工原料及化学制品制造业、有色金属冶炼及压延加工业、医药制造业、食品制造业、金属制品业、橡胶制品业。

第三类是劳动生产率低速上升行业。共有10个，分别是：纺织服装鞋帽制造业，印刷业和记录媒介的复制，家具制造业，塑料制品业，仪器仪表及文化、办公用机械制造业，电气机械及器材制造业，农副食品加工业，废弃资源和废旧材料回收加工业，石油加工炼焦及核燃料加工业，通信设备计算机及其他电子设备制造业。

三、制造业各行业相对劳动生产率变动情况

为了衡量行业劳动力成本对产业竞争力的影响，我们通过构建相对劳动生产率指数，计算公式为：相对劳动生产率指数＝劳动生产率定基指数×100/平均工资定基指数。其中，劳动生产率定基指数、平均工资定基指数均以2005年为基期。相对劳动生产率指数值高，说明行业劳动生产率上升速度快于劳动力成本上升速度,劳动力成本上升对产品价格的影响小。为了便于进行行业间比较,劳动生产率和平均工资的基期均选择 2005 年。2005—2009 年我国工业各行业相对劳动生产率的变动情况参见表 5.24。

表 5.24 2005—2009 年我国制造业各行业相对劳动生产率指数

行业	2005	2006	2007	2008	2009
化学纤维制造业	100.0	111.8	124.3	122.9	132.3
文教体育用品制造业	100.0	102.3	108.9	111.2	120.7
皮革、毛皮、羽毛(绒)及其制品业	100.0	100.4	109.5	109.0	120.7
烟草制品业	100.0	110.9	127.0	123.5	117.5
黑色金属冶炼及压延加工业	100.0	110.6	117.4	116.3	115.8
非金属矿物制品业	100.0	109.7	121.5	114.1	113.6
交通运输设备制造业	100.0	108.4	125.0	111.4	113.4
有色金属冶炼及压延加工业	100.0	111.0	106.3	97.2	109.2
木材加工及木、竹、藤、棕、草制品业	100.0	107.5	119.9	104.3	108.9
工艺品及其他制造业	100.0	100.2	113.1	108.7	108.4
纺织业	100.0	102.6	110.8	106.3	108.1
金属制品业	100.0	109.7	118.1	103.9	106.0
专用设备制造业	100.0	108.8	117.4	104.3	104.5
通用设备制造业	100.0	104.4	110.0	100.5	103.6
造纸及纸制品业	100.0	101.2	111.8	104.2	101.6
医药制造业	100.0	103.5	112.3	109.9	101.3
纺织服装、鞋、帽制造业	100.0	103.6	102.4	99.4	100.8
家具制造业	100.0	96.3	102.1	88.9	100.2
塑料制品业	100.0	105.9	106.5	97.0	99.8
橡胶制品业	100.0	98.7	107.3	98.4	99.4
仪器仪表及文化、办公用机械制造业	100.0	97.3	105.9	100.6	99.4
食品制造业	100.0	104.2	111.3	101.5	99.1
化工原料及化学制品制造业	100.0	100.6	109.3	97.0	98.6
印刷业和记录媒介的复制	100.0	105.7	112.8	100.8	98.3
饮料制造业	100.0	105.5	110.2	101.2	94.5
电气机械及器材制造业	100.0	98.3	102.3	92.4	93.6
石油加工、炼焦及核燃料加工业	100.0	87.5	99.4	91.8	84.9
通信设备、计算机及其他电子设备制造业	100.0	99.4	91.7	84.8	84.0
农副食品加工业	100.0	103.9	99.9	86.8	82.3
废弃资源和废旧材料回收加工业	100.0	114.2	144.4	72.1	70.9

资料来源:根据历年《中国工业经济统计年鉴》、《中国统计年鉴》和国家统计局网站月度数据计算而来。

根据2005—2009年制造业各行业相对劳动生产率指数值的变动趋势,可以将制造业30个行业分为三类:

第一类是相对劳动生产率快速上升行业。共有7个,分别是:化学纤维制造业、文教体育用品制造业、皮革毛皮羽毛(绒)及其制品业、烟草制品业、黑色金属冶炼及压延加工业、非金属矿物制品业、交通运输设备制造业。这7个行业的相对劳动生产率上升最快,对劳动力成本上涨的吸收消化能力很强,劳动力成本上涨对价格的影响小。

第二类是相对劳动生产率较快上升行业。共有11个,分别是:有色金属冶炼及压延加工业、木材加工及木竹藤棕草制品业、工艺品及其他制造业、纺织业、金属制品业、专用设备制造业、通用设备制造业、造纸及纸制品业、医药制造业、纺织服装鞋帽制造业、家具制造业。这11个行业的相对劳动生产率上升较快,对劳动力成本上涨有一定的消化吸收能力,劳动力成本上涨对价格的影响相对较小。

第三类是相对劳动生产率下降行业。共有12个,分别是:塑料制品业,橡胶制品业,仪器仪表及文化、办公用机械制造业,食品制造业,化工原料及化学制品制造业,印刷业和记录媒介的复制,饮料制造业,电气机械及器材制造业,石油加工炼焦及核燃料加工业,通信设备计算机及其他电子设备制造业,农副食品加工业,废弃资源和废旧材料回收加工业。这12个行业的相对劳动生产率下降,对劳动力成本上涨的吸收消化能力较弱,劳动力成本上涨对价格的影响较大。

第五节 劳动力成本上升的成因及发展趋势

由于我国二、三产业普通劳动力主要由农民工构成,行业平均工资水平和农民工工资水平密切相关。同时,作为农业雇工工资的机会成本,农民工工资对农业雇工工资也有重要影响。因此,本部分重点研究农民工工资对劳动力成本的影响,以及农民工工资出现趋势性上涨的深层次原因。

一、农民工工资对劳动力成本的影响

(一)农民工工资变动情况

我国农民工工资长期以来处于偏低的水平,并且一度几无增长。根据国务院发展研究中心的跟踪研究,2004年之前的12年中,珠江三角洲外来农民工月平均工资仅增长了68元,与当地年均20%以上的GDP增长速度相比,工资水平几乎原地踏步,说明农民工未能很好分享企业效益增长和国民经济发展的成果。但是从2004年珠三角地区出现"民工荒"以后,农民工工资开始出现持续快速上涨。2004年农民工平均月工资为780元,较2003年增长了11.1%。随后增加幅度虽然略有回落,但依然保持着10%左右的增长。2007年农民工月平均工资首次超过千元,达到1 060元,比上一年度增加了10.6%,至2010年,农民工月平均工资已

增长到1 690元,与2005年的875元相比增长了近一倍。

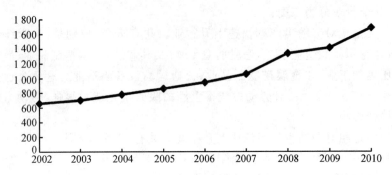

图5.13 2002—2010年农民工工资变动情况(单位:元/月)

资料来源:2002—2004年的数据来自国家统计局农调队,2005—2010年数据来自国家统计局农村司。

从区域看,中西部工资涨幅加快,与东部工资差距明显缩小。根据国家统计局的调查,2009年,外出农民工的月均收入东部地区为1 455元,中部地区为1 389元,西部地区为1 382元,东部只比中西部高5%,而5年前东部工资比西部平均高15%。收入差距的缩小,也是中西部地区农民工就业比重上升的一个重要原因。

从行业看,制造业、服务业和住宿餐饮业收入水平偏低,批发零售业和采矿业收入增长相对较慢。从农民工从事的几个主要行业看,收入水平较高的是交通运输业、采矿业和建筑业的农民工,2009年月均收入分别为1 671元、1 640元和1 625元;收入较低的分别是住宿餐饮业、服务业和制造业的农民工,月均收入分别为1 264元、1 276元和1 331元。从收入增幅看,增幅高于各行业平均水平的是住宿餐饮业和建筑业,增幅分别为8.1%和5.9%;收入增幅较低的是批发零售业和采矿业,分别增长3.3%和4.5%。

(二)农民工工资对低端劳动力成本的影响

低端劳动力的主要来源是外出务工的农民工,集中在劳动密集型产业中就业,绝大多数通过体力来换取劳动报酬。从农民工就业的主要行业来说,采矿业、建筑业、批发和零售业、住宿和餐饮业等二、三产业是农民工就业最多的行业。由于农民工工资在低端劳动力成本中占有相当的比重,因此,农民工工资的显著提高必然会带来低端服务业劳动力成本的上升,两者同向变动趋势明显。

1. 农民工工资对制造业劳动力成本的影响

为分析农民工工资对制造业各行业劳动力成本的影响,计算了农民工实际工资与制造业各行业的城镇单位就业人员平均工资定基指数(2005年=100)的相关系数,样本期为2005—2009年,结果如表5.25所示。

表 5.25 制造业城镇单位就业人员平均工资与农民工工资定基指数的相关系数

行业	相关系数	行业	相关系数
电气机械及器材制造业	0.987	造纸及纸制品业	0.976
木材加工及木、竹、藤、棕、草制品业	0.986	家具制造业	0.974
食品制造业	0.985	化工原料及化学制品制造业	0.972
印刷业和记录媒介的复制	0.985	通用设备制造业	0.971
交通运输设备制造业	0.985	医药制造业	0.967
金属制品业	0.983	黑色金属冶炼及压延加工业	0.965
专用设备制造业	0.983	通信设备、计算机及其他电子设备制造业	0.957
非金属矿物制品业	0.982	石油加工、炼焦及核燃料加工业	0.956
工艺品及其他制造业	0.981	化学纤维制造业	0.955
饮料制造业	0.981	纺织服装、鞋、帽制造业	0.951
纺织业	0.981	皮革、毛皮、羽毛(绒)及制品业	0.949
烟草制品业	0.980	文教体育用品制造业	0.940
农副食品加工业	0.980	仪器仪表及文化、办公用机械制造业	0.936
塑料制品业	0.978	废弃资源和废旧材料回收加工业	0.916
橡胶制品业	0.976	有色金属冶炼及压延加工业	0.911

从表 5.25 可以看出,制造业 30 个行业城镇单位就业人员平均工资定基指数与农民工实际工资的相关系数都高于 0.90,可以说这两者有非常明显的正相关关系,农民工实际工资上涨会带来制造业各行业劳动力成本的提高。美国《商业周刊》列举了一个算例:目前,尽管 2005—2010 年中国农民工的年均工资增速达到 19%,但月工资也只有 260 美元,这尚可以通过提高生产效率或降低零部件成本来消化,但如果工资继续以年均 19% 的速度上涨 5 年,那时将达到月均 623 美元,其冲击波将覆盖整个经济,并使零部件供应、物流、生产型服务、管理人员成本等均出现大幅上升,企业消化渠道将大大收缩。换句话说,农民工工资对制造业劳动力成本的冲击会越来越明显。

2. 农民工工资对服务业劳动力成本的影响

从服务业就业人员结构来看,农民工仍是就业主力。在农民工就业的行业选择上,多为二、三产业。根据《2009 年农民工监测调查报告》显示,在外出农民工中,从事服务业的农民工占 11.8%,住宿餐饮业和批发零售业各占 7.8%,交通运输仓储邮政业占 5.9%。从事批零业、服务业、住宿餐饮业等的比例均有所增长[①]。

---

① 国家统计局农村司:《2009 年农民工监测调查报告》,http://www.stats.gov.cn/tjfx/fxbg/t20100319_402628281.htm。

服务业各行业劳动力成本与农民工工资的相关系数结果如表5.26所示。从总体看,服务业平均工资定基指数与农民工工资定基指数的相关系数大都为0.99。分行业看,除金融业、公共管理和社会组织、文化体育和娱乐业三个行业相关系数为0.98外,其余行业相关系数均为0.99。可见,作为劳动密集的服务业而言,劳动力成本上升与农民工工资水平上涨有显著的相关关系。

表5.26 服务业各行业劳动力成本与农民工工资定基指数的相关系数

行业	相关系数	行业	相关系数
服务业	0.99		
金融业	0.98	文化体育和娱乐业	0.98
批发和零售业	0.99	租赁和商务服务业	0.99
科学研究、技术服务和地质勘探业	0.99	居民服务和其他服务业	0.99
教育	0.99	水利、环境和公共设施管理业	0.99
交通运输、仓储和邮政业	0.99	房地产业	0.99
公共管理和社会组织	0.98	住宿和餐饮业	0.99
卫生、社会保障和社会福利业	0.99	信息传输、计算机服务和软件业	0.99

总之,农民工工资对服务业成本变动有很大影响。特别是对于劳动力密集型服务业,农民工工资上涨是造成服务业成本上涨的主要因素。但是农民工工资对服务业成本的影响还与服务行业的性质以及行业的劳动生产率等因素有关。如果劳动力成本上升的幅度高于劳动生产率的上升幅度,则产品的单位劳动成本就会提高,服务价格就会上升。反之,则影响小。

3. 农民工工资对农业劳动力成本的影响

农业劳动力工资上涨,在某些程度上是因为农民工工资上涨,即种田的机会成本上升了,所以农业劳动力工资上涨和农民工工资上涨也有密切联系。为了分析农民工工资对不同品种劳动力成本的影响,计算了农民工工资与雇工工资定基指数的相关系数。结果显示,相关系数均高于0.9(参见表5.27)。

表5.27 农民工工资与雇工工资定基指数的相关系数

品种	蔬菜	苹果	两种油料	稻谷	小麦	玉米	大豆	棉花	烤烟
相关系数	0.972	0.918	0.974	0.994	0.931	0.993	0.992	0.940	0.990

相关系数很高,说明农民工工资对农业劳动力成本有着很大影响,农民工工资的上涨带动了农业用工成本的增加,甚至出现农业"用工难"的问题,一些地方出现"雇不到、雇不起"的现象。农业部在2011年春节后进行了一个月的驻点调查,一家一户地和农民算账,分析年龄结构,发现有的村务农劳动力中50

岁以上的占到70%—80%。大量农民外出打工后,农民兼业化、老龄化甚至有些地方出现农村空心化。① 总之,农民工工资上涨给农业劳动力成本带来的影响不仅仅体现在农业劳动力成本的上升,对农业劳动力的结构以及生产方式都带来了不小的影响。

二、农村剩余劳动力变动对农民工工资的影响

进入21世纪以后,我国农民工总量持续增长。2010年,全国农民工总数达到24 223万人,比2009年增加1 245万人,增长5.4%;其中外出农民工15 335万人,比2009年增加802万人,增长5.5%。外出6个月以上的农民工人数由2005年的9 809万人增加至2010年的15 335万人,年均增加1 105万人。农民工的就业形式日趋稳定,流动"家庭化"和居住的稳定性趋势明显,在流入地居住趋于长期化。

伴随农民工数量持续增长的另一个现象是"民工荒"从沿海向内地蔓延,从季节性向常态化演变。这些现象出现的根本原因是农村剩余劳动力从无限供给向有限剩余转变,农民工供求关系发生了深刻变化,这种变化必然反映在劳动力价格,即工资上面。

(一)农村剩余劳动力总量的估算

自1978年我国农村开始实行家庭承包制改革后,农业生产积极性得以激发,劳动力剩余现象开始显现。根据一般的定义,农村剩余劳动力等于从事农业的劳动力总量减去当时生产技术条件下农业需要的劳动力数量。农业劳动力数量是确定的,而对农业劳动力实际需要量的测算不同的学者有不同结论。国务院发展研究中心课题组用不同的方法测算了对农业劳动力的实际需求量,虽然各种方法估计的剩余劳动力数量有较大差异,但变化趋势基本相同(参见表5.28)。估计的结果显示,2009年中国农村剩余劳动力的数量基本上在0.85亿—1.15亿人之间,平均约为1亿人左右,占乡村从业人员的比例约为19%。相对于20世纪90年代,我国农村剩余劳动力数量和剩余程度已经大幅降低,剩余劳动力已经从最初的全面过剩,进入到总量过剩、结构性短缺的阶段。

---

① "'民工荒'后又现农业'用工难'提高种粮收入是关键",经济参考报,2011年4月26日。http://news.xinhuanet.com/fortune/2011-04/26/c_121347490.htm。

表 5.28　不同方法计算的农村剩余劳动力数量　　　　　　（单位：万人）

	方法一	方法二	方法三	方法四	方法五 1 (300 日/年)	方法五 2 (269 日/年)	均值
1990	17 318.1	12 835.3		15 117.1			
1991	18 412.3	13 752.2		15 816.7			
1992	18 668.7	14 206.4		15 738.5			
1993	16 547.1	13 825.4	17 535.2	15 115.2			
1994	14 886.4	12 650.9	16 928.8	14 485.9			
1995	14 140.6	11 489.6	16 414.8	13 928.9			
1996	14 342.6	10 727.7	16 092.8	13 547.6			
1997	14 991.5	11 013.9	16 359.6	13 770.1			
1998	15 995.3	11 342.5	16 142.9	13 505.3			
1999	17 595.4	12 028.7	16 375.4	13 664.5			
2000	18 087.2	12 592.3	16 285.1	13 603.4			15 142.0
2001	17 594.2	13 001.6	16 016.0	13 329.6			14 985.4
2002	17 318.4	13 368.0	15 681.6	13 000.9			14 842.2
2003	15 965.3	13 267.2	15 193.5	12 542.6			14 242.1
2004	13 607.8	11 817.5	14 427.9	11 739.3	14 990.3	13 191.8	12 898.1
2005	13 480.3	11 100.4	13 624.9	10 881.2	12 588.1	10 584.3	12 271.7
2006	13 457.4	10 252.3	13 421.4	10 734.1	12 747.7	10 826.6	11 966.3
2007	12 230.9	9 442.7	12 524.3	9 794.9	13 606.8	11 874.3	10 998.2
2008	11 942.5	8 849.3	11 978.9	9 173.7	12 308.1	10 457.8	10 486.1
2009	11 338.6	8 467.6	11 527.8	8 732.9			10 015.4

注：① 农村剩余劳动力数量的计算公式为：农村剩余劳动力 = 农业劳动力数量 - 农业劳动力的实际需要量，其中关键是计算农业劳动力的实际需要量（国家统计局农调队，2002）；② 方法一是农户最大收益法，计算公式参见刘建进（1997）、王红玲（1998）；方法二是产业结构差值法，计算公式参见王玲等（2004）；方法三是资源劳动需求法，计算公式参见陈扬乐（2001）；方法四是有效耕地劳动比例法，计算公式参见胡鞍钢（1997）；方法五是农业技术需要法，计算公式参见托马斯·罗斯基、罗伯特·米德（1997）；③ 2009 年数据由各计算方法按照 2000—2008 年年均递减速率推算得出。

农村剩余劳动力的变动趋势如图 5.14 所示。

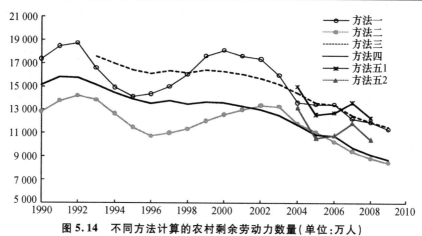

图 5.14 不同方法计算的农村剩余劳动力数量(单位:万人)

(二)农村剩余劳动力的结构特征

利用 2009 年全国人口变动情况抽样调查样本数据的"全国乡村分年龄、性别人口数据",计算出农业人口中劳动年龄人口及其年龄分布比例①,并按照国家统计局农村司《2009 年农民工监测调查报告》对外出农民工年龄结构的统计,把乡村从业人员划分为 5 个年龄组别,并进行比较,如表 5.29 所示。

表 5.29 2009 年乡村劳动力资源的年龄构成

年龄组	乡村从业人员数		农民工总量		未转移劳动力		农村剩余劳动力
	人数(万人)	百分比(%)	人数(万人)	百分比(%)	人数(万人)	百分比(%)	人数(万人)
16—25 岁	12 181.9	23.2	9 558.8	41.6	2 623.1	8.9	890.4
26—30 岁	4 782.2	9.1	4 595.6	20.0	186.6	0.6	63.3
31—40 岁	12 584.0	24.0	5 124.1	22.3	7 459.9	25.3	2 532.2
41—50 岁	13 720.7	26.1	2 734.4	11.9	10 986.3	37.2	3 729.2
50 岁以上	9 214.8	17.6	965.1	4.2	8 249.7	28.0	2 800.3
合计	52 483.6	100.0	22 978.0	100.0	29 505.6	100.0	10 015.4

注:① 2009 年乡村从业人员数根据 2000—2008 年乡村从业人员变化趋势推算而得;② 以农民工总量作为农村转移劳动力数量,包括外出农民工和本地农民工,并假定农村转移的劳动力与农村外出务工人员的年龄结构相同;③ 农村剩余劳动力取所列计算结果的平均值,并假定其年龄结构与农村未转移劳动力的年龄结构相同。

从农村剩余劳动力的年龄结构来看,2009 年全国农村尚有剩余劳动力约为 1 亿人,较 2005 年减少约 1 500 万人。31 岁以上的剩余劳动力有 9 061.7 万人,占农

---

① 乡村劳动年龄人口包括 16—60 周岁的男性劳动力和 16—55 周岁的女性劳动力。

村剩余劳动力总数的90.5%。其中,31—40岁年龄段的剩余劳动力只有2 532.2万人,占农村剩余劳动力总数的25.3%,而40岁以上年龄段的剩余劳动力有6 529.5万人,占农村剩余劳动力总数的65.2%,较2005年占比增加22个百分点。30岁以下的剩余劳动力只有953.7万人,只占农村剩余劳动力总数的9.5%,较2005年占比减少8.1个百分点。农村剩余劳动力中真正可外出务工的有效剩余劳动力(年龄在40岁以下)只有不到3 500万人。

从性别特征来看,外出务工人员中女性占34.9%,也即5 072万人,较2005年增加约880万人。而统计推算16—30岁乡村女性劳动力资源为6 988.2万人,16—25岁乡村女性劳动力资源为5 003.1万人,而受女性生育周期和家庭因素的影响,纺织业、制鞋业、玩具制造、服装加工、电子装配等劳动密集型行业对女工尤其是18—25岁的年轻女工需求最大,也就是说,农村这一年龄段的女性劳动力已经基本全部转移出去,城镇非农产业女工短缺的现象将更加突出。

(三)农村剩余劳动力变动对农民工工资的影响

以2001年为基期(2001年=100),计算2001—2009年农村剩余劳动力数量变化和农民工工资变化的定基指数。分析表明,农民工工资持续上升,2009年比2001年上涨了85.27%,年均实际增长10.7%;农村剩余劳动力数量则持续下降,2009年比2001年下降了33.17%,年均下降超过4%,参见图5.15。

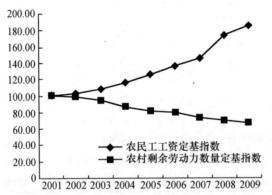

图5.15 农村剩余劳动力与农民工工资定基指数(2001年=100)

比较农村剩余劳动力与农民工工资定基指数可以看出,农民工工资变动与农村剩余劳动力数量变化高度相关,计算得出二者简单相关系数为-0.95,即农村剩余劳动力数量的下降直接推动了农民工工资的上升。

为了定量测度农村剩余劳动力变动对农民工实际工资的影响程度,构建协整与误差修正模型对其长短期影响程度进行分析。

1. 平稳性检验

先对农民工实际工资(W)与滞后一年的农村剩余劳动力(L_1)的对数进行 ADF 检验(参见表 5.30)。在 10% 的显著性水平下,$Ln(L_1)$不平稳,但其一阶差分平稳;$Ln(W)$不平稳,但其一阶差分平稳。因此,可建立 $Ln(L_1)$ 和 $Ln(W)$ 这两个变量之间的协整关系。

表 5.30 农民工实际工资(W)与滞后一年的农村剩余劳动力(L_1)对数值的单位根检验表

变量	检验类型(c,t,n)	ADF 检验值	临界值(10%)	AIC	SC	结论
$Ln(L_1)$	$(c,0,1)$	0.7048	-2.7711	-3.8954	-3.8516	不平稳
$\Delta Ln(L_1)$	$(c,0,1)$	-3.3452	-2.8419	-4.0970	-4.1202	平稳
$Ln(W)$	$(c,t,1)$	-1.0683	-3.5905	-3.9437	-3.9041	不平稳
$\Delta Ln(W)$	$(c,t,1)$	-3.9182	-3.7015	-4.4159	-4.4468	平稳

注:Δ 表示一阶差分;检验类型中的 c、t、n 分别表示含常数项、含线性趋势以及滞后阶数。

2. 协整方程

运用协整理论和误差修正模型对农民工实际工资(W)与滞后一年的农村剩余劳动力(L_1)进行协整分析,建立如下回归方程:

$$Ln(W) = \underset{(28.28)}{22.65} - \underset{(-19.83)}{1.68} \times Ln(L_1)$$

$$R^2 = 0.9801, \quad \bar{R}^2 = 0.9776, \quad F\text{-stat} = 393.32$$

上述模型效果较好,拟合优度达到 0.83。对残差序列进行单位根检验,ADF 统计值为 -1.7068,10% 的临界值为 -1.6001。因此,在 10% 的显著性水平下拒绝原假设,即残差序列是平稳的,农民工实际工资(W)与滞后一年的农村剩余劳动力(L_1)之间的协整关系成立,农民工实际工资(W)与滞后一年的农村剩余劳动力(L_1)的长期弹性系数为 -1.68。也就是说从长期来看,农村剩余劳动力每减少 1%,次年的农民工实际工资则上涨 1.68%。

3. 误差修正模型

建立误差修正模型如下:

$$DLn(W) = \underset{(1.31)}{0.03} - \underset{(-2.36)}{1.06} \times DLn(L_1) - \underset{(-1.27)}{0.52} \times ecm(-1)$$

$$R^2 = 0.51; \quad \bar{R}^2 = 0.34, \quad F\text{-stat} = 3.07$$

从误差修正模型可以看出,农民工实际工资(W)与滞后一年的农村剩余劳动力(L_1)的短期弹性系数为 -1.06。也就是说从短期来看,农村剩余劳动力每减少 1%,次年的农民工实际工资则上涨 1.06%,低于长期内的增长率(1.68%),这在一定程度上反映出农村剩余劳动力的减少对农民工实际工资的提高存在累积、滞后效应,从短期看的影响效果低于长期。

三、人口结构变动及教育发展对农村剩余劳动力的影响

农村剩余劳动力下降的原因主要有三个：一是劳动力增长放缓；二是人口结构的变化；三是教育发展，特别是大学扩招使得更多的农村学生接受高等教育。

（一）人口增长对农村新增劳动力的影响

一方面受计划生育政策影响，另一方面受城市化不断发展、居民生育观念转变等多种因素共同作用，我国人口已经进入低速增长阶段。继人口自然增长率从20世纪60年代中期开始持续下降之后，劳动年龄人口的增长率从80年代也开始了下降的过程，21世纪以来下降速度明显加快。根据2010全国第六次人口普查的结果，利用中国人口发展研究中心人口模型（PADIS）所作的最新预测表明，在当前人口政策不变的情况下，我国劳动年龄人口将在2015年达到高峰后的9.96亿人后，然后开始绝对减少，到2020年约为9.88亿人，到2030年进一步减为9.57亿人。从中长期看，劳动年龄人口即将进入总量绝对减少的阶段，作为无限劳动力供给的一个源泉，人口因素不再助长劳动力供给的增长。2004年以来，城镇用工企业迫于民工荒的压力，不得不放宽用工年龄，从过去的25岁以下放宽为30—40岁、甚至50岁。2005—2006年大量增加的是31岁以上的民工，特别是31—40岁的民工，2006年比2004年剧增41.8%。同时，农民工供不应求的年龄段也快速上升，从2003年的20岁以下，上升到2004年的25岁以下，再到2006年的30岁以下。国务院发展研究中心课题组在托达罗模型的基础上，结合我国国情建立了农民工家庭年龄结构—生命周期模型，通过估算农民工的最高预期工作寿命，认为40岁以下农民工供不应求可能在2016年出现（参见表5.31）。

表5.31 利用PADIS模型对中国人口的预测　　　　　　（单位：亿人）

年份	总人口	0—14岁	15—64岁	65岁及以上	劳动年龄人口增长速度（%）
2010	13.42	2.46	9.80	1.16	0.56
2011	13.50	2.45	9.86	1.20	0.53
2012	13.57	2.44	9.90	1.23	0.42
2013	13.64	2.43	9.93	1.28	0.33
2014	13.70	2.42	9.95	1.32	0.23
2015	13.76	2.41	9.96	1.38	0.08
2016	13.80	2.43	9.94	1.43	-0.19
2017	13.86	2.43	9.93	1.50	-0.16
2018	13.91	2.43	9.91	1.57	-0.17
2019	13.96	2.43	9.89	1.64	-0.19
2020	14.01	2.43	9.88	1.70	-0.12

(续表)

年份	总人口	0—14 岁	15—64 岁	65 岁及以上	劳动年龄人口增长速度(%)
2021	14.05	2.42	9.86	1.77	-0.14
2022	14.08	2.41	9.85	1.83	-0.16
2023	14.11	2.39	9.83	1.89	-0.22
2024	14.13	2.37	9.80	1.96	-0.28
2025	14.14	2.34	9.77	2.03	-0.28
2026	14.15	2.31	9.74	2.10	-0.27
2027	14.15	2.27	9.72	2.17	-0.30
2028	14.15	2.22	9.68	2.25	-0.37
2029	14.14	2.17	9.63	2.34	-0.47
2030	14.13	2.12	9.57	2.43	-0.64

资料来源:PADIS 模型预测结果。

（二）人口结构变动对农村剩余劳动力的影响

从人口结构和发展趋势看,我国计划生育政策实行三十多年来的效果已经越来越明显地表现出来,虽然人口总数还在增加,但在很大程度上表现为离退休的老年人口的不断增加,"人口金字塔"下部的青壮年人口,特别是"80 后"、"90 后"这些 20—30 岁的劳动力开始减少,老龄化趋势发展迅速,而青年劳动力增长速度显著降低。15—34 岁人群是农民工的主力,但这群人的数量已从 1995 年高峰期的 4.5 亿人,下降至 2010 年的 4.1 亿人,占我国总人口的比例也从 38% 下降至 30%。这种人口结构的变化必然带来劳动力供求关系的变化,新增人口数量的降低必然导致新增劳动力数量的下降。

由于人均预期寿命已经有 73 岁,即便人口政策不调整,劳动人口总量变化比较缓慢,但是年轻有活力的人口变化却很大。比如以 2010 年为基点,15—64 岁总劳动人口到 2020 年只减少 3.4%,但是 20—30 岁劳动人口却下降 27%,19—22 岁人口更是下降 45%。即便 2010 年之后中国一个孩子都不生,那么到 2034 年 15—64 岁的总劳动年龄人口仍然会超过 7.0 亿,但是将没有 24 岁以下的人口了。

（三）教育发展对农村剩余劳动力的影响

1. 我国低端劳动力供给数量逐年下降

随着我国九年义务教育的普及,初、高中阶段毕业直接参加工作的劳动力成为劳动力市场上低端劳动力的主要来源。从表 5.32 来看,低端劳动力供给总量从 2005 年开始逐步减少,2010 年比 2005 年减少 327 万人,减少幅度达到 27.8%。

表 5.32　2003—2010 年我国低端劳动力供给数量　　　　（单位：万人）

年份	全国初中毕业直接工作人数	全国高中阶段教育毕业直接工作人数	中低端劳动力供给数量
2003	750.56	438.83	1 189.39
2004	699.6	464.36	1 163.96
2005	590	587.7	1 177.7
2006	452.6	672.4	1 125
2007	313.5	769.8	1 083.3
2008	218.5	818.34	1 036.84
2009	98.8	819.21	918.01
2010	43.69	806.94	850.63

注：① 高中阶段教育包括普通高中、成人高中、中等职业学校；② 初中毕业直接参加工作人数统指初中毕业后未进入高中阶段教育的人数；③ 高中阶段教育毕业直接参加工作人数是指高中学历教育毕业后未进入普通高等学校学习的人数，包括职高毕业生。

资料来源：历年《全国教育事业发展统计公报》、《中国教育年鉴》和《中国统计年鉴》。

2. 低端劳动力供给数量下降的原因

低端劳动力供给数量下降的主要原因有两个方面，一是学龄人口的减少，二是高等教育扩招以及由此带来的高中阶段教育的扩招。

第一，我国长时间低生育率导致小学、初中的学龄人口数量逐年减少。全国初中毕业生数量在 2005 年达到顶峰后，已经连续 5 年下滑。2010 年比 2005 年减少 373 万人，下降幅度为 17.6%。特别是农村初中每年毕业生的数量在 2004 年达到顶峰之后，已经连续 6 年下滑，2010 年农村初中毕业生比 2004 年减少 398.2 万人，减少幅度达到 39.2%（参见图 5.16）。人口结构变化直接导致我国中低端劳动力供给的减少。

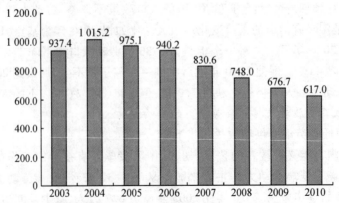

图 5.16　2003—2010 年农村初中毕业生数（单位：万人）

资料来源：历年《中国农村统计年鉴》。

第二,我国各阶段教育事业的发展,特别是高等教育扩招,使得大批高中毕业生有机会继续升学,进一步减少了低端劳动力的供给。2003 年和 2010 年相比,我国高等教育毛入学率由 17% 上升至 26.5%,普通高等教育本专科招生人数由 2003 年的 382 万人增长至 2010 年的 661 万人,增长超过 73%。高等教育的扩招提高了适龄学生接受高中阶段教育的积极性,带动了高中阶段教育的发展,导致更多的初中毕业生升入高中阶段学习,高中阶段学生数量逐年上升(参见表 5.33)。从 2003 年到 2010 年,全国高中阶段教育入学人数从 1 267.9 万人增长到 1 706.66 万人,增长了近 35%。其中普通高中的扩招尤为明显,2008 年比 2003 年多毕业 378 万人,增长近 82%。教育的发展,使得越来越多的农村初高中毕业生继续学习,直接进入社会工作的人数减少,从另一方面加快了低端劳动力供给的下降。

表 5.33 我国各阶段教育毕业及招生人数变化情况　　　　(单位:万人)

年份	全国初中毕业生人数	普通高等教育本专科招生人数	全国高中阶段教育入学人数	全国普通高中毕业人数
2003	2 018.46	382.17	1 267.9	458.12
2004	2 087.3	447.34	1 387.7	516.94
2005	2 123.4	504.5	1 533.4	661.57
2006	2 071.6	546.1	1 619	727.07
2007	1 963.7	565.9	1 650.2	788.31
2008	1 867.6	607.66	1 649.1	836.06
2009	1 797.7	639.49	1 698.9	823.72
2010	1 750.35	661.76	1 706.66	794.43

数据来源:历年《全国教育事业发展统计公报》、《中国教育年鉴》和《中国统计年鉴》。

3. 低端劳动力结构的变化

教育发展也使得低端劳动力的结构发生变化。一方面是初中毕业直接参加工作的数量呈锐减态势,2010 年初中毕业生直接工作的劳动力为 43.69 万人,不足 2003 年的 6%(参见表 5.32)。另一方面是接受完高中阶段教育直接参加工作的劳动力数量稳步上升。2010 年接受完高中阶段教育后直接工作的人数为 806.94 万人,比 2003 年多了近 370 万人,增长了 84%(参见表 5.34)。这两方面的综合影响,就是新增低端劳动力的文化程度整体不断提高。

表 5.34　高中阶段教育毕业生人数及结构　　　　　　　　（单位:万人）

年份	接受高中阶段教育后直接工作人数	普通高中毕业后直接参加工作的人数	职高、中专、技校等毕业后直接参加工作的人数
2003	438.83	75.95	362.88
2004	464.36	69.6	394.76
2005	587.7	157.07	430.63
2006	672.4	180.97	491.43
2007	769.8	222.41	547.39
2008	818.34	228.4	589.94
2009	819.21	184.23	634.98
2010	806.94	132.67	675.8

资料来源:历年《全国教育事业发展统计公报》、《中国教育年鉴》和《中国统计年鉴》。

接受高中阶段教育后直接工作人数的增长,主要表现为职业高中、中专、技校等毕业生增长较快(参见表 5.35)。2010 年,职业高中、中专、技校等各类毕业生为 675.8 万人,比 2003 年多了 313 万人,增长了 86%,大部分为农村生源(参见表 5.34)。这也促进了新增低端劳动力技能素质的整体提升。

表 5.35　2003—2009 年我国技工学校及职业高中毕业生数量

年份	技工学校		职业高中	
	毕业生数(万人)	比上年增加(%)	毕业生数(万人)	比上年增加(%)
2003	45.3	-0.2	112.9	—
2004	53.5	18.1	125.6	11.2
2005	69.0	29.0	153.1	21.9
2006	86.4	25.2	170.3	11.2
2007	99.7	15.4	190.9	12.1
2008	109.0	9.3	211.6	10.8
2009	115.2	5.7	229.2	8.3
2010	121.6	5.6	230.2	0.4

资料来源:历年《全国教育事业发展统计公报》、《中国教育年鉴》和《中国统计年鉴》。

总体来看,人口增长放缓和结构变化,导致作为低端劳动力最终源泉的新增劳动力数量下降,教育发展和大学扩招又导致直接进入劳动力市场的初高中毕业生数量下降,在剩余劳动力存量不断被吸收的情况下,农村剩余劳动力总量、尤其是年龄在 40 岁以下的有效剩余劳动力数量必然会出现下降。

四、对我国"刘易斯转折"阶段进程的判断

(一)刘易斯转折理论的演进与内涵

"刘易斯转折理论"是发展经济学的一个重要理论,对于判定二元经济发展阶段和劳动力转移形势有重要意义。

1954年发展经济学家阿瑟·刘易斯(Arthur Lewis)发表了题为《劳动无限供给条件下的经济发展》的论文。在这篇论文中,刘易斯提出了自己的"二元经济"发展模式。刘易斯假设在一国经济中存在着代表先进生产力的现代工业部门和代表落后生产力的农业部门,同时由于刘易斯认为,在大多数发展中国家,农业劳动的边际生产率极低,因而在一个固定的工资水平上,工业部门面临的农业剩余劳动力的供给曲线是水平的,即无限供给的劳动力。从这两个假设出发,刘易斯描绘了发展中国家工业化和农业剩余劳动力转移的图景:农业剩余劳动力在固定不变的工资率下向工业部门转移,工业部门的资本积累增加,工业部门的边际生产率曲线向外移动,更多的农业剩余劳动力转向工业部门,这个过程不断地重复下去,直至农业中的剩余劳动力全部被工业部门所吸收。此时,如果工业部门继续扩大生产,其面临的农业劳动力供给曲线将由水平变得向右上倾斜,如果工业部门不增加工资,将不再可能从农业部门吸纳农业劳动力。农业剩余劳动力的供给曲线由水平变为倾斜的那一点,被称为刘易斯转折点。

尽管刘易斯1954年的模型描绘了发展中国家工业化的可能途径并提供了农业剩余劳动力转移的全新思路,但这个模型的不足是明显的,其中最为重要的有两点:一是所谓边际产品为零的农业剩余劳动力对工业部门形成无限供给的情况是不存在的;二是这个模型描绘的经济增长过程实质上是不可持续的,它忽视了农业部门的发展和技术进步对工业发展的作用。如果农业部门的收入长期维持在生存水平上,那么在封闭条件下农业部门将无力购买工业品,工业部门的资本积累也无法完成。这就是说,刘易斯1954年模型所描绘的农业劳动力供给曲线向右上倾斜的部分,进而所谓的刘易斯转折点是不可能存在的。

20世纪60年代初,经济学家古斯塔夫·拉尼斯(Gustav Ranis)和费景汉(John C. H. Fei)又提出了一个新的劳动力流动模型,即"费景汉—拉尼斯模型"以修正刘易斯模型的不足,费—拉模型认为,在给定土地面积和农业技术的条件下,随着农业劳动投入的增加,农业劳动的边际产出不断递减直至为零,由于此时再增加任何劳动投入,农业的总产出都不会增加,因此,他们把边际产出为零的劳动力称为"多余劳动力"。他们还认为,农业工资等于农业的人均产出,并称之为"不变制度工资",即使是"多余劳动力"也应获得这一工资,因为低于这一工资水平,他们将无法维持生存,在这一假设的基础上,他们把边际生产率大于零但低于人均产出的农业劳动者称作"伪装失业者"。农业部门劳动力转移的第一阶段是将

边际生产率为零的那部分劳动力先转移出来；第二阶段是将边际生产率大于零但小于平均收入的那一部分劳动力转移出来；第三阶段是对农业中边际生产率大于平均收入的劳动力进行转移。在第二阶段，由于转移出来的农业劳动力的边际生产率大于零，农业的总产出将下降，粮食供给将出现短缺，因而，第二阶段的起始点被他们称为"短缺点"。在第三阶段，由于农业中的剩余劳动力已全部被转出，工农两部门都将面临向右上倾斜的劳动供给曲线，两部门的工资均由市场决定，农业部门已经资本主义化了，因而第三阶段的起始点被他们称作"产业化点"[1]。

1972年，刘易斯又发表了题为《对无限劳动力的反思》的论文。在这篇论文中，刘易斯提出了两个转折点的论述。当二元经济发展由第一阶段转变到第二阶段，劳动力由无限供给变为短缺，此时由于传统农业部门的压力，现代工业部门的工资开始上升，第一个转折点，即"刘易斯第一转折点"开始到来；在"刘易斯第一转折点"开始到来，二元经济发展到劳动力开始出现短缺的第二阶段后，随着农业的劳动生产率不断提高，农业剩余进一步增加，农村剩余劳动力得到进一步释放，现代工业部门的迅速发展足以超过人口的增长，该部门的工资最终将会上升。当传统农业部门与现代工业部门的边际产品相等时，也就是说传统农业部门与现代工业部门的工资水平大体相当时，意味着一个城乡一体化的劳动力市场已经形成，整个经济（包括劳动力的配置）完全商品化了，经济发展将结束二元经济的劳动力剩余状态，开始转化为新古典学派所说的一元经济状态，此时，第二个转折点，即"刘易斯第二转折点"开始到来。显然，"刘易斯第一转折点"与"刘易斯第二转折点"的内涵是不同的，都具有标志性的象征意义，前者的到来为后者的实现准备了必要的前提条件，但后者的意义是决定性的。对照"费景汉—拉尼斯模型"中的三阶段划分，该模型中从第一阶段转化到第二阶段的过渡点即为"刘易斯第一转折点"，该模型中从第二阶段转化到第三阶段的过渡点即为"刘易斯第二转折点"。从"刘易斯第一转折点"到"刘易斯第二转折点"的进程被称为"刘易斯转折阶段"。

从一些国家的经验来看，刘易斯转折阶段需要经过数十年的时间，但后发国家这个跨越时期有显著缩小的趋势。美英等国大约经历了六七十年的时间，而日本和韩国大约只用了不到二十年的时间。除了普通劳动力工资的持续快速上涨，日本、韩国在刘易斯转折阶段在城镇化率、农业就业比重等方面也出现一些共同的特征，如完成刘易斯转折时城镇化率都高于60%，农业就业比重都低于20%等。

---

[1] 赵显洲："关于'刘易斯转折点'的几个理论问题"，《经济学家》，2010年第5期。

(二) 我国刘易斯转折阶段进程的国际比较

1. 我国已经进入了刘易斯第一转折点

自 2004 年开始,我国首先在珠三角地区出现"民工荒"现象,以后几年"民工荒"现象愈演愈烈,到 2010 年前后,不仅是东部地区,甚至中西部地区也开始出现招工难现象。与此同时,各地区不断上调最低工资标准,农民工实际工资也有显著上升。总之,无论是大规模的抽样、经验观察还是相关研究成果都表明,我国正在经历着劳动力从无限供给到出现短缺的转变,目前已经进入了"刘易斯第一转折点"。

从国际比较来看,我国的情况与日、韩开始进入第一个刘易斯转折点的情况尚有差距,产业结构变动提前而就业结构、城乡结构和城乡居民收入均衡程度都滞后。导致这种现象的主要原因,在于我国特殊的城乡二元体制及相关制度。因此,判断我国刘易斯转折阶段的进程,既要借鉴参考国际经验,更要结合我国实际。

2. 我国刘易斯第二转折点到来时间的理论分析

结合相关理论和国际经验,可以从以下三个方面来考虑:

一是农村剩余劳动力转移程度。根据目前我国农村剩余劳动力供应特点,结合中长期经济增长对劳动力的需求,以及中国人口结构变化预测等因素,采用 DRC-CGE 模型对新增劳动力转移进行供求模拟(参见图 5.17、表 5.36),结果显示"十二五"期间我国每年新增转移大约在 800 万—950 万人之间,2016—2020 年每年约为 600 万—750 万人,而 2021—2025 年间约 500 万—600 万人左右,2030 年前每年新增转移约 400 万人。这其中包括了通过上大学等途径实现的劳动力转移,农民工转移总量要少于总转移人数。根据模拟结果,"十二五"期间我国每年将新增农民工 500 万—600 万人,"十三五"期间为 350 万—450 万人,2020—2030 年间每年新增 200 万—300 万人,到 2028 年前后农民工累计将达到 2.9 亿人。

根据模拟结果,预计到"十二五"末期,农业从业人员约在 2.5 亿左右,到 2020 年约为 2.14 亿人,到 2025 年,农业从业人员将减少到 1.85 亿人左右,占全部就业人员比重约 24%,到 2030 年减少到 1.6 亿人左右,占全部就业人员比重 21% 左右。而一般估计我国农业需要的劳动力数量为 1.8 亿—1.9 亿(例如蔡昉和王美艳,2009)[①],也就是说到 2025—2030 年我国剩余劳动力转移将基本完成。

---

① 引自韩俊主编:《中国农民工战略问题研究》,上海远东出版社,2009 年。

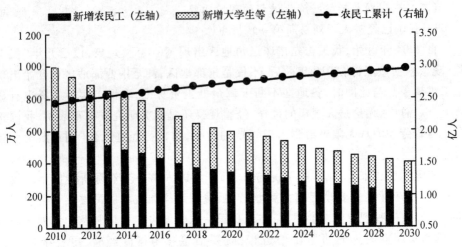

图 5.17 中长期我国新增劳动力转移模拟结果

注：2010 年的累计已经转移劳动力为 2.4223 亿人，数据引自于《2010 年农民工监测报告》。

表 5.36 我国未来劳动力转移模拟结果

年份	新增转移（万人）	其中：农民工（万人）	农民工累计（亿人）	年份	新增转移（万人）	其中：农民工（万人）	农民工累计（亿人）
2011	938	575	2.46	2021	586	337	2.76
2012	890	539	2.49	2022	562	321	2.78
2013	852	512	2.53	2023	535	303	2.80
2014	820	485	2.56	2024	507	284	2.83
2015	790	466	2.59	2025	486	274	2.85
2016	737	431	2.62	2026	468	266	2.87
2017	688	399	2.65	2027	450	256	2.89
2018	646	373	2.68	2028	435	241	2.91
2019	618	357	2.71	2029	419	226	2.93
2020	596	345	2.73	2030	404	214	2.94
十二五	4 289	2 577		十四五	2 676	1 518	
十三五	3 286	1 905		十五五	2 177	1 204	

注：新增转移劳动力中农民工的比重，假设等于每年新参加工作劳动力中农民工所占的比重；每年新参加工作劳动力中，高等教育毕业生（含高职）作为大学生，其余人员作为农民工计算。

资料来源：DRC-CGE 模型结果。

二是农业就业的比重。经济增长将带来非农劳动力就业的持续增长。根据

DRC-CGE 模型的模拟结果,中长期内我国农村劳动力仍将持续向二、三产业转移。预计到"十二五"末期,农业从业人员约在 2.5 亿左右,到 2020 年约为 2.14 亿人,到 2025 年,农业从业人员将减少到 1.85 亿人左右,占全部就业人员比重约 24%,到 2030 年减少到 1.6 亿人左右,占全部从业人员比重 21% 左右,接近于日韩等到达刘易斯第二转折点时期的水平。

表 5.37 我国未来劳动力从业结构变化

	2010	2015	2020	2025	2030	2050
总从业人员(亿人)	7.84	7.94	7.85	7.74	7.56	6.76
其中:第一产业	2.89	2.50	2.14	1.85	1.59	0.97
第二产业	2.05	2.11	2.09	2.02	1.94	1.74
第三产业	2.89	3.33	3.62	3.87	4.03	4.05
就业结构(%)						
其中:第一产业	36.9	31.5	27.3	23.9	21.0	14.3
第二产业	26.2	26.6	26.6	26.1	25.7	25.8
第三产业	36.9	41.9	46.1	50.0	53.3	59.9

资料来源:DRC-CGE 模型计算结果。

三是城镇化水平。根据国际经验并结合我国特点,预计我国城市化水平的峰值在 70%—75% 之间。到"十二五"期末城镇化水平在 54% 左右,到 2020 年城市化率达到 59% 左右,2030 年城镇化率达到 66% 左右,接近日韩两国到达刘易斯第二转折点时的城镇化率水平(60% 左右)。

基于上面的分析,从理论上来看,预期到 2025—2030 年期间,我国将基本完成劳动力转移,到达刘易斯第二转折点,进入二元经济彻底终结、城乡一体化发展的新阶段。

(三) 我国刘易斯第二转折点有可能提前到来

我国特殊的城乡二元体制、农村基本经营制度和农村剩余劳动力的构成,可能使我国刘易斯第二转折点提前到来。

1. 有效剩余劳动力规模已经很小

如前文分析,虽然我国农村剩余劳动力总量还有 1 亿人左右,但其中有 6 500 万左右是 40 岁以上的,而且以女性为主,以初中以下文化程度为主,只有用部分时间参加农业劳动,基本不能实现转移,不是有效剩余劳动力。农村剩余劳动力中真正可外出务工的只有不到 3 500 万人,也就是说农村有效剩余劳动力只有 3 500 万人左右。由于对不同年龄劳动力的需求量不同,而不同年龄劳动力之间又不可能完全替代,因而仅仅增加就业总量,未必能解决特定年龄群乡村劳动力的就业问题,反而可能在某些年龄群的乡村劳动力(例如中老年劳动力)依然剩余的情况下,另外一些年龄群的劳动力(例如25岁以下劳动力或技工)供不应求。

2. 农村有效剩余劳动力将在"十三五"期间基本实现转移

根据我国人口预测以及《国家中长期教育改革和发展规划纲要》中对教育发展的规划,预计"十二五"期间平均每年约有初中毕业生1 700万人左右,其中除825万人进入普通高中学习外,约180万人直接参加工作,约610万人进入中等职业中学学习,合计每年近800万人中大部分为新转移的农民工①。预计"十三五"期间平均每年有初中毕业生1 620万人,其中进入普通高中约830万人,直接参加工作和接受中等职业教育的共约740万人,在这当中绝大部分是农村人口,是农民工主要组成部分。

表5.38 中长期全国新参加工作劳动力构成估计 (单位:万人)

时期	初中毕业生	初中毕业后的去向			高中及后续的高职和高等教育	不参加工作
		直接参加工作(含经过技能培训)	中等职业学校	小计		
2011—2015	1 701	186	610	797	825	80
2016—2020	1 621	127	610	737	829	54
2021—2025	1 588	105	596	700	843	45
2026—2030	1 685	99	624	723	920	42

注:主要的农民工群体未去除城镇劳动力。

一方面"十二五"期间,我国城乡新增劳动力约4 000万人,其中农村新增劳动力约2 000万人(假定农村新增劳动力占全国的50%左右)。另一方面,农村转移劳动力将增加约4 300万人,扣除农村新增劳动力(从实际情况来看,可以假定新增劳动力全部外出就业),存量转移约2 300万人(4 300 - 2 000 = 2 300),则"十二五"末期有效剩余劳动力仅有1 200万人(3 500 - 2 300 = 1 200),按照常规的转移速度,这些有效剩余劳动力将在"十三五"中期转移完毕。也就是说,我国刘易斯第二转折点实际上有可能在2017年左右到来,2020年前我国将可能完成具有中国特色的刘易斯转折进程。

五、我国劳动力成本的增长趋势

(一)从国际比较看我国劳动力成本上涨空间

根据欧盟委员会1999年对劳动力成本的定义,劳动力成本是以实际工时为单位计算的,分为直接工时工资和附加人力成本两个部分。欧盟每四年进行一次世界主要工业国家的劳动力成本统计,在此基础上,德国科隆经济研究所每年更新一次国际劳动力成本比较。

---

① 800万人中有少部分属于城市户口。

根据德国科隆经济研究所发布的数据,2006年挪威每个工时的直接工资为25.02欧元,附加人力成本为13.04欧元,附加成本占整个劳动力成本的52.1%。与此相比,法国虽然每个工时的直接成本仅为15.43欧元,但其劳动力成本为31.28欧元,其附加人力成本的比例却高达102.8%,几乎是挪威的一倍。从图5.18中所列42个国家制造业劳动力成本的比较可见,2009年挪威仍然高居榜首,为每小时43.46欧元。由于近些年来美元的不断贬值,美国的相对劳动力成本已经大大下降,2006年还略高于意大利,到2009年就已经比意大利低4.45欧元,在所有的42个样本国家中排在第14位。我国的劳动力成本与西方发达国家相比是具有绝对优势的。在所有42个样本国家中,我国的劳动力成本以2.25欧元/工时排在第38位,大大低于西方发达国家,约相当于美国的十分之一。劳动力成本最低的是菲律宾,仅为1.33欧元/工时,最高的是韩国,为11.49欧元/工时,排在第22位。因此,在亚洲范围内,与韩国相比,我国的制造业劳动力成本具有明显的优势。根据2009年的统计数据,制造业农民工的月平均工资为1331元,按目前1欧元约等于10元人民币计算,仅为133.1欧元/月,月工资还不及大部分西方国家的日工资。因此,单从工资上看,农民工的工资即使再继续提高,在相当长一段时间内并不会在国际上失去价格优势。

此外,即便是我国劳动力成本在今后几年将大幅度上升,并且上升幅度超过与我们处于竞争关系的国家,但劳动力成本间的差距可以通过劳动力生产率间的差距来抵消,也就是说,一国由于劳动力成本高昂所造成的经济竞争劣势可以通过提高劳动力生产效率来弥补。从目前来看,与日、美相比较,我国制造业的投入产出能力已经超过日本,与美国之间的差距约为10年。与韩国相比,我国存在着6年的差距。与其他东盟国家相比,这里我们取马来西亚、印尼、泰国、菲律宾东盟四国的平均值测算,如果东盟四国劳动力成本年均增长10%,差距大约为7年,倘若其劳动力成本保持5%的增长率,则差距大约为22年。与墨西哥相比,我国制造业发展处于绝对劣势,主要表现在尽管我国劳动力成本大约为墨西哥的30%,但劳动生产率相差更大,仅为墨西哥的11%左右。因此,在保持劳动生产率持续提高的基础上,我国普通劳动力工资仍有较大的上涨空间。

(二)我国普通劳动力工资未来增长趋势

根据前面的分析,我国农村有效剩余劳动力将在2017年左右转移完毕,则2010—2017整个农村剩余劳动力数量年均下降6.4%,按照剩余劳动力下降速度与农民工工资实际增长速度之间的数量关系来推算,这一期间农民工工资年均实际增速将达到10.8%(6.4%×1.68=10.8%)。如果再考虑物价水平上涨因素,并假定这一期间CPI年均涨幅为3%,则这一期间农民工名义工资年均将增长14%左右。

另外根据《人力资源和社会保障事业发展"十二五"规划纲要》,未来5年,我

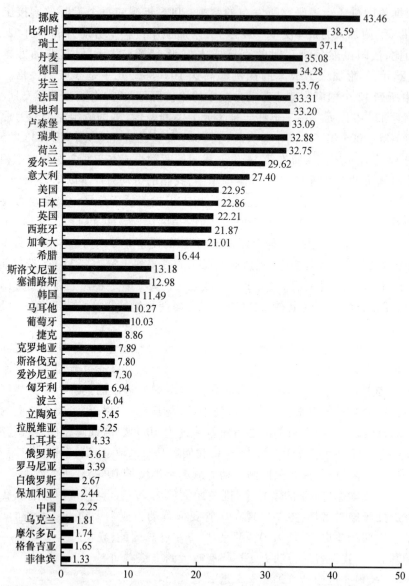

图 5.18 2009 年制造业劳动力成本国际比较（每个工时劳动力成本，以欧元为计算单位）
资料来源：德国科隆经济研究所，IW-Trends，2010 年 10 月第 3 期。

国最低工资标准年均增长 13% 以上，绝大多数地区最低工资标准将达到当地城镇从业人员平均工资的 40% 以上。由于农民工工资主要由最低工资和加班补偿构成，因此从政策层面来看，未来农民工工资实际增速不会低于 13%。

由于农民工工资和制造业、低端服务业、农业雇工工资高度相关，因此，从"十二五"到"十三五"期间,这些行业普通劳动力工资名义增速将保持在14%以上。

第六节 刘易斯转折阶段劳动力成本变动的国际经验借鉴

从国际经验来看,在经济体走过刘易斯拐点之后,往往伴随着较长时间的工资上涨和劳动力成本上升。与此同时,服务价格、农产品和食品价格随之快速上涨,尤其是对于劳动密集程度较高的农产品和服务项目更是如此。为了稳定价格总水平和保持经济增长,促进经济结构升级,一些经济体在进入"刘易斯转折"阶段以后,实施了一些有效的制度和政策,值得借鉴。

一般认为,日本在20世纪60年代到70年代完成了刘易斯转折,韩国在20世纪70年代到80年代完成了刘易斯转折。日本、韩国人多地少的国情与我国类似,其经历和主要经验可以借鉴比较。

一、日本进入刘易斯转折阶段劳动力成本上升及对价格的影响

从学者们的研究以及统计数据的变化来看,日本在进入"刘易斯转折"阶段后,经济在价格稳定以及产业结构调整等方面都受到很大的压力。

(一) 1960—1970年间日本劳动力成本变动情况

在1960年以后的十多年间,日本的工资水平出现了50年以来最快的上升(如图5.19)。1957年后,日本工资增速开始出现波动性上升趋势,1961年以后,上升速度开始加快,到1974年,工资增速达到25%。而后几年,工资增速快速下降,到1983年,增速降到5%以下,并一直持续到现在。工资水平快速上升的原因,一方面是由于日本在这一期间经历刘易斯拐点,劳动力供需出现重大变化;另一方面,日本的制造业在这一时期快速发展,劳动力需求的增长加上劳动力供给的变化也加剧了工资的快速上涨[①]。

工资快速上涨的直接结果就是产品成本的提高,但提高的幅度与部门的劳动密集程度有关。比较而言,工业部门由于可以通过增加资本投入,加快技术进步速度以及提高劳动生产率等多种方法来降低单位产品的劳动力成本,减少工资快速上涨对产品成本的压力,所以通常情况下,工业部门产品成本上升的幅度小于工资上涨幅度。但是对于劳动力密集程度较高且技术进步缓慢的部门而言,工资的快速上涨将直接带来产品成本的上升。

(二) 1960—1970年间日本食品及服务价格变动情况

理论上来说,刘易斯拐点之后劳动力成本也将进入加速上升的阶段,一旦劳动生产率提高速度不快,经济体必将面临较大的劳动力成本推动型的通胀压力。20世纪60年代以后,日本实际工资水平的快速上涨,给物价稳定造成了很大的压

---

① 高善文:"刘易斯拐点后的中国经济",《证券时报》,2010年12月4日,A012版。

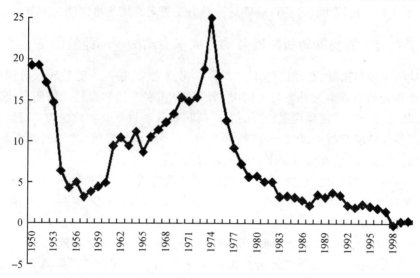

图 5.19 1950—2000 年日本工资增速(单位:%)
资料来源:国际货币基金组织,IFS 数据库。

力。尤其对于劳动密集程度较高的农业部门和一些非贸易部门而言,低端劳动力工资水平快速增长的冲击直接带来了产品价格的剧烈上涨。在日本 CPI 的主要构成项目中,食品价格和服务价格受劳动力成本上升的影响更加明显。从图 5.20 中可以看到,在 20 世纪 60—70 年代,食品价格指数除 1964 年和 1966 年均为 3.6%,涨幅较低外,其余年份的涨幅都很明显,上涨速度始终不同程度地快于 CPI 上涨速度,1965 年更高出居民消费价格指数 3.1 个百分点。由于劳动力价格出现大幅上涨,低端服务价格指数上涨趋势也较为明显。特别是家庭服务价格涨幅在这一期间一直超越 CPI,20 世纪 70 年代末期才有所缓解。

食品价格和服务价格上涨较快的原因主要在于,农产品加工多属于劳动密集型产业,技术升级改造的进程缓慢,而且资金投入对劳动力的替代十分有限,劳动力成本的上升必然推动食品价格的显著上涨。对于服务价格而言,劳动力成本在服务业营业收入中占比相对更高,而服务类商品在 CPI 中又占有相当的比重。由于服务业提价相对比较容易(除政府管制行业外),假定劳动力成本上升将使服务业企业提高价格以保持利润额不变,那么劳动力成本每上升一定幅度都会引起服务价格相应的上涨,服务价格上涨又进一步推动 CPI 增速提高。

(三)1960—1970 年间日本消费价格变动情况

进入"刘易斯转折"阶段以后,日本的物价水平发生显著变化,居民消费价格指数(CPI)始终居高不下,CPI 从 1960 年的 3.6% 上升到 1963 年的 7.7%,进而上升到 1974 年的 23.2%,1974 年后开始逐渐下降。20 世纪 60 年代,日本一般消费

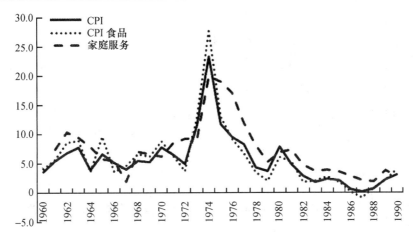

图 5.20　1960—1990 年间日本 CPI 与食品及主要服务消费价格变动(单位:%)
资料来源:国际货币基金组织,IFS 数据库;日本统计局。

物价平均涨速达到 5%—6%,远高于工业品价格上涨幅度,通货膨胀裂口的幅度在 4 个百分点以上,且持续时间长达 10 年[①]。从外部因素来看,同时期全球范围并未出现大幅度的物价上涨或者通胀压力,美国在 1961—1963 年的平均通胀率仅为 1.5%。因此,可以说,这时的物价上涨主要是由国内因素引起的。可以判断,此时消费价格的大幅上涨与刘易斯拐点有关。

二、韩国进入刘易斯转折阶段劳动力成本上升及对价格的影响

韩国在 20 世纪 70 年代进入"刘易斯转折"阶段,在 70 年代以后的很长一段时间里,劳动力工资和物价水平都出现了快速上涨。

(一) 1970—1980 年间韩国劳动力成本变动情况

从图 5.21 可以看出,在 20 世纪 60 年代中后期,韩国的工资快速上涨,但波动较大。到了 70 年代,工资增速始终维持在一个较高的水平,直到 80 年代以后才有所降低。从具体数字来看,1960 年,工资实际下降了 0.7%,但 1969 年,工资增速快速提高到 34.2%,达到 60 年代的最高值。在 70 年代,韩国多个年份的工资增速接近或达到 35%,工资增速年均 25.2%,高于 60 年代 7.5 个百分点,高于 80 年代 10.9 个百分点。可以说,韩国在 20 世纪 70 年代经历了工资快速上涨的时期。

与日本相似,工资增速的居高不下必然会推动产品成本的增加,尤其在农业部门和非贸易部门表现得更为明显。

---

① 程漫江:"中国面临刘易斯拐点与人口老龄化的双重挑战",http://www.qiyeku.com/news/1255449。

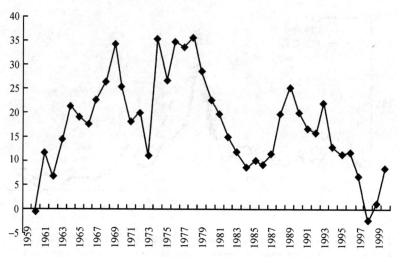

图 5.21 1960—2000 年韩国工资增速(单位:%)
资料来源:国际货币基金组织,IFS 数据库。

(二) 1970—1980 年间韩国食品价格变动情况

韩国在经过刘易斯拐点时,物价总水平和食品价格出现大幅上涨,相对工业品的价格涨幅,食品价格上涨得更快,且持续接近 10 年,食品价格的走高对推动 CPI 的攀升起到了重要的推动作用①。韩国从 1974 年到 1982 年的近十年时间里,CPI 和 PPI 的物价裂口一直存在。

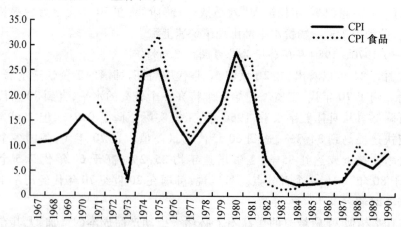

图 5.22 1970—1990 年间韩国 CPI 与食品价格变动情况(单位:%)
资料来源:国际货币基金组织,IFS 数据库。

---

① 高善文:"刘易斯拐点后的中国经济",《证券时报》,2010 年 12 月 4 日,A012 版。

从图 5.22 中可以看到,韩国 CPI 从 1973 年的 3.2% 提高到 1980 年的 28.7%。同一时期,食品价格也居高不下,由 2.7% 上升到 26.6%。在 20 世纪 70 年代到 90 年代的 20 年间,有 13 个年份的食品价格上涨比 CPI 上涨快,主要集中在 70—80 年代,食品价格上涨成为这一时期居民消费价格指数不断攀升的重要推手。

三、日韩两国适应和应对劳动力成本上升的主要政策

经济体在进入"刘易斯转折"阶段以后,充裕的廉价劳动力供给对经济增长的拉动作用消失,在短时期内由于劳动生产率的提高难以实现,如果仍然继续推动制造业的扩张,维持相对较快的经济增长速度,就会在一段时间内出现劳动力成本推动型的通货膨胀,给经济的平稳发展带来很大压力。日本、韩国在进入"刘易斯转折"阶段以后,为了保持物价稳定和经济增长,都采取了一系列针对性的措施,适应和应对劳动力成本的持续较快上升。

第一,加快产业结构升级,用机器替代劳动力。伴随着劳动力的短缺和劳动力成本的不断提升,日本和韩国都经历了加快产业结构升级,用更多的机器替代劳动力的浪潮,用了十多年时间实现了产业结构升级,从最初劳动力密集型的纺织品,到中期资本密集型重化工、重工业,再到后来技术创新的电子电器、机械设备和交通设备。从日本的制造业结构变化来看,在 1960 年之前,食品饮料、纺织品等在日本制造业中比重较高,在 1960—1965 年前后,金属、化学、石化等重化工产品占比明显提高。1980 年之后,随着日本进入老龄化社会,金属制品、通用设备、电子设备等占比持续提高。韩国的制造业结构变化与日本类似,同样是食品饮料、纺织品等比重下降,而石化、金属及其制品、机械、电子设备、交通设备成为其重要产业。同时,伴随着国内劳动生产率的提高和经济的快速增长,日元和韩元也出现持续升值的过程。

第二,发展教育和重视先进科学技术的引进,提高劳动力素质,加快人力资本形成。面对劳动力不足,且劳动力成本不断上升的情况,日本和韩国都通过大力发展教育和培训,努力提高产业劳动力素质,加快人力资本形成,以劳动力的质量上升来抵消劳动力数量下降的冲击。同时,十分重视对先进科学技术的引进。在 20 世纪 60 年代,日本在制定产业政策时,努力把世界上最现代化、最先进的工业纳入到自己的规划中来,并十分注意在这一过程中对人才的培养。为了防止熟练工人跳槽,日本企业逐渐采用年功序列制,并开始推行职业训练基本计划,加强对产业技术工人的职业培训。在 20 世纪 70 年代初,韩国制定了"教育立国,科技兴邦"的发展战略,推行"巩固初等义务教育、普及中等教育、提高高等教育、加强职业技术教育"的方针,注重提高义务教育的质量。同时,国家在教育财政上适当倾

斜,并在 1971 年公布了《地方教育财政交付金法》,以保障地方教育财政的稳定①。在企业方面,韩国积极鼓励企业的技术创新,采取了诸如较少企业税负,涉及技术创新方面的课税扣除等措施。

第三,采取一系列宏观经济措施治理通货膨胀。面对物价持续上涨的局面,日本一方面注意保障供给,缓解供需矛盾;另一方面,在宏观调控政策上实行了紧缩的货币政策,在减少货币供给的同时,提高存款准备金率。在财税政策方面,日本一方面实行减税政策,国民尤其是企业的税负较轻,并采取有关法律对特定物资进行价格限制,1955—1970 年,国税负担率从 18.1% 仅增加到 18.9%;另一方面,控制财政支出规模,这一时期日本的国民生产总值增加了 7.2 倍,财政支出仅增加了 5.3 倍,在国民生产总值中所占比重从 24.5% 降到 18.8%,在主要的资本主义国家中是最低的②。韩国在一系列产业结构调整、金融改革等措施的辅助下,注意调节货币供应量来稳定物价,特别注意控制货币供应量的超经济发行,韩国的货币供应量年增长率由 1972—1976 年的 34% 下降到 1977—1981 年的 21%。同时,压缩政府的财政支出,提高银行利率,并控制工资的上升幅度③。

第四,健全劳动力市场制度。日本在 1960 年进入"刘易斯转折"阶段以后的 10 年消费率停止下降并且转而大幅上升,实现了"刘易斯转折点"和"库兹涅茨转折点"的相交。虽然后一转折略微滞后一点,但收入分配不均的情况得到明显改善,日本进入到依靠大量普通群众消费拉动经济增长的发展模式。而韩国在 1970 年进入"刘易斯转折"阶段以后的 10 年消费率还在下降,又经过了七八年实践才改变了这种状况。造成日本和韩国出现这个差别的原因,主要在于劳动力市场制度。日本自 20 世纪 50 年代就开始建立了劳动力市场制度平台,即工资集体协商制度。也就是说代表工人的工会,代表政府的官员,还有代表企业的各种商会,集体协商工资,通过谈判确定工资应该涨多少,如何实现企业和工人的利益共享。这种谈判平台避免了在工厂和街头的激烈冲突。而在韩国,在 1970 年进入"刘易斯转折"阶段以后,虽然经济高速增长,但政府还是压制工会的作用,没有推行工资集体协商制度,于是出现了大量的罢工抗议运动,直到 80 年代后期开始建立劳动力市场制度,形成了有效的工资协调制度平台,工人工资逐步提高,收入分配结构和产业结构才逐步得到调整。

---

① 孟祥银:"韩国 20 世纪 70 年代中期至 80 年代中后期义务教育普及与保障过程",《经济研究参考》,2005 年第 46 期。
② 祁峰,吴丹:"二战后日本治理通货膨胀的经验及启示",《大连海事大学学报(社会科学版)》,2006 年第 2 期,第 92—95 页。
③ 尤安山:"韩国通货膨胀的成因及政策措施",《上海金融》,1995 年第 1 期,第 24、33—34 页。

第七节 适应和应对中长期劳动力成本上升的政策建议

劳动力成本上升会增加成本,对行业竞争力和产品价格产生一定的影响。但同时,劳动力成本的持续上升会改变生产要素投入比例,增大资金、技术等生产要素的相对重要性,有利于产业结构优化升级和产品附加值提升;还对提高劳动者收入水平和劳动者报酬在国民收入分配中的占比有积极作用,有利于促进消费、投资和出口协调增长。因此,面对劳动力成本持续上升的趋势,一方面要充分认识到这一趋势的合理性和积极意义,进一步采取措施改善劳动者社会保障和福利水平,切实维护劳动者权益,在提高劳动力市场资源配置效率的同时,让劳动者充分分享经济发展成果;另一方面,也要加大教育和培训的投入,提高劳动者技能和素质,增加农民工在城镇的稳定性,鼓励技术进步和产业升级,通过提高劳动生产率抵消劳动力成本上升的负面影响,从根本上转变低投入、低效率的经济发展方式。

一、加强劳动力培训,提高劳动力质量

把针对农民工为主体的普通劳动力培训工作上升为国家战略,作为提高劳动力质量,促进劳动生产率提高,促进发展方式转变的根本举措来抓。

一是加大对农村富余劳动力、"两后生"技能培训的投入力度,创新培训体制机制,提高培训促就业的效果。对政府出资的职业培训,要整合资源,让农民在培训上具有选择性,推行"培训卷"制度,实施订单式培训,培训机构公平竞争,政府购买培训服务,推进培训的产学结合和培训就业一体化。对培训机构实行资格管理,建立培训统计监测制度、信息公开披露制度和社会监督评价系统,加强监管和服务,促进改进培训方式、质量和效果,对违法的机构依法追究责任,保护农民工的培训权益。对民间培训机构加强政策引导,鼓励发展,规范管理,使之成为整个培训体系的重要支撑力量。

二是大力发展职业教育,加快发展农村中等职业教育,逐步将培训为主转变为职业教育为主。建立城乡沟通、对农村富余劳动力和"两后生"开放的职业教育体系,力争使全国每个县都能够建立至少一所骨干职业学校。落实好中等职业教育国家助学金和免学费政策。实行免费农村中等职业教育,积极发展高等职业教育,培养适合市场需求的高级技术工人,从源头上提高新生代农民工的职业技能素质。

三是城市政府和企业携手全面加强进城农民工的职业技能培训。城市要把加强农民工技能培训和职业教育作为服务企业,支持、帮助农民工提高技能和就业增收能力,更好融入城市的主要抓手。与中央财政一起共同加大农民工培训教育的公共投入,强化企业培训责任,发挥行业组织的作用,调动农民工参加培训的积极性。要让企业培训开发、公共职业培训、跟师学艺培训都得到发展,鼓励农民工经过鉴定获得培训合格证书、职业资格证书,以发展农民工的技能来促进他们的就业和收入的增长。

二、推进农民工融入城市,形成稳定的产业队伍

农民工在城市稳定居住,稳定就业,融入城市,融入企业,对于企业发展和区域经济发展都有重大意义。从农民工的现实需求、地方政府的财力基础等实际情况出发,应鼓励各地通过降低落户门槛和与户籍脱钩并行,推动农民工市民化,推动农民工成为稳定的产业工人。对于已在城镇稳定就业、稳定居住的农民工,应进一步降低落户门槛,使之成为市民并享受市民待遇;对于市民化能力较弱的农民工和市民化成本较高的地区,应以农民工最关注的住房、子女教育等问题为重点,使相关福利与户籍脱钩,使农民工部分享受市民待遇。

一是进一步放宽中小城市、小城镇特别是县城和中心镇的落户条件。世界各国户籍制度的经验和我国户籍制度改革的实践表明,把住房和收入来源(或职业)作为最基本的"落户"条件是合理的,但今后对"住房"和"职业"内涵的界定应更宽松。"住房"应是具有一定面积的住房,包括大产权房、小产权房和租房、借房等,不考虑住房的来源,只考虑是否能够长期居住,可以用产权证、购房合同、租赁契约、借住证明等作为能够长期居住的依据。证明"职业"的方法可以是劳动合同,也可以是工商营业执照,还可以是纳税的收据(包括企业所得税和个人所得税)。取消"职业"的时间限制,只要拥有获得职业的证明均符合落户条件。对于农村人口到小城镇落户,"职业"的界定可以更松一些。大城市也要积极稳妥地探索解决符合条件的农民工户籍办法,对农民工中的劳动模范、先进工作者和高级技工、技师以及中等以上学历者,应优先准予落户。

二是适应农民工的特点,加快建立起"以低端市场租赁房为重点,以保障性住房和商品房为补充"的农民工住房供应体系。把农民工住房纳入政府住房保障政策中统筹考虑与安排,建立覆盖城镇常住人口的住房保障体系。逐步完善"住房公积金制度、住房补贴制度、财税支持制度、金融服务制度、土地供应制度、规划保障制度相互补充"的农民工住房政策体系。鼓励各地比照廉租房政策,在农民工集中的开发区和工业园区、城中村改造、城乡结合部建设相对集中的农民工公寓。允许各地探索由集体经济组织利用农村建设用地建立农民工公寓,只允许对农民工出租,不得出售。政府加强监管,将流动人口管理和公共服务延伸到这些农民工公寓。

三是将农民工随迁子女接受义务教育纳入各地教育发展规划予以统筹安排。流入地政府应在继续贯彻落实"两为主"方针的基础上,大力推进实施"两个全部纳入"政策:将包含农民工子女在内的常住人口全部纳入区域教育发展规划;将农民工子女义务教育发展经费全部纳入财政保障范畴。对于农民工随迁子女数量不多或较少的城市,应要求流入地政府坚持以公办学校为主的原则;对于农民工随迁子女数量较大的城市,应坚持公办与民办学校"两条腿走路"的方针,首先解决农民工随迁子女的就读问题,再创造条件逐步解决免费义务教育问题。在大力推动公办学校教育资源均等化的同时,也要适度发展民办教育作为必要的补充,按民办学校招生人数提供义务教育补贴,加强教学管理,切实提高民办学校教育质量。

三、鼓励设备和技术投资,用资本替代劳动

增加设备和技术投资,促进技术进步和产业结构调整是应对劳动力成本趋势性上涨的根本之策。面对劳动力成本的持续上涨,国内很多企业已经开始用设备替代劳动,政府应适时适度地支持企业的这种替代行为。

一是建立有利于企业用资本替代劳动的财税政策体系。落实好结构性减税政策,降低企业税收成本。允许中小企业实行固定资产加速折旧和税前扣除,提高企业设备投资能力。强化对企业技术创新活动的税收支持,减轻有技术创新部门企业的税负。大幅度提高国家技术改造专项扶持资金的规模,鼓励地方政府建立相应的专项资金,加大对企业技术改造的政府支持力度。

二是增强企业进行技术投资和创新的动力。加强知识产权保护,支持企业实施知识产权战略,为企业创新活动提供足够激励。以需求政策为主,支持创新型企业发展,鼓励形成创新型产业集群,推动劳动密集型产业集群向创新型产业集群的过渡。建立和完善技术创新的公共服务平台,支持新技术向中小企业的扩散,支持某些重要技术攻关项目的"竞争前"研发活动。

三是积极解决企业设备和技术投资过程中的融资难问题。制定差别化的监管政策,引导金融机构、特别是中小金融机构增加对企业设备和技术投资活动的融资。大力发展设备融资租赁行业,加快中小企业技术改造升级的步伐。

四是加快农业技术进步。大力加强现代农业物质装备条件建设,全面推进农业机械化,进一步加强农田水利基本建设,有效改善化肥、农药等生产资料的使用效率,不断提高生物技术、信息技术等先进手段在农业生产中的运用和加强农业资源保护与生态环境治理。总结农机跨区作业、烟水配套工程等经验,以农户联合、合作等专业服务方式,大力培育多元化生产服务主体,发展农业经营性服务,探索符合国情的农业现代化组织实施方式。

四、完善劳动力市场基本制度

劳动力市场和普通的商品市场不同,和其他的要素市场也不一样,劳动力的价格,即工资不应该完全由劳动力市场供求决定,尤其是经济发展到一定阶段以后,劳动力工资是要由供求关系和劳动力市场制度共同决定的。从国际经验来

看,经济体在进入"刘易斯转折"阶段以后,如何应对工人涨工资的诉求,成为保持社会安定、改善收入分配、创造庞大消费群体的一个关键因素。因此,我国在"刘易斯转折点"到达之后一个最重要的任务是建立劳动力市场制度,让它和劳动力供求机制共同起作用。

一是进一步推行劳动合同制,完善劳动用工制度,加强保护农民工权益的基础性工作。推动各类企业按照《劳动法》的规定同农民工平等协商、依法订立劳动合同。进一步规范劳动派遣制度,限定劳动派遣的适用范围,加强劳动派遣中农民工劳动权益的保护。对用人单位在不适用劳动派遣的范围里,借用劳动派遣方式,逃避农民工劳动权益责任的行为,予以查处纠正。加强对用人单位订立和履行劳动合同的指导和监督,畅通农民工维护劳动权益的诉求渠道,提高处理劳动争议和保护劳动权益效能。

二是加强制度建设和管理,严格杜绝拖欠农民工工资的现象。继续以建设领域为重点,加快推进工资支付保证金制度、工资支付监控制度和劳动保障守法诚信制度的建设,将建设单位按工程造价的一定比例缴纳的保证金,专门用于农民工工资的支付。

三是继续完善和严格执行最低工资制度,推动农民工工资水平合理增长。现在我国各地已普遍建立最低工资制度,政府要加强对最低工资标准执行的专项检查,若发现劳动者工资扣除加班工资后低于最低工资的,要责令用人单位依法支付劳动者赔偿金。各省、市、自治区政府要根据经济发展情况及时提高最低工资标准,使农民工生活水平随经济发展同步改善。

四是要加快建设企业劳资集体协商,或政府派员参与的三方协商机制,形成规范合理的工资共决、支付保障和正常增长机制,保障包括农民工在内的职工收入与企业效益联动。在集体协商发生劳动争议时,政府主管部门应给予调解和仲裁。

五、完善价格调控政策

一是从更大的视角看待新时期我国农产品和服务价格上涨现象。在农民工工资快速上升的背景下,农产品价格也会在较长的时间里出现趋势性上涨。如果这种变化叠加了经济的周期性因素,那么在未来经济周期的景气扩张阶段,工资的涨速和通货膨胀水平将会进一步上升。可以说,新时期农产品价格的趋势性上涨是我国工业化、城镇化、城乡一体化发展到特定阶段的必然产物,也是转变经济发展方式、扩大内需的必由之路。而且,我国劳动力成本、农产品价格的趋势性上升,还会对国际经济增长格局、增长模式产生重大影响,对此应做持续深入的研究。

二是正确处理好价格调控和农民增收的关系。鉴于劳动力成本对农产品和服务价格的客观影响,价格调控的目标不在于抑制这些产品的价格上涨(从而抑制由此引致的 CPI 增长率上行),而在于防止价格上涨过快影响到经济社会生活的正常秩序。从这个角度上看,对农产品价格上涨的问题不在于"治理",而在于"熨平",不可以直接打压农产品价格去伤害农民利益,这样做只会改变价格信号,引发下一波更大的价格上涨。随着农产品产销距离的扩大,其运输成本和其他流通成本越来越高,对农产品价格的影响也越来越大。因此,避免农产品价格过快上涨的重点是减少农产品中间流动环节与流通成本。因为收购与销售基本是市场完全竞争状态,中间成本降低会带来收购价提高与销售价降低的城乡双赢局面。投机因素是农产品价格在短期内迅速上涨的重要原因。抑制投机,要加强市场监管,也有必要通过加息等措施稳定预期。但在实施紧缩性的货币政策的同时,要采取贴息贷款、利率优惠等措施实现对农业生产的支持,不增加农业生产的资金成本。

三是提高价格上涨的容忍度。从国内来看,劳动力成本上升对低端服务业、部分劳动密集型农产品价格的影响将长期存在,"十二五"期间我国食品和服务消费价格将会持续上涨。从国际来看,在世界农产品供给增长缓慢、国际石油价格坚挺、期货市场投机盛行的背景下,国际农产品价格上涨的压力将是持续的,尤其是大豆、玉米等能源性农产品的价格波动还会加剧。今后一个时期,我国将出现国际农产品传导推动与国内农产品价格自发上涨相叠加的情况。面对农产品价格波动上行的客观趋势,应适当提高"十二五"价格(CPI)涨幅的年度调控目标,理论上可以调高到 4%—5% 左右。与此适应,食品价格年均涨幅可以控制在 10%—12% 之间,甚至更高一些。

第六章　全球化战略与中国长期经济发展

改革开放以来,尤其是进入21世纪和加入WTO以来,在全球化战略下,中国的外向型经济取得了巨大的发展,并对中国经济增长做出了巨大的贡献。2009年中国的商品出口总额已经超过德国,位居世界第一,进出口贸易总额现在也已经位于世界前列,很快就会成为世界第一。近年来,中国的外向型经济由"引进来"发展为"走出去",对外直接投资和国际经济合作(对外承包工程和劳务输出)发展迅速。从经贸合作的对象来看,改革开放初期,中国主要是和较为发达的西方市场经济国家(美国、日本和欧洲)发展经贸关系,通过向这些国家出口初级或低级产品获取外汇,进口先进设备和技术,由此提高中国的现代化水平。而经过长期的经济增长,中国已经发展为国际上新的和最大的全球制造业中心,出口产品的数量和质量都在不断提升。进入21世纪后,除了继续保持和发达市场经济国家的往来之外,和发展中国家的经贸合作发展得非常迅速,如中国和非洲的贸易、中国和拉丁美洲的贸易、中国和新兴经济体(印度、巴西、俄罗斯等)的贸易等,都在这一时期发展起来。中国已经成为世界上主要国家或经济体的重要经济贸易合作伙伴。在这种情况下,必须以全新的视野观察中国外向型经济的发展。

第一节　中国外向型经济的迅速发展与国际地位的巨大提升

外向型经济的迅速发展是改革开放以来中国经济增长的突出特征,出口及整个外向型经济的增长速度都高于经济增长速度。从20世纪70年代开始,全球进入了新技术革命浪潮的时代,同时也是一个经济全球化和国际分工合作更加紧密的时代。中国抓住了这一难得的历史机遇,以开放促改革、以开放促发展,加快了现代化和"赶超"进程,这是中国在现代化进程中的正确选择。对于要实现经济起飞的国家,发展外向型经济是推动经济增长的重要手段。通过利用国际国内两种资源、国际国内两个市场,可以有效地提高经济增长的效率。改革开放后,我们首先是通过扩大初级产品的出口获得外汇、引进国外的先进设备;然后通过开办"三资"企业,尤其是借助华人华侨和港澳台同胞的力量引进境外的资金、设备和先进的经营管理经验,发展加工型企业;接着在国内进行了全面的外贸体制改革,促进了民营经济在外向型经济领域的巨大发展;同时,国家采取了一系列优惠政策,鼓励出口导向的外向型产业发展。到了世纪之交,由于中国正确地实施了对外开放的政策,在生产要素上又有特殊的比较优势,再加上经过长期的努力加入了WTO,中国开始成为世界上吸引外商直接投资(FDI)最多的国家之一。外商直接投资的主体也开始多元化,大批跨国公司进入中国,并将生产基地转到中国。国有企业、民营企业和外资企业在外向型经济领域中的迅速发展,使中国开始成为新的全球制造业中心,对外贸易的规模开始进入新一轮高速扩张。从表6.1可以看到,在进入21世纪和加入WTO以后,中国的出口贸易增长得特别快,年均增长率达到15.4%,尤其是2002—2007年间,每年的增长率都在20%以上,2008年,由于全球金融危机造成的世界经济衰退和需求减弱,中国的出口增长率开始出现明显回落,2009年甚至是负增长,随着国际经济形势的改善,2010年出口增长率达到了30%以上,其中既有经济复苏的影响,也有出口本身增长的影响。但是从2011年和2012年的出口增长率看,它们是逐年回落的,对中国经济增长也有影响,尤其是2012年,在我国的内需中,投资和消费都增长得比较平稳,但由于出口增速明显降低,低至两位数以下,使得整个经济增长率未能保持在8%以上。从表6.1中列出的以现行价格反映的各年的GDP和相应的名义增长率(因为货物的出口及增长率也是按照现行价格计算的)与出口情况的相互比较,可以看出,这一时期总的发展趋势是中国的出口增长快于GDP增长,从名义增长率看高出约2个百分点,出口对于经济增长的贡献在加大,反映为出口依存度(出口总额与GDP的比值)的提高,由2000年的20.8%提高到2012年的25.6%,提高了约5个百分点。

表6.1 2000—2010年中国的货物出口与经济增长

年份	出口		GDP		出口依存度(%)
	总额(人民币亿元)	名义增长率(%)	总额(人民币亿元)	名义增长率(%)	
2000	20 634	—	99 215	—	20.8
2001	22 024	6.7	109 655	10.5	20.1
2002	26 948	22.4	120 333	9.7	22.4
2003	36 288	34.7	135 823	12.9	26.7
2004	49 103	35.3	159 878	17.7	30.7
2005	62 648	27.6	184 937	15.7	33.9
2006	77 595	23.9	216 314	17.0	35.9
2007	93 456	20.4	265 810	22.9	35.2
2008	100 395	7.4	314 045	18.1	32.0
2009	82 030	-18.3	340 903	8.6	24.1

年份	出口		GDP		出口依存度（%）
	总额（人民币亿元）	名义增长率（%）	总额（人民币亿元）	名义增长率（%）	
2010	107 023	30.5	401 202	17.7	26.7
2011	123 241	15.2	472 882	17.9	26.1
2012	132 977	7.9	519 322	9.8	25.6
年均增长率（%）		15.4		13.6	

资料来源：2011年以前数据根据《中国统计年鉴2012》中相关数据整理；2012年数据根据国家统计局统计公报而得，其中按人民币计算的出口总额按公布的美元出口额推算。

虽然进入21世纪以来的出口增长快于GDP增长，但从发展变化上看，则经历了首先提高再有所回落的过程。从图6.1中可以看到，进入21世纪后，伴随着出口依存度的提高，我国GDP的名义增长率也在提高，反映出了二者间明显的相互作用关系，或者说，在2003年以后的新一轮经济增长中，外向型经济的发展做出了很大的贡献。但是从2009年以后，随着国际市场对我国商品的吸纳程度的变化，我国出口增长的年均增长有所放慢，再加上国内经济周期的原因，经济增长有所放缓。从发展趋势上看，由于中国现在外向型经济的规模已经很大，再取得21世纪初那样较长时期的超常规增长难度比较大。但经过努力有可能实现外向型经济的持续和稳健增长，并且在内需和外需协调增长的基础上，不断提高经济增长的质量，最终实现现阶段我国经济增长的总目标。

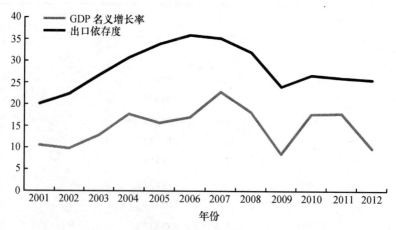

图6.1　21世纪以来中国经济增长和出口依存度的关系（单位：%）

表6.2列出的是21世纪前10年世界前10个最大的出口国家或地区商品出口的增长情况。在这一期间，如果用美元计算，中国的年均出口增长率是在主要

出口国家中最快的,达到20.26%,是世界平均增长率9.12%的两倍以上。2000年,美国是世界上最大的出口国,出口占世界的份额达到12.3%,而中国则排在6个最大的发达国家之后居第七位(当时中国的GDP排序为世界第六位),但对外贸易的高速增长(主要是出口的增长,而进口是由出口带动的),使中国2010年的出口超过了世界所有国家和地区,成为最大的出口经济体。在这一期间,除了个别国家之外(如德国),美国、日本、英国、法国、意大利等西方大国出口普遍增长得比较慢,低于世界平均水平。比较典型的国家是英国,2000年其出口占世界的份额为4.5%,位居世界第五位,但由于增长率过低(3.3%),2010年其出口占世界的份额已经下跌到2.7%,排名下降至第十位。在这一阶段,虽然中国、韩国、荷兰等国出口增长率高于世界平均水平且份额有所提高,但还不足以抵消主要出口大国份额下降的部分,所以,前10大出口国家和地区在全球出口中的比重是下降的,从2000年的56.1%下降到2010年的51%。从发展趋势上看,有可能很快就会下降到50%以下,这说明国际贸易的集中度在减弱,发展中国家和新兴工业化国家开始在世界经济中发挥更大的作用。而中国在这一世界贸易格局的变化中处于重要位置,在主要发达国家的份额在逐渐降低的过程中,中国的份额则在迅速地提升,从2000年的3.9%上升为10.4%。这标志着在国际经济活动中,中国已经开始扮演最重要的角色。

表6.2　2000—2010年世界主要经济体商品出口情况

2000年				2010年				
排序	国家或地区	总额(十亿美元)	份额(%)	排序	国家或地区	总额(十亿美元)	份额(%)	2000—2010年年均增长率(%)
1	美国	781.1	12.3	1	中国	1 578	10.4	20.26
2	德国	551.5	8.7	2	美国	1 278	8.4	5.05
3	日本	479.2	7.5	3	德国	1 269	8.3	8.69
4	法国	298.1	4.7	4	日本	770	5.1	4.85
5	英国	284.1	4.5	5	荷兰	573	3.8	10.43
6	加拿大	276.6	4.3	6	法国	521	3.4	5.73
7	中国内地	249.3	3.9	7	韩国	466	3.1	10.47
8	意大利	237.8	3.7	8	意大利	448	2.9	6.53
9	荷兰	212.5	3.3	9	比利时	412	2.7	8.27
10	中国香港	202.4	3.2	10	英国	406	2.7	3.63
	小计	3 572	56.1		小计	7 721	51.0	
	世界	6 364	100		世界	15 237	100	9.12

资料来源:World Trade Organization,"International Trade Statistics 2011",Table I.8 Leading exporters and importers in world merchandise trade,2010;"International Trade Statistics 2001",Table I.5 Leading exporters and importers in world merchandise trade,2000。

第二节 与各大洲对外贸易现状的动态变化

20世纪末以来,我国的对外开放开始实施多元化发展战略,贸易伙伴更加广泛,对外经济合作的内容更加丰富,逐渐形成了全方位开放的格局。尤其是2001年加入WTO以后,由于外贸环境的改善和国内经济的推动,对外经贸关系的发展更是上了一个新的台阶。

一、对各大洲对外贸易的发展

表6.3按各大洲占中国对外贸易总额的比重列出了中国和各个大洲的对外贸易情况,从表中可以看到,亚洲是中国最大的贸易伙伴,在进出口总额中的占比达到52%,欧洲和北美洲分别列居第二和第三位,占比分别为19%和14%,而拉丁美洲、非洲和大洋洲所占的比重比较少。而从贸易平衡上看,中国对欧洲和北美洲的贸易存在着顺差,而和亚洲、拉丁美洲、非洲和大洋洲的贸易存在着逆差。由于和欧美贸易的整体顺差大于和其他各洲的逆差,所以从整个的对外贸易来看,我国还是处于顺差状态,这就为国家增加外汇储备和增加对外投资创造了条件。

表6.3 2010年中国对世界各大洲的对外贸易情况

	进出口		出口总额		进口总额	
	总额(亿美元)	比重(%)	总额(亿美元)	比重(%)	总额(亿美元)	比重(%)
亚洲	15 669.11	52.71	7 319.55	46.39	8 349.56	59.86
欧洲	5 730.58	19.28	3 551.88	22.51	2 178.70	15.62
北美洲	4 229.20	14.23	3 058.43	19.38	1 170.77	8.39
拉丁美洲	1 836.40	6.18	917.98	5.82	918.42	6.58
非洲	1 270.46	4.27	599.54	3.80	670.92	4.81
大洋洲及太平洋群岛	990.35	3.33	330.17	2.09	660.18	4.73
总计	29 726.09	100.00	15 777.54	100.00	13 948.55	100.00

资料来源:《中国统计年鉴2011》。

二、初级产品和工业制成品结构的变化

从进口和出口的关系来看,在发展外向型经济时我们更加重视出口,这是中国作为一个新兴的、工业化进程中的发展中国家的特点。尤其是在发展外向型经济的初期,我们要通过增加出口获得外汇,进口中国在现代化建设中急需的技术和设备。在外商直接投资的规模还比较小的情况下,我们更需要通过这样的贸易来启动我们的现代化进程。由于在改革开放初期我们的技术水平还比较低,因此在进出口产品的结构上,出口产品主要是以初级产品为主,进口产品则是以工业制成品为主,而进口工业制成品的数量,则是由出口的规模所决定的。随着我国

工业化进程的推进和出口产品的逐渐升级,中国出口产品的结构发生了很大的变化,从表6.4中可以看出,到2010年,在我国的出口中,初级产品的比重已经下降到5.2%,相应的,进口产品的构成也发生了很大的变化,即进口产品中初级产品的比重在提高,2010年已经上升到31.1%。从2006年和2010年中国进出口结构的比较中,可以明显地看到这种变化的趋势。而且,随着中国工业化进程的继续推进,这种变化还会继续。但是这种进出口结构的变化,并没有改变中国以出口带动进口的状态,国际贸易顺差仍在扩大,并导致外汇储备不断增加。这在一定程度上说明,从经济发展阶段上看,中国仍然是处于高度重视积累阶段的发展中国家。

表6.4　2006年和2010年中国进出口中初级产品和工业制成品结构及变化

指标	2006		2010	
	数额（亿美元）	占总额的比重（%）	数额（亿美元）	占总额的比重（%）
出口总额	9 689.8	100.0	15 777.5	100.0
初级产品	529.2	5.5	816.9	5.2
工业制成品	9 160.2	94.5	14 960.7	94.8
进口总额	7 914.6	100.0	13 962.4	100.0
初级产品	1 871.3	23.6	4 338.5	31.1
工业制成品	6 043.3	76.4	9 623.9	68.9

资料来源:《中国统计年鉴2011》。

随着产业结构和出口结构的升级,在出口方面,中国对发达国家的出口已经不再是为了获取资金来购买它们的技术和设备,而是要取得市场的扩张,而在进口方面,中国则更加重视由发达经济体以外的国家获得初级产品,从而维持高速经济增长。这种由于产业结构提升造成的对外贸易产品结构的变化,使得中国的对外贸易必须向发达国家以外的国家和地区扩张。

三、对各大洲出口的动态比较

从中国对各大洲出口的动态比较看,对亚洲出口的比重由2001年的53%下降到46.4%,北美洲由21.7%下降到19.4%,欧洲由18.5%上升到22.5%,大洋洲、拉丁美洲和非洲则分别由1.5%、3.1%和2.3%提升到了2.1%、5.8%和3.8%。

可以从这些数据变化中看出中国对外贸易的如下几个地区特征:

第一,亚洲地区和北美地区始终是我国最主要的贸易地区,所占的比重最大,虽然对这两大洲的出口比重已经从74.4%下降到了65.8%,但它们仍然是中国产品的主要出口地。

第二,对欧洲出口的比重上升的幅度最大,达到4%,占中国出口总额的份额也高,已经达到20%以上,因此欧洲经济的衰退和进口疲软,对中国的的出口影响较大。

第三,中国对拉丁美洲、非洲和大洋洲的出口近些年增长得很快,所占份额也在增加(对拉丁美洲的比重上升了2.7%,对非洲和大洋洲的比重分别上升了1.5%和0.6%),但是从总体上看,它们所占的比重仍然是比较低的,中国对这三大洲的出口只占出口总额的10%。一方面是因为这些洲在全球的经济总量中所占的份额偏低,导致了对外贸易的规模较小;另一方面,中国和这些洲的经贸合作还不够深入,还存在着比较大的潜力。因此,不仅需要中国政府和企业家推动与当地更加广泛和紧密的经贸合作,也需要这些国家本身的经济发展,只有这些国家的经济发展了,对中国商品、投资以及市场的需求扩大了,中国才有条件和他们开展更好的经贸合作。

第三节 中国对外经贸合作的内容和特点

对中国来说,对外贸易是外向型经济的最重要组成部分,但是并不是全部内容。随着中国高速的经济增长及外向型经济的不断发展,中国和世界其他各国的经贸合作也在不断扩大。这种经贸合作,在改革开放初期,更多地体现在与发达国家之间的交往上,因为中国的经济建设需要国外的资金、技术和市场,但近十多年来,尤其是进入21世纪以来,中国和亚非拉国家的经贸合作有了迅速的提升。

一、与世界各国的经贸合作

总体来看,中国和世界各国的经济和贸易合作主要体现在四个大的方面:

一是货物和服务的进出口。2010年中国进出口货物的总额,已经达到了2.97万亿美元,占世界贸易总额的比重已经达到10%左右。

二是吸引的外商直接投资和对外直接投资。2010年和2011年所吸引的外商直接投资,都达到1 000亿美元以上,对外直接投资则分别达到688亿和746亿美元,虽然吸引外商投资的金额仍然明显大于对外直接投资,但中国已经成为世界上最大的对外直接投资国家之一,至2011年,累积的对外直接投资总额的规模已经达到4 200亿美元以上。显然,中国的对外直接投资,主要是最近几年发展起来的(2010年和2011年的对外直接投资就占了全部对外投资的35%)。

三是包括承包工程和劳务合作在内的国际经济合作,2010年和2011年对外承包工程完成的营业额分别为921亿和1 034亿美元。

四是对外援助。这一部分的金额现在已经很小,2010年大约为20亿美元。

可以看出,对外经贸合作主要是通过各种生产、经营和贸易活动来实现的,直接的对外援助在对外经贸活动中所占的比例已经较小。

二、对外经贸合作的特点

我们分别从对外经贸关系的构成和发展,来考察中国对外经贸合作的特点。

首先,从取得收入的规模上看,对外贸易的规模最大,对外经济合作(承包工程和劳务合作)次之,而对外直接投资的规模相对较小,但正在迅速增长。

从表6.5中可以看出,在中国的国际收支平衡表中,经常项目的收入(表中表示为贷方)显著地大于资本和金融项目的收入,而且均表现为顺差,收入大于支出,收支差额体现为储备的增加。而在金融项目中,最大的项目为其他投资(主要为各种信贷),其次是直接投资,证券投资的规模较小。从外汇管制上,我们只是在经常项目上实现了可直接兑换,而在资本和金融项目上还没有完全放开。从这几个特征上看,中国的国际收支也比较明显地反映了发展中国家的特点,这就是吸引外资和对外贸易是推动外向型经济发展的主要手段,而服务、资本的输入仍然处于发展阶段。

表6.5　2010年中国国际收支平衡表　　　　　　　(单位:亿美元)

项目	差额	贷方	借方
一、经常项目	3 053.74	19 467.63	16 413.89
A. 货物和服务	2 320.62	17 526.21	15 205.59
a. 货物	2 541.80	15 814.17	13 272.38
b. 服务	-221.18	1 712.03	1 933.21
B. 收益	303.80	1 446.22	1 142.42
1. 职工报酬	121.81	136.36	14.55
2. 投资收益	181.99	1 309.86	1 127.87
C. 经常转移	429.32	495.21	65.88
二、资本和金融项目	2 260.45	11 080.29	8 819.84
A. 资本项目	46.30	48.15	1.85
B. 金融项目	2 214.14	11 032.14	8 817.99
1. 直接投资	1 249.30	2 143.64	894.34
1.1　我国在外直接投资	-601.51	76.07	677.57
1.2　外国在华直接投资	1 850.81	2 067.57	216.76
2. 证券投资	240.38	635.85	395.46
3. 其他投资	724.46	8 252.65	7 528.19
三、储备资产	-4 717.39	0.00	4 717.39
四、净误差与遗漏	-596.80	0.00	596.80

资料来源:《中国统计年鉴2011》。

其次,对外贸易的发展主要借助的是发达或新兴工业化国家或地区。表6.6

列出的是按照进出口总额排序的中国内地前 30 位贸易伙伴的情况,我们可以把这些国家或地区按照和中国内地交往的情况分为三个大类:

第一类是改革开放后一直作为中国内地主要贸易伙伴的发达国家(如美国、日本、德国等)和新兴工业化国家或地区(如亚洲四小龙),中国内地和这些国家或地区之间的对外贸易长期以来一直保持着较快的发展,对美国和中国香港基本上保持着顺差,而对其他国家或地区则较多逆差(如日本、德国、韩国、中国台湾),这属于中国内地传统的贸易伙伴;

第二类是近几年在世界上经济发展较快的国家,比较典型的是金砖国家和东盟国家,这些国家的发展水平有比较大的差距,如印度的经济发展水平比俄罗斯落后很多,但它们有共同的特征,就是都属于较大的经济体,近几年的经济增长状况在明显改善;

第三类是随着中国内地的经济增长,能源和自然资源的对外依赖程度不断增加而作为中国重要的资源进口国的国家,如巴西、澳大利亚、沙特阿拉伯、印度尼西亚、阿联酋、安哥拉等。

表 6.6　2010 年中国内地与主要贸易伙伴进出口情况　　(单位:亿美元)

	国别(地区)	进出口总额	出口总额	进口总额
	总计	29 739.98	15 777.54	13 962.44
1	美国	3 853.85	2 832.87	1 020.99
2	日本	2 977.80	1 210.43	1 767.36
3	中国香港	2 305.62	2 183.02	122.60
4	韩国	2 071.15	687.66	1 383.49
5	中国台湾	1 454.13	296.74	1 157.39
6	德国	1 423.08	680.47	742.61
7	澳大利亚	883.42	272.20	611.22
8	马来西亚	742.49	238.02	504.47
9	巴西	625.86	244.60	381.25
10	印度	617.61	409.15	208.46
11	新加坡	570.76	323.47	247.29
12	荷兰	561.83	497.04	64.79
13	俄罗斯	555.33	296.12	259.21
14	泰国	529.37	197.41	331.96
15	英国	500.72	387.67	113.05
16	意大利	451.46	311.39	140.07
17	法国	447.57	276.51	171.05
18	沙特阿拉伯	431.95	103.66	328.29
19	印度尼西亚	427.50	219.54	207.97

（续表）

	国别(地区)	进出口总额	出口总额	进口总额
20	加拿大	371.40	222.16	149.24
21	越南	300.86	231.02	69.85
22	伊朗	293.91	110.92	182.99
23	菲律宾	277.62	115.40	162.22
24	智利	259.78	80.25	179.53
25	南非	257.03	108.00	149.03
26	阿联酋	256.87	212.35	44.52
27	安哥拉	248.19	20.04	228.16
28	墨西哥	247.60	178.73	68.87
29	西班牙	244.12	181.76	62.36
30	比利时	221.42	143.02	78.40

资料来源：《中国统计年鉴2011》。

最后，和亚非拉发展中国家的经贸合作发展得非常快，而且具有广泛的发展前景。

中国内地发展对外经贸关系，不仅仅是贸易关系，还有对外投资和对外经济合作（承包工程和劳务合作），如果对这两个领域进行考察，我们就会发现，发展中国家在其中所占的比重大大增加了。表6.7列出的是中国内地近年来对外直接投资的情况。由于中国内地作为制造业大国对于国际能源和自然资源的依赖，近些年来中国内地在国外加强了对于能源和资源产业的投资。许多亚非拉发展中国家通过和中国合作开发自然资源，使本国的经济状况明显改善，同时也缓解了中国内地能源和自然资源的紧张局面，双方都得到了发展。当然，中国内地的对外直接投资并不仅仅局限于能源和自然资源领域，只要能够合作共赢，中国内地都在探索。2010年中国内地的对外直接投资已经位居世界第五，成为世界主要对外投资国之一。表6.7是按照到2010年的累积投资排序的，其中，中国香港、英属维尔京群岛和开曼群岛属于投资中转地，这部分投资实际上还会转投到其他地方。而第四位以后的各个国家或地区则属于接受直接投资的地方，主要是资源丰富国家、新兴经济体和发展中国家，也有一部分发达国家，但投资的规模不大。从总体上看，中国内地对外直接投资才刚刚开始，虽然每一年的数量不小，但是累积量并不是很大。虽然已经有了一些跨国公司，但也才刚刚起步。如何用好外汇储备，扩大对外直接投资，是我们应该研究的问题，也是中国内地外向型经济重要的发展方向。

表 6.7　2009 年和 2010 年中国内地对外直接投资　（单位：亿美元）

	国别（地区）	对外直接投资净额		截至 2010 年对外直接投资存量
		2009	2010	
	合计	565.29	688.11	3 172.11
1	中国香港	356.01	385.05	1 990.56
2	英属维尔京群岛	16.12	61.20	232.43
3	开曼群岛	53.66	34.96	172.56
4	澳大利亚	24.36	17.02	78.68
5	新加坡	14.14	11.19	60.69
6	美国	9.09	13.08	48.74
7	南非	0.42	4.11	41.53
8	俄罗斯	3.48	5.68	27.88
9	加拿大	6.13	11.42	26.03
10	中国澳门	4.56	0.96	22.29
11	德国	1.79	4.12	15.02
12	英国	1.92	3.30	13.58
13	尼日利亚	1.72	1.85	12.11
14	印度尼西亚	2.26	2.01	11.50
15	日本	0.84	3.38	11.06
16	泰国	0.50	7.00	10.80
17	越南	1.12	3.05	9.87
18	阿尔及利亚	2.29	1.86	9.37
19	韩国	2.65	-7.22	6.37
20	苏丹	0.19	0.31	6.13
21	法国	0.45	0.26	2.44
22	马达加斯加	0.43	0.34	2.30
23	新西兰	0.09	0.64	1.59
24	墨西哥	0.01	0.27	1.53
25	几内亚	0.27	0.10	1.36

资料来源：根据《中国统计年鉴 2011》中有关资料整理。

再看对外经济合作。如果说在前两个领域（对外贸易和对外投资）中发达国家和新兴工业化国家还占了比较重要的地位，那么从表 6.8 中可以看到，在中国开展的对外经济合作中，亚非拉发展中国家则占据了主要地位。在印度的数额最大，达到 52 亿美元，安哥拉和阿尔及利亚都达到了 50 亿美元；发达国家在其中所占的份额很小。虽然这种对外经济合作在中国内地整个国际收支中的比重现在还不大,但随着各国尤其是发展中国家经济发展和基础设施投资的需要,再加上中国内地在这一领域的成功经验和特有优势,这种国际经济合作在将来会得到更大的发展。

表 6.8　2010 年中国内地对外经济合作完成营业额　　　（单位:亿美元）

	国别(地区)	完成的营业额	其中:承包工程	其中:劳务合作
	合计	1 010.50	921.70	88.80
1	印度	52.58	52.55	0.02
2	安哥拉	50.97	49.64	1.33
3	阿尔及利亚	50.19	49.47	0.72
4	印度尼西亚	35.18	35.18	0.01
5	利比亚	35.09	34.49	0.59
6	委内瑞拉	34.80	34.80	0.00
7	沙特阿拉伯	32.45	32.27	0.18
8	越南	31.31	31.10	0.22
9	阿联酋	30.51	29.72	0.79
10	尼日利亚	29.36	29.30	0.07
11	新加坡	28.32	22.67	5.64
12	苏丹	23.39	23.37	0.02
13	巴基斯坦	21.11	21.08	0.02
14	中国香港	18.96	15.91	3.04
15	日本	18.66	2.58	16.08
16	伊朗	18.61	18.61	0.00
17	菲律宾	17.73	17.73	0.01
18	赤道几内亚	17.57	17.48	0.09
19	博茨瓦纳	15.86	15.85	0.01
20	埃塞俄比亚	15.54	15.50	0.04
21	俄罗斯	14.98	14.31	0.67
22	乍得	14.75	14.75	0.00
23	哈萨克斯坦	14.65	14.64	0.01
24	中国澳门	14.48	11.35	3.13
25	缅甸	13.34	13.33	0.00
26	马来西亚	13.22	13.08	0.14
27	埃及	11.70	11.69	0.01
28	刚果(布)	10.90	10.78	0.12
29	卡塔尔	10.67	10.43	0.24
30	巴西	10.20	10.20	0.00

资料来源:《中国统计年鉴 2011》。

三、中国对外经贸合作的发展

改革开放后,中国的对外经贸合作经历了两个大的变化,一是由"引进来"到"走出去";二是由主要面向发达国家和新兴工业化国家或地区的开放扩展为面向全球的全方位开放。

尽管从新中国成立之后,中国一直努力在国际舞台上发挥积极的作用,而且在自身的经济能力很有限的情况下,对亚非拉众多的国家提供经济支持,如对朝鲜、越南、古巴、柬埔寨和许多非洲国家提供的支持,有的支持甚至是以中国人民节衣缩食为代价的。但从整体上看,和亚非拉发展中国家之间的这些经济往来大多是为政治目的服务的,较少考虑经济利益,尤其是较少考虑中国自身的经济利益。而其他方面的经贸合作(如和西方发达国家之间、和苏联东欧国家之间的对外贸易)不仅占经济总量的比重低,而且绝对量也是很小的。改革开放后,党和国家把工作的中心转到经济建设上来,对外开放成为改革和发展中的重要内容。中国的外向型经济得到了前所未有的发展。

从改革开放初期到21世纪初,中国对外开放的主要对象是发达国家和新兴工业化国家。因为我们对外开放的主要任务是通过和世界各国的合作,引进对我国现代化建设需要的资金、技术、管理经验和现代文明,推动我国的经济增长。同时,我们还要在这一过程中发展出口导向型的经济,通过扩大出口创汇和增加积累,提高中国的整体实力。在改革开放初期,中国出口的规模很小,而国际市场很大,这样,中国就可以通过自己的比较优势,实现超常规的发展,不断增加自己在国际贸易中的规模和份额。2001年中国加入了世界贸易组织(WTO),这使得我们可以在WTO的框架下享受一系列贸易优惠,当然,与此同时,我们也必须更大程度地向发达国家和新兴工业化国家开放市场,现在回过头来看,当时我们做的一系列让步(如对外资开放金融业、电信业、零售业等)是正确的,在改善中国的经济增长效率的同时,也加快了我们对外扩张的步伐。因此,加入WTO可以说是中国外向型经济发展的一个重大转折,如果说在此之前,中国在对外经贸合作中更加重视的是"引进来",那么在此之后,中国加大了"走出去"的步伐。

中国大规模地"走出去",可以说是在加入WTO之后,由努力扩大在先进国家和地区的市场,发展成为面向全球的经贸合作,而亚非拉国家在中国的全球经贸合作中所占据的地位在不断提高。2008年开始的全球金融危机,中国也受到了相当大的冲击,但由于中国的国际收支在资本和金融项目上仍然没有实现自由兑换和流动,这就使得中国的资本市场尤其是商业银行没有受到太大的冲击,又由于实行了一定的财政和货币刺激政策,中国在2009年仍然实现了高增长,并在当年超过德国成为世界上最大的出口经济体,而在第二年也就是2010年,GDP超过日本成为世界第二大经济体。而从全球经济增长的角度看,中国是对金融危机后的世界经济增长贡献最大的国家。

中国在现阶段发展全方位的对外开放,既是长期经济发展和国力不断增强的结果,也是经济全球化下实现各国共同发展的需要,同时还是中国经济可持续发展的需要。

第一,中国抓住了加入 WTO 后难得的历史机遇,大力发展外向型经济,使经济发展水平在 21 世纪的前 10 年有了本质的提升,这就促使了中国要在更加广泛的区域里扩展市场。在这一阶段,我国年均出口增长率达到了 20% 以上,出口竞争力和国际市场的占有率明显提升,在这种情况下,发达和新兴工业化国家的市场需求已经不能满足中国出口增长的需要,中国的企业必然会向全世界拓展市场。尤其是在全球经济危机发生时,发达国家普遍遭遇了经济衰退,在美国表现为金融危机,在欧洲则表现为债务危机,发展中国家和地区的经济虽然受到了一定的影响,但很多国家仍然保持了上升的势头。

第二,20 世纪 90 年代后,尤其是进入 21 世纪后,全世界开始了新一轮经济增长,一些国家突破了体制瓶颈,进入了新一轮加速的经济增长,比较典型的有俄罗斯、印度尼西亚、印度、南非等,它们加速的经济增长所带来的对中国产品、技术、设备和基础投资建设的需要,积极地推动了中国和它们之间的双边和多边合作。从更广泛的范围看,除了少数长期动乱的国家和地区之外,当今世界和平与发展这两大主题更加突出,广大发展中国家对自身的经济发展更加关注并采取了一系列积极措施,这就为包括中国在内的广大发展中国家带来了更多的发展机会与合作机会。

第三,中国本身的经济发展已经到了必须建立在经济全球化的基础上,通过和世界各国的合作,才能保持可持续发展。

随着经济增长和工业化进程,从进入 21 世纪开始,中国逐渐发展为世界上新的制造业中心。在这种背景下,一方面,中国已经成为许多领域中最大的产品生产商和供应量,在钢铁、电解铝、水泥、平板玻璃等工业产品的产量上,中国都是全球第一;但在另一方面,中国从来没有像现在这样对国际市场的能源和自然资源存在着这么大的依赖,中国目前已经超过美国成为世界上最大的能源消费国,石油的对外依存度达到 55% 以上,铝土达到 55% 以上,铁矿石达到 80% 以上。这种格局的形成是由中国现阶段发展的水平和比较优势决定的,在加速工业化和城市化进程中,必然伴随着重化工业的加速发展。这就加大了我们对国际市场能源和自然资源的依赖,而这些资源大多数都分布在发展中国家,这就在客观上带动了我们和发展中国家的经贸合作。

第四节 中国和世界主要经济体经贸关系的发展

中国崛起不仅仅表现为中国经济连续多年的高速增长而创造的增长奇迹,也在于在经济全球化背景下中国经济总量的扩张,已经发展到足以影响世界经济格局的程度。2008年爆发全球金融危机后,由于中国采取的积极的宏观经济政策,保持了经济增长的连续性,和中国经贸关系较为密切的那些国家,如东盟、韩国、澳大利亚等,都成为最先走出金融危机阴影的国家,已经进入了适度紧缩的治理通货膨胀时期,而欧美和日本直到现在还在使用宽松的宏观经济政策刺激经济增长。这说明与中国之间密切的双边经贸关系,已经成为很多国家经济发展的重要支柱。在西方发达国家,中国已经成为被高度关注的竞争对象。在美国,国会和政府反复谈论人民币汇率以及中美贸易的失衡,很多人甚至认为美国当前的经济困局中国负有重要责任,但在发行政府债券时,又希望中国给他们更多的支持;欧洲则一方面通过制造各种贸易摩擦,希望遏制不断发展的中国制造业对它们的生产和就业的冲击,但另一方面又希望中国在解决它们的主权债务危机中做出更多的贡献;日本一方面借助和中国的贸易合作(如对华贸易、对华投资等)保持自己的经济发展,另一方面右翼势力引导着民众和逼迫着政府不断挑衅中日关系。虽然各国的表现不同,但是对中国的崛起共同反映出了一种矛盾心理,这就是在经济上,希望借助与中国的合作来解决它们在经济发展中的矛盾,但在政治上,却又担心中国的发展威胁到它们的利益。

一、美国

从发展上看,中国已经成为正在崛起的、与美国直接竞争的另一支经济力量。现在很多人在谈论G2(二国集团),中国官方没有响应过这种提法。现在的G8(八国集团)已经把俄罗斯包括在内,但中国还不在内,中国在世界上参加的仅仅是G20(二十国集团)。但是实际上,中国目前的国际经济影响力,从本章的分析看,可以说已经超过了八国集团中除美国以外的任何一个国家。而且从发展势头上看,中国仍然在积极增长阶段,而那些国家已经进入低增长甚至是徘徊阶段。而美国虽然也经历了危机和衰退,但经济规模仍然是最大的,而且机制上仍然是有活力的,它在世界上的领导地位仍然会保持很长一段时间。从这个意义上看,G2确实是存在的。

在经济、政治、军事、文化等各种力量中,经济发展是基础。美国能够在第二次世界大战中登上世界的西方资本主义霸主的地位,在各种因素中,在长期发展中所建立的经济实力是决定性的。而维持这种霸主地位不仅需要本国的经济提供支持,也需要利用全球的资源。美国的全球战略主要也是为美国的经济利益服务的,这是它保持在全球领导地位的基础。在尼克松访华和中美建交前后,美国早已经是世界上最强大的国家,而中国那时仍然是一个相当贫穷的发展中国家,虽然我们也节衣缩食发展了一些国防工业,造出了飞机、汽车,后来还发展了具有世界领先水平和威慑力的"两弹一星",但是从总体上看,我们还相当落后。经过改革开放后三十多年的经济高速增长,中美力量对比发生了巨大变化,美国仍然在发展,而且取得的成就是西方国家中最大的,但中国经济发展得更快,这使双方的差距在缩小。而且这种力量对比的变化,不像当年苏美竞赛时那样,是分隔开来发生的,而是从一开始,双方就在不断地开展着经贸合作,而且合作的规模在迅速地扩张。从整体上看,这种力量对比的变化是在合作和竞争中发生的,无论是在高科技领域、金融领域,还是在制造业上,中美经贸关系的发展不但促进了中国的经济增长,也为美国近三十多年来的经济增长做出了积极的贡献。

中美之间力量对比和经贸关系的变化,至少可以从三个大的方面进行观察。

一是经济总量对比上发生了很大的变化。1978年,美国的国内生产总值(GDP)已经达到2.28万亿,占全球GDP总额的比重为27.1%,而中国当时的GDP为0.15万亿,占全球经济的比重只有1.8%,美国为中国的15倍,而从人均水平上看,中美两国之间的差距更大。但是经过三十多年的发展,2010年,美国的GDP总量增加到14.59万亿,但中国由于增长率大大高于美国,GDP总额达到5.93万亿,双方在经济总量上的差距已经大大缩小。中国的GDP占全球经济的比重提高到5.93%,提高了4个百分点,而美国的份额则下降了4个百分点,为23.1%。中国已经超过日本成为世界第二大经济体。但和日本不同的是,日本的经济早已陷入停滞,在2000—2010年这10年间,日本的年均经济增长率仅为0.7%,而中国的年均增长率则接近10%,而且仍然保持着强劲的增长势头。一些国际机构认为,如果中国能够继续保持8%左右的经济增长率,那么在未来的10—20年里,可能会超越美国成为世界上最大的经济体[①]。虽然对这些观点还存在争议,但中国和美国在经济总量上的差距有可能继续缩小,却是毫无疑问的。正是中国经济实力的逐渐提升,使得中美博弈的内容更加丰富和复杂。

二是中美贸易规模在迅速扩张。2011年,中美贸易额达到4 467亿美元,创历史新高。美对华出口突破1 000亿美元关口,达到1 222亿美元,同比上升20%。中美已互为第二大贸易伙伴。20世纪80年代,日本是中国内地最大的贸易伙伴,中国香港和美国分别名列第二和第三[②];2000年时,从对外贸易总额上,日本还是中国最大的贸易伙伴,但美国已经超越中国香港成为中国内地的第二大贸易伙伴,而从出口上看,美国已经超越日本成为中国最大的贸易伙伴,而且就贸易差额

---

① 世界银行:"中国经济规模2030年或超越美国",《世华财讯》,2011年3月23日。
② 参见《中国统计年鉴1986》。

来看,中国的对日贸易基本上是平衡的,后来开始逐渐出现逆差,但对美贸易则长期存在着较大的顺差。而到了2010年,美国已经成为中国内地最大的出口对象国,中国香港和日本则分别列第二和第三。

从美国方面看,中美建交时,在美国的对外贸易中,中国只占很小的比重,在过去的30年中,中国在美国对外贸易中的地位在不断提升。1980年,中国只是美国的第24位贸易伙伴,到了1990年上升到第10位,在加入WTO后的2001年,提高到了第4位,而到了2011年,中国已经成为仅次于加拿大的第二大贸易伙伴(参见表6.9),是美国的对外贸易伙伴中地位提升幅度最大的国家;提升幅度第二的国家是巴西,从第16位提升到第8位,上升了8位;提升幅度第三的是韩国,从第13位上升到第7位,提升了6位。而发达国家在美国对外贸易中的排序大多有所下降。

表6.9 2011年美国前10位贸易伙伴及30年来对美贸易额排序变化情况

国家或地区	2011年排序	2001年排序	1990年排序	1980年排序
加拿大	1	1	1	1
中国大陆	2	4	10	24
墨西哥	3	2	3	3
日本	4	3	2	2
德国	5	5	4	4
英国	6	6	5	5
韩国	7	7	7	13
巴西	8	13	17	16
法国	9	9	8	7
中国台湾	10	8	6	9

资料来源:美国国情普查局(Census Bureau)。

如果从进出口总额看,美加贸易的规模确实大于美中贸易,但是从进口额看(即中国对美国的出口),则中国大大高于加拿大,中国已经成为美国最大的商品进口国(参见表6.10)。这也是进入21世纪后,美国不断地要求人民币升值,国会不断就中美关系大做文章,美国商务部则在不断出台对中国商品的限制性措施、制造中美贸易摩擦的重要原因。

表 6.10　2011 年美国与前 10 位贸易伙伴进出口情况　（单位:10 亿美元）

国家或地区	出口	进口	进出口总额	差额
加拿大	280.9	316.5	597.4	-35.6
中国大陆	103.9	399.3	503.2	-295.4
墨西哥	197.5	263.1	460.6	-65.6
日本	66.2	128.8	195.0	-62.6
德国	49.1	98.4	147.5	-49.3
英国	56.0	51.2	107.1	4.8
韩国	43.5	56.6	100.1	-13.1
巴西	42.9	31.4	74.3	11.5
法国	27.8	40.0	67.8	-12.2
中国台湾	25.9	41.3	67.2	-15.4
荷兰	42.8	23.5	66.3	19.3
沙特阿拉伯	13.8	47.5	61.3	-33.7
印度	21.6	36.2	57.8	-14.6
委内瑞拉	12.4	43.3	55.6	-30.9
新加坡	31.4	19.1	50.5	12.3

资料来源:美国国情普查局(Census Bureau)。

三是双边投资有了迅速的发展。截至 2011 年年底,美对华投资项目累计达 6.1 万个,累计实际投入 676 亿美元,美国是中国外资最大的来源地之一。2011 年,中国企业在美累计直接投资为 60 亿美元,投资范围涉及工业、农业、科技、金融和工程承包等广泛领域[①]。而在金融投资上,一大批的中国企业已经在美国证券市场上市,而美国的许多投资银行,也作为战略投资者通过持股成为包括金融企业在内的中国大型国有企业的股东。根据美国财政部 2013 年 2 月公布的月度资本流动报告显示,到 1 月底为止,中国持有美国国债的规模为 1.2645 万亿美元,是美国国债的全球最大单一持有国,日本的持有规模排名第二位,石油输出国组织位居第三。

综合地看,经过三十多年的发展,中美之间的相互经贸合作已经超越大多数单一国家,成为最大的合作伙伴,同时,也就成为美国在全球最大的竞争对手。当年,尼克松总统指出,一个拥有世界上最多人口的国家不应被美国忽视,而到了今天,中美经贸关系发展到现在这种阶段,已经不是忽视不忽视的问题了,而是中国

[①] 刘欣、杨依军:"商务部:2011 年中国企业在美国直接投资为 60 亿美元",新华网,2012 年 2 月 12 日。

已经成为一个在经济活动上对美国影响最大的国家。中美经贸关系以及其他各种双边关系的发展对过去30年中国和美国的经济增长都具有重要意义,中国通过引进美国的资金、技术、管理经验等发展制造业和其他产业,并不断扩大对美出口,积极地推动了中国经济增长;反过来,美国的政治家、银行家和企业家,敏锐地发现了以中国为代表的新兴市场上的机会,通过和中国积极地发展经贸关系取得了巨大的收益,保持了美国发展和领先地位。这种大国间的合作及双赢,为其他大国间的合作树立了典范。

但是相比较而言,在这种合作中中国取得的成就似乎比美国大,因为美国在30年前已经是世界第一,而中国那时只是一个贫穷的低收入国家,而现在不说是并驾齐驱,至少中国也是美国强有力的竞争对手。这其实是世界经济发展的一种潮流,这就是靠掠夺落后国家取得自身的发展已经成为落后的意识形态和发展方式,只有与发展中国家积极合作,发达国家本身才能获得发展。中国的产业结构还处于不断提升阶段,主要产品为一般的传统制造业产品,而美国则是在高技术产品、金融服务、文化产品等方面具有优势,中国产品在国际市场上与美国产品直接竞争的规模并不大,但是在美国国内市场上对美国本土产品的替代却很快,这使美国的消费者通过消费中国产品得到了福利,但一些美国的当地企业,却有可能因为生产成本无法和中国竞争而不可延续。这也是历来强调自由贸易的美国现在贸易保护主义又在抬头的原因,这说明即使是市场经济很发达的国家,其贸易规则的制订也是要保护自己的利益,不存在绝对的公平。当他们需要向各国进行商品输出和资本输出获得利益时,他们会强调门户开放公平竞争,当别人反过来向他们进行商品输出时,他们则可能以"反倾销"为由推行贸易保护主义。而从美国对中国的贸易保护主义不断抬头上我们可以看出,中国和美国之间的经济合作关系正在越来越多地向竞争关系转化。

二、日本

中国开始实施改革开放时,正值日本战后持续高速经济增长进入尾声,其仍然处于经济发展的最好时期,经济总量远远领先于中国。在改革开放初的很长一段时间里,在中国内地的三大主要贸易伙伴(美国、日本和中国香港)中,日本都是领先的。但是在那时,中国和日本之间,无论从经济总量上看,还是从对外贸易的规模上看,都存在着很大的差距。但是从20世纪80年代以后,日本的经济陷入了停滞,而形成鲜明反差的是中国的高速增长,最终中国在GDP和对外贸易总量上都超越了日本。虽然从人均收入水平上看,中日两国现在仍然还存在着差距,但从经济总量上和国际经济影响力上看,中国都已经超过了这个一百多年来领先于我们的老对手。而就对日本的经济关系来看,现在中国已经成为日本最大的贸易伙伴,而日本则仅仅是中国的第三大贸易伙伴。如果说日本的经济增长曾经高度依赖过对美国和欧洲等发达国家的出口导向型经济的发展,那么到了现在,它的外向型经济主要基础已经重新转回了亚洲尤其是中国(参见表6.11)。在日本的前八大出口伙伴中,除了英国外(比例仅占2%),其他的国家和地区都在亚太地区。日本是一个资源贫乏的岛国,要保持高发展水平必须依赖技术进步,在这一方面日本所取得的成就是必须承认的。因此,在发展模式上,日本选择的是出口导向的外向型经济,能源和自然资源主要依靠进口(表现在进口上对资源出口国的依赖,在日本最大的进口贸易伙伴中,石油输出国沙特阿拉伯和阿联酋分别列第4和第5位,从这两个国家的进口占进口总额的比重达到10%),在日本加工生产后,再通过高技术产品的出口换取国计民生所需要的大量商品。这一发展模式造成了日本对其他国家经济的严重依赖。目前在世界各国中,日本在发展外向型经济时,依赖最多的国家就是中国。当然,这种依赖是相互的,中国也在这种交流中受益。排序上看,无论从出口还是进口看,中国都是日本最大的贸易伙伴,所占比例占日本全部对外贸易的比重都超过了20%,而日本对第二大贸易伙伴美国的出口,比中国低4个百分点,进口则低了12个百分点。关于这一点,日本的很多人尤其是右翼政治势力还没有充分认识到,他们只是看到了中国在GDP总量上超过了日本而心理不平衡,没有充分意识到日本的经济对中国的依赖性,在日本经济很困难的时候还在迫使中日对抗升级。由于中国对日本经济的依赖要小得多,如果中日之间的冲突升级,经贸合作大幅度下降,对日本经济的冲击将远远大于中国。

表6.11 2010年日本对前八大贸易伙伴进出口情况

国家或地区	出口总额(亿美元)	占全部出口的比重(%)
中国内地	1 495	21.6
美国	1 205	17.4
韩国	624	9.0
中国香港	423	6.1
泰国	342	4.9
马来西亚	176	2.5
澳大利亚	159	2.3
英国	142	2.0
以上小计	4 566	65.8

(续表)

国家或地区	进口总额（亿美元）	占全部进口的比重（%）
中国	1 532	22.1
美国	691	10.0
澳大利亚	447	6.5
沙特阿拉伯	360	5.2
阿拉伯联合酋长国	293	4.2
韩国	286	4.1
印度尼西亚	281	4.0
泰国	210	3.0
以上小计	4 100	59.1

资料来源：联合国外贸统计数据库（The United Nations' Comtrade Database）。

三、欧洲

从改革开放后，欧洲（这里主要指的是欧洲的发达国家）一直和中国保持着友好的交往。20世纪90年代以来，随着欧洲一体化的进程，欧洲开始作为一个整体和中国发展关系，2004年前后，作为一个整体的欧盟已经超越美国和日本，成为中国最大的贸易伙伴，而中国则从2003年起仅次于美国一直保持着欧盟第二大贸易伙伴的地位。中国和欧盟之间的相互投资、学术交流、科技交流也在不断增加。如果说在中国发展的过程中，中国在体制、管理、设备和贸易等领域中从美国受益较多，那么在科学技术上，尤其是在技术专利的引进上，则是从欧洲受益最大。随着中国经济和技术的进步，中国和欧洲的经贸关系已经从改革开放初期积极引进欧洲国家的先进科学技术和装备，发展成为战略合作和相互竞争的关系。近年来，随着中国的崛起，欧洲对中国的态度有微妙的变化。2006年，欧盟委员会发表了题为"欧盟与中国：更紧密的伙伴、承担更多责任"的新对华政策文件，同时发表的还有一个题为"竞争与伙伴关系——欧盟—中国贸易与投资政策"的对华贸易战略文件[①]。文件从政治与经济战略、竞争与合作政策的角度，对欧盟与中国的关系进行了评估与展望，希望中国承担起更多的国际经济政治乃至环境责任。换句话说，就是希望中国在与欧盟的合作中，更多地照顾欧洲的利益。近些年来，中欧之间的贸易摩擦有所增加，一贯主张自由贸易的欧洲现在也开始利用反倾销等手段来实施贸易保护主义，由于欧洲是传统的国际制造业中心，中国制造业的崛起实际上导致了中欧之间的互补性已经减弱，而竞争性在加强。但在另一方面，欧洲在经济和政治一体化进程中，面临着非常复杂的局面，导致了欧盟和欧元区内

---

① 参见赵怀普："当前中欧关系的特点及其前景"，《国际问题论坛》，2008年冬季号。

部矛盾重重,而解决这些矛盾又需要借助外部的力量,这又决定了它必须发展和不断崛起的中国之间的关系,尤其是在遭遇主权债务危机的时候,更是希望借助中国的一部分力量缓解危机。

四、东盟

东南亚联盟(东盟)国家都是中国的近邻,是近些年来世界上经济增长表现最好的地区之一。东盟国家紧随日本、亚洲四小龙和中国,成为世界上新的经济增长极,东盟中的印度尼西亚、泰国、马来西亚、越南等国家,近些年的经济增长都有很好的表现。中国和东盟各国以及整个东盟的经贸合作发展得也很快,2005—2010年,与东盟货物贸易占我国货物贸易总额的比重由9.2%提高到9.8%,这说明中国与东盟的贸易增长快于中国对外贸易的平均水平。2011年,东盟已经超过日本成为我国的第三大贸易伙伴。2010年中国与东盟自由贸易协议全面实施,90%的商品实现零关税,各自有特色和竞争力的商品更加自由地进入对方市场,适应了双方的市场需求,有力地推动了相互贸易的迅速增长。

五、金砖国家

2001年高盛公司首席经济学家吉姆·奥尼尔根据巴西(Brazil)、俄罗斯(Russia)、印度(India)和中国(China)英文国名的第一个字母,提出了"金砖国家"(BRIC,又被翻译成金砖四国)的概念。2003年10月高盛公司发表了一份题为"与BRICS一起梦想"(Dreaming with Brics: The Path to 2050)的报告,预测到了2050年,美国、日本和这四个国家将成为世界最大的六个经济体。金砖国家包含了四个世界上人口最多、经济总量大、近年来经济增长强劲的新兴国家,是一个很好的概念。2009年6月,金砖四国领导人在俄罗斯举行首次会晤,并发表《"金砖四国"领导人俄罗斯叶卡捷琳堡会晤联合声明》。2010年12月,中国与俄罗斯、印度、巴西一致商定,吸收南非作为正式成员加入"金砖国家"合作机制,并将原来的金砖四国(BRIC)更名为"金砖五国"(BRICS)。金砖国家是目前世界上经济总量最大、人口最多、经济增长最快的联合经济体,而在金砖五国中,中国又发挥着主导性的作用。到2013年3月为止,金砖国家已经召开了五次领导人峰会,金砖国家间的松散型合作已经向紧密合作发展,金砖国家开发银行的筹建,标志着中国和其他金砖国家之间的金融合作将会提升到新的高度。从发展前景看,这五个国家在各个领域日益扩大的合作,标志着新兴大国将在未来的世界经济合作中扮演越来越重要的角色。

六、拉丁美洲

中国与拉丁美洲及加勒比地区国家间经贸关系近年来迅速发展,一直是世人关注的焦点之一。中拉双边年贸易额已从10年前的不足百亿美元增加到2010年的1830亿美元,中国已成为智利、巴西的第一大出口市场,以及阿根廷、秘鲁、哥斯达黎加和古巴的第二大出口市场;中国企业在拉美的投资项目也在迅速增加。中国已经成为拉美地区第二大贸易伙伴,而从发展势头看,中国将很快成为拉美最大的贸易伙伴。中拉经贸合作促进了拉美的经济增长,改善了拉美的基础设施建设,拉美提高了抵御金融风暴的能力。中国企业在拉美投资的大型项目包括在巴西修建天然气管道、电网建设和运营管理,在厄瓜多尔投资扩大水力发电能力,在委内瑞拉投资铁路、住房等基础设施建设等等。这些工程不仅符合拉美国家的利益和需求,也大大促进了拉美经济社会的发展。

七、非洲

中国和非洲广大发展中国家之间,有着传统的友谊与合作。但过去的合作更多地是建立在中国对非洲的援助上,近些年来,经贸关系的发展则更多地建立在平等合作的基础上。尤其是进入21世纪后,中国与非洲的关系发展得非常快,中国已经成为对非洲经济影响最大的国家。2000年10月,中非合作论坛首届部长级会议于北京举行,中国和44个非洲国家的80多名部长和有关国际和地区组织的代表与会,共同加强中国与非洲的友好合作,共同应对挑战,促进共同发展。从此拉开了中国和非洲国家在21世纪广泛合作的大幕。根据2002年生效的论坛后续机制程序,论坛部长级会议每3年举行一届,并围绕部长级会议举办一系列活动。在第一届部长级会议上,中方宣布减免非洲债务、鼓励企业对非投资和培训专业人才等措施。在2003年第二届部长级会议上,中方宣布增加对非援助、加强人力资源开发合作、给予与中国建交的非洲最不发达国家部分输华产品免关税待遇等措施。在2006年中非合作论坛北京峰会和第三届部长级会议上,中方宣布了旨在加强中非务实合作、支持非洲发展的八项举措,包括扩大援助规模、提供优惠性质贷款、援建非洲联盟会议中心、扩大免关税受惠商品范围、设立中非发展基金、建设境外经贸合作区、设立农业技术示范中心和疟疾防治中心等。在中非双方共同努力下,这八项举措已在2009年年底前全面落实。在2009年举行的中非合作论坛第四届部长级会议上,中方又宣布了八项新举措,涉及农业、环境保护、促进投资、减免债务、扩大市场准入、教育、医疗卫生等领域,进一步突出改善非洲民生、加强农业合作、加大人力资源开发合作、提高非洲自主发展能力等内容。2010年中非双边贸易总额达到了1270亿美元,与2000年相比,年均增长率达到30%以上,大大高于这一期间中国对外贸易的平均增长水平。虽然占中国对外贸易总额的比重仅达到4.3%,但中国已经是非洲最大的贸易伙伴。中非之间其他领域的合作如投资、基础设施、项目承包等,也在全面推进。

第五节 全球化战略与中国经济增长

进入21世纪以来,随着中国经济的持续高速增长和外向型经济的跨越式发展,在全球金融危机前后,当以美国为代表的西方发达国家的经济全面出现问题的时候,中国的经济发展水平以及外向型经济的整体规模却实现了历史性的跨越。从经济总量、中国对世界经济的影响以及实体经济尤其是制造业的发展上看,中国已经走到了世界的前列,成为对世界经济影响最大的国家和经济体。在这种情况下,全球化战略是中国中长期发展的必然选择。如果说在改革开放初期,我们要利用国内外两种资源、两个市场实现经济起飞和高速增长,那么到了现在,我们更要利用这两种资源和两个市场实现可持续发展。当然,我们也要看到,从人均发展水平、金融和科技等对实体经济产生重大影响的领域、制度建设、经济和社会发展的均衡性(表现为地区之间、不同群体之间的各种发展差距)以及教育科学文化的发展上看,中国都和世界先进水平存在着差距。从这个意义上说,中国在未来的发展中要解决的矛盾,就包括了国际国内两大矛盾,首先是要把国内的事情办好,使中国的综合国力、国际地位和人民生活不断提高,实现中华民族的伟大复兴;同时要继续实现全方位的对外开放,继续实行走出去的发展战略,在新的水平上把国外的事情处理好,在与世界各国实现共赢的基础上,推动中国的中长期发展。

　　从历史唯物主义的观点看,由于世界经济发展的非均衡性,总是会有新兴国家追赶上以往的强国,导致传统强国和新兴强国之间的抗衡。在世界历史上,英国、美国、德国、日本、苏联等都曾经后来者居上,和传统霸权之间出现抗衡,而在这种抗衡中,对世界市场和资源的争夺始终都是重要的内容。但是在第二次世界大战以前,各国的对外经济扩张大多伴随着对殖民地的争夺及军事扩张,战争是解决争端的重要手段。但是在事实上,除了美国之外,英国、法国、德国、日本甚至苏联,最终都没有在军事对抗上得到好处。德国和日本在二战中挑战强权,为世界带来了巨大冲击,也给自己国家的人民带来灾难。而美国之所以没有在争夺世界霸权的战争中受到重创,首先是美国崛起时,世界上的殖民地已经基本上被老牌帝国主义国家瓜分完毕,美国虽然也存在对外侵略的历史(如1853年对日本的侵略、1898年为夺取西班牙属地古巴、波多黎各和菲律宾而发动的美西战争等),但总体上看,在二战以前,美国选择的主要道路是通过要求世界列强"门户开放、利益均沾"来实现经济扩张,而不是和列强之间进行直接军事对抗。在二战中,美国参战也是由守转攻,在整场战争中,它的损失是最小的,而收益是最大的。从世界各国之间的观念比较来看,美国是较早摒弃对外占领或争夺殖民地来获得发展观念的国家,它更注重通过扩大自己的政治、经济、军事的影响力来扩展自己的势力范围和制订规则,通过扮演"国际警察"的角色,来获得自己的利益。中国的发展并不是为了争夺世界霸权,而是现代化建设的需要。从根本上说,就是要通过提高综合国力和对外开放,改善中国的物质文明和精神文明,不再落后与贫穷。

从鸦片战争到新中国建立以前,中国的历史就是一部受帝国主义列强欺辱的历史,也是一部中国人民反对外来侵略的历史。历史和事实都已经证明,中国人民哪怕做出最大的民族牺牲,也不会屈从于外来压力,反过来说,中国人深知战争会给各国人民带来什么,也不可能希望通过侵略别人来获得利益。中国从改革开放一开始,要实现的就是和平发展,在改革开放初期所做的不是扩军和发展国防工业,而是基于对国际形势的科学判断,实行了裁军和削减国防工业,长期以来中国的军力提升也一直是滞后于经济增长。我们是在现代市场经济框架和国际通行规则下,通过国内建设及发展与世界各国的经贸关系,经过长期努力实现了和平崛起,成了国际经济和政治秩序中的新的主导力量。现在,面对着日益复杂的国际安全局势,中国也在适当地加强在国防上的投入,但这种投入主要是为了维护自身的安全,为国内的经济建设提供更好的条件,而不是为了对外军事扩张,事实也早已经证明,那一条路是走不通的。在当今世界上,和平与发展仍然是两大主题,这也是中国在复杂多变的国际形势下始终要坚持的。事实上,改革开放三十多年来,中国正是坚持了和平与发展,才在赶超进程中取得了那么大的成就。从这个角度看,中国走的是一条新型的大国崛起之路。

一、中国的外向型经济所面临的挑战

(一)美国和西方发达国家对中国的遏制

美国及西方发达国家面对日益强大的中国有着复杂的心理,一方面,由于全球经济一体化,它们必须和中国建立各种经济联系,从而保持自身的发展;另一方面,它们又不愿意承认自己的国际影响力在日益降低,所以它们要采取各种手段(包括政治的、军事的、安全的、文化的、社会的和经济的手段)加大对国际事务的干预,遏制中国国际影响力的提升。这对中国的长远发展提出了新的挑战:

一是自中国崛起后,美国和西方国家开始加强了与中国之间的对抗。尤其是在近几年表现得特别明显。美国和西方国家的一些重要政治人物,继续坚持冷战思维,通过涉台涉藏问题、人权问题、宗教问题、中国和周边国家的领土争端等,公开地或者是隐晦地、直接或间接地和中国对抗。在各个西方发达国家,中国议题成为政治家们捞取政治资本的最重要工具。美中贸易的不平衡、人民币升值、知识产权等问题,一直是美国政府向中国施压的重要内容。他们不认真反省美中贸易的不平衡中美国自身存在着的重要原因(如债务经济、限制高科技产品出口等),而经常通过在国际市场上长期形成的金融、技术及市场优势,通过对市场规则的制订和操纵,制造贸易摩擦,使中国企业蒙受损失。中国现在强调要建立和发展中美新型战略关系,就是要应对这种挑战。这种情况不仅存在于美国,在欧洲国家也是存在的,近些年,我们和欧洲国家的经贸关系发展得很快,但在另一方面,欧洲国家的许多领导人又在接见达赖喇嘛等有关中国的核心利益问题上和我们相对抗。在经贸关系上,他们会鼓励对他们有好处的中国产品的进口,如中国对欧洲的太阳能产品出口把污染留在了中国,给他们带去了清洁能源产品,而当中国太阳能产品生产过剩时,他们又不需要承担任何的风险,当太阳能产品影响到他们企业的利益时,他们马上又会采取措施对我们进行"反倾销"。我们和欧洲国家之间的贸易摩擦事件近些年来呈明显的上升趋势。

二是一些周边国家,随着中国的崛起,一方面通过和中国发展贸易、投资等经济关系获得好处,另一方面利用由对华经济关系积累的财力转变而来的军事实力,并依靠和美国的军事同盟关系或其他军事联系,加强了和中国之间的对抗,加剧地区的紧张局势。由于历史的原因,中国和一些周边国家之间存在着领土争端,这些争端有的可以得到解决,如和俄罗斯之间关于黑瞎子岛的划界,就在前两年解决了;还有一些争端如和日本、越南、印度等国的争端,虽然悬而未决,但是已经保持现状了很多年。但是最近几年,随着中国的崛起,各国的心态开始变得复杂,它们担心随着中国的不断强大它们会永远失去分割中国领土的机会,因而加强了对中国的对抗,其中最典型的是日本、越南和菲律宾。其中日本和越南是利用历史问题做文章,而菲律宾则是把中国的与人为善理解为软弱可欺,提出新的领土要求。其中日本和菲律宾的表现最为恶劣,它们的不同点在于日本是发达国家,菲律宾是不发达穷国;日本与中国之间是历史问题,菲律宾则是提出新的领土要求。共同点在于都把对抗升级,都以美国为军事靠山,对中国施压,企图通过美国的支持在争端中谋取利益。问题在于,这些国家在和中国进行经济交往中获得了大量好处,日本是通过对中国的投资和贸易关系获得了利益,而菲律宾则通过接受中国的投资及发展贸易得到了好处。而它们从这些经贸关系中积累的财力中的一部分,又反过来用于建造和购置军事装备来反对我们。对于这些国家,我们一定要保持警惕,尤其是在对抗有可能转化为冲突的情况下,经热政冷就不对了,我们不能在经济上养着人家,再让它们转过身来打我们或者和美国人结盟来打我们。经贸关系应该服从国家核心利益和国家安全的大局。

三是一些原料生产国,通过和美国为首的资本集团结盟控制操控国际市场,通过原料价格的垄断蚕食我们的发展红利。近些年来,随着中国逐渐成为新的国际制造业中心,对国际市场的依赖逐渐增强,首先,在生产能力的形成中大量地吸引外商直接投资,从而形成对国际资本市场的依赖;其次,产出的产品大量出口,从而形成对国际商品市场的依赖;最后是在生产过程中,大量使用国外的能源和自然资源(尤其是石油和铁矿石),从而形成对国际原料市场的依赖。现在,中国已经成为许多国家最大的石油出口对象国,以及澳大利亚和巴西最大的铁矿石出口国。这些石油生产国(如沙特阿拉伯)和铁矿石生产国(澳大利亚和巴西),在政治上与美国的关系更为密切,而在国际原材料市场上则是按照以美国为首的发达国家资本集团所制订的规则行事,我们对国际能源和自然资源的利用程度越大,它们的提价程度就越高,而且对这些大宗商品的订价我们几乎没有什么发言权,总是被动地接受人家的价格,尤其是在国内相关产业发生波动产品价格回落时,从国外的进口价格回落的幅度往往很小。如2011年到2012年间,国内钢铁企业出现了普遍亏损,但国外厂商仍然有很高的盈利。这使我们的相关企业处于非常被动的局面。

四是一些亚非拉发展中国家或者是不发达国家的政府,对内缺乏对国内政局的驾驭能力,对外则在政治上依附美国或西方国家,因此一方面希望通过和中国发展经贸合作获得经济利益,促进国内经济增长,另一方面又要依附西方国家获得好处,包括以此为筹码对中国施压,让中国在贸易、投资和国际经济合作中做出更大的让步,有时甚至导致中国遭受损失。虽然就个体来看,我们和亚非拉发展中国家或者不发达国家的双边经贸合作的规模都不大,远远小于各个发达国家,但这些国家的波及范围广,中国涉入的程度深,发展的潜力也大,一旦发生问题,对中国的冲击也大。如我们和发达国家之间发展贸易关系,虽然也有进出口信贷问题、贸易摩擦问题等,但总的来说是有规则可以遵循的,风险相对较小。但和亚非拉发展中国家之间的经贸往来,由于政治、社会、文化等方面的原因,风险就相对较大。这种风险有的体现在当地的政局可能发生变化,如利比亚的动乱就使中资企业蒙受了重大损失;有的体现为当地安全形势变化,当地民众和中资企业之间发生冲突,导致企业人员和财产受到损失;但更多的是当地政治和经济体制落后,市场规则不完善或者根本没有形成,当地政府左右摇摆、朝令夕改,在政治上依附美国或西方政治势力,对中国缺乏足够的尊重,像菲律宾这种将中国释放的善意看成软弱可欺的国家并不是少数,在中国已经做出很大妥协的情况下,还要得寸进尺。亚非拉国家是中国近些年来资本输出、劳务输出的主体,我们帮助了很多亚非拉发展中国家开展基础设施建设,同时在当地开办企业,这种合作如果发展得好,将会有很好的前景,但是也存在着各种风险。这种风险主要体现在两个方面,一是国家关系层面上的风险,二是由于这些国家内部出现问题所带来的风险。在发展和这些国家关系时,要对这些风险进行充分的评估。

(二)以美国为首的西方发达国家主导的传统国际经济秩序对中国的制约

从总体上看,在当前的国际经济政治秩序中,以美国为首的发达国家以及它们所影响的广大新兴经济体、发展中国家,在原材料供应和市场终端系统两个方面挤压中国企业的利润空间,形成了分享—蚕食中国增长红利的经济制衡体系,即在中国主导的商品市场上分享中国红利,在非中国主导的市场(特别是资本市场、大宗商品市场、金融市场和技术市场)上蚕食中国红利。从20世纪90年代后期,尤其是加入WTO之后,中国商品尤其是轻纺产品、机电产品在国际市场上的份额不断加大。但是很多品牌和核心技术仍然掌握在西方国家的大公司手中,在全球经济一体化的供应链中,中国虽然总量规模大,但在总价值中所占有的增加值却受到制约。国际资本利用它们在品牌、技术、市场上的优势,分享着中国的增长红利。在非中国主导的市场上,尤其是在大宗商品和金融市场上,中国的话语权和定价权仍然要进一步提高,如铁矿石、原油、粮食等,定价权都不在我们这里,每次国际商品大幅度上涨,我们都要被迫接受,从而形成输入型的通货膨胀,这其实意味着中国经济增长的代价在提高。但是反过来,在钢铁、电解铝这样几乎由中国垄断的初级制成品上,我们也缺乏定价权。如果说,在中国主导的商品市场上我们已经开始渐渐地拿回主动权,那么在非中国主导的市场上,我们的国际化程度越深,全球化战略越发展,我们的发展红利被蚕食的程度也就越大。这是需要我们高度重视的问题。

目前在国际商品市场(一般商品市场和大宗商品市场)和资本市场上发挥主导作用的仍然是以美国为主的西方资本集团。

首先看一般商品市场。一般商品指满足生产和消费的普通商品。从现在的情况看,中国已经在这一市场上占据了优势,出口的份额为全球最大,虽然出口产品的质量、技术含量和附加值程度还可以进一步提高,但毕竟已经取得了领先的地位。由于从改革开放到现在,我们一直强调扩大出口对经济增长的意义,在这一市场上我们面临着两重竞争,一是与国际上的大量厂商间展开竞争,生产在价格和性能方面具有优势的产品,由于提高性能需要长期的过程,我们主要是依靠价格优势;二是国内厂商之间也在通过压低出口产品的价格展开着激烈的竞争,因此从一开始,我们的产品就是以价格取胜的,但对于西方国家来说,这仍然不够,还要继续压低我们的一般商品的价格来获得更大的收益,而很多发展中国家也通过在发达国家集团与中国之间的摇摆,压低我们的一般商品价格,挤压中国企业的利润空间。从这个意义上看,中国发展外向型经济以及扩大国际市场上的份额是有代价的,这就是通过放弃自身的一部分利益,以较低的生产要素价格和产品价格取得了规模优势。但应该看到,在这一市场上,主要规则还是由美国为首的西方国家制订和主导的,从1986年提出恢复关贸总协定(GATT)成员国地位到2001年正式加入世界贸易组织(WTO),中国花了15年时间。为了实现入世,1996年4月1日和1997年10月1日,我国政府两次大幅度降低关税税率,取消了大量的非关税壁垒,而在1998年4月中国工作组第七次会议上,中国代表团向世贸组织秘书处提交了一份近6000个税号的关税减让表。这其中有一部分是随着中国经济的发展,我们对关税制度进行的改革,但还有相当大的一个部分,是我们在双边谈判中做出的让步。在三十多个要求和中国进行双边谈判的国家中,美国是中国入世的最大障碍。1999年,中美之间举行了入世的双边谈判,中国方面表现出了最大的诚意,在对美农产品进口、关税减免、对外开放金融、电信等服务业方面,做出了难以想象的让步。美国借助于这一谈判压制中国的意图表现得非常明显,但我们下了决心,背水一战,最终加入了世贸组织,并且在入世之后,按照我们的承诺履行了相关的义务,事实证明,美国对我们的压制,并没有打垮我们的外向型经济,相反,我们利用这一舞台,实现了外向型经济的更大发展。当然,由于我们加入世贸时做出了较多的让步,这种发展实际上是以牺牲一定的利益为代价的。因此,从一开始,以美国为主导的中国入世谈判,就在不断地逼迫着中国牺牲自身的利益,而在中国入世之后,美国以及其他西方国家也没有停止这种思维。在它们的产品要进入中国时,就要求中国降低关税,而中国产品出口到它们那里去,则通过压低中国商品的价格和提高关税从中国得到两重好处。而一旦中国商品的低价格影响到这些国家相关产业的发展时,它们又会反过来对中国商品进行制裁。所以从总量上看,中国的外向型经济发展得很快,但是具体到行业或者是企业,出口导向型经济实际上是在相当大的压力下发展和生存的。一些发展中国家,也根据美国和西方国家的眼色,利用中国企业希望扩大出口的心理,对中国施压,蚕食中国的发展红利。

其次看大宗商品市场。大宗商品是指用于生产与消费使用的大批量买卖的物质商品,它们具有同质化、可交易、广泛作为工业基础性原材料的特点,如原油、有色金属、农产品、铁矿石、煤炭等。大宗商品包括三个大的类别,即能源商品、基础原材料和大宗农产品。大宗商品市场可以分为现货和期货市场,现货市场是对大宗商品进行批发的市场,我国在20世纪末,建立了一批大宗商品交易中心批发市场,近些年取得了很大的发展,对这些市场的管理和规范也取得了很大的进步。而期货市场,则是通过期货、期权等金融工具对大宗商品进行交易的市场。由于期货市场具有套期保值、价格发现和长期交易等特点,期货市场比现货市场对大宗商品的价格影响更大。改革开放后,我国的期货市场发展也很快,先后建立了大连、郑州和上海期货交易所,已经成功上市了23个期货品种,除了原油以外,国际市场大宗商品期货品种在我国都已上市,覆盖了农产品、金属、能源、化工等诸多产业领域的商品期货产品,商品期货的交易规模目前已经达到世界领先水平。我国期货市场的铜、大豆、棉花等品种对国际大宗商品市场已经具有一定的影响力。但是从整体上看,主要影响全球大宗商品价格的交易所都在欧美国家,最有代表性的有伦敦金属交易所、纽约商品交易所、芝加哥期货交易所。这些市场的交易品种多(美国的商品期货交易所的交易品种达到300种以上)、交易量大、规则完善、专业化程度高,因此左右了世界大宗商品交易的主流。大宗商品交易市场兼有商品市场和资本市场的特征,就提供商品满足世界各国生产和消费的需求而言,它具有商品市场的属性,而就其交易所采取的主要金融手段而言,它具有资本市场的属性,而且一个国家的经济发达和市场化程度越高,其大宗商品市场的金融属性也就越强。这也是发达国家的实体经济和虚拟经济之间的联系比新兴国家更紧密的原因。随着中国逐渐成为新的国际制造业中心和生产结构的调整,对于大宗商品的进口不断增加,中国已经成为世界上最大的石油、铁矿石、豆油、氧化铝等产品的进口国之一,而且进口量每年都在增加。这本来是对中国和相关商品生产国都有利的事情,但我们经常遇到的局面是这些产品的生产经常都掌握在西方跨国公司手中,而交易则由西方资本集团操纵,与"中国制造"相关的大宗商品,价格都非常敏感。一旦制成品的产能和产量得到提高,作为原材料的大宗商品在国际市场上的价格往往会随之上升,挤压着我国的利润空间。使用相关大宗商品为原料的企业或行业的产量上去了,但是由于单位产品原材料的价格上升,单位产品的利润可能没有提升甚至是下降的,有时甚至整体的利润都是下降的。

最后看资本和金融市场。如果说在一般商品市场上,中国已经取得了一定的优势,至少在总量上,我们已经取得了优势,改变了原有的格局和力量对比,那么在国际资本和金融市场上,美国的主导地位并没有动摇。2008年的全球金融危机,重创了美国和西方世界,同时给全世界的经济带来了冲击。但是美国的资本市场并没有因此倒下,如果说美国的实体经济至今还没有恢复元气的话,那么美国的金融界已经走出了危机的阴影。美国的金融业是面向全球的,早在第二次世界大战结束时,随着美元取得国际贸易的地位,全球的资本和金融市场的重心就已经转到美国,虽然伦敦、法兰克福、新加坡、中国香港甚至中国内地的金融业都可以说有了一定的发展,但是和美国金融业相比,影响力要小得多。这首先和美国的经济实力有关,同时也和美国的金融创新和风险控制有关。1933年美国出台的格拉斯—斯蒂格尔法案(Glass-Steagall Act),是世界上最早的有关投资银行与商业银行分业经营的法案,在控制风险的同时,为投资银行的发展提供了更加广泛的空间。在美国,金融业是最重要的服务行业,不但为国内经济提供大量金融服务,还面向全球提供大量金融服务,从而为美国提供了大量的增加值。在这一点上,美国和注重于制造业传统的西方国家不同,它更多地通过金融服务在资本和金融市场上影响世界,同时获得大量利益。2008年美国的"次贷危机",使美国的虚拟经济受到了重创,但在另一个方面,也为美国政府消除金融市场泡沫、提高金融业的创新和风险控制水平创造了一个特殊的环境。美国的金融业通过自由市场经济的考验(美元还是国际货币),仍然保持着稳定,美国的金融业还在影响着全球的资本和金融世界市场,进而影响着全球的经济。尤其应该看到的,是美国在通过金融服务(如融资服务、直接投资等)影响世界经济时,还通过期货、衍生金融工具等影响着大宗商品市场,一些大的资本集团通过操纵市场经济,直接影响世界经济甚至政治的发展,如 1998 年亚洲金融危机、经济危机甚至于一些国家的政治危机,就是美国的大资本集团操纵的结果,在冠冕堂皇的市场规则下,一些国家的经济受到重创、人民生活受到严重影响,而美国的大资本集团却满载而归。在美国和西方国家的经济发展遭遇了困难的情况下,他们总是要指责新兴国家尤其是指责中国,并且希望通过由我们来付出代价以获得他们自身的复苏,除了在贸易等领域和我们直接摩擦(如逼迫人民币升值、制造贸易摩擦等),还会通过资本和金融市场影响大宗商品价格、影响各国的立场等,来间接地损害中国的利益。中国的金融业仍然处于发展阶段,在金融和资本账户上我们还没有完全实行自由兑换和自由流动,因此暂时还不足以和它们抗衡,但是我们可以通过我们的努力,来尽可能地减轻它们的这种优势对我们的负面影响,如通过在国家间、地区间、国家集团间的金融合作,如发展金融合作、发展对外直接投资以及对中国经济发展有重大影响的战略资源的开发及应用,提高我们的抗风险能力。国家开发银行、中国进出口银行等国家政策性银行,在这一方面做了大量的工作,为中国全球化战略下的开发性金融向外部拓展做出了贡献。

(三)国内传统的粗放型的经济发展方式要实现新的转变

进入 21 世纪和加入 WTO 之后,中国的外向型经济得到了迅速的发展,大约在全球金融危机爆发前后,中国的对外贸易(首先是出口)出现了历史性的突破,达到了世界领先水平,这一方面说明中国的全球经济影响力得到了巨大的提升,另一方面也说明中国的经济增长已经和世界经济密不可分,对全球经济的依赖性明显增加。因此,近些年中国经济增长率出现的回落,除了国内因素的影响外,全球金融危机及其所导致的世界性经济停滞与衰退是重要影响因素。面对复杂多变的国际经济环境,中国的外向型经济也要实现经济发展方式的转变,使全球化发展战略服务于国内的经济增长和经济发展。

从根本上说,无论是中国的高速经济增长还是外向型经济的发展,其主要影响因素都是我们自身的改革开放而不是外部经济的繁荣,否则就不能解释为什么战后资本主义世界出现了多次繁荣,而只有这一次中国经济才得到了真正的发展。但是在三十多年间,由于经济规模的变化,我们所面临的国内外发展环境是不同的。在改革开放初期,我们在世界市场中所占据的份额是很小的,我们发展外向型经济所受的主要制约是国内的生产能力,市场和资源对外向型经济的制约很小;现在的情况正好反过来,我们的出口产品的生产能力很强,甚至可以说是过剩的,但市场和资源却在明显地制约外向型经济的发展。如目前国内遇到比较大困难的光伏产业,从长远来看是有发展前景的,但是无论从市场来看(当时对欧洲市场过分乐观),还是从资源约束上看(光伏产业在生产过程中耗能较高),或者是从成本核算上看,在开发初期都没有充分估计到可能遇到的困难。在很长一段时间,我们吸引的外商直接投资中,相当一部分用来发展两头在外的加工出口产品,这些产品的加工附加值很低,而且依赖于中国的低生产要素价格(土地、电力、劳动、服务等),实际上形成我国生产要素的低价出口,而一旦生产要素价格出现调整(如厂房租金调整及劳动工资提高),这些企业马上就会遇到困难。这就影响了我国外向型经济的稳定性和发展的可持续性。

所以2008年的全球金融危机,从短期来看,对中国的外向型经济确实形成了冲击,但从长远看,它为我们转变外向型经济的发展方式提供了一次难得的机会。在过去的三十多年中,我们在外向型经济的数量扩张方面取得了很大的成就,而从未来的发展看,外向型经济的发展更多地应该依靠质量的提高。出口的规模是以总产出的方式反映的,包括在生产过程中所做的中间投入,而从出口对经济增长的贡献来看,还要在出口产品中扣除掉中间投入的部分,考察每年出口产业所创造的增加值。从这一点看,所谓经济发展方式的转变就不仅仅是内需型企业的问题,也是对外向型企业发展的要求。从短期上看,国家可以通过汇率政策、出口退税政策以及扶持外向型企业的政策减轻企业的负担,为它们渡过难关创造一定的条件。但是从长远看,我国的外向型经济还是要通过加强自主创新和技术进步找到可持续发展的出路,同时,还要实施走出去的战略,通过在国外尤其是亚非拉国家投资建厂扩大我们的商品输出和资本输出的能力。

从总体上看,在中国的外向型经济的发展中,货物的出口占了相当大的份额,而在发达国家,如美国和日本,虽然出口增长已经明显放缓,但是对外投资和对外服务等仍然在发展,外向型经济的产业结构处于比较高级的阶段。我们的出口数量上去了,但是其他方面对外经济合作是相对滞后的,所以相比较而言,外向型经济的产业结构仍然是相对偏低的。实现外向型经济的发展方式转变,不但要解决个别企业如何通过技术进步实现发展质量提升的问题,也要推动整个出口产业的结构提升。

二、积极推进全球化战略,在共赢中推动中国经济增长

经过三十多年的高速经济增长,中国经济的总量已经达到了世界先进水平。但由于人口众多,从人均水平上看仍然还是一个发展中国家。经济总量大和人均水平低,再加上资源、市场、科学技术发展水平等方面的因素,决定了中国在扩大内需的同时,仍然要不断发展和世界各国的合作,包括与发达国家和发展中国家的合作,在共赢的基础上实现共同发展。这种发展首先是经济合作关系的发展,经济是政治的基础,经济合作发展了,才能在更高的层次上推动政治、外交、安全等其他领域的发展。从中国和非洲交往的实践中就可以看出,虽然我们很早就和非洲的一些友好国家在反对帝国主义和殖民统治的斗争中建立了良好的政治关系,但由于经济合作没有跟上,相互之间的合作只能是有限的。而近些年来,由于双边和多边的经济合作不断推广和加深,我们和当地政府、企业、民众的关系也更加密切。事实证明,经济合作能够有力地推动双边和多边的政治关系。

(一)全面发展与亚非拉发展中国家的关系

从中国目前的产业结构看,中国在发达国家与发展中国家之间具有承上启下的比较优势。按照配第—克拉克定理所揭示的伴随经济发展而产生的劳动力和产业结构的演变规律:劳动力先从农业流向制造业,再从制造业流向服务业,相应地,三次产业生产比重也逐步向第三产业集中。三次产业结构的推进和演变,不仅是数量上的增减,而且是一个国家、地区经济水平质变的过程。许多发达国家工业化的完成、现代化的实现,重要标志就是第一、二产业向第三产业逐渐推进。这不仅表现在劳动力由第一、二产业向第三产业转移,而且还表现在第三产业增加值占GDP的比重逐渐增大。多数发达国家第三产业增加值占GDP的比重为65%—75%,就业比重为50%—75%。在欧美主要发达国家中,虽然各国的产业结构有一定的差别,如德国第二产业的比重比其他国家高一些,日本第一产业的比重要高于美国,但总体来说,发展趋势是相近的,即第一产业比重大约在5%以下,第二产业的比重在20%—30%之间,而第三产业的比重在70%左右。而从它们的经验看,当一个大国的产业结构上升到比较高级的阶段并趋于稳定时,其就业结构会向增加值结构收敛。

中国目前仍然处于工业化进程中,从2012年增加值结构来看,以农业为主的第一产业的比重已经较低,降低到10.1%左右,而包括制造业和建筑业在内的第二产业的比重达到了45.3%,而第三产业比重仍然只有44.6%,这种产业结构说明了中国为什么会成为全球的制造业中心。随着发达国家第二产业尤其是制造业向中国的转移,中国在经济总量不断扩张并达到世界领先水平时,其产业结构仍然是以第二产业为主导的,并且把发展外向型经济作为经济增长的重点,这必然导致中国的制造业在全球制造业中地位的提升。这也从一个角度论证了中国和亚非拉广大的欠发达发展中国家之间的经贸关系所具备的潜力。美国及西方国家的产业结构已经提高到了后工业化时期的高度,它们提供的往往是制造业的高端产品(如高科技产品)或高端服务(如金融、科技、文化),这些产品和服务中的相当大部分和欠发达地区之间的需求是不能直接对接的,反过来,欠发达国家可以出口的初级产品尤其是资源类产品,又由于发达国家已经把相当多的制造业转往中国这样的新兴工业化国家而导致需求相对在减少。这就使得中国在国际分工中具有一个独特的有利位置,在资源进口和中低端产品出口上,可以与新兴工业化国家、发展中国家形成互补,而在对发达国家高端产品和高端服务的需求以及制造业产品的供给上,则和发达国家是对接的。这是中国特定的经济发展阶段所决定的。现在一些发达国家也在非洲帮助建设基础设施,但是无论是原材料还是劳务费用都相当贵,但质量却并不一定比中国建设的好,这当然就意味着发达国家在那些地区相关项目的竞争中是不具备优势的。这也就客观上决定了如果亚非拉广大的欠发达国家想发展经济,就必须选择更多地和中国这样的新兴工业化国家或新兴发展中国家进行合作。

但是也要看到,与广大发展中国家发展经贸关系,也存在着风险。一般地说,一个国家的经济越不发达,发展越不平衡(表现为贫富差别、地区差别和部族差别),国内的经济和政治矛盾就越尖锐,这里的政府就越容易在中国和西方国家之间左右摇摆,从而加大中国与它们开展经贸合作时的风险。因此,中国及中国的企业在和这些国家发展经贸关系时,应该注意以下几个方面:

第一是评估风险,要避免由于这些地方的法制不全、市场规则变化以及政治动乱所可能对中国投资者或商人的业务造成冲击。应该看到,和亚非拉广大发展中国家发展经贸和其他关系,并不仅仅取决于我们单边的愿望,还需要当地具备一定的条件,如发展经贸关系就需要当地有一些起码的条件,如政局相对稳定、当地民众友好、当地的经济有一定的发展基础,在一个充满动乱或者是没有发展经济条件的国家和地区,是谈不上经贸合作的,最多只能是经济援助。

第二是通过经贸合作,带动这些地方的经济增长和改善当地人民的生活,让人民切身体会到和中国发展经贸合作的好处,这就会使当地的政府、企业和民众对中国政府、企业和商人有更多的信任。事实上,美国和西方发达国家,在面对亚非拉广大发展中国家的问题时,经常是指手画脚,到处推行西方式的民主,激化当地民众和族群间的矛盾,留下一个烂摊子让当地人收拾。在表面的公正背后,实际上是要扩大自己的影响,增强当地人对它们的政治依赖,但它们自己并不愿意负责任。美国在阿富汗和伊拉克所做的就是这样。这些国家对美国的威胁是缓解了,但这些国家内部的矛盾却激化了,经济更加落后。而中国要做的恰恰相反,要通过相互合作解决当地的发展问题,这就有可能改变当地对美国和西方国家的政治依附,改变当地的二元化局面。

第三是中国的投资者和企业要自律。在改革开放的进程中,无论在国内和国外,中国企业的逐利倾向都在增加,企业追求利润最大化是无可厚非的,但是有些企业和商人为了金钱而越出道德、法律和市场规则的底线,在国际上就会造成很坏的影响。因此对走出国门的企业,我们既要加强思想教育,也要加强法律约束,尽可能减少不良企业和商人在国外对中国造成的负面影响。

第四是要把中国改革开放和经济发展的经验介绍到广大发展中国家,让它们认识到发展才是硬道理,内部纷争只会使它们不断地丧失发展经济的良好机会。中国不能够像过去那样,对当地所存在的问题完全不闻不问,而应该给当地政府和人民应有的建议,尤其是对当地由利益分配而产生的部族冲突,应该尽力往好的方面引导。中国不能以大国姿态对当地的政治生活指手画脚,但是在条件合适的情况下,应该提出自己的建议,表现出文明大国应有的风度。中国应该在亚非拉发展中国家,建立一些经济和政治合作的典范,通过它们的发展来说明中国会以什么样的态度来发展对外合作,能够取得哪些成果。

第五是要通过发展经贸关系促进政治关系的改善。中国与很多发展中国家尤其是非洲欠发达国家很早就建立了较好的政治关系,但是这种政治关系如果没有经贸关系的推动,往往是不稳固的。反过来,如果双方的合作仅停留在经贸合作上,双方的合作就会更多地着眼于短期利益,影响双方长远合作的大局。中国政府及其相关部门应该在促进全面的中外合作中发挥更大的作用,通过把更多的好品牌、好企业、好队伍推荐到国外去,提高中国的声誉。同时,要继续改善政府间的合作机制,建立国家间的互信,由经济促政治,发展与广大亚非拉发展中国家的长期友好关系。

(二)积极参加全球治理,提高中国在国际经济事务中的发言权和主动权

从20世纪90年代开始,新兴市场国家整体实力上升,以新兴市场国家带动的广大发展中国家的快速崛起冲击着冷战以后以美国为首的国际经济政治秩序,使全球经济与贸易重心"由西向东"发生转移。全球金融危机时代,亚太地区在全球经济中的引领和推动作用更加明显,尤其是亚洲新兴国家如中国、印度、印度尼西亚、马来西亚、泰国、越南等国,在欧美经历着经济停滞和衰退的同时,仍然保持了旺盛的经济增长,带动了世界经济的复苏。从总体上看,世界原有的供需体系已经改变,发达国家已经出现停滞,而新兴国家和发展中国家作为一个整体正在崛起。新兴国家和发展中国家的经济对外向型经济依赖性较大,当发达国家出现需求不足甚至停滞时,对它们的经济也是有影响的。但由于民众生活水平较低,当外需不足时,可以通过各种措施把外需在一定程度上转化为内需,从而保持经济增长。而对发达国家来说,由于制造业劳动力成本不断提高,制造业尤其是基础制造业已经大规模转移到发展中国家,虚拟经济及资金链又出现问题,要想走出困难就很难,必须在新技术产业或者高端服务业上有所突破,才能走出困境。在这种情况下,广大新兴国家和发展中国家如果想获得进一步的发展,就不能过度依赖于美国和其他发达国家,而必须创造自身的需求,增加供给来获得经济增长。而从现在的情况看,全球经济治理结构是由美国为首的发达国家在长期的市场经济实践中建立的,它的优点在于主张自由市场经济对资源配置的引导作用,从而具有普遍的应用价值,这也是发展中国家要推广市场化改革和在WTO的框架下进入国际市场发展外向型经济的基本原因;它的问题在于大多数市场规则是由发达市场经济国家所制订的,保护的是传统发达国家的利益。当发达国家要向发展中国家倾销商品时,它们就强调自由市场经济的原则,而发展中国家的制造业发

展起来后,它又反对倾销制造贸易摩擦;它们主张国际收支账户上货币的自由兑换和流动以及汇率市场化,但是当一些国家的汇率有利于那些国家的出口时,就把别人列为汇率操纵国。如果说一个国家屈服于发达国家的意志,做出了妥协,那它们的经济可能就会受到致命的打击。日本当年签订"广场协议",同意日元大幅度升值,就重创了日本的经济,使之至今还没走出停滞;而非洲很多国家的高汇率,是它们出口困难和经济增长缓慢的重要原因。在国际市场上,如果处处按照以美国为首的西方国家的意愿和规则行事,一个国家就有可能牺牲很多的经济利益甚至是经济发展的前景。

随着外向型经济的发展,中国对世界经济的贡献在增大,对世界经济的依赖程度也在增加。这种依赖主要表现在两个方面,一是在商品市场上,需要国际市场来消化中国的商品,而随着中国全球化战略的进一步发展,对外投资、对外服务也会进一步增加;二是在能源和自然资源上,对国际市场的依赖度在提高。虽然中国地大物博,能够依靠自身解决相当多的能源和自然资源的需求,如消耗能源的90%以上是靠自己解决的,但作为新的国际制造业的中心,我们的很多产品是向国际市场提供的,因而生产这些产品的能源和自然资源也应该由国际市场提供,这是符合全球资源合理配置的要求的。但是由于中国是国际市场的后来者,规则是由先到的人制定的,尤其是以美国为首的西方资本集团制定的,这些规则往往更加有利于它们。我们在进入这个市场后,发展的红利受到两方面的蚕食,一是在商品市场上,我们的商品和输出的生产要素的价格受到打压,除了市场规则方面的原因外,一些发展中国家还利用政治上的投机取巧,进一步压低我们的商品价格;二是资源市场如大宗商品市场是由美国和西方发达国家控制的,而一些资源丰富的新兴国家和发展中国家,则通过这些市场,让我们被迫地接受资源产品的涨价,在中国形成成本输入型的通货膨胀。原材料在涨价,而产品被压价,无疑要使我们损失发展红利。再进一步,由相关的国际贸易的顺差形成的外汇储备,又被我们购买了美国以及西方发达国家的政府债券,虽然能够得到一定的利息,但是随着人民币的升值,这些外汇储备实际上又在贬值。我们就要通过积极参加全球治理,提高我们在国际事务中的发言权和主动权,不断改变我们在国际市场上的被动局面。实现这一目标,应该采取以下几方面的措施:

一是要推动中国外向型经济的进一步发展,出口产品不但要有数量上的扩展,也需要有质量的提高。中国现在出口商品的数量已经很多,总额位列世界第一。但是在这些商品中,加工产品还占相当大的比重,有很多产品两头在外,到中国进行了一些简单加工,又重新输入国外,为国内创造的增加值有限。在国内生产的产品中,已经有一些品牌在世界上打开了市场,但是也有相当多的产品的质量需要提高。在国际市场上竞争,不能仅仅靠价格低,还需要质量好。从整体上看,中国对外输出的商品和服务,结构还需要进一步升级,以反映中国外向型经济的发展。

二是要改善和资源大国的合作关系,尤其是和资源富集的国家如巴西、澳大利亚等国的关系,要使它们认识到,中国进口它们的资源产品,是国际分工不断发展的结果,如果中国的相关产业受到了影响,它们的出口也会受到影响,大家的利益是相互关联的。2012年,由于中国经济尤其是重工业、钢铁工业等出现调整,巴西、澳大利亚的出口也受到了影响,尤其是巴西,为了在出口铁矿石中获得短期利益,在过去几年中,又是联合世界铁矿石巨头提价,又是发展自己的船运业,希望把利益占尽,而在我们的国内市场上也有短期行为,在钢产量已经很高、产能已经过剩、铁矿价格大幅度上涨的情况下,还在不断扩展产能,加大对铁矿石的进口,影响了双方经济的可持续发展。事实证明,中国钢铁业的过快扩张和对资源大国提价被动地接受,实际上是不利于各国相关产业的可持续发展的。所以,不应该只看到资源掌握到别人手里,我们只能被动地接受它们的价格,我们是资源产品的使用者,我们也有可能通过调节价格和国内政策来改变供需,从而在世界市场上更加主动。

三是要进一步加强多边和区域经济合作,在国际舞台上创造中国的局部优势。中国需要与全球性的国际机构(如联合国、世界银行、国际货币基金组织、世界贸易组织等)开展全方位的国际合作,但是由于历史的、政治的和经济发展水平的原因,虽然中国在这些机构中的影响力在不断提高,主导权现在仍然在美国和西方发达国家那里。从提高中国在国际事务中的话语权和主动权的角度出发,中国可以通过参加、建立或发展中国具有较大影响力的双边、多边和区域合作,建立中国在国际事务中的局部优势。在这一方面,我们已经做了很多工作。我们积极参加多边和区域经贸合作,取得了很大成果。我国实施了自由贸易区战略,大力推进自由贸易区建设。我国与东盟、巴基斯坦、智利、新西兰、新加坡、秘鲁、哥斯达黎加等地区和国家建立了自由贸易关系。目前商谈的中日韩自由贸易区,也有可能取得进展。我们已经深入参与亚太经合组织(APEC)、东盟与中国(10+1)、东盟与中日韩(10+3)、东亚峰会、上海合作组织、中非合作论坛、金砖国家领导人会议等,在这些合作机制中,中国都发挥了主导性的作用。

四是在全球性世界组织中不断提高中国的地位。在政治上,应该更多地介入国际重大事务,树立负责任大国的良好形象。在经济上,要加强与主要经济体和世界其他国家间宏观经济政策的国际协调。在气候变化、能源资源安全、粮食安全、技术标准等重大战略问题上,既要维护我国和广大发展中国家的权益,也要承担与我国发展水平相适应的国际责任和义务。中国要积极推动国际金融体系和国际货币体系改革,积极推动各方务实参与多哈谈判,推动完善均衡、普惠、共赢的多边自由贸易体制。

（三）发展中美新型大国关系并改善与其他发达国家的合作

中美建交初期,中美关系中合作大于对抗。虽然意识形态上存在着很大的差别,但是在政治上,美国希望拉拢中国对抗苏联。而在经济上,中美之间主要是互补关系,美国已经是世界上最发达的国家,而中国则是世界上最贫穷的国家。中国希望通过中美经贸合作带动中国科技水平的提高和经济的发展,而对美国来说,也希望中国能够发展更好,有实力和苏联对抗。对于美国来说,中国是它的全球战略中的一个组成部分,而对中国来说,则需要在现代化进程中借助美国的力量。所以中美建交后很长时期,虽然在人权、知识产权、对台军售等方面存在着矛盾,但总的关系是好的。但进入 21 世纪后,情况发生了变化,中美关系中的不和谐因素开始增加,尤其是奥巴马总统上台后,这种不和谐表现得更为明显,在外交、军事、经贸、环境等各个方面,美国政府的要人经常把中国视为对手,公开地指责中国,反映出咄咄逼人的气势。这种变化的主要原因在美国而不在中国。中国的发展和崛起是一个连续的过程,中国人民用了三十多年的时间,改革开放、锐意进取、励精图治,在全面建设小康社会的进程中不断取得进展,在我们看来,中国的经济发展水平还不够高,实现现代化目标还要经历很长的历程。但是在世界经济中,在 2008 年美国次贷危机带来的全球金融危机爆发前后,却是中国的国际地位发生历史性变化的时刻。从横向对比上,中国先后超过德国和日本,成为世界上最大的出口国和第二大经济体;从纵向发展上,在美国和西方国家遇到重重困难而经济出现停滞和衰退时,中国经济却仍然保持着高增长;从相互关系上看,中国和美国及西方国家的关系从主要是互补关系,演变为众多领域的竞争关系。过去,是中国向美国和西方国家出口初级产品和轻纺产品,由美国和西方国家进口制造业产品、高科技产品和高端服务,但是现在情况改变了,在许多领域中国产品已经开始和美国与西方国家的产品进行竞争,有些美国政治家甚至认为美国的失业率提高,在很大程度上是由于中美贸易的不平衡及中国产品的竞争造成的。这种经济关系的变化也影响到其他各个领域,针对中国的对抗性军演、在环境领域对中国的指责、批评中国在亚非拉国家搞新殖民主义等等,都是在这种背景下发生的。美国对华态度的这种转变,对中国并不是没有影响的,不仅损害了中国的政治和经济利益,其实也在一定程度上损害了美国自身的利益。因此,在新形势下积极地调整中美关系,对中国和美国的利益都是有帮助的。

在国际关系史上,新兴大国与传统大国如何相处一直是个难题。但是从发展趋势看,由于世界经济发展不平衡导致的新的抗衡的表现形式已经发生了变化。英国工业革命前后,新老大国之间的抗衡仍然延续着古老的战争方式,即强权国家之间通过战争来扩充国土及争夺殖民地、划分势力范围,以占据更多的资源来获得经济和政治利益,两次世界大战都是在这种情况下发生的。但第二次世界大战之后,情况已经发生了很大的变化,美苏两个超级大国及其集团之间不断升级的对抗,把大量本来可以用于改善民生的资源用于军备竞赛,但并没有发生全面性的直接军事冲突,虽然冷战思维仍然在继续,但由于大规模杀伤性武器的发展及人类价值观的变化,把战争作为解决大国之间冲突的基本手段的时代,可以说已经过去。和平与发展已经成为新的世界发展趋势。在这种背景下,美国和中国之间即使存在着矛盾甚至矛盾升级,通过对话及加强合作来改善关系的前景始终是存在的。我们需要通过加强国防等手段来提高中国的整体实力,但从总体上来说,以合作来代替对抗应该成为解决中美大国关系的主要途径。在新的形势下,中国提出了发展中美新型大国关系,对如何处理这种关系提出了新的思维。

在发展中美新型大国关系方面,我们应该重视以下几个方面:

一是应该继续推进中美两国的经贸合作,可以做出必要的妥协,尽力解决双方之间存在的摩擦和矛盾,增加共同利益。但是在可能影响中国经济增长的重大问题上,还是要坚持原则。在加入世贸前的中美双边谈判中,中国曾做出很大的让步,使谈判取得了重大进展。在过去的几年中,中国考虑到美方的关切,在汇率改革上、知识产权问题上、克服中美贸易不平衡上,做了大量的努力,取得了积极的成果。但是,中国也不能对美国的要求一概迁就,如对于美国要求人民币短期内大幅度升值、资本账户实行完全自由兑换的要求我们没有做出让步,事实证明,这保护了中国的利益,同时也保护了中美经贸关系的平稳发展。同样的,我们也应该施加一定的压力,让美国适应形势的发展,对过时的对华政策做出调整,如在高科技产品出口管制方面,要让美国认识到,如果更大限度地开放高科技产品的出口,不但有利于改变中美贸易不平衡的局面,也有利于中国的经济发展。双方都应该认识到,中美之间经贸关系的发展,使中国受益,也极大地促进了美国的经济增长。两国经贸关系的进一步发展,符合两国和两国人民的共同利益,也是促进两国关系良性发展的基础。中美双方要开放便利的投资环境,进一步拓展双向投资,加强金融合作,构建以支持实体经济为目标的金融体系。

二是要坚持独立自主的外交政策,在很多国际事务(包括地区事务)上坚守原则,在自己的核心利益上绝不退让,同时又要体现出一定的灵活性。中国在外交上和美国的出发点是不同的,美国是要保持自己的世界霸权,由此获得自己的经济和政治利益,而中国则是强调在互相尊重、平等合作的基础上发展国家关系,希望在中国现代化的进程中有一个和平与发展的国际环境。但中国和美国在国际上是有共同利益的,尤其是维护亚太地区和平、稳定、繁荣,符合中美的共同利益,我们经常要面对许多共同挑战。事实上,世界动乱也损害着美国的利益,造成美国人员和财产的损失,为很多美国家庭带来痛苦,这一点已经开始被美国政府和人民所认识。在国际安全问题上,中国应该以负责任的大国的姿态,担负起和国力相称的国际责任,更多地参与国际事务,这就必须和美国之间展开更多的沟通,鲜明地表达自己的立场,并在重大问题上积极发挥中国的作用。

三是积极应对来自美国的挑战。在国际事务上,我们尽可能不和美国搞对抗,不激化矛盾。对于美国对中国的无端指责(如指责中国在非洲搞新殖民主义),我们要据理力争,但更多地要通过我们的实际行动,向世界各国人民说明中国是他们真正的朋友。美国习惯于对世界各国指手画脚,我们不回避问题,可以在人权、环境等各个美国提出的问题上和它开展建设性的对话,但不能让它干涉我们的内政。但在涉及中国核心利益的议题上,如两岸关系、南海问题、中日争端等议题上,我们不能让步,要坚持原则、针锋相对地和损害中国国家利益的言行作斗争,但同时又要考虑到世界和平与地区安全的大局,做出一定的克制。

四是要通过和美国建立新型的大国关系,带动中国和世界各国之间的互信与合作。在重大国际事务中,西方发达国家经常是站在美国一边的,因为它们和美国之间有着更多的共同利益,自"二战"结束以来,它们之间长期保持着盟友关系,在国际社会中经常和美国采取共同立场。相比较而言,以欧洲为代表的西方发达国家和中国的关系更为友好,虽然它们在人权问题和国际事务上,经常和中国的立场不同,有些行为(如在涉台涉藏问题上)也伤害过中国的核心利益,也和中国之间不停地发生贸易摩擦,但从总体上看,它们更关心的是欧洲自己的事务,同时也需要通过和中国发展关系来促进自身的经济发展以及在国际事务中的影响力。如果中美之间能够建立和发展好新型的大国关系,通过共同利益来促进双边关系的发展,同样也可能带动中欧关系、中日关系等关系的发展。同样,对于广大发展中国家,中美新型大国关系的建立与改善将改善它们发展的国际环境,它们可以同时建立多边的经济和合作,为改善自身的经济增长创造更好的条件,而不需要通过排他性的合作来获得发展。从总体来看,如果我们能够较好地建立和发展中美新型大国关系,不仅有利于国际形势的改善,也会为世界各国的发展创造更好的条件,还有可能促进中国和美国这两个大国与世界各国之间的联系。在这种关系中,不可能不产生摩擦和矛盾,但是只要双方的立场是明确的,信息是透明的,就可能降低其他国家利用这些摩擦和矛盾获利的可能和期望。

第七章 2012年经济形势分析和 2013年经济形势展望

本章主要从经济增长和通货膨胀两个方面,对2012年的经济形势进行回顾,并对2013年的经济形势进行展望。

第一节 2012年经济形势分析

一、经济增长形势分析

2012年,我国经济增长7.8%,比2011年下降了1.5个百分点,增速明显回落。其中第一、二、三、四季度同比分别增长8.1%、7.6%、7.4%和7.9%。前三季度,我国经济增速延续了2011年逐季回落的走势,所以,从2011年第一季度到2012年第三季度,连续7个季度逐季回落。实际上,我国季度经济增速从2010年第二季度进入回落期,到2012年第三季度,持续了10个季度。其中除了2010年第四季度略有反弹外,其余季度经济增速都是逐季回落的,从2010年第一季度的峰值12.1%到2012年第三季度的谷底7.4%,回落了4.7个百分点,平均每个季度回落接近0.5个百分点。2012年第四季度有所反弹(如图7.1所示)。

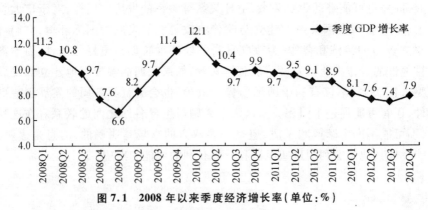

图7.1 2008年以来季度经济增长率(单位:%)

下面从两个角度对2012年我国经济增长形势进行分析,一是从生产的角度,也就是从国民经济各行业增加值变动的角度进行分析;二是从需求的角度,也就是从消费、投资和净出口三大需求变动的角度进行分析。

1. 生产走势

（1）前三季度工业增加值增速逐季回落，第四季度回升

工业增加值增速主要决定于规模以上工业增加值增速。2012年，规模以上工业增加值增长10.0%，比2011年下降了3.9个百分点，增速明显回落。其中第一、二、三、四季度同比分别增长11.6%、9.5%、9.1%和10.0%，前三季度增速延续了2011年逐季回落的走势，第四季度有所回升。同整体经济增速一样，我国季度规模以上工业增加值增速从2010年第二季度进入回落期，到2012年第三季度，这个回落期持续了10个季度，从2010年第一季度19.6%的峰值到2012年第三季度9.1%的谷底，回落了10.5个百分点，平均每个季度回落1个多百分点。2012年第四季度比第三季度回升0.9个百分点。

分月度看，2012年规模以上工业增加值增速呈年初和年末两头高中间低的走势，1—2月份同比增长11.4%，3月份增长11.9%，11月份增长10.1%，12月份增长10.3%，4—10月份均在一位数增长区间。年内最高增速为3月份的11.9%，最低增速为8月份的8.9%，最高增速与最低增速相差3个百分点，总体上比较平稳。

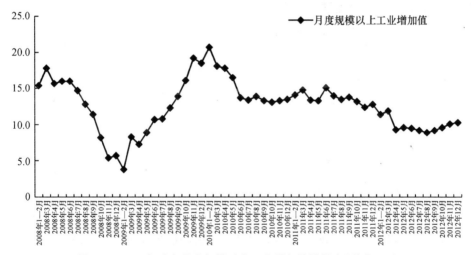

图 7.2　2008年以来月度规模以上工业增加值增长率（单位：%）

2012年，装备工业增加值增长9.7%，增速比2011年回落5.8个百分点。其中，第一、二、三、四季度同比分别增长10.1%、9.8%、8.6%和9.4%，前三季度增速逐季回落，第四季度有所回升，如表7.1所示。

表 7.1　2012 年季度装备工业主要行业增加值增速比较　（单位:%）

行业	第四季度	第三季度	第二季度	第一季度
装备工业	9.4	8.6	9.8	10.1
汽车制造	6.3	8.5	13.2	8.0
电子	12.8	10.2	11.4	11.2
仪器仪表	12.3	12.6	10.6	11.5
电气机械	9.2	7.9	9.6	10.8
铁路、船舶等运输设备	4.7	3.0	4.5	5.9
通用设备	8.7	7.2	7.2	8.8
金属制品	13.2	11.8	10.0	12.8
专用设备	7.8	7.9	8.7	12.1
设备修理	10.7	15.6	7.9	12.4

2012 年,高耗能行业增加值增长 9.5%,比 2011 年回落 2.8 个百分点。其中,第一、二、三、四季度同比分别增长 10.5%、8.3%、8.7% 和 10.5%。前两个季度增速逐季回落,后两个季度增速逐季回升,如表 7.2 所示。

表 7.2　2012 年季度六大高耗能行业增加值增速比较　（单位:%）

行业	第四季度	第三季度	第二季度	第一季度
高耗能行业	10.5	8.7	8.3	10.5
钢铁	12.9	8.5	9.0	8.7
石油加工	8.4	6.0	3.4	6.1
化工	12.3	10.6	10.6	13.3
电力	5.8	3.7	3.0	6.5
有色	12.2	12.7	12.3	16.3
建材	10.5	10.3	10.5	14.6

2012 年,资源类行业增加值增长 9.5%,增速比 2011 年回落 3.8 个百分点。其中,第一、二、三、四季度同比分别增长 10.9%、9.8%、8.8% 和 10.1%,前三季度增速逐季回落,第四季度增速回升,如表 7.3 所示。

表 7.3 2012 年季度主要资源类行业增加值增速比较 (单位:%)

行业	第四季度	第三季度	第二季度	第一季度
资源类行业	10.1	8.8	9.8	10.9
石油和天然气开采	4.9	4.8	3.0	2.6
黑色金属矿	19.2	21.9	21.3	22.2
煤炭开采	10.7	6.3	10.6	12.3
有色金属矿	13.3	17.5	15.8	19.2
非金属矿	7.2	11.3	8.8	17.7
开采辅助活动	11.1	13.6	13.7	23.2
其他采矿	14.8	-8.3	-9.8	43.1

2012 年,主要轻纺行业增加值增长 11.9%,比 2011 年回落 1.7 个百分点。其中,第一、二、三、四季度同比分别增长 15.2%、11.6%、10.9% 和 10.3%,增速逐季回落,如表 7.4 所示。

表 7.4 2012 年季度主要轻纺行业增加值增速比较 (单位:%)

行业	第四季度	第三季度	第二季度	第一季度
主要轻纺行业	10.3	10.9	11.6	15.2
化学纤维制造	12.4	13.3	12.9	13.8
酒、饮料、茶制造	10.2	12.2	12.6	15.7
纺织	11.2	10.9	11.7	15.1
纺织服装、服饰	6.7	5.1	6.3	9.9
食品制造	10.8	11.4	11.4	15.2
农副食品加工	11.1	12.9	13.5	17.6

(2) 房地产业增加值增速逐季回升

商品房销售面积增速在很大程度上决定着房地产业增加值的增长趋势。2012 年,全国商品房销售面积增长 1.8%,增速比 2011 年回落 2.6 个百分点,导致 2012 年房地产增加值增速比 2011 年回落。其中,第一季度、上半年、前三季度和全年全国商品房销售面积同比分别下降 13.6%、下降 10%、下降 4% 和增长 1.8%。第一季度商品房销售面积下降幅度较大,导致房地产业增加值小幅下降;上半年商品房销售面积降幅缩小,导致房地产业增加值转为小幅增长;前三季度商品房销售面积降幅进一步缩小,导致房地产业增加值增速上升;全年商品房销售面积转为增长,导致房地产业增加值继续上升。所以 2012 年房地产业增加值增速呈逐季回升的走势,如图 7.3 所示。

(3) 金融业增加值增速逐季回升

金融机构本外币存贷款余额增速在一定程度上决定着金融业增加值增速的

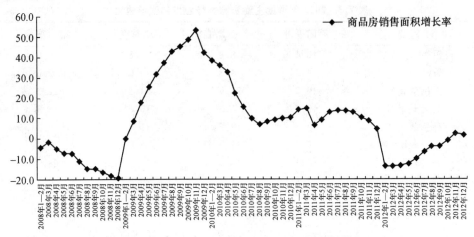

图 7.3 2008 年以来月度商品房销售面积增长率（单位：%）

变动趋势。2012 年年末，金融机构本外币存款余额和贷款余额分别增长 14.1% 和 15.6%，存款余额增速比 2011 年回升 0.6 个百分点，贷款余额回落 0.1 个百分点。所以 2012 年金融业增加值增速比 2011 年有所回升。其中，第一季度末、上半年末和前三季度末，金融机构本外币存款余额同比分别增长 13.0%、13.2% 和 14.3%，贷款余额同比分别增长 15.5%、15.9% 和 16.4%；显然，2012 年前三季度，金融机构本外币存款余额增速和贷款余额增速均呈逐季回升的走势，年末增速有所回落，但由于第四季度股票成交量大幅上涨，弥补了金融机构本外币存贷款余额增速回落的影响，2012 年金融业增加值增速呈逐季回升的走势，如图 7.4 所示。

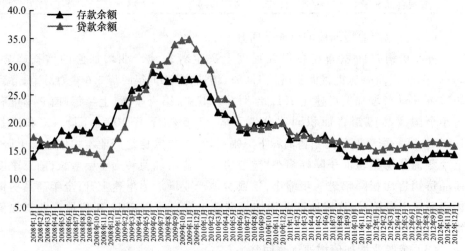

图 7.4 2008 年以来月度本外币存贷款余额增长率（单位：%）

综上所述,从整个国民经济看,2012 年我国经济增速比 2011 年明显回落;2012 年当年,前三季度经济增速逐季回落,第四季度有所回升。从国民经济中的一些重要行业看,2012 年工业和房地产业增加值增速均比 2011 年有所回落,金融业增加值增速比 2011 年有所回升;2012 年当年,前三季度工业增加值增速逐季回落,第四季度回升,房地产业和金融业增加值增速均逐季回升。

2. 需求走势

(1) 居民消费保持较快增长,增速逐季回落

居民消费包括农村居民消费和城镇居民消费。住户调查中的农村居民人均消费支出增速在很大程度上决定了年度农村居民消费增长趋势;住户调查中的农村居民人均现金消费支出增速在很大程度上决定了季度农村居民消费增长趋势[1];住户调查中的城镇居民人均消费支出增速在很大程度上决定了年度和季度城镇居民消费增长趋势[2]。

2012 年,农村居民人均消费支出名义增长 13.2%,实际增长 10.4%,分别比 2011 年回落 6 和 2.2 个百分点。

2012 年第一季度、上半年、前三季度和全年农村居民人均现金消费支出同比名义增速分别为 17.6%、16.6%、15.5% 和 14.4%;同比实际增速分别为 13.3%、12.9%、12.4% 和 11.6%(参见图 7.5)。所以,2012 年这一指标的名义增速和实际增速都呈逐季回落的走势。但是,2012 年农村居民人均现金消费支出名义增速和实际增速仍处于历史上较快增长水平。

2012 年农村居民人均现金消费支出与农村居民人均现金收入保持相同的变动趋势。第一季度、上半年、前三季度和全年农村居民人均现金收入同比名义增速分别为 17.0%、16.1%、15.4% 和 13.3%;实际增速分别为 12.7%、12.4%、12.3% 和 10.5%。因此,农村居民人均现金收入名义增速和实际增速都呈逐季回落的走势,但都保持了较快增长。

---

[1] 住户调查中的农村居民人均消费支出是年度调查指标,农村居民人均现金消费支出是季度调查指标,两者的区别是,前者既包括农村居民现金消费支出,也包括实物消费支出,主要是农民关于自产自用的农林牧渔类产品的消费支出,后者只包括现金消费支出,不包括实物消费支出。

[2] 住户调查中的农村居民消费支出和城镇居民消费支出与支出法 GDP 中的居民消费在基本用途、口径范围、资料来源、计算方法和数据表现等方面都存在区别,其中口径范围方面的区别主要表现在以下四个方面:一是关于居住消费口径范围的区别,二是关于医疗消费口径范围的区别,三是关于金融中介服务、保险服务和自有住房服务的区别,四是关于实物消费的区别(参见许宪春:"准确理解中国的收入、消费和投资",《中国社会科学》,2013 年第 2 期,第 18—20 页)但是,在现行的所有有关居民消费的专业统计调查指标中,住户调查中的农村居民消费支出和城镇居民消费支出是与支出法 GDP 中的居民消费最接近的指标。

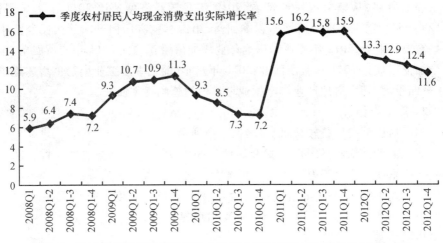

图 7.5 2008 年以来季度农村居民人均现金消费支出实际增长率（单位：%）

2012 年，城镇居民人均消费支出名义增长 10.0%，实际增长 7.1%，名义增速比 2011 年回落 2.5 个百分点，实际增速比 2011 年回升 0.3 个百分点。其中，第一季度、上半年和前三季度，同比名义增速分别为 12.3%、12.0% 和 10.6%，同比实际增速分别为 8.2%、8.4% 和 7.5%。因此，2012 年城镇居民人均消费支出名义增速逐季回落，实际增速上半年比第一季度略有回升，前三季度比上半年、全年比前三季度均有所回落。

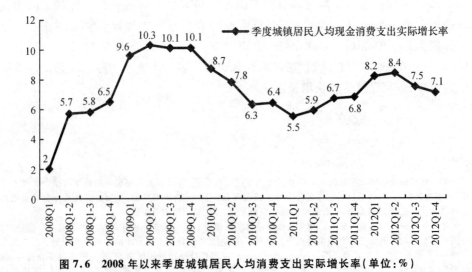

图 7.6 2008 年以来季度城镇居民人均消费支出实际增长率（单位：%）

2012年,农村居民人均消费支出实际增速比2011年回落2.2个百分点,城镇居民人均消费支出实际增速比2011年仅回升0.3个百分点,这决定了2012年居民消费实际增速低于2011年。

2012年,农村居民人均现金消费支出实际增速逐季回落,城镇居民人均消费支出实际增速上半年比第一季度仅略有上升,前三季度比上半年、全年比前三季度均有所回落,这决定了2012年居民消费实际增速逐季回落。

(2)政府消费增速先回落后走稳

2012年第一季度、上半年、前三季度和全年,全国财政支出同比名义增速分别为33.6%、21.3%、21.1%和15.1%。上半年增速比第一季度明显回落,前三季度增速与上半年大体持平,前11月份增速比前三季度有所回落。初步分析,上半年全国财政支出中的经常性业务支出增速比第一季度明显回落,与全国财政支出名义增速走势相同;经常性业务支出前三季度和全年增速与上半年基本持平,与全国财政支出名义增速走势略有出入。政府消费①增速与全国财政支出中的经常性业务支出增速保持相同的走势,即上半年增速比第一季度明显回落,前三季度和全年增速与上半年基本持平。

(3)固定资本形成总额保持平稳增长

在我国,反映固定资本投资需求的指标有两个,一个是针对固定资产投资项目管理需要设置的专业统计指标,称为全社会固定资产投资(月度是固定资产投资(不含农户));一个是支出法GDP的构成部分,即固定资本形成总额。严格讲,反映固定资本投资需求的指标是后者,而不是前者。这两个指标在内涵上和数据表现上都存在区别②,但两者基本上保持相同的变化趋势。所以仅从固定资本投资需求的变动趋势角度讲,不妨用前者作替代进行分析。

2012年,固定资产投资(不含农户)名义增长20.6%,实际增长19.3%,名义增速比2011年回落3.2个百分点,但是由于2012年固定资产投资价格涨幅比2011年回落幅度较大③,实际增速反而回升3.2个百分点。其中,2012年第一季度、上半年和前三季度固定资产投资(不含农户)名义增速分别为20.9%、20.4%和20.5%,实际增速分别为18.2%、18.0%和18.8%。所以无论是名义增速还是实际增速,2012年固定资产投资都保持了平稳增长态势,因此固定资本形成总额也保持平稳增长态势。

---

① 政府消费与财政支出和财政支出中的经常性业务支出之间的关系请参见许宪春:"准确理解中国经济统计",《经济研究》,2009年第5期,第21—31页。

② 参见许宪春:"准确理解中国经济统计",《经济研究》,2009年第5期,第21—31页。

③ 固定资产投资价格2011年上涨6.6%,2012年上涨1.1%,涨幅回落5.5个百分点。

2012年,固定资产投资在总体上保持平稳增长态势的同时,其内部不同构成部分却表现出不同的变动趋势(参见图7.7)。其中,基础设施投资,1—2月份下降5.6%,1—12月份增长13.3%,期间经历了降幅逐月收窄和增幅逐月上升的过程。其中的铁路投资1—2月份下降44.4%,1—12月份增长2.4%,期间经历了大幅下降、小幅下降和年底转为小幅增长的过程。房地产开发投资1—2月份增长27.8%,1—12月份增长16.2%,增速经历了逐月明显回落、基本稳定和有所回升的过程。制造业投资1—2月份增长24.7%,1—12月份增长22.0%,增速经历了上半年比较稳定、下半年逐月回落的过程。

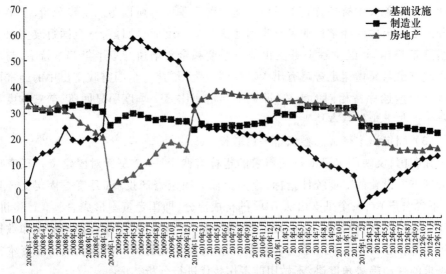

图7.7 2008年以来月度基础设施、房地产开发和制造业投资增长率(单位:%)

(4)存货增加呈负增长

存货增加也是投资需求的构成部分,它指的是各行业期初期末存货的变动量,包括农业的农产品和农业生产资料存货变动,工业的产成品和原材料存货变动,建筑业的建筑材料存货变动,批发和零售业、交通运输业的流转产品存货变动,等等。

2012年,由于需求减缓以及工业生产者出厂价格和工业生产者购进价格下降,导致企业出现了去库存化的现象,从而存货增加比上年明显下降,而2011年呈较大幅度上升。2012年第一季度、上半年、前三季度和全年,存货增加同比均呈负增长。

(5) 货物和服务净出口呈负增长,降幅逐季缩小

货物和服务净出口与海关统计的贸易差额主要存在以下两个方面的区别①:一是货物和服务净出口既包括货物贸易差额,也包括服务贸易差额,而海关统计的贸易差额仅指货物贸易差额;二是货物和服务净出口增速是剔除进口和出口价格变化因素后的实际增速,而海关统计的贸易差额增速是未剔除进出口价格变化因素的名义增速。

2012年,海关统计的贸易出口增长7.9%,增速比2011年回落12.4个百分点;贸易进口增长4.3%,增速回落20.6个百分点;贸易顺差增长48.1%,2011年下降14.5%。货物和服务净出口仍呈负增长,但降幅比2011年缩小,对GDP的向下拉动幅度减小。

2012年第一季度、上半年、前三季度和全年海关统计的贸易出口增速分别为7.6%、9.1%、7.4%和7.9%,贸易进口增速分别为6.9%、6.7%、4.8%和4.3%,进口增速逐季回落,并且进口增速始终低于出口增速。2012年第一季度贸易进出口表现为顺差,而2011年同期为逆差;2012年上半年、前三季度和全年,贸易顺差分别增长55.8%、38.6%和48.1%。主要是由于出口价格涨幅与进口价格涨幅不同步以及服务贸易处于逆差状态,2012年第一季度、上半年、前三季度和全年货物和服务净出口均呈负增长,但降幅逐季缩小。

二、通货膨胀形势分析

2012年,居民消费价格上涨2.6%,涨幅比2011年回落2.8个百分点。2012年涨幅略高于2001—2011年CPI的年平均涨幅2.4%。在2.6%的涨幅中,当年新涨价因素约为1.5个百分点,占CPI涨幅的57.7%;2011年价格上涨的翘尾因素约为1.1个百分点,占CPI涨幅的42.3%。

在居民消费的八大类商品中,食品价格上涨4.8%,拉动CPI上涨1.55个百分点,占CPI涨幅的59.6%;居住价格上涨2.1%,拉动CPI上涨0.41个百分点,占CPI涨幅的15.8%。这两部分共拉动CPI上涨1.96个百分点,占CPI涨幅的75.4%。可见,2012年CPI涨幅主要是食品价格上涨和居住价格上涨共同作用的结果。在食品中,鲜菜价格涨幅最高,达15.9%,拉动CPI上涨0.43个百分点;其次是水产品价格,上涨8.0%,拉动CPI上涨0.19个百分点。如表7.5所示。

---

① 货物和服务进出口与海关统计的贸易进出口之间的区别参见许宪春:"2011年经济形势分析和2012年经济形势判断",《国家行政学院学报》,2012年第1期,第15—22页。

表 7.5 2012 年居民消费价格分类指数上涨率及对总指数的影响

项目名称	2011年=100	对总指数的影响	项目名称	2011年=100	对总指数的影响
居民消费价格总指数	102.6		三、衣着	103.1	0.27
一、食品	104.8	1.55	四、家庭设备用品及维修服务	101.9	0.11
粮食	104.0	0.11	五、医疗保健和个人用品	102.0	0.18
肉禽及其制品	102.1	0.15	六、交通和通信	99.9	-0.01
其中:猪肉	95.0	-0.17	七、娱乐教育文化用品及服务	100.5	0.06
蛋	97.1	-0.02	八、居住	102.1	0.41
水产品	108.0	0.19	建房及装修材料	101.0	0.04
鲜菜	115.9	0.43	住房租金	102.7	0.04
鲜瓜果	98.8	-0.02	自有住房	102.3	0.21
二、烟酒及用品	102.9	0.08	水、电、燃料	102.4	0.13

(一) 居民消费价格季度变动分析

分季度看,2012 年第一、二、三、四季度 CPI 分别上涨 3.8%、2.8%、1.9% 和 2.1%。前三季度 CPI 涨幅延续了 2011 年第四季度的走势,逐季明显回落,从 2011 年第三季度的 6.2% 回落到 2012 年第三季度的 1.9%,共回落了 4.3 个百分点。2012 年第四季度,CPI 涨幅在连续四个季度回落之后,出现了回升,如图 7.8 所示。

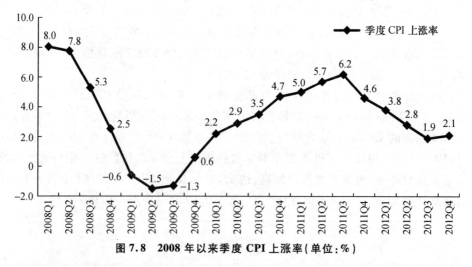

图 7.8 2008 年以来季度 CPI 上涨率(单位:%)

从表 7.6 可以看出,2012 年第一、二、四季度,在居民消费的八大类商品中,食品价格同比涨幅最高,对 CPI 涨幅的拉动幅度最大。第一季度,食品价格同比上涨 8.0%,拉动 CPI 上涨 2.55 个百分点,占 CPI 涨幅的 67.1%;第二季度,食品价

表7.6 2012年季度居民消费价格分类指数上涨率及对总指数的影响

项目名称	第四季度 上年同期=100	对总指数的影响	第三季度 上年同期=100	对总指数的影响	第二季度 上年同期=100	对总指数的影响	第一季度 上年同期=100	对总指数的影响
居民消费价格总指数	102.1		101.9		102.8		103.8	
一、食品	103.0	0.90	102.8	0.83	105.7	1.72	108.0	2.55
粮食	103.9	0.11	103.3	0.09	103.5	0.09	105.2	0.15
肉禽及其制品	98.3	-0.11	93.8	-0.40	103.7	0.24	114.3	0.99
蛋	104.0	0.03	96.9	-0.03	93.6	-0.05	93.8	-0.05
水产品	105.2	0.12	105.6	0.13	110.5	0.24	110.7	0.25
鲜菜	109.2	0.26	114.2	0.40	123.9	0.68	116.3	0.51
鲜瓜果	98.0	-0.04	108.5	0.16	94.3	-0.11	96.5	-0.08
二、烟酒及用品	101.7	0.05	102.8	0.08	103.3	0.10	103.7	0.11
三、衣着	102.3	0.20	103.3	0.29	103.3	0.29	103.6	0.31
四、家庭设备用品及维修服务	101.6	0.09	101.8	0.10	102.0	0.11	102.4	0.14
五、医疗保健和个人用品	101.7	0.16	101.5	0.14	102.2	0.20	102.6	0.24
六、交通和通信	100.1	0.01	99.4	-0.07	99.9	-0.01	100.2	0.02
七、娱乐教育文化用品及服务	101.0	0.13	100.6	0.08	100.3	0.03	100.1	0.01
八、居住	102.7	0.52	102.2	0.43	101.7	0.32	102.0	0.39

格上涨 5.7%,拉动 CPI 上涨 1.72 个百分点,占 CPI 涨幅的 61.4%;第四季度,食品价格上涨 3.0%,拉动 CPI 上涨 0.90 个百分点,占 CPI 涨幅的 42.9%;第三季度,食品价格上涨 2.8%,低于衣着价格的涨幅 3.3%,但食品价格上涨拉动 CPI 上涨 0.83 个百分点,占 CPI 涨幅的 43.7%,对 CPI 涨幅的拉动幅度也处于第一位。

第二季度食品价格涨幅比第一季度回落 2.3 个百分点,导致 CPI 涨幅回落 0.83 个百分点,占 CPI 涨幅回落幅度的 83.0%;第三季度食品价格涨幅比第二季度回落 2.9 个百分点,导致 CPI 涨幅回落 0.89 个百分点,占 CPI 回落幅度的 98.9%。可见,第二季度和第三季度 CPI 涨幅的回落主要是食品价格涨幅回落引起的。

在食品中,第一、二季度肉禽及其制品、水产品和鲜菜价格涨幅较高,对 CPI 涨幅影响较大。第一季度,三类商品价格依次上涨 14.3%、10.7% 和 16.3%,分别拉动 CPI 上涨 0.99、0.25 和 0.51 个百分点;第二季度,三类商品价格依次上涨 3.7%、10.5% 和 23.9%,分别拉动 CPI 上涨 0.24、0.24 和 0.68 个百分点。第三季度,水产品、鲜菜和鲜瓜果价格涨幅较高,对 CPI 涨幅影响较大,三类商品价格依次上涨 5.6%、14.2% 和 8.5%,分别拉动 CPI 上涨 0.13、0.40 和 0.16 个百分点。第四季度,水产品和鲜菜价格涨幅较高,对 CPI 涨幅影响较大,价格分别上涨 5.2% 和 9.2%,分别拉动 CPI 上涨 0.12 和 0.26 个百分点。

在食品中,肉禽及其制品价格涨幅回落幅度较大。第二季度比第一季度回落 10.6 个百分点,拉动 CPI 涨幅回落 0.75 个百分点,占食品价格拉动 CPI 涨幅回落幅度的 90.4%;第三季度比第二季度回落 9.9 个百分点,拉动 CPI 涨幅回落 0.64 个百分点,占食品价格拉动 CPI 涨幅回落幅度的 71.9%。可见,第二、三季度食品价格涨幅回落主要是肉禽及其制品价格涨幅回落引起的。

从表 7.6 可以看出,除食品外,2012 年第一、二、三季度烟酒及用品和衣着价格涨幅最高,第一季度两者分别上涨 3.7% 和 3.6%,分别拉动 CPI 上涨 0.11 和 0.31 个百分点;第二季度两者均上涨 3.3%,分别拉动 CPI 上涨 0.10 和 0.29 个百分点;第三季度两者分别上涨 2.8% 和 3.3%,分别拉动 CPI 上涨 0.08 和 0.29 个百分点。第四季度衣着和居住价格涨幅最高,两者分别上涨 2.3% 和 2.7%,分别拉动 CPI 上涨 0.20 和 0.52 个百分点。

从表 7.6 可以看出,2012 年第一、二、三、四季度,在居民消费的八大类商品中,除食品外,对 CPI 涨幅拉动幅度最大的商品是居住。第一季度居住价格上涨 2.0%,拉动 CPI 上涨 0.39 个百分点;第二季度上涨 1.7%,拉动 CPI 上涨 0.32 个百分点;第三季度上涨 2.2%,拉动 CPI 上涨 0.43 个百分点;第四季度上涨 2.7%,拉动 CPI 上涨 0.52 个百分点。

(二) 居民消费价格月度变动分析

2012年1—12月份,CPI同比分别上涨4.5%、3.2%、3.6%、3.4%、3.0%、2.2%、1.8%、2.0%、1.9%、1.7%、2.0%和2.5%。上半年,CPI涨幅呈回落的走势,7—11月份比较稳定,12月份有所回升。其中,10月份的1.7%是2010年2月份以来的最低涨幅,如图7.9所示。

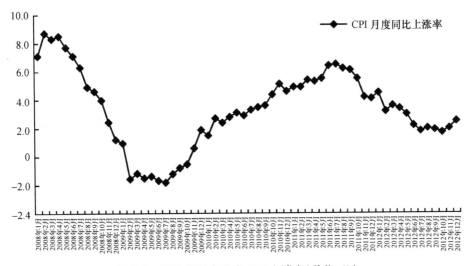

图7.9　2008年以来月度CPI上涨率(单位:%)

从表7.7可以看出,在居民消费的八大类商品中,10月份价格同比涨幅排在前两位的商品分别是衣着和居住,依次上涨2.7%和2.5%;拉动CPI上涨幅度排在前两位的商品是食品和居住,分别拉动CPI上涨0.57和0.47个百分点。11月份价格同比涨幅排在前两位和拉动CPI涨幅排在前两位的商品都是食品和居住,涨幅分别为3.0%和2.6%,分别拉动CPI上涨0.95和0.50个百分点。12月份,价格同比涨幅排在前两位和拉动CPI涨幅排在前两位的商品也都是食品和居住,涨幅分别为4.2%和3.0%,分别拉动CPI上涨1.37和0.57个百分点。

表 7.7　2012 年月度居民消费价格分类指数上涨率及对总指数的影响

项目名称	12月 去年同月=100	12月 对总指数的影响	11月 去年同月=100	11月 对总指数的影响	10月 去年同月=100	10月 对总指数的影响
居民消费价格总指数	102.5		102.0		101.7	
一、食品	104.2	1.37	103.0	0.95	101.8	0.57
粮食	104.1	0.12	103.8	0.11	103.8	0.11
肉禽及其制品	101.4	0.11	98.2	−0.14	95.3	−0.37
蛋	108.7	0.07	103.6	0.03	100.0	0.00
水产品	106.1	0.15	104.9	0.12	104.7	0.11
鲜菜	114.8	0.41	111.3	0.27	101.1	0.03
鲜瓜果	94.4	−0.11	96.2	−0.08	103.9	0.07
二、烟酒及用品	101.5	0.04	101.7	0.05	102.0	0.06
三、衣着	101.9	0.16	102.3	0.20	102.7	0.23
四、家庭设备用品及维修服务	101.7	0.09	101.5	0.08	101.5	0.08
五、医疗保健和个人用品	101.7	0.16	101.6	0.15	101.8	0.16
六、交通和通信	100.0	0.00	100.0	0.00	100.1	0.02
七、娱乐教育文化用品及服务	101.1	0.12	100.9	0.11	101.1	0.12
八、居住	103.0	0.57	102.6	0.50	102.5	0.47

在食品中,10月份粮食、水产品和鲜瓜果价格涨幅较高,对CPI拉动幅度较大,价格分别上涨3.8%、4.7%和3.9%,拉动CPI分别上涨0.11、0.11和0.07个百分点;11月份粮食、水产品和鲜菜价格涨幅较高,对CPI拉动幅度较大,价格分别上涨3.8%、4.9%和11.3%,拉动CPI分别上涨0.11、0.12和0.27个百分点;12月份鲜菜价格涨幅最高,对CPI拉动幅度最大,价格上涨14.8%,拉动CPI上涨0.41个百分点。

(三)居民消费价格与相关价格变动关系分析

2012年1—12月份,工业生产者出厂价格同比分别上涨0.7%、0、-0.3%、-0.7%、-1.4%、-2.1%、-2.9、-3.5%、-3.6%、-2.8%、-2.2%和-1.9%。9月份之前,工业生产者出厂价格经历了低幅上涨、零幅上涨、降幅逐月扩大的过程,延续了始于2011年8月份的涨幅逐月回落的走势,9月份价格涨幅落入谷底,比2011年7月份的最高涨幅7.5%回落了11.1个百分点。9月份之后,工业生产者出厂价格经历了降幅不断收窄的过程。

2012年1—12月份,工业生产者购进价格同比分别上涨2.0%、1.0%、0.1%、-0.8、-1.6%、-2.5%、-3.4%、-4.1%、-4.1%、-3.3%、-2.8%和-2.4%。8月份之前,工业生产者购进价格经历了涨幅逐月缩小和降幅逐月扩大的过程,也延续了始于2011年8月份的涨幅逐月回落的走势,8月份价格涨幅落入谷底,比2011年7月份的最高涨幅11.0%回落了15.1个百分点。9月份之后,工业生产者购进价格经历了降幅逐月收窄的过程。

从图7.10可以看出,2008年以来,月度工业生产者出厂价格涨幅和工业生产者购进价格涨幅对月度CPI涨幅产生明显的影响。2012年9月份之前,工业生产者出厂价格涨幅和工业生产者购进价格涨幅连续回落,对CPI的传导压力减弱,是2012年10月份以前CPI涨幅呈总体回落的重要原因。2012年9月份之后,工业生产者出厂价格降幅和工业生产者购进价格降幅逐月收窄,也是2012年后两个月CPI涨幅回升的重要原因。

2012年,货物进口价格同比下降0.7%,其中第一季度上涨4.1%,第二季度下降0.7%,第三季度下降3.0%,第四季度下降2.3%。从图7.11可以看出,2008年以来,季度货物进口价格涨幅对季度CPI涨幅产生明显的影响。2012年第二、三、四季度货物进口价格下降减轻了对CPI的输入型压力,也是2012年CPI涨幅回落的重要原因。

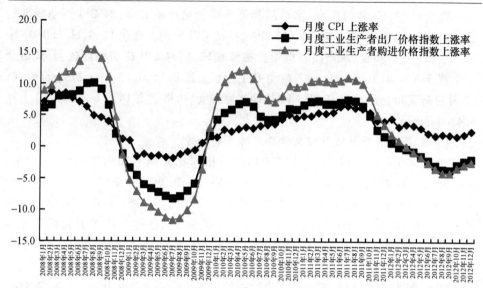

图 7.10 2008 年以来月度居民消费价格、工业生产者出厂价格和购进价格上涨率(单位:%)

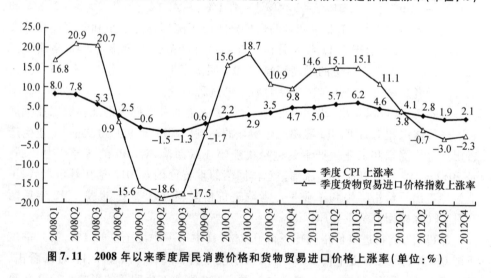

图 7.11 2008 年以来季度居民消费价格和货物贸易进口价格上涨率(单位:%)

第二节 2013 年经济形势展望

一、经济增长形势展望

初步判断,2013 年我国经济增速将比 2012 年有所回升。下面从生产和需求两个角度进行判断。

1. 需求走势

(1) 居民消费增速可能会有所减缓

2013年居民消费增速可能会比2012年有所减缓,主要是基于对农村居民消费增速的判断。2011年农村居民人均纯收入实际增长11.4%,为1985年以来最高增速;2012年实际增长10.7%,为1985年以来仅次于2011年和2010年(10.9%)的较高增速。2011年和2012年农村居民人均纯收入保持较高实际增速,其中的工资性收入做出了重要贡献。2011年和2012年农村居民人均纯收入中的工资性收入分别增长21.9%和16.3%,但2012年一至四季度末,农民工月工资水平分别增长16.6%、14.9%、13.0%和11.8%,增速逐季回落,说明农民工用工成本上升的空间受到限制。因此,2013年农村居民人均纯收入实际增速可能会比2012年有所回落,相应地,农村居民人均消费支出的实际增速,进而农村居民消费实际增速可能会比2012年有所减缓。

(2) 政府消费可能会保持平稳增长

2013年,各地区各部门都在结合本地区本部门实际情况采取措施贯彻落实中央关于改进工作作风、密切联系群众的有关规定,财政支出中用于行政管理方面的经常性业务支出将会受到抑制,但是财政支出中用于医疗教育科研事业等方面的经常性业务支出可能会有所增加。因此,2013年我国政府消费增速可能会与2012年大体持平。

(3) 固定资本形成总额增速可能会有所回升

固定资本形成总额增速可能会有所回升主要是基于以下两个方面的判断:

一是基础设施投资增速可能会有所回升。正如本章第一节所述,2012年,基础设施投资经历了降幅逐月收窄和增幅逐月上升的过程,特别是铁路投资由1—2月份下降44.4%转变为1—12月份增长2.4%。2012年全年基础设施投资增速仍比较低。估计2013年基础设施投资增速可能会比2012年有所回升。

二是房地产开发投资增速可能会有所回升。这一点主要是基于以下两个方面判断:一方面,商品房销售面积增速回升可能会导致房地产开发投资增速回升。受房地产市场调控政策的影响,从2009年12月份开始,商品房销售面积累计增速呈回落的走势,2012年年初到达谷底,2012年年内呈回升的走势。1—2月份,商品房销售面积同比下降14.0%,随后降幅逐月收窄,1—10月份收窄到-1.1%,1—11月份转为正增长2.4%,1—12月份增长1.8%。2013年商品房销售面积增速可能会继续回升。从图7.12可以看出,2008年以来,商品房销售面积增速走势对房地产开发投资增速走势具有重要的影响,因此商品房销售面积增速的回升会拉动房地产开发投资增速回升。另一方面,土地购置面积下降可能会抑制房地产开发投资增速回升。从图7.13可以看出,土地购置面积增速走势对房地产开发投资增速走势也产生重要影响,所以,2012年土地购置面积处于下降的状态会抑制房地产开发投资增速回升。

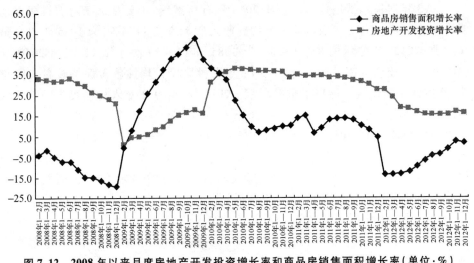

图 7.12 2008 年以来月度房地产开发投资增长率和商品房销售面积增长率(单位:%)

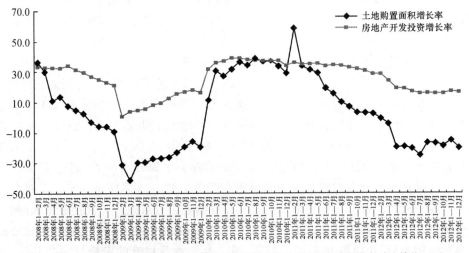

图 7.13 2008 年以来月度房地产开发投资增长率和土地购置面积增长率(单位:%)

综合以上两个方面因素判断,房地产开发投资增速可能会有所回升。

(4)存货增加可能会转为正增长

2012 年,由于需求减缓以及工业生产者出厂价格和工业生产者购进价格下降,导致企业出现了去库存化的现象,从而存货增加表现为负增长。2013 年,随着经济增速和价格回升,可能会出现库存回补的现象,从而存货增加可能会扭转

2012年负增长状况,转为正增长。

(5) 货物和服务出口增速可能会有所回升

根据国际组织预测,2013年世界经济增速将略有加快。联合国2012年12月份预测,按照汇率法GDP加权,2013年世界经济将增长2.4%,比2012年加快0.2个百分点。国际货币基金组织2012年10月份预测,按照购买力平价法GDP加权,2013年世界经济将增长3.6%,比2012年加快0.3个百分点。英国共识公司(Consensus Forecasts)2012年12月份预测,按照汇率法GDP加权,2013年世界经济将增长2.6%,比2012年加快0.1个百分点。因此,2013年世界经济增速可能会略有加快,因此全球需求将略有回升。所以,2013年我国货物和服务出口增速可能会比2012年有所回升,出口需求对我国经济增长的拉动作用可能会比2012年有所增强。

2. 生产走势

(1) 工业增加值增速可能会有所回升

一是受房地产开发投资增速有所回升的影响,钢铁、水泥等建材行业增加值增速可能会有所回升。房地产开发投资对钢材、水泥等建材产品产生大量的需求。如前所述,2013年,随着房地产销售市场的回升,房地产开发投资增速可能会有所回升,进而会导致钢铁、水泥等建材行业增加值增速有所回升。

二是受出口需求有所回升的影响,部分工业行业增加值增速可能会有所回升。如前所述,2013年世界经济增速可能会略有回升,因此我国出口需求可能会有所回升,从而可能会带动出口工业行业增加值增速有所回升。

三是受存货变动的影响,工业增加值增速可能会有所回升。存货变动是影响工业增加值增速的因素之一。2012年出现的去库存化现象对工业增加值增速产生了向下影响,2013年可能会出现的库存回补现象会对工业增加值增速产生向上影响。

(2) 建筑业增加值增速可能会有所回升

建筑业与基础设施投资和房地产开发投资有着密切的关系。如前所述,2013年,基础设施投资和房地产开发投资增速可能会有所回升,进而会带动建筑业增加值增速有所回升。

(3) 房地产业增加值增速可能会有所回升

商品房销售面积增速在很大程度上决定着房地产业增加值的增长趋势。如前所述,2013年商品房销售面积增速可能会进一步回升,从而房地产业增加值增速可能会有所回升。

二、通货膨胀形势展望

初步判断,2013 年 CPI 涨幅可能会比 2012 年有所回升。

1. 通货膨胀压力

一是输入型通胀压力可能会有所抬头。从表 7.8 可以看出,2011 年,我国进口产品价格涨幅处于较高水平,所以我国输入型通胀压力较大。2012 年,我国进口产品价格由年初上涨转为下降,所以我国的输入型通胀压力较小。2013 年,由于一些主要国家采取了量化宽松的货币政策,可能会带动世界大宗商品价格上涨,从而可能会导致我国进口产品价格上涨,因此我国输入型通胀压力可能会有所抬头。

表 7.8 2010 年以来季度贸易进口价格指数

年度	2012				2011			
季度	第一季度	上半年	前三季度	全年	第一季度	上半年	前三季度	全年
贸易进口	104.5	101.5	100.2	99.5	114.2	14.7	14.8	13.9

二是成本推动型通胀压力依然存在。劳动力成本、资金成本的不断上涨,推动工业品和农产品价格上涨。

三是工业生产者出厂价格和工业生产者购进价格的传导压力可能会逐步增强。2012 年,工业生产者出厂价格和工业生产者购进价格分别下降 1.7% 和 1.8%,对 CPI 上涨起到了抑制作用。但是,2012 年第四季度,随着经济增速有所回升,这两个价格同比降幅均逐月收窄,CPI 同比涨幅也在 11 月和 12 月两个月份连续回升。2013 年,随着经济增速继续回升,工业生产者出厂价格和工业生产者购进价格涨幅可能会进一步收窄,并转为上涨,从而可能会对 CPI 形成传导压力,并逐步增强。

2. 抑制通货膨胀的因素

一是翘尾因素影响略有减弱。初步测算,2012 年价格上涨对 2013 年翘尾因素的影响为 1.0 个百分点,比 2011 年价格上涨对 2012 年翘尾因素的影响低 0.1 个百分点,翘尾因素影响略有减弱。2013 年一至四季度,翘尾因素影响分别为 1.0、1.4、1.2 和 0.5 个百分点,其中第一、二季度比 2012 年相应季度分别减弱 1.2 和 0.3 个百分点,第三、四季度比 2012 年相应季度分别提高 0.6 和 0.4 个百分点。

二是 2012 年粮食再获丰收,构成稳定价格总水平的重要物质基础。

从总体上初步判断,2013 年推动 CPI 上涨因素的作用可能会大于抑制 CPI 上涨因素的作用,CPI 涨幅会比 2012 年有所回升。

参考文献

中文参考文献

阿瑟·奥肯,平等与效率——重大的抉择(1975),王奔洲译[M].北京:华夏出版社,1987年。

北京大学中国国民经济核算与经济增长研究中心,中国经济增长报告2004——进入新一轮经济增长周期的中国经济[M].北京:中国经济出版社,2004年。

北京大学中国国民经济核算与经济增长研究中心,中国经济增长报告2005——宏观调控下的经济增长[M].北京:中国经济出版社,2005年。

北京大学中国国民经济核算与经济增长研究中心,中国经济增长报告2006——对外开放中的经济增长[M].北京:中国经济出版社,2006年。

北京大学中国国民经济核算与经济增长研究中心,中国经济增长报告2007——和谐社会与可持续发展[M].北京:中国经济出版社,2007年。

北京大学中国国民经济核算与经济增长研究中心,中国经济增长报告2008——经济结构和可持续发展[M].北京:中国经济出版社,2008年。

北京大学中国国民经济核算与经济增长研究中心,中国经济增长报告2009——全球衰退下的中国经济可持续增长[M].北京:中国发展出版社,2009年。

北京大学中国国民经济核算与经济增长研究中心,中国经济增长报告2010——从需求管理到供给管理[M].北京:中国发展出版社,2010年。

北京大学中国国民经济核算与经济增长研究中心,中国经济增长报告2011——突破中等收入陷阱的关键是转变经济发展方式[M].北京:中国发展出版社,2011年。

北京大学中国国民经济核算与经济增长研究中心,中国经济增长报告2012——宏观调控与体制创新[M].北京:北京大学出版社,2012年。

蔡昉,劳动力成本提高条件下如何保持竞争力[J].开发导报,2007年第1期。

蔡昉,劳动力短缺:我们是否应该未雨绸缪[J].中国人口科学,2005年第6期。

蔡昉,中国就业增长与结构变化[J].社会科学管理与评论,2007年第2期。

蔡昉,中国人口与劳动问题报告No.8 刘易斯转折点及其政策挑战[M].社会科学文献出版社,2007年。

蔡志洲,憧憬2022年——从人民生活看长期经济增长[J].经济导刊,2004年第2期。

蔡志洲,从居民收入分配看流动性过剩[J].新财经,2007年第8期。

蔡志洲,现阶段中国经济增长到底达到了怎样的水平?[J].经济科学,2007年第4期。

蔡志洲,支出法国内生产总值全国与地区数据的衔接[J].经济科学,2003年第8期。

蔡志洲,总量扩张下的国民收入分配失衡[J].中国流通经济,2010年第8期。

常兴华、李伟,我国国民收入分配格局:变化、原因及对策[J].经济学动态,2010年第5期。

陈华,中国产业结构变动与经济增长[J].统计与决策,2005年第3期。

陈宗胜,关于总体基尼系数估算方法的一个建议——对李实研究员《答复》的再评论[J].经济研究,2002年第5期。

丹尼尔·古德肯特、劳伦·威斯特,中国流动人口:定义、评估以及对中国城市化的含义,载于陈甬军、陈爱民主编:中国城市化:实证分析与对策研究[M].厦门:厦门大学出版社,2002年。

邓小平,改革的步子要加快[M],邓小平文选第三卷,第237页。北京:人民出版社,1993年。

邓小平,解放思想,实事求是,团结一致向前看(1978年12月13日)[M],邓小平文选第二卷,第152页。北京:人民出版社,1994年。

邓小平,视察天津时的谈话(1986年8月19日—21日)[M],邓小平文选第三卷,第166页。北京:人民出版社,1993年。

丁任重、陈志舟、顾文军,"倒U假说"与我国转型期收入差距[J].经济学家,2003年第6期。

董辅礽,经济运行机制的改革和所有制的改革[J].经济研究,1988年第7期。

樊胜根、张晓波,中国经济增长和结构调整[J].经济学季刊,2002年第10期。

方会磊、张曼、于宁、张宇哲,5万亿之忧[J].《新世纪》周刊,2010年第6期。

费景汉、拉尼斯.增长和发展:演进观点[M].北京:商务印书馆,2004年。

冯俊新,经济发展与碳减排分析[J].中国人民大学学报,2010年第2期。

弗里德曼,货币政策的作用,现代国外经济论文选第一辑[M],第126—128页。北京:商务印书馆,1979年。

付竞卉,关于人民币国际化问题的国内研究综述[J].现代商业,2007年第8期。

高善文,刘易斯拐点后的中国经济[J].金融发展评论,2010年第11期。

郜若素、马国南,中国粮食研究报告[M].北京农业大学出版社,1993年。

郭田勇、裴玉,经济刺激政策应该且战且退[J].数据,2010年第2期。

国家发展改革委员会固定资产投资司,我国投资率和消费率有关情况分析[R]。

国家计划委员会,1984:《国民经济行业分类和代码》(GB 4754-84),国家计划委员会、国家经济委员会、国家统计局和国家标准局批准,1984年12月1日发布,1985年1月1日实施。

国家人口和计划生育委员会流动人口服务管理司,流动人口发展报告2011[M].中国人口出版社,2011年。

国家统计局,《中国统计年鉴》,中国统计出版社,历年。

国家统计局,《中国统计摘要》,中国统计出版社,历年。

国家统计局,从基尼系数看贫富差距[J].中国国情国力,2001年第1期。

国家统计局:全面小康实现程度已达72.9%,新华网2008年12月18日电

国家统计局城市社会经济调查司编,中国城市(镇)生活和价格年鉴2008[M].中国统计出版社,2008年。

国家统计局农村社会经济调查司编,中国农村住户调查年鉴2008[M].中国统计出版社 2008年。

国务院发展研究中心课题组,"十二五"发展十二题[M].北京:中国发展出版社,2010年。

国务院发展研究中心课题组,农民工市民化制度创新与顶层政策设计[M].北京:中国发展出版社,2011年。

国务院发展研究中心课题组,中国城镇化前景、战略与政策[M].北京:中国发展出版社,2010年。

国务院发展研究中心课题组,转变经济发展方式的战略重点[M].北京:中国发展出版社,2010年。

韩俊,中国面临提高城镇化水平和质量双重任务[N].中国经济时报,2012年3月18日。

韩俊,中国农民工战略问题研究[M].上海:上海远东出版社,2009年。

韩强,论人民币自由兑换与国际化目标[J].金融理论与实践,1999年第7期。

何为,从劳动力成本角度看中国产品的国际竞争力[J].亚太经济,2001年第3期。

胡锦涛,在中国共产党第十七次全国代表大会上的报告:《高举中国特色社会主义伟大旗帜为夺取全面建设小康社会新胜利而奋斗》[M].北京,人民出版社,2007年10月。

黄成明,我国人民币国际化的制约因素与对策研究[J].现代经济信息,2010年第8期。

黄武俊、陈漓高,外汇资产、基础货币供应与货币内生性——基于央行资产负债表的分析[J].财经研究,2010年第1期。

贾先文、黄正泉."刘易斯拐点"离我们究竟还有多远[J].统计与决策,2010年第15期。

贾彧,制度创新是经济增长方式转变的关键[J].企业经济,2006年第9期。

建设部,2001:《建设部关于印发〈建筑业企业资质等级标准〉的通知》,建设部文件,建[2001]82号。

江泽民,在中国共产党第十六次全国代表大会上的报告:《全面建设小康社会,开创中国特色社会主义事业新局面》[M].北京:人民出版社,2002年10月。

江泽民,在中国共产党第十五次全国代表大会上的报告:《高举邓小平理论伟大旗帜,把建设有中国特色社会主义事业全面推向二十一世纪》[M].北京:人民出版社,1997年10月。

姜克隽等,中国发展低碳经济的成本优势[J].绿叶,2009年第5期。

金三林,环境税收的国际经验与中国环境税的基本构想[J].经济研究参考,2007年第58期。

凯恩斯,就业利息和货币通论[M].北京:商务印书馆,2002年1月。

李琳,广东经济模式:问题与出路[J].浙江经济,2005年19期。

李实,城镇内部差距拉大:当前中国收入分配差距新动向[J].中国社会科学报,2011年3月30日。

李实、罗楚亮,中国城乡居民收入差距的重新估计[J].北京大学学报(哲学社会科学版),2007年第2期。

李晓西等,中国地区间居民收入分配差距研究[J].北京:人民出版社,2010年。

厉以宁,1980年,中央书记处研究室和国家劳动总局联合召开的劳动就业座谈会上的发言,参见厉以宁:被耽搁的股份制[N].经济观察报,2008年5月5日。

厉以宁,非均衡的中国经济[M].北京:经济科学出版社,1991年。

厉以宁,价格改革为主还是所有制改革为主[J].金融科学,1988年第2期。

厉以宁,先改价格还是先改所有制选择哪个思路[J].世界经济导报,1986年11月3日第3版。

厉以宁,中国经济改革的思路[M].北京:中国展望出版社,1989年。

林卫斌、陈彬,经济增长绿色指数的构建与分析——基于DEA方法[J].财经研究,2011年第4期。

林毅夫、蔡昉、李周,论中国经济改革的渐进式道路[J].经济研究,1993年第9期。

林毅夫、苏剑,论我国经济增长方式的转换[J].管理世界.2007年第11期。

刘峰,后金融危机时代的"刘易斯拐点"和金融改革[J].特区经济,2010年第10期。

刘国光,中国经济体制改革的回顾和前瞻[J].财经问题研究,1986年第3期。

刘国光、李京文,中国经济大转变:经济增长方式转变的综合研究[M].广州:广东人民出版社,2001年。

刘洪银,从中国农业发展看"刘易斯转折点"[J].西北人口,2009年第4期。

刘世锦,宏观调控应重视成本推动型通胀[J].中国民营科技与经济,2008年3期。

刘伟,从总理报告看经济热点走向[J].物流与采购,2011年第7期。

刘伟,工业化进程中的产业结构研究[M].中国人民大学出版社,1995年。

刘伟,经济失衡的变化与宏观政策的调控[J].经济学动态,2011年第2期。

刘伟,落实科学发展观与转变经济发展方式问题笔谈之六:经济发展的特殊性与货币政策的有效性[J].经济研究,2011年第10期。

刘伟,突破"中等收入陷阱"的关键在于转变发展方式[J].上海行政学院学报,2011年第1期;《新华文摘》2011年第10期转载。

刘伟,我国现阶段反通胀的货币政策究竟遇到了怎样的困难[J].经济学动态,2011年第9期。

刘伟,应当以怎样的历史价值取向认识和推动改革[J].经济学动态,2006年第5期。

刘伟,总量失衡与政策调整[J].北京观察,2011年第4期。

刘伟、蔡志洲,"非典"后中国宏观经济形势的分析和展望[J].红旗文稿,2003年第9期。

刘伟、蔡志洲,2004年中国经济增长回顾及展望[J].经济导刊,2005年第2期。

刘伟、蔡志洲,GDP增长与幸福指数[J].经济导刊,2005年第8期。

刘伟、蔡志洲,从最终需求看我国长期经济增长[J].上海行政学院学报,2009年第7期。

刘伟、蔡志洲,当前通货膨胀治理的长期性和复杂性[J].中国流通经济,2008年第8期。

刘伟、蔡志洲,东亚模式与中国长期经济增长[J].求是学刊,2004年第11期。

刘伟、蔡志洲,非市场化是中国股市每况愈下的根源——现代化进程中的中国证券市场建设[J].新经济杂志,2005年第3期。

刘伟、蔡志洲,高速增长下的发展失衡[J].中国流通经济,2006年第12期。

刘伟、蔡志洲,供求失衡的特点与通货膨胀的治理[J].经济学动态,2008年第4期。

刘伟、蔡志洲,固定资产投资增长过快与宏观调控[J].经济科学,2004年第4期。

刘伟、蔡志洲,关键在于保持总需求适度持续扩张——分析当前中国经济增长失衡的主要矛盾分析[J].经济导刊,2005年第6期。

刘伟、蔡志洲,国内总需求结构矛盾与国民收入分配失衡[J].经济学动态,2010年第7期。

刘伟、蔡志洲,宏观调控中的周期与反周期力量——2004年宏观经济分析夏季报告[J].经济科学,2004年第8期。

刘伟、蔡志洲,宏观调控状态下的中国经济增长[J].经济理论与经济管理,2004年第7期。

刘伟、蔡志洲,技术进步、结构变动与改善国民经济中间消耗[J].经济研究,2008年第4期。

刘伟、蔡志洲,结构调整和体制创新是可持续增长的重要基础[J].哈尔滨工业大学学报(社会科学版),2012年第5期。

刘伟、蔡志洲,经济失衡与宏观调控[J].经济学动态,2004年第11期。

刘伟、蔡志洲,经济增长放缓与提高经济增长质量[J].经济导刊,2011年第12期。

刘伟、蔡志洲,经济增长中的财政与货币政策得失[J].经济导刊,2004年第4期。

刘伟、蔡志洲,经济周期与宏观调控[J].北京大学学报(哲学社会科学版),2005年第3期。

刘伟、蔡志洲,就业与经济增长[J].经济导刊,2004年第10期。

刘伟、蔡志洲,可持续经济增长的基础是体制创新[J].经济导刊,2011年第9期。

刘伟、蔡志洲,扩大最终消费与提高经济增长效率[J].经济纵横,2012年第1期。

刘伟、蔡志洲,企业投资风险与宏观调控[J].经济导刊,2004年第8期。

刘伟、蔡志洲,区域差异——我国经济持续高速增长的重要资源(上)[J].中国党政干部论坛,2004年第3期。

刘伟、蔡志洲,区域差异——我国经济持续高速增长的重要资源(下)[J].中国党政干部论坛,2004年第4期。

刘伟、蔡志洲,区域经济增长与宏观调控[J].经济导刊,2004年第9期。

刘伟、蔡志洲,全球经济衰退下的中国经济平稳较快增长[J].理论前沿,2009年第1期。

刘伟、蔡志洲,如何看待人均GDP翻两番的新目标[J].新财经,2007年第12期。

刘伟、蔡志洲,十八大两个"翻一番"意味着什么?[J].社会观察,2012年第12期。

刘伟、蔡志洲,体制创新与市场化改革[J].经济导刊,2011年第10期。

刘伟、蔡志洲,我国产业结构变动趋势及对经济增长的影响[J].经济纵横,2008年第12期。

刘伟、蔡志洲,我国宏观经济调控新特征的考察[J].经济科学,2010年第4期。

刘伟、蔡志洲,需求拉动的结构性通胀与供给推进的总量性通胀[J].中国金融,2008年第6期。

刘伟、蔡志洲,有效扩大内需应对国际金融危机冲击[J].前线,2009年第9期。

刘伟、蔡志洲,在保持经济增长的条件下解决投资过热[J].经济导刊,2004年第6期。

刘伟、蔡志洲,中国GDP成本结构对投资与消费的影响[J].求是学刊,2008年第3期。

刘伟、蔡志洲,中国经济发展正经历新历史性转折[J].求是学刊,2011年第1期。

刘伟、蔡志洲,中国经济增长方式的历史演变[J].学习与实践,2006年第9期。

刘伟、蔡志洲,中国经济增长面临的挑战和机遇[J].求是学刊,2009年第1期。

刘伟、蔡志洲,中国与其他国家(地区)经济增长状况的比较[J].经济纵横,2013年第1期。

刘伟、蔡志洲,注重价格更要重视价格结构[J].新财经,2008年第3期。

刘伟、蔡志洲、苏剑,贸易保护主义抬头的原因、后果及我国的应对措施[J].金融研究,2009年第6期。

刘伟、金三林,国际粮食价格波动特点及对我国价格总水平的影响:以大豆价格为例[R].北京大学经济学博士后流动站工作论文

刘伟、李绍荣,产业结构与经济增长[J].中国工业经济,2002年第5期。

刘伟、李绍荣,所有制变化与经济增长和要素效率提升[J].经济研究,2001年第1期。

刘伟、李绍荣等:货币扩张、经济增长与资本市场制度创新[J].经济研究,2002年第1期。

刘伟、平新乔,平衡与非平衡:布哈林与普列奥布拉仁斯基之争[J].经济学家,1989年第2期。

刘伟、平新乔,所有权、产权、经营权——根据现代产权制度重建企业财产关系[J].经济理论与经济管理,1988年第5期。

刘伟、苏剑,供给管理与我国的市场化改革进程[J].北京大学学报(哲学和社会科学版),2007年第5期。

刘伟、苏剑,供给管理与我国现阶段的宏观调控[J].经济研究,2007年第2期。

刘伟、苏剑,人民币升值及应对措施[J].金融研究,2010年第11期

刘伟、苏剑,中国现阶段的货币政策究竟具有怎样的特殊效应[J].经济学动态,2007年第11期。

刘伟、许宪春、蔡志洲,2003—2004中国经济走势分析——中国经济过热了吗?[J].经济科学,2003年第12期。

刘伟、许宪春、蔡志洲,从长期发展战略看中国经济增长[J].管理世界,2004年第7期。

刘伟、张辉,中国经济增长中的产业结构变迁和技术进步[J].经济研究,2008年第11期。

刘伟、张辉、黄泽华,中国经济产业结构高度与工业化进程和地区差异的考察[J].经济学动态,2008年第11期。

吕福新,点线面:企业改革与价格改革[J].中南财经大学学报,1989年第5期。

罗曰镁,从基尼系数看居民收入差距[J].统计观察,2005年第6期。

孟祥银,韩国20世纪70年代中期至80年代中后期义务教育普及与保障过程[J].经济研究参考,2005年第46期。

[日]南亮进著.关权译.经济发展的转折点:日本经验.社会科学文献出版社,2008:9-10,23。

平新乔、刘伟,西方学者论社会主义非均衡[J].管理世界,1989年第3期

祁峰、吴丹,二战后日本治理通货膨胀的经验及启示[J].大连海事大学学报(社会科学版),2006年第2期。

裘德·温尼斯基,赋税、收益和"拉弗曲线",现代国外经济学论文第五辑[M].北京:商务印书馆,1984年。

荣世芳,刘易斯转折点:理论与检验[J].经济学家,2009年第2期。

沈小燕,国际金融危机——人民币国际化的机遇[J].金融与保险,2010年第12期。

世界银行,世界发展报告,历年。

苏剑,从全球金融危机看中国人口政策与经济的可持续发展[J].社会科学战线,2010年第3期。

苏剑,供给管理政策及其在调节短期经济波动中的应用[J].经济学动态,2008年第6期。

苏剑,论我国人口政策的走向[J].广东商学院学报,2010年第1期。

苏剑,我国农村还有多少富余劳动力?[J].广东商学院学报,2009年第5期。

苏剑、林卫斌、叶溟尹,金融危机下中美经济形势的差异与货币政策选择[J].经济学动态,2009年第9期。

苏剑、王廷惠,论中国转轨模式的普适性——关于经济转轨过程的一个人力资本理论[J].经济理论与经济管理,2010年第7期。

孙殿明、韩金华,建国60年来我国居民收入分配差距演变轨迹及原因研究[J].中央财经大学学报,2010年第5期。

孙时联,中国经济尚未到达"刘易斯拐点"[N].经济参考报,2010年8月13日。

唐志宏,中国平均利润率的估算[J].经济研究,1999年第5期。

田岛俊雄,刘易斯转折点和中国的农业农村经济问题[R].《中国经济发展模式Ⅱ》学术研讨会,2008年5月。

通货膨胀与发展转型(4)[N].经济观察报,2008年3月15日,http://finance.sina.com.cn/review/20080315/13574626439.shtml。

托马斯·罗斯基、罗伯特·米德,关于中国农业劳动力数量之研究[J].中国农村观察,1997年第4期。

汪进、钟笑寒.中国的刘易斯转折点是否到来——理论辨析与国际经验[J].中国社会科学,2011年第5期。

王诚,劳动力供求"拐点"与中国二元经济转型[J].中国人口科学,2005年第6期。

王大树,1988年:金融危机与教训[J].改革导刊,1989年第7期。

王大树,对货币时滞的测算与分析[J].经济研究,1995年第3期。

王德文,中国刘易斯转折点标志与含义[J].人口研究,2009年第2期。

王海港,中国居民的收入分配和收入流动性研究[M].广州,中山大学出版社,2007年。

王建新,地方财政的"信贷化"风险正潜滋暗长[J].经济研究参考,2010年第6期。

王金营、顾瑶,中国劳动力供求关系形势及未来变化趋势研究——兼对中国劳动市场刘易斯拐点的认识和判断[J].人口学刊,2011年第3期。

王美艳,农民工还能返回农业吗?——来自全国农产品成本收益调查数据的分析[J].中国农村观察,2011年第1期。

王小鲁,中国经济增长的可持续性与制度变革[J].经济研究,2000年第7期。

王一鸣,转变经济增长方式与体制创新.经济与管理研究[J].2007年第8期。

王玉平,银行信贷资金财政化趋势分析[J].中国统计,2009年第8期。

王元京,1998年以来财政资金与信贷资金配合使用的模式[J].金融理论与实践,2010年第2期。

威廉·配第,赋税论(1662年),邱霞,原磊译[M].北京:华夏出版社,2006年。

吴稼祥、金立佐,要以新的战略思想改革国家经济职能[J].世界经济导报,1985年3月11日。

吴敬琏,关于改革战略选择的若干思考[J].经济研究,1987年第2期。

吴敬琏,中国经济模式抉择[M].上海:上海远东出版社2005年。

吴要武,"刘易斯转折点"来临:我国劳动力市场调整的机遇[J].开放导报,2007年第3期。

希克斯,凯恩斯经济学的危机[M].北京,商务印书馆,1979年。

熊彼得,资本主义、社会主义和民主主义[M].北京:商务印书馆,1979年。

熊鹏,劳动力成本上升未必催生成本推动型通胀,上海证券报,2010年7月29日,http://money.163.com/10/0729/08/6CODH106002534M5.html。

许宪春,2010年一季度我国需求增长及其对经济增长率拉动作用的变化[J].宏观经济研究,2010年第6期。

许宪春,China's Gross Domestic Product Estimation[J]。China Economic Review,Volume 15,Issue 3,October 2004,The United States.

许宪春,加快服务业统计改革与发展[J].统计研究,2008年第4期。

许宪春,经济普查年度GDP核算的变化[J].经济研究,2006年第2期。

许宪春,全面认识2009年我国的经济增长[J].经济日报,2010年2月23日第6版。

许宪春,中国国内生产总值历史数据的几次重大补充和调整[J].经济学消息报,1998年9月25日第一版。

许宪春,中国两次GDP历史数据修订的比较[J].经济科学,2006年第3期。

许宪春,中国未来经济增长及其国际经济地位展望[J].经济研究,2002年第3期。

许宪春,中国现行工农业不变价增加值的计算方法及其改革[J].管理世界,2001年第3期。

许宪春,准确理解中国经济统计[J].经济研究,2009年第5期。

许宪春、田小青:中国国内生产总值历史数据(1952—1977年)的资料收集和测算方法[J].经济研究,1997年第9期。

薛俊波,中国17部门资本存量的核算研究[J].统计研究,2007年第7期。

姚洋、张珂,中国已经到达刘易斯转折点了吗?——基于省级数据的证据[R].刘易斯转折点研讨会,2010年4月。

尹艳林,发展与稳定的"双赢":调整收入分配政策评析[N].中国经济时报,2001年12月21日。

尤宏业、莫倩、高善文,上升的地平线——刘易斯拐点与通货膨胀裂口[J].金融发展评论,

2010年12期。

于光远,谈谈社会主义公有制和按劳分配问题[M].上海:上海人民出版社,1978年。

袁志刚,关于中国"刘易斯拐点"的三个疑问[J].当代论坛,2010年第10期。

曾国华、王跃梅.劳动力成本与工业竞争力——理论模型及实证检验[J].财经论丛,2011年3月。

詹姆斯·布坎南、戈登·塔洛克,同意的计算:立宪民主的逻辑基础(1962),陈光金译[M].北京:中国社会科学出版社,2000年。

张东刚,近代日本消费需求变动的因素分析[J].南开学报,2003年第5期。

张军,增长、资本形成与技术选择:解释中国经济增长下降的长期因素[J].经济学(季刊),2002年第1期。

张晓波、杨进、王生林,中国经济到了刘易斯转折点了吗?——来自贫困地区的证据[J].浙江大学学报(人文社会科学版),2009年第9期。

张卓元,以节能减排为着力点推进经济增长方式转变[J].经济纵横,2007年第15期。

张卓元,转变经济增长方式主要靠深化改革[J].中国物价,2005年第7期。

张卓元、路遥,深化资源产品价格改革促进经济增长方式转变[J],人民论坛,2005年第10期。

赵人伟,劳动者个人收入分配的若干变化趋势[J].经济研究,1985年第3期。

赵人伟、格里芬、朱玲、李实合编,中国居民收入分配研究[M].北京:中国社会科学出版社,1994年。

赵显洲,关于"刘易斯转折点"的几个理论问题[J].经济学家,2010年第5期。

中国人民银行,中国货币政策执行报告,2008年以后。

中金公司.经济转型的动力"刘易斯拐点"出现[R].2010年3月24日,http://pg.jrj.com.cn/acc/Res/CN_RES/MAC/2010/3/24/7b1d4bbf-4eeb-480a-9dbe-1be5613bdbf3.pdf.

周祝平,经济发展阶段、生育转变与劳动力供给[J].人口研究,2009年第2期。

朱慧明、韩玉启,产业结构与经济增长关系的实证分析[J].运筹与管理,2003年第2期。

邹军,努力实现高质量的城镇化[J],中国改革论坛,2012年4月号。

外文参考文献

Arrow, K., *Social Choice and Individual Values*. New Haven: Yale University Press, 1951, 59.

Banker, R., A. Charnes, and W. Cooper, "Some Models for Estimating Technical and Scale Inefficiencies in Data Envelopment Analysis", *Management Science*, 1984(30):1078—1092.

Burley, H., "Productive Efficiency in U.S. Manufacturing: A Linear Programming Approach", *Review of Economic Statistics*, 1980(11):619—622.

Carlin, G. and V. Reenen, "Export Market Performance of OECD Countries: An Empirical Examination of the Role of Cost Competitiveness", *Economic Journal*, 2001, No. 468, 128—162.

Carstensen, K. and F. Toubal, "Foreign Direct Investment in Central and Eastern European Countries: A Dynamic Panel Analysis", *Journal of Comparative Economics*, 2004, 32, 3—22.

Charnes, A., W. Cooper, and E. Rhodes, "Measuring the Efficiency of Decision Making Units", *European Journal of Operations Research*, 1978(2): 429—444.

Chenery H., S. Robinson, and M. Syrquin, *Industrialization and Growth: A Comparative Study*. Oxford University Press, 1986.

Chenery H. and H. Elkington, *Structural Change and Development Policy*. Oxford University Press, 1979.

Chenery H. and M. Syrquin, *Patterns of Development: 1955—1975*. Oxford University Press, 1977.

Chenery, H., S. Robinson, and M. Syrquin, *Industrialization and Growth A Comparative Study*. Washington, DC: Oxford University Press, 1986, 229—262.

Clark, C., *The Conditions of Economic Progress*. London: Macmillan, 1940.

Coase, R., "The Problem of Social Cost", *Journal of Law and Economics*, 1960, 3, 1—44.

Coase, R., "The Nature of the Firm", *Economica*, 1937, 4, 386—405.

大塚啓二郎「中国農村の労働力は枯渇：「転換点」すでに通過」『日本経済新聞』2006 年 10 月 9 日。

Fagerberg, J., "Technological Progress, Structural Change and Productivity Growth: A Comparative Study", *Structural Change and Economic Dynamics*, 2000, 11, 393—411.

Fare, R., S. Grosskopf, M. Norris, and Z. Zhang, "Productivity Growth, Technical Progress, and Efficiency Changes in Industrialised Countries", *American Economic Review*, 1994(84): 66—83.

Farrell, M., "The Measurement of Productive Efficiency", *Journal of the Royal Statistical Society*, A CSS, Part3, 1957, 253—290.

Fisher-Vanden, K. et al., "What is Driving China's Decline in Energy Intensity", *Resource and Energy Economics*, 2004(26): 77—97.

Friedman, M., "Using Escalators to Help Fight Inflation", *Fortune*, July, 1974, 94—97.

Gill, I. and H. Kharas, *An East Asian Renaissance: Ideas for Economic Growth*. World Bank, 2006.

Hall, B. and M. Kerr, *1991—1992 Green Index: A State-By-State Guide to the Nation's Environmental Health*, Island Press, 1991: 5—30.

IMF, World Economic Outlook, October 2007: Globalization and Inequality.

Kaldor, N., *FurtherEssays on Applied Economics*. NewYork: Holmes&Meier Publ. Inc. 1978.

Kellman, M., "Relative Prices and International Competitiveness: An Empirical Investigation", *Empirical Ecnomics*, 1983, 8, 125—137.

Krugman, P., "The Myth of Asia's Miracle", *Foreign Affairs*, 1994, November/December.

Kuznets, S. "Economic Growth and Income Inequality", *The American Economic Review*, 1955, 45(1): 1—28.

Lewis, W. "Economic Development With Unlimited Supplies of Labour", Manchester School of Economics and Social Studies 22, no. 2, 1954.

Lewis, W., "Reflections on Unlimited Labour", in L. E. diMarco (ed.) *International Economics and Development* (Essays in Honour of Raoul Prebisch), 1972, New York: Academic Press, 75—96.

Lewis, W., "Economic Development with Unlimited Supplies of Labor", *The Manchester School*, 1954, 22.

Lin, Justin Yifu. "Rural Reforms and Agricultural Growth in China", *The American Economic Review*, Mar. 1992, 82(1):34—51.

Liu, W., The PRC Macroeconomic Development during the Post-11th FYP Period, manuscript, Schol of Economics, Peking University, 2010.5.

Lovell, C., Linear Programming Approaches to the Measurement and Analysis of Productive Efficiency, *Top*, 1994(2):175—248.

Lowe, P. and L. Ellis., "The Smoothing of Official Rates", in Lowe ed. *Monetary Policy and Inflation Targeting*, Reserve Bank of Australia, 1997, 286—312.

Mishkin, F., *The Economics of Money, Banking and Financial Markets* (2nd Edition). New York: Pearson Education Inc., 2010.

Mundell, R., "The International Financial System and Outlook for Asian Currency Collaboration", *The Journal of Finance*, 2003, 58.

Okun, A., "Potential GNP: Its Measurement and Significance, Proceedings of Business and Economics Section", American Statistical Association, 1962, 98—103.

Philips, A., "The Relation Between Unemployment and the Rate of Change of Money Wages in the United Kindom, 1861—1957", *Economica*, New Series, 1958. 25.

Schuman, M. " Escaping the Middle IncomeTrap", *Time*, Aug 13 and Sept 1, 2010.

Thirlwal l, A., "The Balance of Payments Constraint as an Explanation of International Growth Rate Differences", *Banca Nazinale del Lavoro Quarterly Review*, 1979, 32, 45—53.

Thirlwall, A., Inflation, *Saving and Growth in Developing Economies*. London, Macmillan, 1974.

Tica, J. and L. Jurčić, "A Relative Unite Labor Cost: Case of Accession Countries", Faculty of Economics and Business-working paper series, University of Zagreb, 2006, 6.

VanHark, B., "Manufacturing Prices, Productivity and Labor Costs in Five Economies", *Monthly Labor Review*, July, 1995.

World Bank, World Development Report 2010: Development and Climate Change, November 6, 2009.

Yusuf, S. and K. Nabeshima, "Can Malaysia Escape the Middle-Income Trap?", World Bank, June 2009.